WILLY SANDERS

GUTES DEUTSCH – BESSERES DEUTSCH

WILLY SANDERS

GUTES DEUTSCH –
BESSERES DEUTSCH

Praktische Stillehre
der deutschen Gegenwartssprache

WISSENSCHAFTLICHE BUCHGESELLSCHAFT
DARMSTADT

Einbandgestaltung: Studio Franz & McBeath, Stuttgart.

CIP-Titelaufnahme der Deutschen Bibliothek

Sanders, Willy:
Gutes Deutsch – besseres Deutsch: praktische
Stillehre der deutschen Gegenwartssprache / Willy
Sanders. – 2., durchges. u. bibliograph. erg. Aufl. –
Darmstadt: Wiss. Buchges., 1990
ISBN 3-534-09480-8

Bestellnummer 09480-8

1. Auflage 1986
2., durchgesehene und bibliographisch ergänzte Auflage
© 1990 by Wissenschaftliche Buchgesellschaft, Darmstadt
Gedruckt auf säure- und holzfreiem Offsetpapier
Satz: Maschinensetzerei Janß, Pfungstadt
Druck und Einband: Wissenschaftliche Buchgesellschaft, Darmstadt
Printed in Germany
Schrift: Linotype Garamond, 10/11

ISBN 3-534-09480-8

INHALT

VORWORT

„Warum haben Sie sich dieses Buch gekauft?" – eine provozierende Frage, mit der LUDWIG REINERS, der *Praeceptor Germaniae stilisticus* unseres Jahrhunderts, seine ›Stilfibel‹ eröffnet. Wer nur ein paar technisch-grammatische Anwendungsregeln unserer Sprache oder stilistische „Kniffe" erwartet, der sollte in der Tat lieber zu einer soliden Grammatik greifen: Allein schon richtiges Deutsch zu beherrschen, ist eine keineswegs zu unterschätzende Tugend – eine sehr viel höhere freilich, darüber hinaus auch gutes oder sogar noch besseres Deutsch zu schreiben. Aber dies ist zugleich eine der Tugenden, vor die nach antikem Sprichwort die Götter den Schweiß gesetzt haben: Man wird in der vorliegenden Stillehre nicht jene eingängigen, doch ach so oberflächlichen Regeln finden, die sich in der Art eines Nürnberger Stil-Trichters präsentieren, sondern Anleitung zum mitarbeitenden Stillernen – nicht einfach glauben und sich fix und fertige Vorschriften einprägen, sondern stilistische Grundgesetzlichkeiten verstehen und dann wissen!

Um zu verstehen, bedarf es der Verständlichkeit. Mit Rücksicht auf den „wohlgeneigten" (und nicht gramgebeugten!) Leser ist versucht, soweit als vertretbar ohne den Prunk und Protz fachwissenschaftlichen Jargons auszukommen: „Sollte mir dieses Bemühen um größtmögliche Sachlichkeit des Ausdrucks bei einigen terminologiebeflissenen Zunftgenossen den Vorwurf sprachlicher Simplifizierung eintragen, so würde ich diesen Tadel gegebenenfalls mit weitaus größerer Gelassenheit ertragen als den umgekehrten Vorwurf der Komplizierung einfacher Sachverhalte" (FRICKE 1981, 14). Dieses Zitat dient gleichzeitig der Erläuterung, wie beim Anführen fremder Äußerungen verfahren ist. Die knappen Angaben – Verfassername, Jahr der Veröffentlichung und Seitenzahl –, die möglichst viel Raum sparen und möglichst wenig in der Lektüre stören sollen, werden für den, der Genaueres wissen möchte, im ›Verzeichnis der abgekürzt zitierten Literatur‹ aufgeschlüsselt: dieses will also keine Stil-Bibliographie sein. Dafür ist jedem Kapitel eine Auswahl thematisch relevanter Literatur beigegeben, die Hinweise zum selbständigen Weiterstudieren bietet (in chronologischer oder sachlicher Anordnung der einschlägigen Titel).

Das Thema selbst bedarf keiner Rechtfertigung: „Eine wissenschaftlich fundierte praktische Stillehre" der deutschen Sprache (NICKISCH 1975, 31) ist seit langem dringliches Desiderat. Wenn eine solche hier unter dem Titel: *Gutes Deutsch – besseres Deutsch* vorgelegt wird, verspricht sie zu lehren, was guter Stil ist und wie man diesen noch verbessern kann; sie grenzt sich ab einerseits gegen die Grammatik („richtiges Deutsch"), andrerseits gegen die linguistische Poetik („Sprachkunst"). Überhaupt bleibt der Bereich hoher Literatur und Dichtung, der gemeinhin mit dem Stilbegriff engstens assoziiert wird, tunlichst ausgeklammert. Das gilt auch für die Beispiele, derentwegen nicht Literaturwerke als der übliche „Steinbruch" stilistischen Demonstrationsgutes mißbraucht worden sind; für eine Stillehre, die sich zentral mit dem „normalen" schriftlichen Sprachgebrauch befaßt, schienen entsprechend gebrauchssprachliche Exemplifizierungen angemessener.

Die grundsätzliche Intention war, daß der Text aus sich selbst heraus, d. h. ohne zusätzliche Anmerkungen, verständlich sein sollte. Wo aus Raumgründen allzusehr vereinfacht oder verkürzt werden mußte, ist anmerkungsweise das wichtigste neuere Schrifttum verzeichnet (z. B. zu Sprechakttheorie, Rhetorik, Textsorten, Metapher usw.); sonst dienen die Anmerkungen nur dem Quellennachweis oder kurzer Erläuterung. Die Kapitelfolge gliedert sich deutlich in zwei Teile: im ersten werden stiltheoretische Voraussetzungen zur sprachwissenschaftlichen Fundierung der Stillehre formuliert, im zweiten deren stildidaktische Praxis – eins so unverzichtbar wie das andere. Die Teile unterscheiden sich nicht nur durch ihren Umfang, sondern auch in ihrer Darstellungsart: die theoretischen Kapitel (2–9) sind schwieriger, dafür aber kürzer, die praktischen Kapitel (10–17) hingegen weitaus länger, jedoch leichter lesbar. Da ein Kapitel auf dem anderen aufbaut, empfiehlt sich eine durchgehende Lektüre der ganzen Stillehre.

Da die Kritik das Buch sehr wohlwollend aufgenommen hat, drängten sich keine textlichen Veränderungen auf. Daher sind lediglich bibliographische Nachträge zu den Literaturhinweisen der einzelnen Kapitel und zum Verzeichnis am Schluß ergänzt worden (aus drucktechnischen Gründen *nicht* zu den Anmerkungen). Mein Dank an die hilfreichen Geister der ersten Auflage bleibt bestehen; an Stelle von U. Albrecht hat nun Frau S. Mathis die Aufgabe übernommen, das Schrifttum zu überprüfen und zu ergänzen. Der Wissenschaftlichen Buchgesellschaft habe ich für ihr konziliantes Entgegenkommen zu danken.

Muri, zu Weihnachten 1989   W. Sanders

1. IST STIL LEHRBAR?

Statt einer Einleitung

Die oft mit Koketterie wiederholte Trivialität, Stil sei nicht lehrbar, weil er eine Kunst sei, ist eine Unwahrheit. Man kann an ihm lehren, was man an jeder Kunst lehren kann: das Handwerk.

Frei nach H. HEIMPEL [1]

„Die Wissenschaft entschied voll Hohn:　Das kommt vom populären Ton", so heißt es bei CHRISTIAN MORGENSTERN. In der Tat gilt es auch heute noch vielfach in Fachkreisen als verpönt, sich von strenger Wissenschaftlichkeit herabzulassen auf das Niveau einer auch für Laien akzeptablen Gemeinverständlichkeit. Ein Laie ist jemand, der von einer Sache nicht viel versteht, jedenfalls kein spezielles Fachwissen hat – verstehen Sprachbenutzer, auch wenn sie sprachwissenschaftliche Laien sind, wirklich nichts von Sprache und Stil?

Auf der anderen Seite steht die erschreckende Vision eines LUDWIG REINERS vom weltfernen Gelehrten: „wenn er das zerfurchte Antlitz von seinen Blättern emporhebt, vermag der unwirsche Blick das ferne Gewimmel der Zuhörer nicht mehr zu erreichen ... all seine Sorge und Liebe schuldet er dem Gegenstand des Buches, nicht der belanglosen Figur des Lesers" (REINERS 1943, VII). Also wohl doch besser Verzicht auf wissenschaftliche Fundiertheit – statt dessen jene oberflächliche, aber angenehm bis amüsant zu lesende Sprachkosmetik, wie sie im Stil-Schrifttum REINERSschen Gepräges modisch ist?

Die Frage wird sein: wie das eine tun, ohne das andere völlig zu lassen? Eine praktische Stillehre, die dringend vonnöten ist (vgl. NICKISCH 1975, 130 ff.), sollte den goldenen Mittelweg suchen: zwischen allzu seichter Popularisierung einerseits, die sich dem Verdikt der Fachwissenschaft aussetzt, und allzu tiefgründiger Gelehrsamkeit andrerseits mit der Folge der Unverständlichkeit gerade für diejenigen, denen die Lehre dienen soll. Sie muß beides anstreben: sowohl gute Faßlichkeit für Menschen, die nicht mit allen Wassern linguistischer Theoriebildung gewaschen sind, als auch eine sprachwissenschaftliche Fundierung, wie sie den heute maßgebenden Stillehren durchgängig fehlt.

Stilkunst – Stilhandwerk

Ist Stil lehrbar? Zu lernen ist uns in bestimmten Bereichen der Sprache, auch über die Zeit des kindlichen Spracherwerbs hinaus, ohne weiteres geläufig. In der Schule sind Orthographie (Rechtschreibung), Interpunktion (Zeichensetzung) und Grammatik (hauptsächlich Lautlehre, Formenbildung, Satzbau) elementare Lehr- und Lerngegenstände. Allerdings – geht es in diesen Sprachbereichen schon nicht ohne Schwierigkeiten ab, obwohl sie am strengsten regelgebunden sind, so reduziert sich die unterrichtliche Behandlung von Stilfragen meist auf gelegentliche Anmerkungen. Beliebte Stichwörter sind: „treffende" Wortwahl, Vermeidung von „Wiederholungen", vor allem „Stilbrüche" usw. Liegt diese Unsystematik etwa daran, daß es eine systematische Stillehre überhaupt nicht gibt? Widerspricht eine solche womöglich dem Wesen des Stils als einer nicht lehrbaren „Kunst"?

'Normative Stilistiken' nennen sich die Lehrbücher des Stils fachwissenschaftlich, weil sie den „normgerechten", stilistisch guten Sprachgebrauch vorschreiben: sie alle gehen begründet oder wie selbstverständlich davon aus, daß auch Stil nicht anders als Rechtschreibung, Zeichensetzung oder Grammatik lehrbar sei. B. CHRISTIANSEN, Verfasser einer einschlägigen ›Prosaschule‹, hat sogar ausdrücklich jenen Einwand der Stil-Kunst zu entkräften versucht: „Kunst als solche läßt sich nicht regeln und ist also nicht lehrbar im gewöhnlichen Sinne des Wortes; dagegen ist in diesem Sinne das zugehörige Handwerk lehrbar: es kann gezeigt werden, wie man handwerkliche Schwierigkeiten überwindet und handwerkliche Tugenden des Schreibens erreicht" (CHRISTIANSEN 1966, 7). Doch auch diese handwerkliche Lehrbarkeit des Stils – übrigens ein Topos im Sinne des bekannten GOETHE-Wortes, daß aller Kunst das Handwerk vorangehen müsse – hat, obwohl sie sich offensichtlich allgemeiner Zustimmung erfreut, ihre Tücken: Nur allzuoft bieten die stilistischen Lehrbücher, indem sie zu gutem Deutsch anzuleiten versprechen,[2] lediglich grammatische Instruktionen. Sprachlehre und Stillehre sollten aber, methodisch klar getrennt, von dem gleichen Unterschied ausgehen, wie er zwischen Sprache und Stil besteht. Was also hat man sich unter dem vielberufenen „guten Deutsch" in stilistischer Hinsicht vorzustellen?

Gutes Deutsch ist selbstverständlich immer auch richtiges Deutsch: „Beherrschung der Grammatik wird vorausgesetzt" (MÖLLER 1980, 9).[3] Was als richtiges Deutsch gilt, lehren die Grammatiken, und grammatische Schwierigkeiten zu erklären, zählt nicht zu den Aufgaben der Stillehre. In der Umkehrung muß jedoch richtiges Deutsch keineswegs immer auch gutes Deutsch sein – stilistisch gutes Deutsch: Dafür ist nicht mehr die Grammatik verantwortlich, sondern eben die Stilistik. Als

„Anweisungsstilistik" betrachtet sie es als ihr besonderes stildidaktisches Anliegen,

- das gute Deutsch bewußt zu fördern, was eine Aufdeckung von Stilfehlern, offenen wie versteckten, einschließt (Stilpflege);
- sich darüber hinaus zu bemühen, aus dem guten ein noch besseres Deutsch zu machen (Stilverbesserung).

Praktische Stillehren gibt es in einem breiten Spektrum von Formen, Funktionen und Ansprüchen: vom stilistischen Frage/Antwort-Katechismus bis zur streng wissenschaftlichen Stil-Abhandlung, vom simplen Briefsteller bis zum mehrhundertseitigen Stil-Entertainment (oft in Form von „Sprachglossen"), von der schlichten ›Stilfibel‹ für jedermann bis zur ambitiösen ›Prosaschule‹ angehender Schriftsteller. Allerdings zeigt die fatale Neigung unserer Wissenschaft, die Umsetzung ihrer Ergebnisse in die Praxis im allgemeinen der glatteren Feder von Fachjournalisten oder Amateurschriftstellern zu überlassen, auch hier ihre Auswirkungen: Nicht zeitgemäße, wissenschaftlich ernstzunehmende Lehrbücher sind es, sondern zum Teil veraltete, dilettantische Popu-lärbücher, die den Markt beherrschen; und sie werden – was schlimmer ist – von einem gutgläubigen Publikum genutzt, als ob sie auf letztem Wissensstand stehende Standardwerke wären. Im Falle der heute „maßgeblichen praktischen Stillehren der deutschen Gegenwartssprache" (von L. REINERS, B. CHRISTIANSEN, W. SEIBICKE und G. MÖLLER) gelangt eine neuere kritische Untersuchung zu dem Fazit, „daß keine von ihnen über eine durchweg zureichende wissenschaftliche Grundlage verfügt" (NICKISCH 1975, 130). Das klingt um so erstaunlicher, als gerade auch im Gefolge der modernen Linguistik an Stil-Darstellungen theoretischer und deskriptiv-analytischer Art wahrlich kein Mangel besteht. Der Bereich der präskriptiv-normativen Stilistik blieb jedoch bisher von dieser Entwicklung so gut wie unberührt, obwohl die stildidaktische Notlage in allen schulischen, beruflichen und anderen Lehrbereichen seit langem beklagt wird. Was fehlt, läßt sich folgendermaßen umschreiben: eine moderne, sprachwissenschaftlich fundierte, praktische Stillehre der deutschen Gegenwartssprache.

Grundsätze einer praktischen Stillehre

Weil es das Programm dieses Buches ist, noch einmal: „eine moderne, sprachwissenschaftlich fundierte, praktische Stillehre der deutschen Gegenwartssprache". Welche Anforderungen ergeben sich für eine Stillehre, deren wichtigste Zielsetzungen in der angegebenen Weise bestimmt sind? Was sagen die einzelnen Aspekte über die Eigenschaften dieser Stillehre aus?

„Modern" heißt: gemäß den theoretischen und methodischen Ansprüchen, wie sie heute üblich sind; es heißt im besonderen: heutigen Stilauffassungen entsprechend. Zweifellos ist das eine Modernität des historischen Augenblicks, wissen wir doch, daß sich diese Auffassungen dauernd ändern – weshalb ein Fachmann die Überlegung angestellt hat, daß „Bücher über Stilistik alle paar Jahrzehnte, wenn nicht in jedem Jahrzehnt, neu geschrieben werden" sollten (SEIFFERT 1977, 96). Die heutigen Vorstellungen darüber, was stilistisch gut ist, unterscheiden sich in vielem von jenen, die noch vor Jahren herrschten: nicht nur in zahlreichen Einzelheiten, sondern auch im Prinzipiellen. Wie es scheint, hat sich unsere Grundeinstellung auf nüchterne Sachlichkeit und präzise Kürze des Ausdrucks hin gewandelt – Einfluß der Sprache von Wissenschaft und Technik, die bereits weithin unsere alltägliche Lebenswelt durchwirkt?

Die Bestimmung „sprachwissenschaftlich fundiert" beruht auf einer Erfahrungstatsache, von der schon die Rede war. Da die Fachwissenschaft sich um das elementare Lehrbuch bislang wenig gekümmert hat, entstammen viele Stilistiken der schriftstellerischen Tätigkeit von Nicht-Sprachwissenschaftlern. Ihre stilistisch hochsensibilisierte Intuition in Ehren, kann eine „fundierte" Stillehre gleichwohl ohne sicheren Einblick in die sprachsystematischen und sprachgeschichtlichen Zusammenhänge nicht auskommen. „Sprachwissenschaftlich fundiert" heißt demnach genauer: theoretisch, methodisch und sachlich auf der Fachgrundlage moderner linguistischer und sprachstilistischer Anschauungen. Man muß schon – um ein Wort von F. KAINZ abzuwandeln – das Pferd einer Stiltheorie vor den Karren der stilistischen Tatsachen spannen, damit er sich bewegt.[4] Stilinstruktionen welcher Art auch immer wären jedenfalls ohne das Fundament einer begründenden Theorie nicht weniger unsinnig als umgekehrt eine stildidaktische Schreibtisch-Theorie, aus der sich keine konkreten Stilanweisungen ableiten lassen. Allerdings sollte die „graue Theorie" sich in den für eine Stillehre praktisch angezeigten Grenzen halten.

Damit sind wir beim Stichwort „praktisch". Es gibt Stilprinzipien von großer Allgemeingültigkeit, die theoretische Grundsätze vertreten, und speziellere Stilinstruktionen, die Einzelheiten des Sprachgebrauchs betreffen. Hinsichtlich des Verhältnisses von Theorie und Praxis ist die Frage wichtig, welche Art stilistischer Belehrung man erwartet: z. B. der Schüler in seiner Sprachlernsituation, die Sekretärin oder der Angestellte in der Anforderung sachgerechter Korrespondenz oder gar ein bewährter Sprachkönner, der zur Perfektionierung seiner Formulierungsfähigkeiten noch weitere Anleitung sucht. Die Voraussetzungen und Erwartungen sind verschieden – im Ausgangsstand der Sprachbeherrschung, in den angestrebten Ausdruckszielen, in den sprachstilistischen Ansprüchen usw.

Unvorstellbar, wie eine einzige Stillehre so viele unterschiedliche Interessen befriedigen sollte oder wie allenfalls stildidaktische Akzentuierungen all diesen Bedürfnissen gerecht werden könnten: „Die" praktische Stillehre der deutschen wie überhaupt einer Sprache gibt es also nicht. Es gibt nur nach vorausgesetztem Kenntnisstand und angestrebter Kenntnisvermittlung verschiedene Stillehren, die sich folgerichtig an bestimmte Zielgruppen richten: im vorliegenden Fall ausdrücklich an die Zielgruppe höherklassiger Gymnasiasten, Studenten, Lehrer und „gebildeter Laien", für die sich grammatisches Grundwissen als Vorbedingung mit dem Wunsch nach sprachstilistischer Weiterbildung verbindet.

Bleibt letztens noch die Ausrichtung auf die „deutsche Gegenwartssprache". Was auch immer man unter diesem später erläuterten Begriff zu verstehen hat – angesichts des allgemeinen Wandels in Sprache und Stilauffassungen erscheint es selbstverständlich, daß eine aktuelle Stillehre sich nicht an irgendeinem vielleicht längst antiquierten Idealzustand orientieren darf, sondern vom hier und heute gültigen Sprachgebrauch ausgehen muß: von der Gegenwartssprache. Gerade darin liegt ja das „Präskriptive" einer Normativen Stilistik, daß sie nicht historisch beschreibt, wie man sich in der Vergangenheit stilistisch verhalten hat, sondern eben vor-schreibt, was gegenwärtig als „gutes Deutsch" in allen Sprachlagen zu gelten habe.[5] Was die Form dieser praktischen Vorschriften betrifft, sollte es allerdings weniger darum gehen, autoritative *An*sichten zu diktieren, als vielmehr begründete *Ein*sichten zu vermitteln.

Zum stildidaktischen Verfahren

Auch wenn wir davon ausgehen, daß Stil lehr- und lernbar sei: es gibt keinen stilistischen „Nürnberger Trichter". Will man sich dennoch dieses eindrucksvolle Symbol didaktischen Erfolgsstrebens zunutze machen, dann ist „eher der umgedrehte Trichter, in den der Lehrer äußerst behutsam wohldosierte Mengen Lernstoff eingießt, damit dieser sich in einem größer werdenden Volumen ausbreitet, Ausdruck eines adäquaten Rezeptes für Didaktik" (WEINRICH 1981, 20). Ein Bild nur – aber man sollte es im Blick auf die Methodik des stildidaktischen Vorgehens ernst nehmen.

Die Praxis der Stilunterweisung, soweit sie nicht in allgemeinen Grundsätzen, sondern in sprachstilistischen Einzelheiten besteht, zeigt vielfach die Form der 'Stilgrammatik'.[6] Diese verfährt in der Weise, daß parallel zur grammatischen Sprachbeschreibung – und oft für dieselben Phänomene – stilistische Erläuterungen gegeben werden. Zum Beispiel:

ob „ohnedies" oder „ohnedem" die korrekte Form ist,
ob und wie man richtig „schaffte" und „schuf" unterscheidet,

ob die „Untiefe" ungeheuer tiefes Wasser oder eine seichte Stelle meint,
ob es eine „Rückerinnerung" gibt oder nur eine „Erinnerung",
ob man das Allerweltswort „interessant" gebrauchen soll oder nicht,
ob der „bittere Ernst" auch ohne „bitter" ernst genug ist,
ob man sich noch, „wenn alle Stricke reißen, aufhängen" könne, – usw.

Schlechtestenfalls stoßen derartige Stilanmerkungen gar nicht über das
Grammatische hinaus zum Stilistischen vor; bestenfalls ergeben sie eine
niemals vollständige Stil-Kasuistik. Erschöpft sich Stillehre – abgesehen
von einigen mehr oder minder stimmigen Grundsätzen und Regeln –
wirklich darin, möglichst viele Einzelheiten, Besonderheiten, ja Spitzfin-
digkeiten auswendig zu lernen? Das Fatale an einer solchen Methode
wäre, daß man Einzelheiten, so schnell sie gelernt sind, auch wieder
vergißt.

Guter Stil ist kein Stückwerk, das man wie ein Puzzle nach bestimmten
Regeln zusammensetzt; er ist vielmehr eine Fähigkeit, ein Können – das
berühmte „Gewußt wie"! Die Anleitung zum Stilkönnen und erst recht
zum Stilverbessern liegt auf einer anderen Ebene als die Vermittlung
einfacher Stilfakten. Damit verhält es sich wie mit der „Anleitung zum
Denken" (vgl. AEBLI 1981, 362 ff.): Denken lernt man nicht, indem man
nur inhaltlich den „Stoff" lernt und das konkrete Ergebnis sieht; man
muß „das Lernen" selbst lernen, das Verfahren und das „Metaverfahren"
seiner denkenden Verbesserung". Entsprechend gilt: Wer lernen will, was
guter Stil ist und ihn noch zu verbessern sucht, dem müssen – über inhaltliche Stilmöglichkeiten hinaus – zuallererst die Gründe, Kriterien und
Zusammenhänge klar sein, warum und wodurch das eine guter, das andere schlechter Stil ist. Die Stillehre hat also im wesentlichen eine
Verdeutlichung der stilistischen Verfahrensweisen selbst und ihrer Grundsätze zum Ziel, woraus sich über eine Befähigung zu begründeten Stilur-
teilen allmählich die eigene Stilsicherheit herleitet. Wenn auf der Seite des
Lernenden die Motivation vorhanden ist, der „Wille zum guten Stil"
(MÖLLER 1980, 30), dann fallen der praktischen Stillehre drei Aufgaben
zu:
– das stilistische Grundwissen zu vermitteln, das aus den elementaren
  Stilfakten und Stilregeln besteht;
– ein stilistisches Problembewußtsein zu wecken, das die selbständige
  Urteilsfähigkeit in Stilfragen fördert;
– vor allem aber jene begründete Einsicht in die stilistischen Gesamtzu-
  sammenhänge zu entwickeln, die dann den stilistischen Einzelfall aus
  seiner isolierten Betrachtung löst.
Mit anderen Worten: sinnvolle Stillehre hat mit dem gezielten Aufbau
dessen zu tun, was man landläufig „Stilgefühl" nennt und wofür sprachwissenschaftlich der Begriff 'Stilkompetenz' gilt. Im Grunde unterstützt

die Stillehre – wenn auch bewußt und systematisch – nur Prozesse, die latent im Laufe eines Menschenlebens ohnehin infolge persönlicher Erfahrungen und Wissensaneignung vor sich gehen. Die Fähigkeit, guten Stil zu erkennen (was Analyse und Bewertung einschließt) sowie diese Erkenntnisse im eigenen Ausdruck anzuwenden, kann man planmäßig schulen. Guten Stil anstreben und verbessern heißt: seine Stilkompetenz aufbauen und verfeinern.

Wie soll eine Stillehre, die sich als „praktisch" versteht, in methodischer Hinsicht verfahren? Wir haben gesehen, daß ihre sprachwissenschaftliche und stiltheoretische Fundierung einem dringenden Erfordernis entspricht. Für die Ausbildung einer selbständigen Urteilsfähigkeit bedarf es gewisser allgemeiner Richtlinien der Stilbewertung; solche Richtlinien, an denen sich das eigene Werturteil orientieren kann, nennt man 'Normen' – nicht von ungefähr die namengebende Größe der 'Normativen Stilistik'. Da Normvorstellungen in unserer Zeit frag-würdig geworden sind, fragen auch wir: Gibt es heute eine 'Stilnorm' oder 'Stilnormen', die für alle Stilperspektiven verbindliche Bezugspunkte markieren? Als nächstes blicken wir auf die Teile und das Ganze des Stils, seine Elemente und ihr Beziehungsgefüge. Hier gilt es, Leitbegriffe aufzustellen, die zur angemessenen Verwendung der Stilmittel in Auswahl und Verknüpfung anleiten: Wir werden bei diesen relativ allgemein gehaltenen Begriffen von 'Stilprinzipien' sprechen. Psychologische Erkenntnisse deuten darauf hin, daß unser Wissen besser zu behalten und leichter abzurufen ist, wenn es in sprachlich verschlüsselter Form aufgenommen wird; es fällt daher schwer, der Versuchung zu widerstehen, solche Prinzipien in praktisch anwendbare 'Regeln' umzuformulieren – trotz der Gefahr, daß sie so nicht selten als buchstäblich zu nehmende „Lehrsätze" (miß)verstanden werden. Wichtig erscheint, daß der Lernende sich von der isolierten Anwendung der Grundsätze löst und zu verallgemeinern lernt, z. B. übungsweise den gleichen Fall aus verschiedenen Stilperspektiven zu betrachten.

Stilistische Anleitungen können im einzelnen darin bestehen, daß man konkret „vormacht", wie der Lernende es machen oder nicht machen sollte. Derartige Beispiele, ob positiv oder negativ, verstehen sich weniger als einfach nachzuahmende „Muster", vielmehr als Demonstrationsstücke, die zum kritischen Durchdenken und zum späteren Nachvollziehen in anderen Zusammenhängen führen müssen. Dasselbe gilt übrigens für die immer wieder als vorbildhaft empfohlenen literarischen Stilautoritäten von LUTHER bis LENZ, deren Lektüre eine unbewußte, vielleicht nicht einmal in jedem Fall wünschenswerte „Modellwirkung" auslösen kann. Schon die antike Rhetorik lehrte (SCHLÜTER 1981, 22): „Zur Kunstfertigkeit gelangt man durch Nachahmung guter Vorbilder (*imitatio*), Begreifen der Regeln (*doctrina*) und Übung (*exercitium*)" – drei Dinge braucht also der Mensch: Regeln, Vorbilder, Übung. In der Tat verhält es sich nicht nur im Stilbereich, sondern in allen elementaren Lernprozessen so, daß allein die eigene Anwendung des Gelernten letztlich Sicherheit verleiht. Anwendung der Lehren aber heißt Üben, wiederholtes Üben, reflektiertes Üben – mit dem „kreativen" Willen, selbst gute stilistische Fähigkeiten noch zu verbessern. Übung macht auch den Stil-Meister.

Was hier gewissermaßen auf einen Blick angedeutet worden ist, das wird in den folgenden Kapiteln Schritt für Schritt – in methodisch aufgebautem Gang der Darstellung – von den theoretischen Grundlagen zur praktischen Stillehre fortschreiten. Der erste Schritt behandelt das Verhältnis von Sprache und Stil.

Literaturhinweise

Vgl. Nickisch 1975, 187–196: Verzeichnis deutscher Stillehren und verwandter Werke des 20. Jahrhunderts. – E. Engel, Deutsche Stilkunst, Leipzig, 30. Aufl. 1922. – B. Christiansen, Eine Prosaschule, Stuttgart 1949 (Neufassungen 1956, 1966). – L. Reiners, Deutsche Stilkunst, München 1943 (16. Aufl. 1988); ders., Stilfibel, München 1951 (16. Aufl. 1979, ferner in Sonderausg. und als dtv-Taschenbuch, 22. Aufl. 1987). – W. Seibicke, Wie schreibt man gutes Deutsch?, Mannheim/Wien/Zürich 1969 (2. Aufl. 1974). – W. Rost, Deutsche Stilschule, Gütersloh/Berlin/München, 4. Aufl. 1971. – H. Seiffert, Stil heute, München 1977. – L. Mackensen (Hrsg.), Gutes Deutsch in Schrift und Rede, München 1979. – G. Möller, Praktische Stillehre, Leipzig, 5. Aufl. 1985; ders., Die stilistische Entscheidung, Leipzig 1978. – E. Hallwass, Mehr Erfolg mit gutem Deutsch, Stuttgart/Zürich/Wien, 3. Aufl. 1979. – R. Geiser/H. Huth/K. Wittlich, Verständlich und wirksam schreiben, Leipzig 1982. – W. Schneider, Deutsch für Profis, Hamburg 1982 (7. Aufl. 1986, Taschenbuch-Neuaufl. München 1988); ders., Deutsch für Kenner, Hamburg 1987 (3. Aufl. 1988). – G. Ueding, Rhetorik des Schreibens, Königstein i. Ts., 2. Aufl. 1986. – H. Lobentanzer, Deutsch muß nicht schwer sein, München 1986. – R. Thieberger, Stilkunde, Bern/Frankfurt a. M./New York/Paris 1988.

2. SPRACHE UND STIL

Die Ausgangsposition

Sprache ist überall ... Menschliches Wissen und menschliche Kultur werden zum größten Teil in sprachlicher Form gespeichert und überliefert. Die Sprache ist so allgegenwärtig, daß sie uns selbstverständlich ist, aber ohne sie wäre die menschliche Gesellschaft, wie wir sie kennen, unmöglich ... Die andere Dimension sprachlicher Vielfalt liegt im einzelnen Sprecher selbst. Der einzelne Sprecher besitzt ja nicht nur sein eigenes Sprachsystem, sondern auch verschiedene Sprachstile, die er in verschiedenen Situationen einsetzt.

R. Langacker (1976, 3.52)

Unsere Sprache, die menschlichste aller Eigenschaften des Menschen, ist ein äußerst komplexes Phänomen. Wie ein Gegenstand, je nachdem von welcher Seite her das Licht auf ihn fällt, unterschiedliche Erscheinungsweisen zeigt, so auch die Sprache gemäß der ihr gegenüber eingenommenen Perspektive: Wir können z. B. nur ihre lautliche Seite, ihre Formenbildung oder ihren Satzbau ins Auge fassen. Die Komplexität der Sprache läßt also eine methodische Reduzierung zu, indem man sie in eine Anzahl sprachwissenschaftlicher Aspekte aufteilt. Traditionell werden solchen Aspekten linguistische Disziplinen zugeordnet wie 'Phonetik/Phonologie' (Lautlehre), 'Morphologie' (Formenlehre), 'Syntax' (Satzlehre) usw. Eine dieser vielen möglichen Betrachtungsweisen von Sprache – so stellen wir in erster, sehr vorläufiger Annäherung an unseren eigentlichen Gegenstand fest – ist die Stil-Perspektive.

Sprache, Grammatik und Kommunikation

Die Sprache gehört zu jenen Dingen von alltäglicher Selbstverständlichkeit, über die man sich außerhalb der damit speziell befaßten Wissenschaft selten Gedanken macht – ähnlich wie bei der Brille, durch die man zwar sieht, ohne sie selbst noch zur Kenntnis zu nehmen. Wer weiß schon, welch eines komplizierten Zusammenspiels zahlloser Gehirnimpulse, Muskelinnervationen und Organreaktionen es bedarf, um einen einzigen Laut zu artikulieren, und bei normalem Sprechtempo bilden wir deren mehr als 800 in nur einer Minute.[7] Die entstehenden Klanggebilde sind durchaus keine zufälligen „Geräusche", sondern sie formieren sich zu jenen festen, sinntragenden Lautketten, die wir „Wörter" nennen. Diese dienen ihrerseits, in nahezu uneingeschränkter Wortarchitektur, als Bausteine immer neuer, komplexerer Ausdruckseinheiten: Wortfolgen, Sätze, Texte.

Gleichwohl artikulieren wir nicht Laute um ihrer selbst willen und reihen auch keine Wörter sinnlos aneinander: Alles, was wir sagen, steht innersprachlich in einem mehr oder minder engen Zusammenhang inhaltlicher Beziehungen ('Kontext') und nimmt außersprachlich Bezug auf Sachverhalte oder Vorgänge der Wirklichkeit ('Referenz'). Mit anderen Worten: die von uns geäußerten Wörter, Sätze, Texte „bedeuten" etwas – sie haben im sprachwissenschaftlichen Sinn 'Bedeutung', die Gegenstand der 'Semantik' (Bedeutungslehre) ist. Die linguistischen Disziplinen Phonetik/Phonologie, Morphologie, Syntax und Semantik werden herkömmlich zusammengefaßt unter dem Begriff der 'Grammatik'. Eine Grammatik beschreibt, allgemein formuliert, die Organisation der Sprachstruktur, ihrer Elemente und Regeln – kurz: das 'Sprachsystem'. Eine deutsche Grammatik hat es konkret mit den Lauten, Formen und Wörtern der deutschen Sprache als ihren Elementen sowie den grammatischen Regeln ihrer sinnvollen Verknüpfung zu Sätzen und Texten zu tun.

Das Wesen der Sprache erschöpft sich indes keineswegs in solchen syntaktisch und semantisch wohlorganisierten Äußerungen, die „nur" formal korrekt gebaut und inhaltlich sinnvoll sein müssen. Ihr Herzstück ist vielmehr die kommunikative Funktion – die aktuelle Verwendung der Sprache als Verständigungsmittel unter Menschen. Mit diesem Begriff der 'Sprachverwendung' ist der des Sprachbenutzers gekoppelt, der sich neuerdings als zentrale Größe des sprachwissenschaftlichen Interesses profiliert hat: der sprachgebrauchende Mensch in seiner psychisch-individuellen Eigenart, in seiner soziokulturellen Gebundenheit und besonders in seinem sprachpragmatischen Verhalten. Die Notwendigkeit, den tatsächlichen Sprachgebrauch über die Grundfakten des Sprachsystems hinaus in die Betrachtung einzubeziehen, ergibt sich aus einem einfachen Beispiel: „Entweder du hältst jetzt den Mund, oder du verläßt sofort die Klasse!" sagt die Lehrerin zu einem wiederholt störenden Schüler.[8] Die grammatisch-logische Bestimmung ließe auf die Formulierung einer Alternative in Form eines *entweder/oder*-Satzes schließen. Es wird aber für jeden einsichtig sein, daß in der geschilderten Schulsituation ein mit latenter Strafandrohung verbundener Befehl vorliegt. Wer in realen Situationen Sprache verwendet, sagt nicht nur Worte, sondern tut damit auch etwas: er vollzieht eine Sprechhandlung. Sprache in diesem kommunikativen Sinn ist – nach einer griffigen Wendung von H. HÖRMANN (1977, 93) – „Fortsetzung des Handelns mit anderen Mitteln".[9] Unter dem eingängigen Titel ›How to Do Things with Words‹ (Wie man mit Worten handelt) durch J. L. AUSTIN initiiert und von seinem Schüler J. R. SEARLE weitergeführt, formte sich dieser Gedanke in der neueren Sprachphilosophie zu einer expliziten Theorie des sprachlichen Handelns, der 'Sprechakt-Theorie'.[10] Ihr Bemühen gilt der nur oberflächlich einfach erscheinenden Frage, was es exakt bedeutet, wenn wir Äußerungen tun wie diese: *etwas versprechen* oder *behaupten, sich entschuldigen* oder *beschweren, jemanden warnen* oder *überreden* usw. Welche Voraussetzungen müssen gegeben sein, welche Regeln eingehalten werden, um solche 'Sprechakte' (Übersetzung des englischen *speech acts*) zu vollziehen? Welche Umstände und Bedingungen sind dafür maßgebend, daß sie gelingen? Welche Konsequenzen erwachsen daraus, und welche Wirkungen werden erzielt? Zudem erfolgt die Durchführung solcher Sprachhandlungen häufig auf sprachlichen „Umwegen": Man spricht dann von 'indirekten Sprechakten',[11] weil zwischen der Art der Äußerung und der Intention des Sprechers eine unübersehbare Diskrepanz besteht (z. B. die Alternativformulierung der Lehrerin: „. . . oder du verläßt sofort die Klasse!", statt einer klaren Strafandrohung). Die Berücksichtigung der situativen Umstände einbezogen, ist eine derartige Kluft zwischen Äußerung und Intention, zwischen „Bedeutung" und „Sinn", zwischen Semantik und Sprechakt nur durch Kenntnis der gültigen Konventionen überbrückbar. Ihre Anerkennung wird allgemein vorausgesetzt, die Mißachtung sanktioniert: Was wohl, wenn jener störende Schüler unseres Beispiels die Aufforderung der Lehrerin wörtlich genommen und das Klassenzimmer tatsächlich verlassen hätte (vgl. WUNDERLICH 1970, 5)? Der Grundgedanke der Sprechakt-Theorie besteht jedenfalls darin, daß Sprache eine besondere Form menschlichen Handelns ist. Sprachliche und nicht-sprachliche Aktionen sind weithin austauschbar: eine Ohrfeige würde die Bedingungen des Sprechaktes *beleidigen* ebenso erfüllen wie ein handfestes Schimpfwort.[12] Alle Sprachverwendung steht letztlich in weiteren, sei es begleitenden, ergänzenden oder fortsetzenden Handlungszusammenhängen.

Kommunikationsvorgänge sind demnach überhaupt nicht vollständig mit linguistischen Mitteln erfaßbar. Dazu braucht man noch andersartige Regeln, nämlich Regeln für vernünftiges und erfolgreiches Handeln: „Handlungsmaximen als Kommunikationsregeln im eigentlichen Sinne" (KALLMEYER/SCHÜTZE 1975, 81). Vieldiskutierte Grundsätze dieser Art hat der Sprachphilosoph H. P. GRICE formuliert; er stellt die inhaltlichen Abläufe einer geregelten Kommunikation unter gewisse, von ihm 'Konversationsmaximen' genannte Forderungen.[13] An ihrer Spitze steht ein allgemeines Prinzip, dessen Bezeichnung als 'Kooperationsprinzip' schon andeutet, worum es geht: Als unabdingbare Voraussetzung jeder Kommunikation wird die Bereitschaft aller Beteiligten erwartet, ihre Gesprächsbeiträge gemäß dem akzeptierten Zweck und Verlauf des Gesprächs zu gestalten (GRICE 1979, 248). Alle Kommunikation bedarf des gemeinsamen Willens, sich miteinander zu verständigen – fehlt es auf einer Seite an diesem Bestreben, kommt jedenfalls keine ungestörte Kommunikation zustande. Gibt es auch ein entsprechendes Kooperationsprinzip im Stilbereich? Die im allgemeinen gleichartige Beurteilung, Erwartbarkeit und Wirkung bestimmter Stilstrukturen legt es nahe, in der Tat eine ähnliche Übereinkunft unter den Kommunikationspartnern auch hinsichtlich des stilistischen Gelingens oder Mißlingens von Äußerungen anzunehmen.

Stil als Konsequenz des Sprachhandelns

Letzten Endes erweist sich unsere einseitig auf die Sprache ausgerichtete Sicht als nicht umfassend genug: Denkpsychologisch werden Wahrnehmung und Handeln als primäre Verhaltensbereiche des Menschen bestimmt, denen sich als sekundäre, stellvertretende Bereiche die anschauliche Vorstellung und zeichenhafte Repräsentation zuordnen: Bild und Wort – „stellvertretend" deshalb, weil sie keine eigene Bedeutung haben, sondern diese erst aus den primären Systemen, die sie abbilden, erhalten (AEBLI 1981, 313). Denn Handlungen können effektiv oder „im Geiste" ausgeführt werden; eben solch „inneres" Handeln bedarf der Stellvertretung durch Vorstellung oder Sprache, die in dieser Form die hauptsächlichen Medien des Denkens sind. 'Handeln' selbst „bezeichnet Bereiche des Tuns mit hohem Grad der Bewußtheit und Zielgerichtetheit" (AEBLI 1980, 20).

Nun sind Sprechen und Schreiben nicht bloß orale oder manuelle Tätigkeiten; sie fordern den ganzen Menschen in seinem Wollen und Handeln.[14] Das heißt, auch sprachliches Handeln untersteht den Grundsätzen der „Bewußtheit und Zielgerichtetheit". Auch wer spricht, „will" etwas, sei es im Sinne eines direkten Bewirkens oder auch nur Darstellens, und sogar die meisten Anliegen des Menschen – manche ausschließlich, andere wenigstens zum Teil – werden mit Hilfe von Sprache geregelt. Wer etwas will, gibt sich erfahrungsgemäß besondere Mühe, das Gewollte auch zu erreichen – das gilt für allgemeines wie für sprachliches Handeln. Diese latente Gesetzmäßigkeit läßt sich am ehesten durch Negativbeispiele verdeutlichen: Wenn jemand eine Information derart übermittelt, daß man sie nicht oder nicht richtig versteht; wenn jemand eine Bitte so ungeschickt formuliert, daß man sie ihm unnötigerweise abschlägt; wenn jemand einen Witz auf solche Weise erzählt, daß keiner darüber lachen kann usw. – in all diesen Fällen ist offensichtlich von dem „Instrument" Sprache nicht adäquat Gebrauch gemacht worden. Obwohl Sprache im alltäglichen Umgang auch als Kontaktmittel dient oder in der Dichtung zum Selbstzweck werden kann, dominiert im allgemeinen Sprachgebrauch zweifellos ihr bewußter, zielgerichteter Einsatz als „Mittel zum Zweck". Diesen Gesichtspunkt hat nicht erst die sprachliche Handlungstheorie an den Tag gebracht, vielmehr kennt ihn die Linguistik schon lange unter dem Begriff der 'Kommunikationsabsicht' (Rede- oder Schreibintention). Die Realisierung einer solchen Kommunikationsabsicht in konkreten Sprechakten bedingt den Einsatz jeweils geeigneter und möglichst zweckmäßiger, ja wirkungsvoller Sprachmittel. Daraus resultiert jene Eigenart des sprachlichen Ausdrucks, die man als 'Stil' bezeichnen kann.

Sprachgestaltung und gestaltete Sprache

„*Stil* hat mit 'Gestalt' und 'Gestaltung' zu tun", heißt es knapp und bündig bei H. EGGERS (1972, 7). Wo Sprache solchermaßen in „Gestalt", d. h. in gestalteter Form vorliegt, sprechen wir von einem 'Text'. Die Sprachwissenschaft faßt diesen Begriff heute sehr weit und versteht darunter jede zusammenhängende mündliche oder schriftliche Äußerung als Grundeinheit sprachlicher Kommunikation. Ein Text in diesem Sinne weist immer auch stilistische Qualitäten auf, die im Rezeptionsvorgang, beim Hören oder Lesen also, wahrgenommen werden. Wo andrerseits die Rede ist von sprachlicher „Gestaltung", die in jeder Art von Sprechen oder Schreiben als Produktionsvorgang vonstatten geht, schließt das immer auch den Akt der Stilbildung ein. Denn nach moderner, allgemein akzeptierter Auffassung hat jede sprachliche Äußerung ihren Stil.

Gibt es demzufolge keine Sprache ohne Stil? Und weiter gefragt: wo liegt dann der Unterschied zwischen beiden? Kompliziert erscheinende Fragen wie diese lassen sich häufig vereinfachen, indem man Analogien als Erklärungshilfe heranzieht. Neben dem Stil in der Sprache, um den es in unseren Zusammenhängen immer geht, stehen weitere Anwendungsweisen des Begriffs wie Stil in der Architektur, Stil in der Malerei, Stil in der Musik – die Reihe ließe sich fortsetzen. Der Vergleich lehrt, daß Stil und Stilobjekt stets etwas durchaus Verschiedenes sind. In allen verglichenen Fällen meint aber Stil offensichtlich eine besondere Gestaltungsweise: eine spezifische Form der Baukunst, eine eigentümliche Manier des Malens, eine typisch ausgeprägte musikalische Kompositionstechnik. Der Sprachstil wäre folglich eine „irgendwie" spezifische, eigentümliche, typisch ausgeprägte Art des Sprachgebrauchs: „Überall, wo es darum geht, das Besondere, Charakteristische, Unverwechselbare, Typische menschlicher Kulturerzeugnisse zu erfassen und zu beschreiben, wird auf den Begriff des Stils nicht zu verzichten sein" (GIPPER 1982, 9).

Stil als eine von vielen Seiten der Sprache, so hatten wir am Anfang gesagt, und eine der möglichen Perspektiven ihrer wissenschaftlichen Betrachtung: Anders als die grammatischen Teilaspekte wie Phonologie, Morphologie, Syntax usw., die es jeweils mit gesonderten Ausschnitten der Sprache zu tun haben, richtet sich der stilistische Aspekt auf die Sprache insgesamt. Er umfaßt seinerseits Teilaspekte, die sich den Stilqualitäten der Lautung, der Formenbildung, des Satzbaus usw. widmen; prinzipiell kann somit „jedes Sprachelement vom Buchstaben bis zum Text ... die Funktion eines Stilmittels übernehmen" (LIWERKSI 1974, 460). Sprache und Stil stehen in einem irreversiblen, d. h. nicht umkehrbaren Inklusionsverhältnis zueinander: Alle Stilelemente sind notwendigerweise Sprachelemente, doch gilt nicht auch das Gegenteil, daß alle Sprachelemente gleichzeitig Stilelemente wären – dann nämlich würde Stil, in Sprache aufgehend, wie eine Seifenblase zerplatzen!

Betrachten wir die Sprache als ein jedem Sprachbenutzer verfügbares Potential von Sprachzeichen und Sprachregeln, so sind in diesem „Sprachspeicher" zunächst einmal alle Sprachelemente in stilneutraler, 'unmarkierter' Form enthalten. Jedesmal, wenn wir einen Sprech- oder Schreibakt vollziehen, wird ein Ausschnitt jenes Potentials aktiviert, und das heißt: in konkrete Sprache überführt. Erst diese Realisierung ermöglicht dadurch, daß im aktuellen Vollzug bestimmten Sprachelementen eine stilistische Funktion zufällt, die Unterscheidung von stilneutralen und stilrelevanten, 'markierten' Sprachelementen. Jedes Sprachelement kann somit potentiell Stilelement sein; ob es das in der Realisierung eines konkreten Textes wirklich ist, hängt von seinem speziellen Gebrauch ab: „Sprache besitzt ihren Wert und ihr Wesen erst durch die Menschen, die sich ihrer bedienen" (SOWINSKI 1975, 164) – und die in verschiedener Hinsicht charakteristische Art, wie man sich der Sprache bedient, ist Stil.

Literaturhinweise

Vgl. H. Beckers/P. Schmitter, Kommentierte Übersicht über sprachwissenschaftliche Wörterbücher und allgemeine Einführungen, Münster 1978. – W. Porzig, Das Wunder der Sprache, Bern/München, 8. Aufl. 1986. – R. W. Langacker, Sprache und ihre Struktur, Tübingen, 2. Aufl. 1976. – J. Lyons, Die Sprache, München 1983. – W. Boettcher u. a., Sprache. Das Buch, das alles über Sprache sagt, Braunschweig 1983. – E. Coseriu, Einführung in die allgemeine Sprachwissenschaft, Tübingen 1988. – Kleine Enzyklopädie Deutsche Sprache, Leipzig 1983. – R. Bergmann/P. Pauly/M. Schlaefer, Einführung in die deutsche Sprachwissenschaft, Heidelberg 1981. – H.-D. Fischer/H. Ürpmann, Einführung in die deutsche Sprachwissenschaft, München 1987. – W. König, dtv-Atlas zur deutschen Sprache, München 1978. – A. Stedtje, Deutsche Sprache gestern und heute, München 1989. – R. Lühr, Neuhochdeutsch, München, 2. Aufl. 1988. – H. P. Althaus/H. Henne/H. E. Wiegand (Hrsg.), Lexikon der Germanistischen Linguistik, Tübingen, 2. Aufl. 1980. – H. Gross, Einführung in die germanistische Linguistik, München 1988. – Funk-Kolleg Sprache. Einführung in die moderne Linguistik I–II, Frankfurt a. M. 1973. – J. Lyons, Einführung in die moderne Linguistik, München, 5. Aufl. 1980. – H. Pelz, Linguistik für Anfänger, Hamburg, 6. Aufl. 1984. – K.-D. Bünting, Einführung in die Linguistik, Königstein i. Ts., 11. Aufl. 1984. – W. A. Koch (Hrsg.), Perspektiven der Linguistik I–II, Stuttgart 1973/74. – B. Imhasly/B. Marfurt/P. Portmann, Konzepte der Linguistik, Wiesbaden, 3. Aufl. 1986. – H. Bussmann, Lexikon der Sprachwissenschaft, Stuttgart 1983. – C. Heupel, Linguistisches Wörterbuch, München, 3. Aufl. 1978. – W. Welte, Moderne Linguistik: Terminologie/Bibliographie I–II, München 1974. – Th. Lewandowski, Linguistisches Wörterbuch I–III, Heidelberg/Wiesbaden, 4. Aufl. 1984/85. – W. Abraham, Terminologie zur neueren Linguistik, Tübingen, 2. Aufl. 1988. – R. Conrad (Hrsg.), Lexikon sprachwissenschaftlicher Termini, Leipzig 1985.

3. WAS IST STIL?

Versuch einer Begriffsbestimmung

Verschiedene Formulierungen, die in bezug auf ein und denselben Sachverhalt unter gleichen kommunikativen Bedingungen möglich wären, unterscheiden sich „stilistisch"; in der Formuliertheit einer Äußerung zeigt sich ein bestimmter Stil der sprachlichen Handlung.

W. INGENDAHL (1975, 107)

Stil als charakteristische Art des Sprachgebrauchs? Immerhin funktioniert Sprache auch, „wenn ich *mir* und *mich* verwechsle, *brauchen* ohne *zu* verwende, *schmeißen* statt *werfen* setze, *Beene* für *Beine* sage und damit 'Füße' meine: *Du brauchst mich das nich(t) vor die Beene schmeißen!"* (SEIBICKE 1969, 7) – so charakteristisch diese Ausdrucksweise ist, wird doch niemand behaupten, das wäre korrektes oder gar stilistisch vorbildhaftes Deutsch. Fragen wir also: was überhaupt ist Stil?

Dasselbe auf verschiedene Art ausdrücken

Als Ausgangspunkt für weitere Schritte der Begriffserklärung findet man häufig solche Pauschalbestimmungen wie diese: „Stil ist – der Wortbedeutung nach – die Art, wie einer schreibt" (OHMANN 1971, 213); zu ergänzen wäre „und spricht", um auch den mündlichen Stil zu seinem Recht kommen zu lassen.[15] Lateinisch *stilus* war ursprünglich konkret der 'Schreibgriffel', mit dem man Schriftzeichen auf Wachstafeln einritzte, hatte seine Bedeutung jedoch bereits früh zuerst in Übertragung auf die Schrift selbst, dann auf die persönliche Schreibweise ausgeweitet. Von daher nahm das entlehnte Wort seit dem 15. Jahrhundert in deutsch *Stil* (entsprechend auch in den anderen europäischen Kultursprachen) den Sinn der charakteristischen Ausdrucks- und schließlich sogar Geistesart eines Individuums an. Diese besondere „Art und Weise des Sprachgebrauchs"[16] bedarf allerdings im modernen Sinne sprachlichen Handelns einer Umformulierung (THIEBERGER 1978, 8): „Stil meint . . . die Art und Weise des Handelns, im vorliegenden Falle des Schreibens oder Redens."

Strenggenommen hätte die Stilistik als ausgesprochene 'Schreiblehre' zu gelten, damit genaues Gegenstück zur 'Redelehre' der Rhetorik. Doch war in der kulturgeschichtlichen Entwicklung seit dem Mittelalter längst eine derartige Verschmelzung mit der Poetik, der 'Dichtungslehre', eingetreten, daß man vor allem im 18. und 19. Jahrhundert Stil nur der individuell-künstlerischen Sprachgestaltung großer Dichterpersönlichkeiten zuerkannte. Heute weiß man: Stil ist weder allein durch Individualität geprägt noch ausschließlich der Sprachkunst hoher Literatur vorbehalten. Jede sprachliche Äußerung hat Stil – ob gut, ob schlecht oder wie immer dieser geartet sei.

Eine derart weite Fassung des Stilbegriffs hat freilich ihre Konsequenzen. Solange nur der literarische Sprachkunststil anerkannt war, beschränkte sich Stil auf diese eine, eben „dichterisch-gehobene" Stilebene. Nun aber soll allen Sprachäußerungen Stil zukommen: dem unbeholfenen Leserbrief z. B. ebenso wie dem durchschnittlich-korrekten Behördenschreiben oder der bis ins letzte ausgefeilten Festrede – mit der Folge, daß man jetzt zahlreiche, stark voneinander abweichende Stilebenen anzusetzen gezwungen ist. Je weiter die Auffassung von Stil, um so größere Stilunterschiede und damit verschiedene Stile: „Es gibt nur Stil, weil es Stile gibt. Jeder Stil ist das, was er ist, nur vor dem Hintergrund anderer Stile" (KURZ 1985, 4). Denn die klaren, typisch ausgeprägten Unterschiede der Sprachverwendung konstituieren letztlich jene Eigenart sprachlicher Gestaltung und daraus resultierender sprachlicher Gestalt, die wir mit dem Begriff 'Stil' bezeichnen. Sie wiederum beruhen auf einer Voraussetzung, die überhaupt als die Grundannahme über das Phänomen Stil zu gelten hat: daß man dasselbe auf vielfach verschiedene Art ausdrücken kann. 17

Die Selektions-Theorie: „Stil als Wahl"

„Dasselbe auf vielfach verschiedene Art ausdrücken" – diese Möglichkeit müßte in unserer Sprache selbst angelegt sein. Stellt sie wirklich die vorausgesetzte Vielfalt an Ausdrucksmitteln bereit, deren sich dann die Sprachbenutzer, jeder auf seine eigene Weise, bedienen können? Die Frage ließe sich auch einfacher, empirienäher stellen: Warum sind Schulaufsätze mit gleichem Thema dennoch alle verschieden? Die Antwort mag von einer alltäglichen Modellsituation ausgehen: Ein Autounfall hat sich ereignet, mehrere Augenzeugen schildern den Vorgang. Die Erfahrung lehrt, daß sich in den Formulierungen derartiger Berichte trotz ihres identischen Gegenstandes und der Verpflichtung zu sachgemäßer, genauer Wiedergabe merkliche Unterschiede zeigen. Ähnliche Beobachtungen wird man bei vielen anderen Schreibanlässen machen. Offenbar kennt die Sprache tatsächlich für jeden Gegenstand, genauer 'Kommunikationsgegenstand', eine Menge von Formulierungsvarianten, die relativ gleichwertig verwendet werden können. Die Sprachwissenschaft beschreibt diesen Sachverhalt mit den Fachausdrücken der 'Synonymie' im Wortbereich sowie der 'Paraphrase' im Satz- und Textbereich.[18] Synonyme sind Wörter, die sich in ihrer Bedeutung sehr nahestehen, ohne unbedingt identisch zu sein: im vorliegenden (Un-)Fall etwa *Zusammenstoß, Aufprall, Kollision* usw. Es wird also nicht mehr ihre bedeutungsmäßige Gleichheit gefordert, wie früher vielfach geschehen, sondern nur noch semantische „Ähnlichkeit". Von praktischem, auch stilistischem Wert sind Synonymbegriffe, wenn jemand in Ausdrucksnot um das „treffende" Wort ringt oder wenn er zur Vermeidung von Wiederholungen nach einem anderen passenden Wort sucht.

Unter Paraphrasen versteht man Formulierungsvarianten komplexerer Spracheinheiten, die regelmäßig entweder auf Verdeutlichung oder Verkürzung abzielen. Man kann beispielsweise einen Satz zum Zwecke besseren Verstehens paraphrasieren, indem man ihn sinngemäß „mit anderen Worten" umschreibt. Paraphrasiert man hingegen ganze Texte (gleich welcher Länge), so geschieht das immer in verkürzter Form, indem meist unter Hervorhebung der wichtigsten Umstände nur der Aussagekern wiedergegeben wird: Nacherzählung, Inhaltsangabe, ja die Überschrift eines Textes sind Formen solcher Paraphrasierung, die sich in ihrer Länge deutlich unterscheiden. Auf der anderen Seite nehmen mit der Längendiskrepanz auch die Freiheit der Darstellung, Variationsmöglichkeiten des Ausdrucks, Stilunterschiede und Stileigenart zu.

Damit ist ein theoretischer Rahmen abgesteckt, in dem die Sprache kovariante, d. h. im gleichen Kontext austauschbare Ausdrucksmöglichkeiten anbietet. Aber das erklärt noch lange nicht, warum sich in der Praxis wirklich für bestimmte, sachlich festumrissene Tatbestände eine von Text zu Text verschiedene Darstellung findet. Als Ansatzpunkt zur Erklärung mag ein Gedanke des französischen Stilforschers J. MAROUZEAU dienen, der schon vor Jahren geäußert hat, die Sprache erscheine „als eine Gesamtheit, der Stil als das Resultat einer Wahl"[19]. Was heißt das? Wenn wir einen Sachverhalt formulieren wollen, sei er real oder nur gedanklich gegeben, so umfaßt dieser immer einen durch die Fakten selbst eingegrenzten Bruchteil der Wirklichkeit: In entsprechender Weise festgelegt und beschränkt ist der Ausschnitt unserer Sprache, den wir für seine Formulierung aktualisieren.

Die Verschiedenheit von Texten und damit auch ihr Stil liegt im unterschiedlichen Gebrauch kovarianter Sprachmittel begründet, deren sich jeder Sprachbenutzer selektiv, also „auswählend" bedient: Offensichtlich kommt so eine von Fall zu Fall andersartige Auswahl aus dem Sprachpotential zustande. Diese Auffassung entspricht der stiltheoretischen Konzeption „Stil als Wahl (Selektion)"[20] – nämlich Wahl zwischen bzw. Auswahl aus sprachlichen Variationsmöglichkeiten, die in sich typisch wiederholender Art und Weise erfolgt: „Stil im modernen Sinne bedeutet, daß ein Text aus den vorhandenen syntaktischen und lexikologischen Möglichkeiten der Sprache einzelne in gesetzmäßiger Wiederkehr und individueller Weise auswählend verwirklicht"[21] (FRIEDRICH 1970, 140). Die gegenwärtige Aktualität dieser Konzeption beruht auf der Abkehr von N. CHOMSKYS „idealem" Sprecher/Hörer einer Sprache und der Wendung zum realen Sprachbenutzer in seiner „Mehrsprachigkeit": indem er mehrere 'Varietäten' seiner Sprache aktiv (dazu weitere passiv) beherrscht und je nach Bedürfnis zwischen diesen sprachlichen 'Registern' wählt, fordert er geradezu einen selektiven Stilbegriff.[22]

Stilistische Wahl: nicht x-beliebig frei

Linguistisch beschreibt man Wahl und Wahlvorgang als einen komplizierten 'Selektionsmechanismus', der in der Anfangsphase jeder Textbildung wirksam wird (vgl. SANDERS 1977, 15 ff.). Allerdings wäre es verfehlt, sich den psychischen Ablauf so vorzustellen, als ob der Sprecher oder Schreiber jeweils eine gedankliche Auflistung aller in Frage kommenden Sprachvarianten vornähme, um daraus anschließend eine, die nach seiner Ansicht beste, auszuwählen. Wer sich die enge Verflechtung der Sprache mit dem Denken vergegenwärtigt, weiß gar wohl, daß man es hier mit einem verwickelten Simultanprozeß zu tun hat. Auch muß von vornherein klargestellt werden, daß die stilistische Selektion keine freie, x-beliebige Wahl sein kann: Sie unterliegt vielmehr verschiedenerlei Einschränkungen ('Selektionsrestriktionen').

Da sind zunächst sachbedingte und sprachsystematische Einschränkungen der Wahlfreiheit. Immerhin legt der thematisierte Sachverhalt bereits eine Reihe von Konstanten fest: Personen, mit der Handlung unmittelbar verknüpfte Gegenstände oder Vorgänge, Umstände des Ortes und der Zeit, Kausalbeziehungen und mehr. Außersprachliche Gegebenheiten wie diese haben ihre linguistische Entsprechung in Namen und Sachbezeichnungen, Lokal- und Temporalangaben, Konjunktionen mit folgenden Satzkonstruktionen usw., die dann als 'obligatorisch' und nicht 'fakultativ' (wahlweise anwendbar) gelten müssen. Sie bilden gewissermaßen das fixe Gerüst der Textformulierung. Abgesehen von diesen Auswirkungen des Sachverhalts zieht aber auch jede sprachliche Wahl ihrerseits wieder neue Konsequenzen nach sich. So fordert z. B. die Wahl eines bestimmten Substantivs ein nach Form und Bedeutung festgelegtes Verb:

ein *Hund* → *bellt*; die Wahl eines bestimmten Verbs ein obligatorisches Satzmuster: *sich bedienen* → *wer bedient sich wessen wozu?*; die Wahl bestimmter Sprachelemente schließlich die vorherige Entscheidung für eine angemessene Stilebene, von der man nicht ohne Grund abweichen kann. Solche Einschränkungen der Wahlfreiheit bleiben indes nicht die einzigen. Jeder Mensch verfügt über psychisch-kognitive Anlagen, die in unterschiedlicher Weise ausgebildet sein können: geistige Regsamkeit, Gedächtnisleistung, Konzentrationsfähigkeit usw.; sie tragen nicht unwesentlich dazu bei, wie man sich sprachlich verhält. Dieses Sprachverhalten wird zudem von den sozialen (genauer sozioökonomischen und soziokulturellen) Lebensumständen des Menschen bestimmt: Herkunft und Erziehung, Ausbildung und Wissensstand, Beruf und gesellschaftliche Stellung – das sind einige der wichtigsten Faktoren, die unsere Art, mit Sprache umzugehen, prägen. Noch unter einem weiteren Aspekt ist die stilistische Wahl keine freie Auswahl von Sprachvarianten: Mehr, als uns bewußt wird, stehen wir in konventionellen Bindungen der Sprachverwendung. Obwohl wir oft durchaus anders formulieren könnten, bedienen wir uns nur zu gern 'idiomatischer' Ausdrücke;[23] das sind festliegende Redewendungen, die uns die Sprache gewissermaßen gebrauchsfertig zur Verfügung stellt. Auch im Rahmen größerer Redezusammenhänge halten wir uns meist an bestimmte „Muster" in Form von 'Textsorten' (Vortrag, Geschäftsbrief, Kochrezept usw.). Das geschieht nicht etwa nur aus Bequemlichkeit, sondern auch aus pragmatischer Notwendigkeit; denn solches Sprachverhalten wird von uns erwartet, und jede unbegründete stärkere Abweichung erschiene als Verstoß gegen bestehende Normen und Formen des kommunikativen Umgangs. Überall stößt unsere Stilfreiheit an Grenzen.

Zusammengefaßt: Veranlagung, Lebenslauf und Rücksicht auf „Konventionen" bestimmen maßgeblich das Sprachvermögen eines jeden Menschen und mit diesen Ausdrucksfähigkeiten auch seinen Stil. Ungleiche Voraussetzungen führen von vornherein zu einer Fixierung der sprachstilistischen Wahlmöglichkeiten, die infolgedessen eine von Mensch zu Mensch verschiedene Spannweite aufweisen. Seinen Stil verbessern – und hier liegt ein theoretischer Ansatzpunkt für die Praxis der Stillehre – heißt daher im Rahmen der Konzeption „Stil als Selektion": die Spanne der sprachstilistischen Wahlmöglichkeiten ausweiten, die Möglichkeiten selbst verfeinern und zunächst einmal urteilsfähig für eine „treffende", stilistisch gute Wahl machen.

Stil als kommunikative „Gestaltungsstrategie"

Wir haben Stil als die charakteristische Art umschrieben, wie man einen Text formuliert bzw. wie ein Text formuliert ist. Diese Eigen-Art tritt um so klarer hervor, je planvoller, überlegter, bewußter die sprachliche Gestaltung erfolgt (ist). Bei spontaner mündlicher Rede, etwa einem Alltagsgespräch, das unter Umständen recht oberflächlich-routiniert abläuft, wird das nicht immer der Fall sein. Bei vorreflektiertem oder vorkonzipiertem Sprechen nimmt die Bewußtheit zu und erreicht ihren höchsten Grad im schriftlichen Formulieren, das über Entwurf und beständigem Feilen am Ausdruck sowie nachträglichem Verbessern schließlich zur endgültigen Textfassung führt.

Warum dieser geistige Aufwand? Warum redet oder schreibt nicht jeder unbekümmert so, wie ihm „der Schnabel gewachsen" ist? Sprechen und Schreiben in kommunikativer Funktion lassen sich, wie wir gesehen haben, durchweg als bewußtes, zielgerichtetes Handeln auffassen. Das bedeutet, die Anwendung der Sprache untersteht einer überlegten, zweckorientierten Kommunikations„strategie": je adäquater die Wahl der Sprachmittel und je wirksamer ihre Gestaltung, desto größer ist die Wahrscheinlichkeit, „einen optimalen kommunikativen Handlungserfolg" zu erzielen (KALLMEYER/SCHÜTZE 1975, 81) – oder anders ausgedrückt: eines Gelingens des Sprech- oder Schreibaktes. Diese kommunikative „Gestaltungsstrategie", wie wir sie einmal nennen wollen, spielt offenbar eine stilistische Hauptrolle im Zusammenspiel aller kommunikativen Umstände.

Stil erschöpft sich nicht in äußerlichem Sprachdekor, sei es durch affektive, ästhetische, rhetorische oder derlei Elemente, die zur „normalen" Sprachstruktur hinzutreten. Vielmehr ist er die charakteristische Art und Weise eines Sprachgebrauchs, der seinerseits „von der Art und Weise" zeugt, „wie ein Sprecher oder Schreiber sich zu seinem Adressaten und zu seiner Umwelt verhält, wie er sich jene Wirklichkeit bildet, um die es im jeweiligen Text oder Sprechakt geht" (ANDEREGG 1979, 10f.).[24] So gesehen, hat Stil nicht nur mit dem Wie der Äußerung, sondern auch mit dem Was des Geäußerten zu tun: er konstituiert selbst eine 'Stilbedeutung', die zur Gesamtbedeutung von Sprachhandlungen wesentlich beiträgt; er ist „eine inhärente, konstitutive, integrierende, nicht wegzudenkende Eigenschaft der organisierten sprachlichen Äußerung, eines 'Textes'" (PEUKERT 1977, 42). In diesem Sinne regelt der Stil – über den linguistisch korrekten Gebrauch der Sprachmöglichkeiten hinaus – deren zielbewußten Einsatz in kommunikativen Handlungszusammenhängen. Dies gilt für das gedankliche Konzept eines Textganzen wie für seine sprachliche Ausführung im einzelnen: zwei engverknüpfte Formen der

Textgestaltung, die gleichwohl aus der Stilperspektive betrachtet als 'Denkstil' und 'Sprachstil' auseinanderzuhalten sind.

Literaturhinweise

Vgl. Sanders 1977, 188–201: Bibliographie zu Stil, Stiltheorie und Stilistik. – B. Sowinski, Deutsche Stilistik, Frankfurt a. M. 1973 (3. Aufl. 1978). – E. Riesel/ E. Schendels, Deutsche Stilistik, Moskau 1975. – W. Fleischer/G. Michel, Stilistik der deutschen Gegenwartssprache, Leipzig 1975 (3. Aufl. 1979). – B. Spillner, Linguistik und Literaturwissenschaft, Stuttgart/Berlin/Köln/Mainz 1974. – B. Asmuth/L. Berg-Ehlers, Stilistik, Düsseldorf 1974 (2. Aufl. 1976). – J. Anderegg, Literaturwissenschaftliche Stiltheorie, Göttingen 1977. – W. Thoma (Hrsg.), Stilistik, in: LiLi. Zeitschrift für Literaturwissenschaft und Linguistik 6/ H. 22 (1976). – W. Sanders, Linguistische Stiltheorie, Göttingen 1973; ders., Linguistische Stilistik, Göttingen 1977. – B. Sandig, Stilistik, Berlin/New York 1978; dies. (Hrsg.), Stilistik I–II, in: Germanistische Linguistik 3–4/81 und 5–6/81 (1983). – U. Püschel, Linguistische Stilistik, in: H. P. Althaus/H. Henne/H. E. Wiegand (Hrsg.), Lexikon der Germanistischen Linguistik, Tübingen, 2. Aufl. 1980, 304–313. – G. Lerchner, Stilistisches und Stil, in: Beiträge zur Erforschung der deutschen Sprache 1 (1981), 85–109. – G. Michel, Grundzüge der Stilistik, in: Kleine Enzyklopädie Deutsche Sprache, Leipzig 1983, 450–489. – G. Kurz (Hrsg.), Stilistik und Stilkritik, in: Sprache und Literatur in Wissenschaft und Unterricht 16/H. 55 (1985). – B. Sandig, Stilistik der deutschen Sprache, Berlin/ New York 1986. – R. Thieberger, Stilkunde, Bern usw. 1988. – W. Kühlwein/ A. Raasch (Hrsg.), Stil: Komponenten – Wirkungen I–II. Kongreßberichte der 12. Jahrestagung der Gesellschaft für Angewandte Linguistik (1981), Tübingen 1982. – R. Zimmer, Stilanalyse, Tübingen 1974. – H. Viebrock, Theorie und Praxis der Stilanalyse, Heidelberg 1977. – B. Spillner (Hrsg.), Methoden der Stilanalyse, Tübingen 1984. – B. Sandig (Hrsg.), Stilistisch-rhetorische Diskursanalyse, Tübingen 1988. – H.-M. Schuh, Aspekte semiotischer Stilbeschreibung, in: Kodikas/Code 1 (1982), 21–37. – S. Krahl/J. Kurz, Kleines Wörterbuch der Stilkunde, Leipzig, 6. Aufl. 1984. – W. Spiewok, Wörterbuch stilistischer Termini, Greifswald 1977. – K. Wales, A Dictionary of Stylistics, London/New York 1989.

4. DENKSTIL UND SPRACHSTIL

Vom Konzept zur Ausführung

*Wollen (müssen) wir zur Formulierung übergehen –
um den Gedanken dauerhaft und damit anderen zugänglich zu machen –, werden wir öfters gewahr, daß
sich selbst folgerichtiges, stichhaltiges Denken nicht automatisch in passende Wörter und angemessene Sätze
umsetzt ... Der Sachdarsteller braucht keine Psychologie des Denkens und der Sprache zu betreiben, tut aber
gut daran, sich auf seine Erfahrungen über den Zusammenhang Denken – Sprache zu besinnen.*

G. Möller (1978, 10)

Die Beziehung zwischen Denken und Sprechen ist ein vielerörtertes
Problem von den älteren philosophischen Traditionen bis zu den neuesten psychologischen Theorien. Eine erste Schwierigkeit bestand und besteht darin, daß alles Wissen, das wir über unser eigenes Denken und das
anderer Menschen besitzen, sprachlich vermittelt ist und es uns – bildhaft
formuliert – wie dem Hasen im Märchen ergeht, der zu seiner Verblüf-
fung am Ziel immer schon den Igel Sprache erblicken muß, der ihm unbekümmert zuruft: „Ich bin schon da!"[25] Die zweite Schwierigkeit liegt in
bislang ungelösten Fragen einer halbwegs exakten Definition der Begriffe
'Sprechen' und 'Denken'. Ist Sprechen nur hörbares Artikulieren von
Sprache? Gibt es womöglich ein äußeres, lautes und ein inneres, stummes
Sprechen? Und was heißt Denken? Vollzieht es sich sprachunabhängig,
oder kann man es vielleicht gar mit dem „inneren" Sprechen identifizie-
ren? Ist es ein einheitlicher und insofern einzigartiger Prozeß, als er nur
dem Menschen im Unterschied zu allen anderen, auch „intelligenten"
Lebewesen vorbehalten ist? usw. – viele offene Fragen.

Anschauliches und begriffliches Denken

Schon Anfang der dreißiger Jahre hatte der russische Sprachpsychologe
L. S. Wygotski das Verhältnis von Denken und Sprechen auf die sinnfäl-
lige Formel gebracht, daß zwischen ihnen „eine Einheit, aber keine Identität" bestehe. Er beschreibt die komplizierten Wechselbeziehungen in

der Weise, daß Gedanken nicht durch Wörter ausgedrückt werden, sondern durch diese erst ihre Existenz erhalten; andrerseits entfalte „sich in der Sprache sukzessiv", was „im Denken simultan enthalten ist" (WYGOTSKI 1971, 351. 353). Was geschieht z. B., wenn einem gemäß der bekannten Redensart „tausend Gedanken auf einmal durch den Kopf gehen"? Es scheint in der Tat völlig ausgeschlossen, daß all jene oft in Sekundenschnelle wechselnden Denkvorgänge sich auch nur in flüchtigen Spracheinheiten konkretisieren könnten. Solches Simultandenken erreicht freilich nicht die gleiche Dauerhaftigkeit und Schärfe wie begriffliches Denken, das sich bewußt oder unbewußt der Hilfe sprachlicher „Etiketten" bedient. Auf der anderen Seite leuchtet ebensosehr ein, daß die Umsetzung in diskursives (logisch fortschreitendes), syntaktisch gegliedertes und sukzessiv zu artikulierendes Sprechen kein bloßes Lautwerden des Gedachten sein kann. Bedenkt man die Probleme, die häufig genug bei der Ausformulierung eines Gedankens auftreten, dann erscheint eher der Vergleich mit einem komplizierten Übersetzungsakt angebracht: Übersetzung von einer „Sprache" in eine andere – oder, genauer, Umsetzung von Denkstrukturen in Sprachstrukturen.

Bevor wir diesen Gedanken weiterverfolgen, der zur Unterscheidung von Denkstil und Sprachstil hinführt, bedarf es einer kurzen Besinnung auf die Grundlagen.[26] Denken kann offensichtlich geistige Operationen recht verschiedener Art meinen, z. B. Sinnerfassen in Wahrnehmungszusammenhängen, praktisch-technische Problemlösungen oder logisch-mathematische Schlußfolgerungsprozeduren. H. AEBLI (1981, 289) unterscheidet mehrere „Repräsentationssysteme" des Denkens; Erfahrung und Wissen des Menschen können sich grundsätzlich in dreierlei Form darstellen:

– in Handlungsschemata (enaktive, „praktische" Repräsentation);
– in wahrgenommenen oder vorgestellten Bildern (ikonische Repräsentation);
– in Sprachzeichen (symbolische Repräsentation).

Die Bedeutung des Grüßens beispielsweise kann in der Geste, in ihrer Wahrnehmung oder Vorstellung und in Grußworten enthalten sein. Obwohl die Möglichkeit sprachfreien „anschaulichen Denkens" – des Denkens also in bildhaften Vorstellungen – durchaus gegeben ist, hat uns natürlich in erster Linie das sprachnahe „begriffliche" Denken zu beschäftigen: „Der Begriff ist das Werkzeug, mit dem wir die Wirklichkeit deuten" (AEBLI 1981, 83). Aber was ist ein „Begriff"? Die vereinfachende Antwort nach dem denkpsychologischen Ansatz lautet: Ein Begriff ist das Ergebnis eines komplex strukturierten Denkprozesses; er baut sich stufenweise aus Elementen unseres Vorwissens auf und bildet hierarchisch die im Begriffsinhalt verknüpften Beziehungen ab. Das so zustande kommende

„Bedeutungsnetz" erhält schließlich einen Namen als sprachliches „Etikett", das es rasch, ökonomisch und sicher verfügbar macht. Unser ganzes „Weltwissen", d. h. die Gesamtheit persönlicher Erfahrungen und vermittelten Wissens über die Realität, ist netzartig in solchen Begriffshierarchien gespeichert: unsere subjektive oder objektive Wirklichkeit.

Nicht unwichtig erscheint der Hinweis, daß 'Begriff' und 'Wort' nicht identisch sind; wohl aber können sich die Strukturelemente eines Begriffs mit den Bedeutungskomponenten eines Wortes decken. Nach Auffassung der modernen Linguistik operiert das menschliche Gedächtnis im Bereich der Wort-, doch auch Satz- und Textverarbeitung semantisch (vgl. BOCK 1978). Das heißt, wir behalten und verarbeiten Wörter nicht so sehr als feste Lautketten oder als Glieder einer syntaktischen Sequenz, sondern als Träger bestimmter Bedeutungen. Wörter – 'Lexeme', wie die exakte sprachwissenschaftliche Bezeichnung lautet – sind in einem „inneren Lexikon" des Menschen gespeichert. Sie existieren dort aber nicht in der uns geläufigen Gestalt von „Vokabeln" mit kompakten Bedeutungen, so wie wir sie in den Wörterbüchern zusammengestellt finden, sondern in elementare Bedeutungskomponenten zergliedert.[27] Ein Wort läßt sich dann als ein „Sinnkonzentrat" auffassen, in dem eine bedeutungskonstituierende Bündelung von semantischen Merkmalen einer bestimmten Lautfolge zugeordnet wird. Da das Wortgedächtnis nur Teil unseres Gesamtgedächtnisses ist, dem umfassenden Wissensspeicher jedes Menschen, besticht der Gedanke, daß man sich sprachliches Wissen und allgemeines Wissen „wie zwei übereinander liegende Netze mit Doppelknoten für die Elemente und ihre Namen" vorstellen könne (AEBLI 1981, 345 f.). Diese „Namen" liegen selbstverständlich auf der noch vorsprachlichen Begriffsebene, nicht auf der sprachlichen Wortebene.

Denkstil – Sprachstil

Vom Begriff zum Wort – das charakterisiert eingängig den Schritt von den Denkstrukturen zu Sprachstrukturen. Das linguistische Interesse richtet sich vornehmlich auf jene Form des Denkens, die man als „vorsprachliches" Denken bezeichnen kann: entweder als sprach*vorbereitendes* Denken zum Zwecke folgender Versprachlichung oder als sprach*begleitendes* Denken in Verbindung mit Sprechen.

Wie sieht dieses vorsprachliche Denken genauer aus? Was sich denkpsychologisch als ein Begriffsgeflecht aus Objekten und Relationen darstellt, enthält bereits ein nicht zu unterschätzendes sprachliches Substrat: Kommunikationsgegenstand und Kommunikationsabsicht leisten eine Vorstrukturierung des intendierten Textes. Man verwendet in diesem Zusammenhang häufig den Begriff der 'Texttiefenstruktur': gemeint ist die logisch-semantische Präsentation des Kommunikationsgegenstandes, der als zugrundeliegender Sachverhalt nicht nur einen Rahmen logischer Beziehungen absteckt, sondern auch schon wichtige semantische Gegebenheiten fixiert (vgl. S. 19). Grammatikalisch-textlinguistisches Gegenstück zur 'Tiefenstruktur', die sich weitgehend dem Denken zuordnet, ist die sprachlich realisierte 'Oberflächenstruktur'.[28] Von diesen Vorüberlegungen geht die folgende Unterscheidung aus:

(1) Jeder Text – abgesehen allenfalls von manchen spontanen Alltagsgesprächen – hat offensichtlich ein „Konzept". Darunter verstehen wir seine Organisationsform im großen: das logisch-semantische Textgerüst oder, anders ausgedrückt, seine 'textuelle Makrostruktur'.

(2) Die „Ausführung" des Textes besteht in seiner sprachlichen Realisierung, die jenen Denkansatz in konkrete Sprachformen umsetzt. Das geschieht in der 'linguistischen Mikrostruktur'.

Aus stilistischer Sicht entspricht dem die neuere Untergliederung in eine 'Makrostilistik' und 'Mikrostilistik' (RIESEL/SCHENDELS 1975, 11 f.). 'Stilistik' im herkömmlichen Sinne ist Mikrostilistik: als ihre Grundgröße fungiert der 'Sprachstil', der sich folgerichtig der linguistischen Mikrostruktur zuordnet. Für die Makrostilistik, deren Objektbereich die textuelle Makrostruktur bildet, wird analog der Begriff des 'Denkstils' eingeführt (KRAHL/KURZ 1984, 29 f.). Die praktischen Unterschiede zwischen Denkstil und Sprachstil lassen sich denjenigen vergleichen, die zwischen Bauplan und Erbauung eines Hauses bestehen: Grundriß, Konstruktionsweise und äußere Konturen legt der Plan zwar fest, aber viele Details der Ausführung, der Ausgestaltung und des Aussehens ergeben sich erst während der Erstellung des Bauwerks. Genauso müssen sich die Sprachbausteine Stück für Stück dem konstruktiven Entwurf des Textes einpassen, wie umgekehrt dieser erst durch die Einführung konkreter Sprachelemente nach außen Gestalt annimmt.

Theoretisch führt der Weg vom Denken zum Sprechen, von der logisch-semantischen Tiefenstruktur zur sprachlichen Oberflächenstruktur, also auch vom Denkstil zum Sprachstil. Eine solche lineare Vorstellung erscheint zwar vordergründig plausibel, weil eine textuelle Makrostruktur natürlich vorhanden sein muß, bevor man sie durch linguistische Mikrostrukturen ausfüllt. Diese Vorstellung berücksichtigt allerdings nur jene Art des Denkens, das wir genauer „sprachvorbereitend" genannt haben. Mit dem Beginn der Versprachlichung hört die Denktätigkeit aber keineswegs auf, wie jeder an sich selbst beobachten kann – sie ändert sich nur: Aus dem sprachvorbereitenden wird nun ein sprachbegleitendes Denken. Als solches bleibt es im Verlauf des gesamten Textbildungsprozesses wirksam und kann dafür verantwortlich sein, daß eine anfangs völlig klare Konzeption im Zuge der Formulierung noch weiterentwickelt, modifiziert, korrigiert oder sogar ganz umgeworfen wird. Das hat nichts mit „Verworrenheit der Begriffe" oder „Undiszipliniertheit des Denkens" zu tun, sondern kennzeichnet gerade eine produktive Phase gedanklicher Tätigkeit (vgl. MÖLLER 1978, 11). Wer Kleists Abhandlung ›Über die allmähliche Verfertigung der Gedanken beim Reden‹ gelesen hat, dem wird der Vorgang lebhaft vor Augen stehen. Der Akt der Versprachlichung ist eben kein einfaches Umsetzen fertiger Gedanken in die zugehörigen Worte. In vielen Einzelheiten bedarf es einer hochgradigen linguistischen Leistung, um Gedankenreflexe vagen semantischen Gehalts in eine formal und sinngemäß gelungene Formulierung zu bringen.

Der Übergang vom Denkstil zum Sprachstil erfolgt mit der Einführung konkreter Sprachelemente, der 'Lexemeinsetzung'. Wenn das „innere Lexikon" alle Lexeme (Wörter) in der Form semantischer Merkmalbündel enthält, braucht dort nicht jedes einzelne Lexem für sich gespeichert zu sein; vielmehr steht es im Verband einer zusammengehörenden Lexemgruppierung, deren Einzellexeme sich in ihren Bedeutungskomponenten nur geringfügig unterscheiden: z. B. Wörter eines lexikalisch-semantischen Feldes wie *bekommen, erhalten, kriegen, empfangen, geschenkt werden* usw. Lexemgruppierungen dieser Art bezeichnet man in der Linguistik als 'Lexikoide';[29] sie sind Einheiten der Tiefenstruktur, die jeweils einen Komplex kovarianter Lexeme der Oberflächenstruktur zusammenfassen. Mit der Lexemeinsetzung tritt die Textbildung in ihre erste Phase. Der Sprecher oder Schreiber entscheidet sich im Rückgriff auf alle ihm verfügbaren Lexeme eines Lexikoids für ein konkretes Wort: die gerade auch sprachstilistisch wichtige „Wortwahl". Von hier an verläuft die Umsetzung des Gedankenkonzepts nach den linguistischen Gesetzmäßigkeiten der Kombination gewählter Sprachelemente (mit grammatisch-syntaktischen Konsequenzen) sowie weiterer Selektionen, die ihrerseits wieder stilistische Rücksichtnahme auf den Kontext erfordern.

Die gedankliche Disposition eines Textes

Der Denkstil, so wurde gesagt, regelt die Textbildung im großen. Er organisiert den Text in seiner vollen Komplexität, so die „Material"auswahl, Aufbau und Gliederung, die Wechselbeziehung zwischen dem Ganzen und seinen Teilen, die Komposition. Diese und weitere Gesichtspunkte, die den (noch immer) intendierten Text bereits in einen festen Denkrahmen spannen, kann man als makrostrukturellen „Ausführungsplan" bezeichnen. Die einzelnen Schritte dieser Planung fassen wir in die Begriffe: Thema, Stoff und Disposition.

Im Kommunikationsgegenstand wird ein durchweg außersprachlicher Sachverhalt, sei er realer oder fiktiver Natur, „thematisiert" – aber was heißt das? Ein Thema läßt sich als selbstgestellte oder von anderen vorgegebene Aufgabe verstehen, die der Sprecher oder Schreiber kommunikativ zu bewältigen hat. Es wird für ihn damit in weiterem Sinne zum 'Problem', das er sich geistig klarmachen muß, bevor er es sprachlich löst: „Im Problem ist die Schwierigkeit sozusagen objektiviert. Der Mensch kann sie in dieser Form vor sich hinstellen, sie ins Auge fassen" (AEBLI 1981, 75); und was man ins Auge faßt, kann man er-fassen. Auf jeden Fall steht am Anfang jeder Textkonzeption eine gründliche Vergegenwärtigung des Themas, das sich – sprachlich aufs äußerste komprimiert – in einer Überschrift konkretisieren kann. Das Stichwort „Thema" bedeutet: genau wissen, worüber der Text handeln soll.

Jeder Kommunikationsgegenstand, gleich welcher Art, setzt sich aus einer mehr oder minder großen Anzahl von Einzelelementen zusammen, die dem Sprecher oder Schreiber verfügbar sein müssen. Handelt es sich um einen realen Tatbestand, so leistet dies schon eine scharfe Beobachtung aller Einzelheiten: die Wahrnehmung also und ihr geistiger Nachvollzug. Wenn ein abstrakter Sachverhalt vorliegt, sollten die ihn betreffenden Gesichtspunkte möglichst vollständig gesammelt und am besten, zunächst ungeordnet, aufgeschrieben werden. Man wird gut daran tun, im Falle systematischer Sammlung nicht allein dem eigenen Ideenvorrat zu vertrauen, sondern sich darüber hinaus in Büchern (Nachschlagewerken), im Gespräch mit anderen Menschen oder auf sonstige Weise zusätzlich zu informieren. Eine derartige Faktenzusammenstellung benötigt man als Materialgrundlage, die als Stoff für das Textkonzept dient. Das Stichwort „Stoff" besagt: möglichst vollständig zusammentragen, was zum Thema zu sagen ist.

Drittens erfolgt die eigentliche „Disposition" dieses Stoffes, seine Sichtung und Ordnung. Nicht alle Einzelheiten eines Sachverhalts sind von gleicher Bedeutung: Wichtiges gehört zu den Leitgedanken, Nichtiges in den Papierkorb. Wer in einer Diskussion nicht die schärfsten Argumente zur Hauptsache macht, vertritt seine Sache schlecht; wer sich in der Schilderung eines Vorgangs nicht auf die Kernpunkte konzentriert, gilt als weitschweifig. Sichtung des Materials bedeutet daher in erster Linie die Scheidung des Wesentlichen von Unwesentlichem. Ordnung meint noch nicht die kompositorische Gruppierung von Textelementen, vielmehr eine logische „Roh"ordnung des Materials: in Handlungsabläufen etwa die natürliche Reihenfolge, bei der Zusammenstellung von Gesichtspunkten deren Beziehung zueinander (z. B. Argumente und Gegenargumente) usw. Denn es gibt keine absolute, aus sich heraus sinnvolle Anordnung von Textelementen; sie läßt sich vielmehr nur aus der Kommunikationsabsicht (Redeintention) herleiten: Diese legt Ziel und Zweck der Sprachhandlung fest, und sie weist demgemäß auch jedem Element seinen Platz und seine Funktion im Ganzen des Textaufbaus zu. Das aber ist Aufgabe der Komposition, die sich in diesem Sinne als „gestaltend" charakterisiert: als formgebendes Prinzip, das den makrostrukturellen Textaufbau nach bestimmten Gestaltungs- und Wirkungskriterien „gliedert". Die Disposition hingegen, die sich dem Kommunikationsgegenstand zuordnet, kennzeichnet – eher „zergliedernd" als gliedernd – eine Phase der vorsprachlichen Denktätigkeit, die makrostrukturelle Textelemente „zur Disposition stellt". Übrigens gibt es souveräne Geister, die Themaerfassung, Materialsammlung, Stoffdisposition und Textkomposition in einem Arbeitsgang bewältigen – wie auch immer, dem Anfänger sei eher die vorsichtige Taktik der kleinen, gut überlegten Schritte angeraten.

Grenzen einer Denkstilistik

Wer kennt nicht die Haupttypen des Kriminalromans: den analytischen Roman, der die schrittweise Aufklärung eines zu Anfang oder schon vorher geschehenen Verbrechens darstellt, und den „action-Krimi", der in einer sich steigernden Folge spannender Aktionen und Gegenaktionen dem Schluß als dramatischem Höhepunkt zustrebt. Die handgreiflichen Textunterschiede, die bis in Einzelheiten der Darstellung reichen, erklären sich aus ihrer unterschiedlichen Konzeption: Den gegensätzlichen Perspektiven liegt eben ein anderer Denkstil zugrunde.

Man könnte solche Beobachtungen verallgemeinern und typische Denkstile in ihren Grundzügen herauszuarbeiten versuchen.[30] Da gibt es den systematischen Denker, der ein Problem distanziert, aber bis auf den Grund angeht, der unter bewußter Beschränkung auf das Wesentliche zu Abstraktion und Deduktion neigt, der in der Darstellung auf streng logische Entwicklung, in der Formulierung auf Klarheit und Begriffsschärfe großen Wert legt usw. Dem steht der Typ des assoziativen Denkers gegenüber, der eher heuristisch vorgeht, der mit dem Risiko thematischer Abschweifungen die ganze Fülle anregender Gesichtspunkte ausbreitet, der auch in der Darstellung inhaltlicher Vielfalt und freiem Gedankenspiel den Vorzug vor formaler Strenge gibt usw. Nur zwei Beispiele, exemplarisch herausgegriffen und kontrastiv überzeichnet – aber solche Stiltypen gibt es, und sie zeigen ihre Konsequenzen bis in die sprachliche Formulierung hinein (logisch abstraktes Denken etwa bewirkt in der Regel einen ausgesprochenen 'Nominalstil'): ein äußeres Anzeichen der Verzahnung von Denkstil und Sprachstil.

Obwohl auch Kommunikationsformen, Darstellungsarten und Textsorten von sich aus einen bestimmten Denkstil erfordern können, präsentiert dieser sich doch in erster Linie als individuelle Größe: Ein Denkstil – das sind persönliche Denkgewohnheiten, die als verfestigte Denkformen eines Individuums auf einer charakterlich und bildungsbiographisch begründeten „Bevorzugung bestimmter intellektueller Operationen" beruhen (MÖLLER 1983, 154). Damit wird der Denkstil als das sichtbar, was er primär ist: eine psychologische, genauer kognitionspsychologische Kategorie. Entzieht er sich damit nicht linguistischer Einsicht? Der Linguist hat nur die Möglichkeit, nachträglich in den Texten bestimmte Darstellungsverfahren, Ordnungs- und Anordnungsprinzipien, charakteristische Merkmalskonstellationen usw. festzustellen, die er im Sinne eines individuellen Denkstils oder eines überindividuellen Stiltyps deuten kann. Er muß sich aber darüber im klaren sein, daß die von ihm beschriebenen sprachstilistischen Strukturen und der zugrundeliegende Denkstil, bei allen Entsprechungen im einzelnen, sich dennoch nie direkt und vollständig zur Deckung bringen lassen, weil sie auf verschiedenen Ebenen liegen.

Der Denkstil bildet zweifellos eine wichtige und in vielerlei Hinsicht interessante Stilgröße, die darüber hinaus auch zumindest ansatzweise lehr- und lernbar ist. Denn er besitzt nicht nur eine psychologische, sondern auch eine methodologische Seite: im Sinne einer Art „geistiger Arbeitstechnik". Allerdings hat diese im ganzen mehr mit Logik, Argumentationslehre, auch Methoden der Rhetorik zu tun als mit dem Sprachstil. Darum wurden hier nur einige allgemeine Überlegungen angestellt, die für eine systematische Planung der textuellen Makrostruktur von Wichtigkeit sind. Im übrigen gilt alles, was hier zur gedanklichen Disposition gesagt wurde und in späterem Zusammenhang (Kapitel 12) zur textbezogenen Komposition gesagt werden kann, fast ausschließlich für den geschriebenen Text: Die grundlegenden Verschiedenheiten zwischen Sprechen und Schreiben wirken sich also auch im Stilbereich aus – gibt es einen Stil der Mündlichkeit und einen Stil der Schriftlichkeit?

Literaturhinweise

Vgl. U. Bach/D. Wolff (Hrsg.), Ausgewählte Bibliographie zur Psycholinguistik und Sprachpsychologie, Königstein i. Ts. 1980, 159–350. – E. H. Lenneberg, Biologische Grundlagen der Sprache, Frankfurt a. M. 1972. – H. Hörmann, Psychologie der Sprache, Berlin, 2. Aufl. 1977. – L. S. Wygotski, Denken und Sprechen, Frankfurt a. M., 5. Aufl. 1974. – G. Kegel/Th. Arnhold/K. Dahlmeier/G. Schmid/B. Tischer (Hrsg.), Sprachwissenschaft und Psycholinguistik. Beiträge zur Forschung und Praxis I–III, Opladen 1986–89. – G. Seebaß, Das

Problem von Sprache und Denken, Frankfurt a. M. 1981. – V. Z. Panfilov, Wechselbeziehungen zwischen Sprache und Denken, München 1974. – G. Simon/ E. Straßner, Sprechen – Denken – Praxis, Weinheim 1979. – H. W. Rüschenbaum, Zum Verhältnis von Sprechen, Denken und Interaktion, Frankfurt a. M./Bern/ Las Vegas 1979. – Th. Lewandowski, Über den Zusammenhang von Sprache und Denken, in: G. Brettschneider/Chr. Lehmann (Hrsg.), Wege zur Universalienforschung. Sprachwissenschaftliche Beiträge zum 60. Geburtstag von H. Seiler, Tübingen 1980, 497–503. – E. Holenstein, Sprachliche Universalien. Eine Untersuchung zur Natur des menschlichen Geistes, Bochum 1985. – H. G. Furth, Denkprozesse ohne Sprache, Düsseldorf 1972. – H. Gipper, Denken ohne Sprache?, Düsseldorf, 2. Aufl. 1978; ders., Das Sprachapriori. Sprache als Voraussetzung menschlichen Denkens und Erkennens, Stuttgart/Bad Cannstatt 1987. – E. Holenstein, Von der Hintergehbarkeit der Sprache, Frankfurt a. M. 1980. – C. Jüttner, Gedächtnis, München/Basel 1979. – R. Arbinger, Gedächtnis, Darmstadt 1984. – M. Wettler, Sprache, Gedächtnis, Verstehen, Berlin/New York 1980. – M. Bock, Wort-, Satz- und Textverarbeitung, Stuttgart 1978. – H. Aebli, Denken: das Ordnen des Tuns I–II, Stuttgart 1980/81 (II, 323–346: Die Sprache als Medium des Handelns und Denkens). – C. Knobloch, Sprachpsychologie, Tübingen 1984, 323–384: Das 'innere Lexikon' in der Sprachpsychologie. – D. Hillert, Zur mentalen Repräsentation von Wortbedeutungen, Tübingen 1987. – H. Schüling, Denkstil, Ratingen 1967. – K. Ehlich, Denkweise und Schreibstil, in: B. Sandig (Hrsg.), Stilistik I. Probleme der Stilistik, in: Germanistische Linguistik 3–4/81 (1983), 159–178. – W. Möller, Zum Problem der Denkstile, in: G. Möller, Praktische Stillehre, Leipzig, 5. Aufl. 1985, 152–161.

5. SPRECHSTIL UND SCHREIBSTIL

Zwei Erscheinungsformen des Sprachstils

> *Wohl steht ... das Schreiben unter einem anderen Gesetz als die mündliche Rede, aber sie wirkt ... doch in die Schriftlichkeit hinein, und zwar vorteilhaft. Ja, man wird sagen dürfen, die Erinnerung des Schreibenden an das Sprechen führe zu jener Einfachheit, Leichtigkeit und Luzidität, die den „guten Stil" ausmachen.*
>
> G. STORZ (1984, 33)

Von einem bekannten Philosophen und Literaten des 19. Jahrhunderts, FRIEDRICH THEODOR VISCHER, stammt der Satz: „Die Rede ist keine Schreibe." [31] Die natürlichen Unterschiede zwischen gesprochener und geschriebener Sprache wirken sich auch auf den Sprachstil derart aus, daß eine grundsätzliche Trennung angezeigt erscheint: Stil der Mündlichkeit und Stil der Schriftlichkeit (kürzer 'Sprechstil' und 'Schreibstil'). Immerhin bestehen komplizierte Wechselbeziehungen, die sich in den beiden gleich problematischen Faustregeln niedergeschlagen haben: „Schreibe, wie du sprichst!" – „Sprich, wie man schreibt!" Die Anwendung der ersten Regel führt zu jener salopp-umgangssprachlichen Ausdrucksweise von Schrifttexten, die – allenfalls für Privatbriefe angängig – in jedem Schreiben offizielleren Charakters Anstoß erregen wird. Die Praxis der zweiten Regel kennt man von Vorträgen, denen ein ausformuliertes Manuskript zugrunde liegt, oder auch vom versierten Redner, der frei, aber „wie gedruckt" spricht. Wir halten zunächst fest: Nicht jeder mündliche Text bietet, nur weil er eben gesprochen wird, schon Sprechsprache; nicht jeder schriftliche Text entspricht, nur weil geschrieben, den Regeln echter Schreibsprache.

Gesprochene und geschriebene Sprache

Die Umsetzung von Denkstrukturen in Sprachstrukturen, von denen das vorige Kapitel handelte, kann auf zwei „Kanälen" vor sich gehen: in gesprochener und in geschriebener Sprache. Diese bilden verschiedene Repräsentationssysteme (Medien), wobei das Sprechen die Primärform der Sprache ist, das Schreiben als daraus abgeleitetes, sekundäres

Phänomen gilt: Übertragung des gesprochenen Wortes in sichtbare Schrift. Aufgrund der prinzipiellen Unterschiedlichkeit stellte sich zeitweise die Frage nach der Identität von Sprache in gesprochener und geschriebener Form. Untersuchungen zur Mündlichkeit ergaben, „daß die gesprochene Sprache anderen Gesetzen folgt, andere Normen kennt als die geschriebene Sprache" (RUPP 1970, 19). Benutzen wir etwa gar verschiedene Sprachsysteme, je nachdem, ob wir uns mündlich oder schriftlich ausdrücken? In Wahrheit existiert nur ein einziges Sprachsystem, von dem wir allerdings in gesprochener und geschriebener Sprache unterschiedlichen Gebrauch machen; es sind demnach lediglich Unterschiede der Sprachverwendung, die sich überdies durch die Verschiedenartigkeit der Medien sehr wohl begründen lassen – mit wechselseitigen Vor- und Nachteilen.

Sprechen besteht nicht in den bloßen Sprechlauten. Aus der Art des Sprechens ergeben sich zusätzliche, oft sogar die wichtigeren Informationen, so aus der besonderen Betonung im Wort- und Satzakzent, aus der Tonführung in Sprachmelodie oder Schattierungen der Klangfarbe, aus Lautstärke, Sprechtempo, Pausen usw. Beim Schreiben verfügen wir nur über beschränkte Möglichkeiten, solche genuinen Eigenschaften des Gesprochenen im Schriftbild wiederzugeben: Unterstreichungen, Groß- oder Sperrdruck, Anführungszeichen für direkte Rede, Gedankenstriche, Zwischenräume usw. Nicht selten finden völlig entgegengesetzte Aussagen allein in „verrückten" Satzzeichen ihren Ausdruck:

Der brave Mann denkt an sich – selbst zuletzt.
Der Lehrer sagt: „Der Schüler ist ein Esel". – „Der Lehrer", sagt der Schüler, „ist ein Esel." [32]

Sofern nicht die Andeutung von Sprechsprache – etwa im Sinne jener „schriftlich konzipierten Mündlichkeit" literarischer Dialoge [33] – bezweckt ist, wird es sich empfehlen, bedeutungsvolle, aber eben nur akustisch wirksame Phänomene gesprochener Sprache für den schriftlichen Gebrauch umzuformulieren. Große Stilisten haben schon immer ein Gespür für diese Notwendigkeit bewiesen: „Es ist die Wirklichkeit, welche die Möglichkeiten weckt", heißt es bei ROBERT MUSIL; das ist nicht nur eine besondere „Hervorhebungsformel" (ERBEN 1972, 271), sondern der Nachvollzug des betonten: *Die Wirklichkeit weckt die Möglichkeiten* in der Schrift. Daß sie die außersprachlichen Mittel der 'nonverbalen Kommunikation' wie redebegleitende Gestik, Mimik usw. ohnehin nicht nachvollziehen kann, versteht sich von selbst.

Die Dauerhaftigkeit, Wiederholbarkeit und Korrigierbarkeit des geschriebenen Textes kontrastiert scharf mit der Flüchtigkeit, Einmaligkeit

und Unwiderruflichkeit des gesprochenen Wortes. Im Gegensatz zur
wohlüberlegten schriftlichen Formulierung, die sorgfältig auf grammatische Korrektheit und stilistische Angemessenheit bedacht werden kann,
ist die spontane mündliche Äußerung verständlicherweise anfällig für
„Fehler": nachlässige Artikulation, umgangssprachliche Formen, unvollständige Sätze, schiefe Wortwahl usw. Derartige Abweichungen erklärt
man gewöhnlich aus den Bedingungen der 'Performanz',[34] wie „der aktuelle Gebrauch der Sprache in konkreten Situationen" bezeichnet wird
(CHOMSKY 1969, 13 f.): Sprachverwendungsfaktoren wie Gedächtnis-
begrenztheit, Konzentrationsschwäche, Interessenverschiebung oder
Ablenkung durch äußere Einflüsse. In den meisten Fällen handelt es sich
aber um nichts anderes als die typisch „holperige" Strukturierung mündlicher Rede, die nur im Vergleich mit der Glätte von Schrifttexten fehler-
haft erscheint. Die Gründe liegen vor allem in der Spontaneität des Gesprochenen, im direkten räumlich-zeitlichen Kontakt zwischen Sprecher
und Hörer, in der simultanen Verbindung mit der Sprechsituation.
Daraus ergeben sich charakteristische Ausdrucksweisen wie
– sprachliche Redundanzen (Wiederholungen), die zur Verdeutlichung
  des Gesagten dienen;
– Gebrauch deiktischer (hinweisender) und sonstiger Referenzmittel, die
  auf die unmittelbar gegebene Redesituation Bezug nehmen;
– nicht selten Gedankensprünge, die auf dem Assoziationsprinzip beruhen;
– im Satzbereich vor allem elliptische (verkürzte) Formulierungen, Ab-
  brüche oder Wechsel der syntaktischen Konstruktion.
In Eigenheiten dieser Art, die weder die kommunikative Leistung der
gesprochenen Sprache noch ihre natürliche Ausdruckskraft beeinträchtigen, äußert sich auch die Besonderheit des mündlichen Stils (vgl.
SANDERS 1977, 90 ff.).
  Sprechen und Schreiben sind zweierlei: Steht der Sprecher während des
Sprechvorgangs sozusagen mitten in seinem Text, den er spontan formuliert, nimmt der Schreiber gegenüber seinem ohnehin vorreflektierten
und schriftlich fixierten Text stets eine Distanzhaltung ein. Er kann sein
„Schriftstück" gewissermaßen vor sich hinstellen, es kritisch mustern
und nach Belieben ändern. In allen Phasen besteht nicht nur die Möglichkeit, sondern sogar ein Zwang zu bewußter Textgestaltung, der allenfalls
durch das sprachstilistische Können Grenzen gesetzt sind: Vorüberlegungen im Rahmen des Denkstils gewährleisten ein durchdachtes Textkonzept. Die schriftliche Formulierung zwingt zur sprachlich korrekten und
stilistisch angemessenen Fixierung auch der Einzelheiten. Nachträgliche
Überprüfung und notfalls Korrekturen bieten Gelegenheit, Inhalt und
Ausdruck des Textes den letzten Schliff im Sinne der Gestaltungsabsicht

zu geben. Das Endergebnis sollte dann lauten: guter Stil. Aber das gilt allein für schriftlichen Stil!

Anmerkungen zum mündlichen Stil

Als die wesentlichen Bedingungen gesprochener Sprache haben sich herausgestellt: der spontane Ausdruck, direkter Kontakt zwischen Sprecher und Hörer, Einbeziehung der Redesituation. Aber gerade weil echtes Sprechen spontan, direkt und situationsbezogen ist, fällt es schwer, den speziellen Stil der Mündlichkeit[35] exakt zu beschreiben, und noch schwerer, Regeln für seine Handhabung aufzustellen. Wie die literarischen Stilmeister ihre Kunst sicher nicht aus dem Lehrbuch haben, so gibt es auch „geborene" Redner, denen vor ihrem Publikum Gedanken und Worte zuzufliegen scheinen. „Es wäre aber falsch anzunehmen, guter Redner könne man nicht auch werden" (MÖLLER 1980, 224f.). Das beweist die jahrtausendelange Tradition der Rhetorik, die in unseren Tagen neue Aktualität erlangt hat. Als eigentliche ‚Redelehre' vermittelt sie alles, was für die gesprochene Sprache im öffentlichen Gebrauch erforderlich ist.[36] In ihrem Aufgabenbereich lag und liegt demgemäß die besondere sprachstilistische Gestaltung aller im weitesten Sinne „offiziellen" Rede – denn für normale Alltagsgespräche bedarf es ohnehin keiner „Gebrauchsanweisung". Daraus folgt, daß eine sprachwissenschaftlich orientierte Stillehre sich hauptsächlich dem schriftlichen Stil widmen kann als der bewußten, nachvollziehbaren und am ehesten in Regeln zu fassenden Form des Sprachstils: In den folgenden Kapiteln wird daher der „Sprecher" immer ein Schreiber, der „Hörer" immer ein Leser und der „Text" stets ein Schrifttext sein. Gleichwohl sollen, wie schon im Falle des Denkstils, einige Anmerkungen zum mündlichen Stil nicht fehlen.

Wer nicht gewohnt ist, sich in freier Rede vor Zuhörern zu äußern, wird naturgemäß vor dieser Aufgabe zurückschrecken: aus Angst, daß ihm nichts einfallen könnte, vor Aufregung nicht weiterzuwissen, sich nicht korrekt auszudrücken usw. Die Mittel, solche Ängste allmählich durch ein Gefühl der Sicherheit zurückzudrängen, heißen: Sachkenntnis, Übung, Vorbereitung. Um mit ihrer Hilfe das angestrebte Ziel eines guten Sprechstils zu erreichen, läßt sich – zumindest für weniger geübte Sprecher – die Faustregel aufstellen: In der Sache sicher, in der Gedankenführung klar, in der sprachlichen Darstellung einfach. Wer z. B. das Newtonsche Gravitationsgesetz oder die Relativitätstheorie Einsteins nicht geistig durchdrungen hat, sollte sich besser zu diesen Themen nicht äußern: „Erst schreiben, wenn man Bescheid weiß, und reden nur, wenn man etwas zu sagen hat" (MÖLLER 1980, 19). Man muß also den Gegenstand, über den man sprechen will, von der Sache her fest im Griff haben, und das auch bei kompliziertesten Problemen einschließlich der oft fachspezifischen Terminologie. Doch selbst bei hoher Sachkenntnis bleibt das psychologische Hemmnis zu überwinden, daß man sich sprachlich den Anforderungen treffender Wortwahl, situationsangemessener Ad-hoc-Formulierung, überhaupt gewandter Ausdrucksweise nicht gewachsen fühlt – ein Alptraum für jeden, der auszog, das Reden zu lernen. Dabei ist das Hauptrezept einfach: Üben, immer wieder üben! Denn Reden lernt man nur durch Reden. Indem man sich wiederholt der Situation vorbereiteten oder spontanen Sprechens aussetzt, verliert dieses mit der Zeit seinen Schrecken, und mit wachsender Erfahrung stellt sich dann auch das rednerische Selbstbewußtsein ein.

Im übrigen sind es nur bestimmte Textsorten wie Streitgespräch, Diskussion, Interview usw., die zu unmittelbarer sprachlicher Aktion oder Reaktion zwingen. In der Mehrzahl der Fälle besteht die Möglichkeit zur Vorbereitung, die in verschiedener Form erfolgen kann:
– in Form nur gedanklicher Vorüberlegungen;
– in stichwortartigen Notizen, die den Ablauf der Rede festlegen;
– im Wechsel knapper Skizzierungen des Gedankenganges und ausformulierter Passagen (immer sollten Namen und genaue Daten sowie Zitate im Wortlaut verfügbar sein);
– schließlich der bis aufs letzte Komma ausgearbeitete Text.
Obwohl dies bei wissenschaftlichen Vorträgen, auch Festvorträgen, sowie Reden in der Öffentlichkeit der durchweg geübten Praxis entspricht: es gibt nichts Schlimmeres als einen Redner, der über die Köpfe seiner Zuhörer hinweg sein natürlich in bestem Schriftdeutsch abgefaßtes Manuskript verliest. Wer in solcher Weise verfährt, läßt die wichtigste Tatsache mündlicher Kommunikation außer acht, die Tatsache nämlich, daß jeder Sprecher einen Hörer und jeder Redende einen Hörerkreis hat. Dieser ist der angesprochene, reagierende und letztlich zu überzeugende Adressat allen Sprechens; von ihm hängt es ab, inwieweit daraus ein kommunikativer Erfolg oder Mißerfolg wird. Rücksicht auf den oder die Hörer ist noch aus einem weiteren Grunde geboten. Mit Ausnahme konversationeller Wechselgespräche und anderer dialogischer Textsorten hat ein Sprecher das Rederecht, auf das die Zuhörer freiwillig bis zum Ablauf des Kommunikationsaktes verzichten. Dieses Vorrecht sollte den Sprechenden veranlassen, die Rezeptionserwartungen seines Publikums gebührend in Betracht zu ziehen. Schon die Dauer des Vortrags spielt eine Rolle: „Man kann über alles reden", sagt ein Praktiker, „aber nicht über 45 Minuten" (nach SCHNEIDER 1983, 119). Wichtige Verständnishilfen bieten eine gedanklich klare Durchführung, die in Gliederungshinweisen und Zusammenfassungen deutlich gemacht werden kann, sowie Veran-

schaulichungen durch Beispiele, Vergleiche, Bilder usw. – nicht zuletzt auch, den direkten Publikumskontakt nutzend, die persönliche Anrede: „Meine Damen und meine Herren! Bevor ich zum Thema des heutigen Abends komme, lassen Sie mich Ihnen kurz ...“ Wem dieser Anfang „vor dem Anfang" steif und umständlich erscheinen sollte: KURT TUCHOLSKY führt ihn, natürlich ironisch parodierend, in seinen ›Ratschlägen für einen schlechten Redner‹ vor.[37]

Ob unvorbereitet, kurz überdacht oder genauer konzipiert – die mündliche Darstellung verträgt weder unnötig komplizierte Gedankenschnörkel, bei denen der Geist leicht von der Zunge überholt wird, noch thematisch unbegründete Abschweifungen, die nichts anderes als „Geschwätzigkeit" sind. Gerade die Ausbreitung der ganzen Fülle ungefragten Wissens vom Hundertsten ins Tausendste ist eine der Hauptsünden wider den mündlichen Stil: „Ein Redner sei kein Lexikon. Das haben die Leute zu Hause", sagt TUCHOLSKY. Keine gedankliche Unklarheit und keine stoffliche Weitschweifigkeit, lautet also die grundsätzliche Forderung, vielmehr eine straffe und zielstrebige Strukturierung des Kommunikationsgegenstandes im Sinne der Kommunikationsabsicht.

Geschwätzige Weitschweifigkeit entspricht nicht dem, was sprachwissenschaftlich 'Redundanz' heißt (wörtlich „Überfluß").[38] Man versteht diese meist, negativ bewertet, im Sinne unnötiger Wiederholung. Aber in mündlicher Rede gewährleistet gerade die wiederholte Verwendung ein und desselben Ausdrucks vielfach erst den kommunikativen Zusammenhang und damit das Verständnis des Hörers, der ja nicht wie in einem geschriebenen Text beliebig zurücklesen kann. Falls einer besseren Verstehbarkeit förderlich, können nicht nur einzelne Wörter, sondern sogar ganze Gedanken wiederholt werden. Diese Redundanz, als verständnissichernder Überfluß an Information, ist damit in der gesprochenen Sprache notwendige Ausdrucksverstärkung.

Ein weiteres Phänomen des Sprechstils sind die fragmentarischen Satzbildungen in Form von Satzabbrüchen, Anakoluthen, Ellipsen usw.[39] Denn wenn wir auch die gekonnte Satzartistik berühmter Stilisten bewundern, so bleibt diese doch weitgehend der geschriebenen, wenn nicht gar literarischen Sprache vorbehalten. Gesprochen sind übermäßig komplexe Satzstrukturen – ob besonders lang oder verwickelt – fast zwangsläufig zum Scheitern verurteilt, weil die Umstände der Performanz, vor allem die Leistungsfähigkeit unseres Gedächtnisses, ihnen eine natürliche Grenze setzen. Kennzeichen der Überforderung sind entweder Satztorsi, die unversehens abbrechen, oder jene Satzzwitter, die irgendwo zwischen Anfang und Schluß aus der ursprünglichen Konstruktion in eine andere überwechseln ('Anakoluth'). Zur Vermeidung solcher syntaktischen Entgleisungen empfehlen die Redelehren folgendes Mittel: Keine zu langen

Sätze, möglichst Einfachsätze! Entsprechend auch TUCHOLSKY lako-
nisch: „Hauptsätze, Hauptsätze, Hauptsätze." In der Tat scheint es ein
Gebot der Vernunft, lieber einfache Sätze richtig zu formulieren, als sich
an komplizierten sprachlich zu übernehmen. Das ist aber nur die halbe
Wahrheit – die andere Hälfte besagt, daß die Monotonie simpel aneinan-
dergereihter Hauptsätze zweifellos nicht als stilistisches A und O gelten
kann (darüber mehr beim schriftlichen Stil).

Eine andere Erklärung, nämlich als sprachliche „Sparform", verlangt
die ebenfalls genannte 'Ellipse'. Zu Recht wird sie als völlig normal für
den mündlichen Sprachgebrauch angesehen, weil die Einbettung in eine
Sprechsituation ihre Eindeutigkeit sichert: „situationsentlastete" Sprache, sagt man. Die Möglichkeiten solch mündlicher Sprachverkürzung
reichen bis zu jenen „Einwortsätzen" wie *Hilfe! Feuer! Dieb!* usw., die
signalartig für sehr komplexe Aussagen stehen. Die Regel, sich stets in vollständigen Sätzen auszudrücken, geht wie so oft vom Standpunkt des
schriftlichen Sprachgebrauchs aus. Genauso falsch ist der freilich nicht
für stilistische Sachverhalte geprägte Satz: „Sprich, wie man schreibt!"
(R. VON RAUMER, 1855)[40] – suggeriert er doch die unsinnige Forderung,
Schriftdeutsch zu sprechen. Die Stillehre verwendet diesen Satz sinnvoller in seiner Umkehrung:

Schreibe, wie du sprichst!

„Schreibe wie du redest, so schreibst du schön!" rät LESSING, knapp
fünfzehnjährig, seiner Schwester und ähnlich auch der junge GOETHE[41]
– ein nicht unproblematischer Topos, der sich durch die Jahrhunderte
zieht. L. REINERS, Stilautorität unserer Zeit, formte daraus als wichtigen
Stilratschlag: „Schreibe, wie du sprichst!" (REINERS 1951, 143); andere
Stillehren schlossen sich an.

Nach allem, was wir an Eigenarten gesprochener Sprache kennengelernt haben, kann es kaum sinnvoll erscheinen, so zu schreiben, wie man
spricht. Der Grund liegt nicht etwa in unschicklicher Saloppheit der
mündlichen Ausdrucksweise oder ihrer potentiellen Fehlerhaftigkeit –
beides ließe sich nachher auf dem Papier leicht verbessern. Die prinzipielle Verschiedenheit zwischen Gesprochenem und Geschriebenem, ihre
Andersartigkeit, steht im Wege: Wer schreibt, dem fehlt der unmittelbare
Kontakt zum Hörer, aus dem nun ein räumlich und zeitlich entfernter
Leser wird. Das lebendig gesprochene Wort, unterstützt noch durch Haltung, Mienenspiel oder Handbewegungen, reduziert sich auf nackte
Buchstaben. Und auch die Schreibsituation ist etwas ganz anderes als die
Sprechsituation, die ja zum Teil Sprache ersetzen kann. Aus diesen Grün-

den ist Sprechsprache in ihrer echtesten Form spontan, Schreibsprache immer in einem hohen Maße „distanziert": der fertige Schrifttext verselbständigt sich gewissermaßen, sobald er die Hand seines Schreibers verlassen hat.

Die Distanziertheit alles Geschriebenen ist nicht mit jener „Steifheit" zu verwechseln, die man dem schriftlich formulierten Text häufig unterstellt. Mit diesem Vorwurf schlägt man den Sack und meint den Esel – diejenigen nämlich, die aus einem Gefühl der Unsicherheit dem Schreiben gegenüber eine widerstrebende, verkrampfte, unnatürliche Haltung einnehmen: „Der schreibende Mensch hat die verhängnisvolle Neigung, sich in Positur zu setzen und Papierdeutsch zu gebären, abstraktes, gespreiztes, geblähtes Deutsch" (SCHNEIDER 1983, 113). Hier heißt es, zur Natürlichkeit des Ausdrucks zurückfinden. Die gesprochene Sprache bietet erste Hilfe: Ihre ungekünstelte Schlichtheit, die leicht faßliche Unkompliziertheit und doch sinnvolle, anschauliche Darstellungskraft der spontanen Stegreif-Formulierung kann dazu verhelfen, für alles, was man ausdrücken will, eine zwar nicht gleich druckreife, dafür aber praktischlebendige Form verschriftlichter Mündlichkeit zu finden – eine „Sprache, die stilistisch so lebendig ist wie geredetes Deutsch und grammatisch so sorgfältig wie geschriebenes" (REINERS 1951, 150).

Will man die schriftsprachliche Angemessenheit überprüfen, so kann man auch hier auf eine segensreiche Eigenschaft der gesprochenen Sprache zurückgreifen: die interne „Rückkopplung" des Sprechers. Er hört ja seine eigenen Worte mit, kontrolliert sie und kann dadurch ihre Wirkung einschätzen – auf sich selbst und auf die Hörer. Das Ohr hat hier die Funktion einer Kontrollinstanz für Korrektheit, Angemessenheit und Wirksamkeit des gesprochenen Wortes. Aber nicht nur grammatische Fehler ergeben – im Wortsinn – „Mißtöne", sondern auch störende Reibung der Laute, klappernde Wortwiederholungen, buchstäblich „atemraubende" Satzbandwürmer usw. Man braucht diesen praktischen Zugriff zur Beurteilung des guten Stils mündlicher Äußerungen nur auf den schriftlichen Stil zu übertragen, indem man geschriebene Texte probeweise laut vorliest: Stilistische Härten, die das flüchtige Auge bei der Korrektur übersehen hat, werden im Ohr schmerzen. Es verwundert daher nicht, wenn alle Stillehren anraten, für die Ohren zu schreiben und das Geschriebene laut zu überprüfen[42]: „Gute Schriftsprache ist Zungendeutsch gleich der Redesprache und dadurch abgewandt dem Augendeutsch des papiernen Stils" (CHRISTIANSEN 1966, 48f.) – wobei hinzuzufügen wäre, daß dieses „Papierdeutsch" nur eine mißratene Abart des anzustrebenden guten Schriftdeutsch ist.

Sprechen und Schreiben sind in der Tat so zusammengehörig, aber auch verschieden wie die zwei Seiten einer Münze. Gutes Schreiben beruht zu einem nicht geringen Teil auf der Fähigkeit, seine eigene und die Sprache anderer kritisch zu hören. Sprechstil und Schreibstil haben auch gemeinsam, daß beide einer Ausrichtung bedürfen, eines verbindlichen Maßstabs, der zu entscheiden erlaubt: stilistisch gut oder schlecht. Existiert überhaupt ein solcher Maßstab als wahrhaft „archimedischer Punkt" des Stils?

Literaturhinweise

Vgl. St. Mayer/M. Weber, Bibliographie zur linguistischen Gesprächsforschung, in: Germanistische Linguistik 1–2/81 (1983), 78–214. – A. Betten, Erforschung gesprochener deutscher Standardsprache, in: Deutsche Sprache 5 (1977), 335–361, und 6 (1978), 21–44. – H. Rupp, Geschriebenes und gesprochenes Deutsch, in: Wirkendes Wort 15 (1965), 19–29; auch in: Braun (Hrsg.) 1979, 156–171. – G. Helmig, Gesprochene und geschriebene Sprache und ihre Übergänge, in: Der Deutschunterricht 24/H. 3 (1972), 5–25. – H. Steger, Gesprochene Sprache und geschriebene Sprache, in: Sprache – Brücke und Hindernis, München 1972, 203–214. – H. Heinze, Gesprochenes und geschriebenes Deutsch, Düsseldorf 1979. – G. Antos, Grundlagen einer Theorie des Formulierens. Textherstellung in geschriebener und gesprochener Sprache, Tübingen 1982. – W. Klein, Gesprochene Sprache – geschriebene Sprache, in: LiLi 15/H. 59 (1985), 9–35. – S. Grosse, Literarischer Dialog und gesprochene Sprache, in: H. Backes (Hrsg.), Festschrift für H. Eggers zum 65. Geburtstag, Tübingen 1972, 649–668. – H. Steger, Gesprochene Sprache, in: Satz und Wort im heutigen Deutsch. Jahrbuch 1965/66 des Instituts für deutsche Sprache, Düsseldorf 1967, 259–291; auch in: Braun (Hrsg.) 1979, 172–205. – Gesprochene Sprache. Jahrbuch 1972 des Instituts für deutsche Sprache, Düsseldorf 1974. – G. Schank/G. Schoenthal, Gesprochene Sprache, Tübingen, 2. Aufl. 1983. – F. Coulmas, Über Schrift, Frankfurt a. M. 1981; ders., Reden ist Silber, Schreiben ist Gold, in: LiLi 19/H. 59 (1985), 94–112. – S. Grosse (Hrsg.), Schriftsprachlichkeit, Düsseldorf 1983. – K. und H. Günther (Hrsg.), Schrift, Schreiben, Schriftlichkeit, Tübingen 1983. – E. Feldbusch, Geschriebene Sprache, Berlin/New York 1985. – H. Glück, Schrift und Schriftlichkeit, Stuttgart 1987. – D. Nerius/G. Augst (Hrsg.), Probleme der geschriebenen Sprache. Beiträge zur Schriftlinguistik auf dem 14. Internationalen Linguistenkongreß 1987 in Berlin, Berlin 1988. – R. Baum, Hochsprache, Literatursprache, Schriftsprache, Darmstadt 1987. – H. Geissner, Sprechwissenschaft, Königstein i. Ts. 1981. – R. Rath, Kommunikationspraxis, Göttingen 1979. – H. Hannapel/H. Melenk, Alltagssprache, München, 2. Aufl. 1984. – E. Riesel, Der Stil der deutschen Alltagsrede, Leipzig, 2. Aufl. 1970. – W. Sanders, Linguistische Stiltheorie, Göttingen 1973, 38–49: Stil in gesprochener Sprache. – H. Beisker, Das Reden, in: L. Mackensen (Hrsg.) 1979, 281–374. – N. Gutenberg, Sprechstile. Ansätze zu einer sprechwissenschaftlichen Stilistik, in: Germanistische Linguistik 3–4/81 (1983), 209–286. – H.-M. Gauger, „Schreibe, wie du redest!". Geschichte und Berechtigung einer stilistischen Anweisung, in: Der Autor und sein Stil, Stuttgart 1988, 9–25.

6. SPRACHNORM UND STILIDEAL

Die Suche nach dem archimedischen Punkt

> Richtig *und* falsch *könnten fast auf das ganze schrift-*
> *liche Sprachgeschehen angewendet werden, wenn es für*
> *jede Aussageabsicht nur eine sprachliche Fassung gäbe.*
> *Das ist nicht der Fall. Unser kompliziertes Sprachsy-*
> *stem . . . erlaubt uns bei jeder Aussageabsicht, aus einer*
> *Fülle von Möglichkeiten auszuwählen . . . Überall dort*
> *also, wo mit* richtig *und* falsch *. . . nicht mehr „objek-*
> *tiv" geurteilt werden kann, beginnt der Bereich des*
> *Stils – ein Bereich, der jedem, der schreibt oder Ge-*
> *schriebenes korrigiert, größte Sorgen machen muß, da*
> *an Stelle der „objektiven" Kriterien* richtig – falsch,
> *die Kriterien* gut – schlecht, schön – häßlich *treten,*
> *Kriterien, die weitgehend nur subjektiv fundiert sind*
> *und der Willkür Tür und Tor öffnen.*
>
> H. RUPP (1970, 30)

Wenn wir uns bemühen, die Regeln der Rechtschreibung und Grammatik korrekt anzuwenden, und wenn wir bei Verstößen gegen diese Korrektheit von „Fehlern" sprechen, dann geht es in einem offensichtlich eindeutigen, überprüfbaren Sinn um „richtigen" oder „falschen" Sprachgebrauch. Diese Kategorien erheben einen Anspruch auf Exaktheit und Objektivität, wie wir ihn sonst z. B. von Mathematikaufgaben, schulischem Fachwissen oder Allgemeinbildungsfragen gewohnt sind: vier mal vier ist immer sechzehn und der Hund ein vierbeiniges Säugetier, Kolumbus hat im Jahre 1492 Amerika entdeckt usw. Es wäre unvernünftig, von der Sprache eine auch nur annähernd vergleichbare Exaktheit und Objektivität zu erwarten, da die Vielfalt sprachlicher Ausdrucksmöglichkeiten und deren ständige Veränderung in der Zeit einerseits im Regelbereich keine absoluten Festlegungen erlauben, andrerseits im konkreten Sprechakt immer zu einer mehr oder minder subjektiven Auswahl nötigen.

Sprachwandel und Stilwandel

Sprache ist kein starres System von Zeichen und Regeln – sie kann allenfalls erstarrt sein, und wir sprechen dann zu Recht von einer „toten" Sprache (so im Falle des seit Jahrhunderten unverändert als Kirchen- und Gelehrtensprache konservierten Lateins). Lebende Sprachen sind dagegen von einer unauffälligen Flexibilität, die auf sich wandelnde Kommunikationsbedingungen geradezu seismographisch reagiert und sich alsbald jeder Veränderung im Sprachverhalten der Menschen anpaßt: 'Sprachwandel' nennen wir dieses Phänomen.[43] In ihm liegt die Begründung, warum wir die Sprache GOETHES und SCHILLERS bei aller Bewunderung für „altmodisch" halten oder den rhetorischen Sprachaufputz des Barock als gekünstelt empfinden – wir alle. Denn jeder Mensch teilt, mit gewissen Toleranzen, die Spracheinstellung seiner Zeit; und zu allen Zeiten gab es, wie heute, eine „Gegenwartssprache".

Für die Generation der aktuellen Sprachbenutzer nahezu unmerklich, treten erst im Rückblick auf frühere Jahrzehnte und Jahrhunderte die Konturen einer stetig fortschreitenden Sprachentwicklung immer schärfer hervor, für die letztlich der Mensch entscheidend ist. Denn nicht nur die Eigengesetzlichkeiten sprachlicher Systemveränderung oder Zufälligkeiten bestimmen den Ablauf der Sprachgeschichte, sondern in erster Linie wechselnde Präferenzen des Sprachgebrauchs selbst: das, was verändert wird, erscheint aus irgendeinem Grund als „besser". Wenn wir die Bewertungskategorien *gut* (*besser*) – *schlecht* (*schlechter*), im Unterschied zum grammatischen *richtig* – *falsch*, dem Stilbereich zuordnen, ergibt sich mit anderen Worten, daß Sprachwandel vielfach durch Stilwandel motiviert wird, der seinerseits auf geschichtlichen Veränderungen in der äußeren Lebenswelt der sprachgebrauchenden Menschen beruht. Stilwandel ist demnach eine erste sprachliche Reaktion auf sozial- und kulturgeschichtliche Normveränderungen, nicht zuletzt im Bereich des menschlichen Verhaltens und der Kommunikation. Es liegt in der Dynamik dieses Vorgangs, daß in einem zweiten Schritt wesentliche Bestandteile des Stilwandels in den allgemeinen Sprachwandel übergehen, der alle historischen Normveränderungen der Sprache umfaßt.

Stilwandel geht in Sprachwandel über, indem Stilelemente in Grammatik überführt werden. Hier hat das berühmte Diktum L. SPITZERS seinen Platz, Grammatik sei „nichts als gefrorene Stilistik" (SPITZER 1961, 517). Dieser Vorgang ist eine sprachgeschichtliche Realität, für die es Tausende von Beispielen gibt: Nahezu alle großen Dichter haben sich sprachkreativ betätigt, und wir verdanken ihnen zahllose damals oft kühne Neuerungen – nur sind diese längst im allgemeinen Sprachgebrauch aufgegangen, so daß wir sie weder als Neuerung noch gar als sprachliche Kühnheit empfinden. Wenn man von der *Tragweite* eines Geschehens redet oder von *Weltliteratur*, ist man sich dann immer bewußt, GOETHE zu zitieren? Wem kommt heute noch SCHILLERS *verhängnisvoll* als eine unerhörte Vokabel vor oder JEAN PAULS mittlerweile dudengerechte *Gänsefüßchen*? usw.[44] Grundsätzlich hat man zwei Möglichkeiten des Sprachverhaltens: entweder verhält man sich normentsprechend, oder aber man verstößt gegen die herrschende Norm. Im Falle bewußter 'Abweichung von der Norm' (vgl. Kapitel 17) haben wir es mit Neuerungen zu tun, die zunächst individuelle stilistische Besonderheiten sind. Werden diese von anderen Sprachbenutzern und schließlich von der ganzen Sprachgemeinschaft akzeptiert, gehen sie in den normalen Sprachgebrauch über und werden selbst Bestandteil der Grammatik. Ursprüngliche Stileigenarten, die auf solche Weise in unsere Gemeinsprache gelangen, bilden die Grundelemente des Sprachwandels.

Zu Sprachnorm und Sprachgefühl

Eine Grammatik beschreibt die Strukturen eines bestimmten Sprachsystems, etwa diejenigen unserer Gegenwartssprache. Indem sie aber die geläufige Sprachverwendung deskriptiv festhält, fixiert sie diese auch, und man kann das Beschriebene präskriptiv in Regeln fassen: Fixierungen dieser Art, zugleich die Richtschnur für korrekten Sprachgebrauch, bezeichnet man als 'Sprachnorm'. Im Bereich der deutschen Orthographie und Grammatik ist die unbestrittene Autorität der ›Duden‹, dessen Name längst gleichbedeutend für Sprachrichtigkeit steht. Eine Sprachnormierung nach Art und Verbindlichkeit des ›Duden‹, die vom herrschenden Sprachgebrauch ausgeht, nennen wir 'Gebrauchsnorm'. Noch bis vor wenigen Jahrzehnten stand in Deutschland eine andere Sprachnorm in Kraft: Sie beruhte im wesentlichen auf der historischen Betrachtung unserer Sprache, auf den grammatischen Reglementierungen seit dem 17./18. Jahrhundert, auf dem bildungssprachlichen Fundament des Lateins und im besonderen auf der klassischen Vorbildhaftigkeit der großen Dichter und Denker. Eine Norm dieser Art, die sich nicht am lebenden Sprachgebrauch orientiert, sondern diesen ihrerseits in die Zwangsjacke rigider Normierungen steckt, heißt 'Idealnorm'. Die vielen „Ausnahmen von der Regel" zeigen, daß dieser Idealtypus der Sprachrealität nicht gerecht wird. Demgegenüber beschreibt die heutige Gebrauchsnorm die tatsächlich existierende Sprache auch in der Un-Regelmäßigkeit ihrer Erscheinungen (vgl. SANDERS 1973, 60 ff.): ein relativ weiter Normbegriff also, der sowohl die prinzipielle Veränderbarkeit grammatischer Regeln als auch einen steten historischen Sprachwandel anerkennt.

Immerhin scheint die Norm unserer Gegenwartssprache verbindlich genug, daß wir im allgemeinen einigermaßen sicher wissen, was richtiges und was falsches Deutsch ist. Diese Beurteilung des korrekten Sprachgebrauchs unterliegt unserer grammatischen Regelkenntnis oder, weniger bewußt und exakt, unserem „Sprachgefühl".[45] An dieser Stelle folgt in den einschlägigen Lehrbüchern stets die Bemerkung, daß dieses Sprachgefühl nichts mit Gefühl im eigentlichen Wortsinn zu tun habe, sondern im Grunde wohl nichts anderes sei als unser internalisiertes Sprachwissen – „Sprachgefühl: das ist die Summe sprachlicher Erfahrungen eines Menschen" (HENNE 1982, 95). Trotz sprachwissenschaftlicher Skepsis wird die Funktion des Sprachgefühls als „wertendes Reagieren auf Sprache" beschrieben, und wiederholt kommt zum Ausdruck, wie sehr der Begriff in den Stilbereich hineinreicht: als „Stilempfinden, Stilvermögen" usw. Man hat vorgeschlagen, diese höhere, wohl gar „literarische" Verwendungsweise von dem „schlichteren", wenn nicht „simplen" Sprachgefühl als „Sprachsinn" zu unterscheiden (GAUGER/OESTERREICHER 1982, 55 ff.). Bietet sich nicht eher an, die über den Grammatikbereich hinausgreifende Seite des Sprachgefühls eben als „Stilgefühl" zu bezeichnen?

Wer das Sprachgefühl zu linguistischen Vorstellungen in Beziehung setzt, wird zuerst an jene "linguistic intuition" denken, die sprachliche Intuition also, "what the Germans call 'Sprachgefühl'" (BACH 1964, 3 f.). Sie bildet die empirische Grundlage für N. CHOMSKYS 'Sprachkompetenz', die dieser noch lapidar als „die Kenntnis des Sprecher – Hörers von seiner Sprache" definiert hatte (CHOMSKY 1969, 14), die in der Folge aber zu einem recht komplizierten, die verschiedensten Dinge regelnden Mechanismus wurde. Die Sprachkompetenz befähigt dazu, mittels einer begrenzten Menge von Sprachelementen und Sprachregeln eine unbegrenzte Menge neuer Sätze dieser Sprache zu bilden und zu verstehen; sie urteilt über die Identität oder Ähnlichkeit von Äußerungen, über Abweichungen und den Grad der Abweichung, über sprachliche Mehrdeutigkeit usw. (vgl. WELTE 1974, 256 ff.). In unseren Zusammenhängen wichtig ist die Kompetenz als maßgebende Entscheidungsinstanz über die grammatische Korrektheit, die 'Grammatikalität', und vor allem die Gebrauchsadäquatheit von Äußerungen: die 'Akzeptabilität'.

Sprachliche Akzeptabilität und Stilgefühl

Was heißt 'Akzeptabilität'[46] in linguistischem und auch stilistischem Sinn? Akzeptabel seien Äußerungen, antwortet uns CHOMSKY, „die völlig natürlich und unmittelbar verständlich sind – ohne Zuhilfenahme von Papier und Bleistift, und die in keiner Weise bizarr oder fremdartig klingen" (CHOMSKY 1969, 22). Nun begegnen uns auch in Schrifttexten immer wieder Formulierungen, die in grammatischer Hinsicht völlig korrekt erscheinen, die also in keinem Widerspruch zur Sprachnorm stehen – und dennoch: wir vermögen sie aus Gründen, die in den meisten Fällen nur schwer exakt angebbar sind, nicht zu „akzeptieren". Unser Unbehagen läßt sich allenfalls so artikulieren, daß wir eine bestimmte Wortwahl, eine Ausdrucksweise, vielleicht sogar einen ganzen Text nicht „gut" finden. Vergegenwärtigen wir uns dies an einem stilistisch lehrreichen Beispiel, das darum etwas weitläufiger dargestellt wird.

Der biblische Schöpfungsbericht setzt mit den markanten Formulierungen ein:

Am Anfang erschuf Gott den Himmel und die Erde. Und die Erde war wüst und leer, und es war finster auf der Tiefe. Und der Geist Gottes schwebte über den Wassern ...

Selbstverständlich beinhaltet der deutsche Bibeltext immer ein Übersetzungsproblem. Gleichwohl gibt es unabhängig davon gute, weniger gute und schlechte: akzeptable bis kaum oder nicht akzeptable Versionen. Wie wäre etwa nachstehende Umformulierung (CHRISTIANSEN 1966, 75) zu beurteilen?

Nachdem Gott zu Beginn Himmel und Erde geschaffen hatte, war letztere, über deren Gewässern sein Geist schwebte, zunächst noch ungeordnet und leer. Und da es dunkel war ...

Zweifel an der grammatischen Korrektheit dieses Textes werden erst gar nicht aufkommen. Er entspricht in der ganzen Art seines syntaktischen Umbaus, vor allem in der Verdeutlichung der logischen Beziehungen und den glatten sprachlichen Verknüpfungen, unserer grammatischen Normerwartung vielleicht sogar mehr als das biblische Original, für das eine kantige Wucht der Sprachfügung charakteristisch ist. Trotz aller Glättungen des neugefaßten Textes – oder gerade deswegen? – bleibt ein „ungutes" Gefühl, das sich bei der folgenden Wiedergabe noch verstärken wird (nach REINERS 1943, 192):

Am Anfang erfolgte seitens Gottes sowohl die Erschaffung des Himmels als auch die der Erde. Die letztere war ihrerseits eine wüste und leere und ist es auf derselben finster gewesen, und über den Flüssigkeiten fand eine Schwebung der Geistigkeit Gottes statt.

Wiederum scheinen grammatische Einwände kaum möglich, dafür aber springen die Punkte unseres stilistischen Mißbehagens um so deutlicher ins Auge: sinnleere Verben wie *erfolgen, stattfinden*, das papierene *seitens Gottes*, ebenso steifes *sowohl – als auch, letztere, ihrerseits, auf derselben*, der „Satzdreh" *und ist es*, extrem gesuchte Wortwahl in *Flüssigkeiten, Schwebung, Geistigkeit*. Alles in allem ein Musterstück, in dem die Kriterien „schlechten" Stils sich gehäuft zusammengefunden haben – Zeichen der parodistischen Überspitzung, in der begreiflicherweise die inakzeptablen Sprachformen viel massiver in Erscheinung treten, als das normalerweise der Fall sein wird.

Offensichtlich vertritt der Begriff der 'Akzeptabilität' den Stilaspekt: Gutem Stil entspricht die in vollem Umfang akzeptable Ausdrucksform einer intendierten Sprachäußerung. Das stilistische *gut* impliziert im allgemeinen das grammatische *richtig*; das heißt, man wird sprachlich *falsche*, also ungrammatische Formulierungen nur ausnahmsweise *gut* finden – dann nämlich, wenn sich eine besondere Ausdrucksabsicht damit verbindet (z. B. bei poetischen Sprachabweichungen). Analog zur Grammatikalität im Bereich der Sprachnorm dient die Akzeptabilität als Bezugspunkt für die stilistische Beurteilung sprachlicher Äußerungen; ihre Bewertung erfolgt nach den als „subjektiv" bezeichneten Kategorien *gut – schlecht*. Aber worin liegt, im Vergleich mit der relativen Objektivität der Grammatik, diese Subjektivität des Stils?

Auch über Akzeptabilität oder Nichtakzeptabilität entscheidet letztlich unser Sprachgefühl, allerdings in einer anderen Art: Bei grammatisch korrekten Sprachäußerungen, die auch nicht von vornherein inakzeptabel sind, kann die Reaktion mehrerer Menschen offenbar verschieden ausfallen, und zwar in signifikanter Weise verschieden. Ein solches Urteil, dem also nicht einmal Verbindlichkeit im zuvor eingeschränkten Sinn der grammatikalischen Objektivität zukommt, ist fraglos subjektiv. Da diese zweite Art von Sprachgefühl deutlich anders fundiert und orientiert erscheint, sollte es auch einen anderen Namen haben: nennen wir es, wie vorgeschlagen, „Stilgefühl". Die Funktion des Stilgefühls läßt sich einfach damit umschreiben, daß es uns unter Berücksichtigung eben nicht nur der Grammatik, sondern aller kommunikativen Umstände sagt, ob wir etwas gut oder schlecht formuliert finden. Ja, es kann uns dazu anhalten, etwas eigentlich gut Formuliertes aus irgendeinem Grund und in irgendeiner Hinsicht noch „besser" auszudrücken. Im Gegensatz zu *richtig*, das kein *richtiger* erlaubt, ist *gut* steigerungsfähig – mit anderen Worten: es gibt Auffassungsunterschiede bezüglich des Stils, die selbst wieder Stilunterschiede spiegeln. Das hat eine bemerkenswerte Konsequenz. Konnte im Falle des Sprachgefühls eine relativ stabile Sprachnorm als übergeordnete Richtgröße fungieren, so läßt sich für das Stilgefühl nur eine variable Norm oder eine Mehrzahl von Normen voraussetzen: Die Vorstellung einer wie auch immer gearteten 'Stilnorm' wird kompliziert.

Stilnormen – oder besser Stilideal?

Rekapitulieren wir vor Erörterung der Grundfrage dieses Kapitels noch einmal kurz den Gang unserer Überlegungen: Die linguistische Urteilsfähigkeit beruht auf der 'Sprachkompetenz', die sich nach der 'Sprachnorm' als Regulativ ausrichtet und im „Sprachgefühl" empirisch faßbar wird: Hier fließen das gesamte Sprachwissen und die ganze Spracherfahrung eines Menschen zusammen. Mit der 'Akzeptabilität', dem sprachpragmatischen Gegenstück zur sprachsystematischen 'Grammatikalität', schwenken wir zur Stilperspektive über. Es geht nicht mehr nur um die „richtige" Formulierung, die trotz aller Korrektheit ihren kommunikativen Zweck verfehlen kann, sondern darüber hinaus um den „guten", d. h. der Verwendungssituation angemessenen und sprachlich voll akzeptablen Text. Die Beurteilung dieser stilistischen Qualität obliegt einer noch zu erläuternden 'Stilkompetenz', die ihrerseits als empirische Grundlage das mit dem Sprachgefühl korrelierende „Stilgefühl" hat. Im Netz der Begriffsanalogien fehlt allein noch eine schematisch mit der Sprachnorm zu parallelisierende – 'Stilnorm'.

Stil realisiert sich, wie wir wissen, in konkreten Texten und gilt somit als Größe des Sprachverwendungsbereiches, das aber heißt: der Performanz; der Begriff 'Stilkompetenz' wäre demzufolge ein Widerspruch in sich selbst. Allerdings hat sich in der Zwischenzeit ein Auffassungswandel vollzogen. Der rein linguistische Kompetenzbegriff CHOMSKYS ist längst als zu eng revidiert und durch Begriffsbildungen ersetzt worden, die eine inhaltliche Erweiterung zum Ausdruck bringen: 'kommunikative Kompetenz', 'pragmatische Kompetenz', 'verbale kommunikative Verhaltenskompetenz' usw. – schließlich auch eine 'stilistische Kompetenz' oder 'Stilkompetenz'.[47] Sie leitet sich aus dem Prinzip der Akzeptabilität her, dessen besondere Stilrelevanz sich schon erwiesen hat: „Akzeptabilität ist ein entscheidender Faktor zur Erklärung jener dynamischen Kompetenz, die – über der Grundkompetenz – für die Strategien stilistischer Klassifizierung verantwortlich ist" (ABRAHAM/BRAUNMÜLLER 1971, 1). Jeder Mensch verfügt über eine sehr komplexe Matrix stilistischer Ausdrucksformen, die charakteristisch für ihn sind: erwartbare Stilkonstitutiven also, die seine individuelle „Erwartungsnorm" prägen. Diese wird 'stilistische Kompetenz' genannt.

Die 'Stilkompetenz' unterscheidet sich wesentlich von der linguistischen „Grundkompetenz": Ihr Anwendungsbereich ist erheblich ausgeweitet. Sie wird als „dynamisch" beschrieben, insofern sie sich mit den Sprechern einer Sprache ändert. Und sie urteilt eben nicht über grammatische Fragen, sondern im Bereich der Akzeptabilität „über Ausdrucksformen des sprachlichen Verhaltens, die für bestimmte ... Sprecher einer

Sprache typisch sind" (ABRAHAM 1971, 2) – typisch gleich „der Erwartungsnorm entsprechend". Mit Hilfe dieser Überlegungen gelingt es, das Phänomen Stil selbst und einige der in Stildefinitionen immer wieder verwendeten Begriffe exakter zu bestimmen: Die Stilkompetenz unterscheidet sich von der Sprachkompetenz (im engen Sinne CHOMSKYS) entsprechend der Unterschiedlichkeit von Stil und Sprache; aber auch von der 'kommunikativen' oder anderen erweiterten Kompetenzkonzeptionen hebt sich die Stilkompetenz dadurch ab, daß sie nicht auf den allgemeinen Sprachgebrauch zielt, sondern auf erwartbares, charakteristisches Sprachverhalten von einzelnen oder Gruppen. „Charakteristisch" bezieht sich also nicht nur auf die persönlich-individuelle Stileigenart, sondern auch auf die Typik der verschiedenen Zeitstile, Funktionalstile, Textsortenstile usw.

Nach wie vor besteht in unserem für Sprache und Stil konform gestalteten Begriffssystem noch die Leerstelle des Normbegriffs auf der Stilseite. Frage also: gibt es eine Art 'Stilnorm'? Wenn zuvor die 'stilistische Kompetenz' eines Menschen als die „individuelle Erwartungsnorm" seines Sprachverhaltens bestimmt wurde, so kann eine solche individuelle Erwartungsnorm oder auch die Summe solcher Erwartungsnormen nicht die eine allgemeine, in der Funktion eines Regulativs auftretende und für alle verbindliche Stilnorm sein. In Form einer 'Gebrauchsnorm' ließe sie sich angesichts der stilistischen Variationsmöglichkeiten schwerlich fixieren; denn wann immer mehrere durchaus verschiedene, aber stilistisch gleichwertige Formulierungen nebeneinander stehen – welche von ihnen sollte man normativ vorschreiben? Sich an einer 'Idealnorm' zu orientieren, dann natürlich derjenigen mit höchster Stilqualität, wäre im Rahmen des normalen Sprachgebrauchs keinesfalls erstrebenswert; was wohl, wenn jeder-mann sich wie THOMAS MANN ausdrückte? Wäre es damit getan, die schlechten Formulierungen gewissermaßen als unstilistisch zu verwerfen, hingegen die guten als der Stilnorm entsprechend zu erklären? Dem steht unsere theoretische Prämisse im Weg, daß alle Sprachäußerungen ihren Stil und „Stilwerte" haben, wie auch immer diese zu beurteilen sind: „sie reichen von den Werten besonderer Stärke bis zu Nullwerten, die aber prinzipiell immer noch Stilwerte bleiben" (PEUKERT 1977, 36). Zudem sind die getroffenen Qualifizierungen alle in einem gewissen Grade subjektiv – ein Gesichtspunkt, der dem Begriff der Norm widerspricht. Wenn man keine verbindliche Stilnorm formulieren kann, trotzdem aber einen übergeordneten Ziel- und Orientierungspunkt für alle Stilfragen braucht, bietet sich die Form des 'Stilideals' an. Dieses Stilideal muß allgemein genug sein, um als Leitidee für das gesamte Stilverhalten gelten zu können, und zugleich hinreichend konkret oder mindestens konkretisierbar, um auch als Maßstab für alle stilistischen Einzelregelungen zu dienen.

Den Rahmen steckt der linguistische Begriff der Akzeptabilität ab, umschrieben als „Gebrauchsadäquatheit von Äußerungen", und diese Begrifflichkeit ergibt etwas präziser gefaßt bereits unser Stilideal: Gebrauchsadäquatheit sprachlicher Äußerungen ist ihre 'kommunikative Adäquatheit' [48] (dieses Fremdwort, weil die deutsche Entsprechung „Angemessenheit" in der Terminologie der Stillehre schon anderweitig besetzt ist). Zu einer Zeit, in der eine noch nie dagewesene Massenkommunikation paradoxerweise zu immer größeren Schwierigkeiten der zwischenmenschlichen Verständigung führt, muß die kommunikative Adäquatheit aller sprachlichen Äußerungen als primäre Stilforderung gelten. 'Kommunikative Adäquatheit' bedeutet angemessene Berücksichtigung aller an einem Kommunikationsakt beteiligten Kommunikationsfaktoren im Hinblick auf die bestmögliche Formulierung. Die Auswirkungen der einzelnen Faktoren auf den Stil der Äußerung sind von Fall zu Fall verschiedenartig, verschieden wichtig und verschieden stark – aber stets für die Qualität des Textes entscheidend. Sprachliche Äußerungen, selbst meist Bestandteil eines weitergespannten Handlungsrahmens, stehen immer in diesem kommunikativen Zusammenhang und erfüllen dann die Anforderungen eines guten Stils, wenn sie den intendierten Kommunikationsakt unter Einsatz der kommunikativ adäquaten Sprachmittel vollziehen. Guter Stil besteht also nicht darin, daß man möglichst „schön" und sprachlich dekorativ formuliert. Guter Stil ist auch nicht nur sprachrationale Zweckmäßigkeit, die allenfalls quantitativ im heutigen Gebrauchsschrifttum dominiert. Guter Stil entspringt vielmehr dem Stilwillen und der Stilfähigkeit, sich in jeder Sprachsituation gemäß den Erfordernissen der kommunikativen Adäquatheit zu verhalten – pointiert ausgedrückt: „Das zentrale Thema der Stilforschung lautet heute nicht: Wie soll man schreiben?, sondern: Wie verhält sich der sprechende (schreibende) Mensch?" (THIEBERGER 1978, 10).

Stilideale haben, wie Stil überhaupt, viel mit dem zu tun, was man landläufig „Geschmack" nennt. Doch sind die Anschauungen der Menschen, im besonderen ihre Vorstellungen von „gut" und „schön", [49] starken Wandlungen, ja geradezu „Moden" unterworfen. Stilideale wechseln daher relativ rasch im Zeitverlauf, der 'Diachronie', und prägen typische Epochenstile aus. Es wäre jedoch verfehlt, für die 'Synchronie' unserer Gegenwartssprache ein in diesem Sinne vorgegebenes Stilideal anzunehmen: auch heute gibt es verschiedene, durchaus widerstrebende Stiltendenzen teils konservativer, teils progressiver Art. Die Festlegung eines Stilideals im Rahmen der Normativen Stilistik fordert daher immer eine Entscheidung: Entweder man verabsolutiert eine bestimmte, vielleicht nicht einmal die dominierende Stiltendenz mit vollem Bedacht, um den Stil- und Sprachgebrauch in die gewünschte Richtung zu lenken; oder man arbeitet, auf der Grundlage einer vorurteilsfreien Beschreibung der wesentlichen Stiltendenzen, die Wirkfaktoren des aktuellen Stilverhaltens heraus, die zugleich das anzustrebende Stilideal umreißen. Der erstgenannte Standpunkt ist der des bewußten Stilkritikers und Stilpflegers – man kann dies eine stilideologische Haltung nennen. Die zweite Verfahrensweise, und sie ist zweifellos nach gegenwärtiger Auffassung der Sprachwissenschaft vorzuziehen, führt zum heute herrschenden Stilideal, das auf sinn- und zweckvolles Funktionieren der zwischenmenschlichen Verständigung in allen Formen des Sprachumgangs zielt.

Literaturhinweise

Vgl. B. Gröschel, Sprachnorm, Sprachplanung, Sprachpflege. Bibliographie, Münster 1982. – Sprachnorm, Sprachpflege, Sprachkritik. Jahrbuch 1966/ 1967 des Instituts für deutsche Sprache, Düsseldorf 1968. – E. Coseriu, System, Norm und 'Rede', in: Ders., Sprache. Strukturen und Funktionen, Tübingen 1970, 193–211. – H. Steger, Sprachverhalten – Sprachsystem – Sprachnorm, in: Deutsche Akademie für Sprache und Dichtung. Jahrbuch 1970, Heidelberg/ Darmstadt 1971, 11–32. – P. von Polenz, Sprachkritik und Sprachnormenkritik, in: G. Nickel (Hrsg.), Angewandte Sprachwissenschaft und Deutschunterricht, München 1973, 118–167; auch in: H. J. Heringer (Hrsg.), Holzfeuer im hölzernen Ofen, Tübingen 1982, 70–93. – B. Sandig, Sprache und Norm, Sprachnorm, Sprachhandlungsnorm, in: Der Deutschunterricht 26/H. 2 (1974), 29–39; auch in: Braun (Hrsg.) 1979, 110–121. – K. Gloy, Sprachnormen. Probleme ihrer Analyse und Legitimation, Konstanz 1974; ders./G. Presch (Hrsg.), Sprachnormen I–III, Stuttgart-Bad Cannstatt 1975/76. – R. Bartsch, Sprachnormen. Theorie und Praxis, Tübingen 1985. – Sprachnormen in der Diskussion. Beiträge vorgelegt von Sprachfreunden, Berlin/New York 1986. – W. Hartung, Sprachnormen. Ihr sozialer Charakter und die linguistische Begrifflichkeit, in: Zeitschrift für Phonetik, Sprachwissenschaft und Kommunikationsforschung 40 (1987), 317–335. – R. Wimmer (Hrsg.), Sprachkultur. Jahrbuch 1984 des Instituts für deutsche Sprache, Düsseldorf 1985. – H. Weinrich, Wege der Sprachkultur, Stuttgart 1985. – Deutsche Akademie für Sprache und Dichtung (Hrsg.), Der öffentliche Sprachgebrauch I–III, Stuttgart 1980–82. – M. Fackler, Norm und Stil, in: Der öffentliche Sprachgebrauch I, Stuttgart 1980, 132–139. – K. H. Ihlenburg, Stilnorm und praktische Stillehre, in: Sprachpflege 19 (1970), 178–181. – B. Sandig, Stilistik, Berlin/New York 1978, 39–42: Stilnorm. – R. M. G. Nickisch, Gutes Deutsch?, Göttingen 1975, 21–31: Norm und Stilnorm, sowie 140–145: Die neuen Stilnormen. – H. Hannapel/Th. Herold, Sprach- und Stilnormen in der Schule, in: Sprache und Literatur 16/H. 55 (1985), 54–66. – G. Michel, Text- und Stilnormen als Regeln oder als Modelle?, in: A. Schöne (Hrsg.), Kontroversen, alte und neue. Akten des 7. Internationalen Germanistenkongresses Göttingen 1985, Bd. III, Tübingen 1986, 3–9. – B. Sandig, Stilistik der deutschen Sprache, Berlin/New York 1986, 263–268: Die Stilnorm.

7. STILPRINZIPIEN, STILREGELN, STILMUSTER

Grundelemente einer praktischen Stillehre

> *„Stilregeln", anwendbar in allen vorkommenden Fällen,*
> *sind schwer aufzustellen und – selten zu befolgen ...*
> *„Leitbilder" (Leitlinien) der Formulierung jedoch haben*
> *eine steuernde Wirkung – um so eher, je nüchterner*
> *und kritischer man sie auffaßt.*
>
> G. MÖLLER (1978, 22)

Wie der Lotse, der das Blinklicht des Hafenleuchtturms als Ansteuerungspunkt vor Augen hat, dennoch den genauen Kurs seines Schiffes in Abhängigkeit von Fahrwasser, Seegang, Windverhältnissen usw. bestimmen muß, so gibt auch das Stilideal nur die allgemeine Richtung, an der sich speziellere Stilinstruktionen allenfalls orientieren können. Die Orientierung am Stilideal der kommunikativen Adäquatheit sprachlicher Äußerungen ist also das eine, die Umsetzung in praktische Stillehre ein anderes. In den heute meistgebrauchten Stil-Lehrbüchern wird methodisch fast gleichartig verfahren. Man geht von einem Beziehungsgefüge aus, das die Form einer Pyramide hat: als Spitze „ein bestimmtes Stilideal, darauf ausgerichtete Stilprinzipien und diesen mehr oder minder eindeutig zugeordnete Stilregeln" (NICKISCH 1975, 145). So erfreulich es sein mag, völlige Übereinstimmung in diesem Ansatz eines dominanten Stilideals festzustellen: man muß doch sehen, daß dieses „Stilideal" bei L. REINERS und B. CHRISTIANSEN nichts anderes zum Inhalt hat als jene sprachlich wie sprachwissenschaftlich überholte Idealnorm, die sich in der Forderung eines „gehobenen" und „besonderen" Stils ausdrückt. Bezeichnenderweise ist bei G. MÖLLER die Pyramidenspitze nicht eindeutig, und bei W. SEIBICKE fehlt sie ganz. Auch das Begriffsfeld der Stilprinzipien und vor allem Stilregeln ist nicht unumstritten; stellen wir daher zunächst klar, welches Verständnis diesen Begriffen in gegenseitiger Abgrenzung und Zuordnung beigelegt wird.

Der Begriff 'Stilprinzip' und Stilprinzipien

Das Stilideal fungiert als oberste Instanz, nach der sich die ihm hierarchisch unter- und inhaltlich zugeordneten Stilprinzipien zu richten haben.

Stilprinzipien, die im Widerspruch zum Ziel der kommunikativen Adäquatheit stehen, sind demnach inakzeptabel. Wollte jemand z. B. die Verwendung rhetorischer Figuren wiedereinführen, wie sie für die Barocksprache stilistisch verbindlich, weil in den damaligen Poetiken vorgeschrieben waren, so bedeutete dies einen eklatanten Verstoß gegen unser heutiges Stilideal, das puren Sprachschmuck als kommunikativ sinnlos verwirft: somit ein nicht mehr gültiges Stilprinzip.

'Stilprinzipien' gelten begrifflich als „die der Textgestaltung bewußt zugrunde gelegten Prinzipien der gedanklich-sprachlichen Aussageweise" (KRAHL/KURZ 1984, 121) – grob formuliert: Richt- und Leitlinien, die eine Auffächerung des Stilideals in seinen vielfältigen Perspektiven leisten. Indem sie das Stilideal in Form sprachbezogener Konkretisierungen genauer ausführen, nehmen sie nicht mehr wie jenes auf das menschliche Sprachverhalten insgesamt Bezug, sondern fassen wesentliche, für die Textbildung konstitutive Grundsätze teils gedanklicher und teils sprachlicher Art ins Wort – allerdings bleiben sie immer noch so allgemein, daß es eines weiteren Schrittes bedarf, um sie durch Regeln in die sprachliche Praxis zu überführen. Daß ähnliche Grundsätze zu allen Zeiten und in vielen Sprachen vorkommen, spricht für eine gewisse Universalität in den Gestaltungsformen von Kommunikation (und Texten). Andrerseits hat die Uneinheitlichkeit der Prinzipien, ihre unterschiedliche Verteilung und wechselnde Rangfolge, ihren Grund in der Wandlungsfähigkeit der übergeordneten Stilideale oder Stilnormen, die ihrerseits wieder vom Sprach- und Stilwandel abhängen.

Wie gelangt man zu einem Katalog gültiger Stilprinzipien? Im Blick auf die deutsche Stilgeschichte ergibt sich eine vordergründige Kontinuität vom lateinischen Mittelalter bis in unsere Tage: Die alten Vorschriften der Rhetoriken und Poetiken zeigen eine bemerkenswerte Übereinstimmung der Hauptgesichtspunkte,[50] die sich in den späteren Stilistiken fortsetzt. So führen auch die Stillehren unseres Jahrhunderts nahezu unverändert die gleichen Stilprinzipien an, und es steht nichts im Wege, sie als provisorische Arbeitsgrundlage zu benutzen. Aber wie immer steckt der Teufel in den Details (genauer im Wörtchen „nahezu" des vorigen Satzes): In oft nur geringfügigen Veränderungen der Formulierung, in mehr angedeuteten als offenen Verschiebungen des Verständnisses, vor allem aber Unterschieden der Gewichtung zeigen diese Stilprinzipien einen letzten Endes doch gravierenden Wandel der Stilauffassungen an. Hier eine exemplarische Übersicht immer noch aktueller Stilprinzipien, die sich auf die heute gängigsten Stillehren der deutschen Sprache stützt[51]:

Angemessenheit (in Ton und Sache);
Klarheit, Eindeutigkeit, Vollständigkeit;
Leichtverständlichkeit, Übersichtlichkeit, Eingängigkeit;

Genauigkeit, Sachlichkeit, Natürlichkeit;
Knappheit, Kürze, Mäßigkeit, Sparsamkeit;
Anschaulichkeit, Lebendigkeit, Farbigkeit; – usw.

Mit Recht wird sich dem Leser der Eindruck eines konfusen Begriffssammelsuriums aufdrängen. Die zusammengestellten Begriffe mit weiteren Sach- und Formulierungsvarianten können keinesfalls beanspruchen, Stilprinzipien „an sich" zu sein, und auch ihre Reihenfolge besagt noch gar nichts: Es ist eine Liste von möglichen Leitbegriffen praktischer Stillehre, die einer kritischen Prüfung und Wertung bedürfen. Dabei gilt es vor allem, sie dem Vorwurf unsystematischer Zufälligkeit und vager, d. h. undefinierter Formulierung zu entziehen: Stellenwert und Funktion der einzelnen Stilprinzipien leiten sich ab aus ihrer Zuordnung zu bestimmten Kommunikationsfaktoren, und insgesamt bilden sie ein Beziehungsgefüge von Kriterien, die das Stilideal kommunikativer Adäquatheit ausfüllen. In einem Vergleich aus dem politischen Leben formuliert: Stilprinzipien verhalten sich zum Stilideal wie Gesetze zur Verfassung, und Stilregeln liefern die speziellen „Ausführungsbestimmungen".

Stilregeln sind problematisch

„Regeln, die Menschen in ihrem Handeln befolgen, sind nicht Merksätze, für die auch manchmal *Regel* verwendet wird", schreibt H. J. HERINGER. „Man kann nämlich eine Regel unbewußt befolgen und ohne, daß man sie explizieren könnte. Das bewußte Befolgen der Regel scheint sogar eher eine Ausnahme zu sein, etwa bei einem Anfänger, der eine Regel erlernen will" (HERINGER 1974, 22). Zunächst: es versteht sich von selbst, daß der stilistische Regelbegriff in keiner Weise mit dem grammatischen Regelbegriff identifiziert werden kann, weder im Sinne von „Regeln und Ausnahmen" der traditionellen Grammatik noch im Sinne der formalisierten Regeln und Regelsysteme linguistischer Grammatikkonzeptionen. Das gilt ebenso für die 'regulativen' und 'konstitutiven Regeln' der Sprechakt-Theorie, die Konventionen fixieren oder neue Verhaltensformen schaffen wollen;[52] ähnlich auch für die 'Anwendungs-' und 'Kombinationsregeln', die speziell im stilistischen Bereich die Einsetzung und Verknüpfung einzelner Sprachelemente, deren Gebrauch in Stilfiguren und Stilebenen sowie schließlich auch „normative Stilregeln" betreffen, „die auf dem Hintergrund allgemeiner Stilprinzipien zu sehen sind" (SANDIG 1981, 23). Wie auch immer man die gerade gültigen Stilkonventionen festzulegen sucht: der Stilgrundsatz der Wahlmöglichkeit und die Polyvalenz aller Stilmittel, die stets auch anders eingesetzt werden können, widersprechen regelhaften Formulierungen zumindest in ihrer Ausschließlichkeit – gibt es nicht viele stilistische Wege, die zum Rom eines guten Stils führen?

Damit ist bereits die prinzipielle Problematik stilistischer Regeln angesprochen, die deren „Regelhaftigkeit" in Frage stellt: Die stilistische Variabilität – die Eigenschaft, alles auf verschiedene Weise ausdrücken zu können – erlaubt strenggenommen keine absoluten Festlegungen im Sinne von Regeln: es sei denn, man berücksichtige alle Formulierungsvarianten, die sich jedoch kaum prospektiv erfassen lassen. Darüber hinaus gilt, daß grundsätzlich eine Durchbrechung jeder Stilregel möglich ist, wenn dies wiederum einer stilistischen Absicht entspricht (von dieser Möglichkeit macht hauptsächlich die Literatur Gebrauch). Stehen demnach Stil und Regel im Grunde kontradiktorisch zueinander, erfordert die Stillehre ein besonderes Verfahren: Es beruht erstens auf der deskriptiven Basis eines wie auch immer beschaffenen „guten Gegenwartsdeutsch", zweitens auf der Berücksichtigung der unterschiedlichen Kommunikationsbedingungen. Das eine, die Kenntnis gegenwärtiger Tendenzen in der deutschen Sprache, erlaubt eine Aufstellung verschiedener zeitgemäßer Formulierungsmöglichkeiten; das andere, die Anwendung kommunikativer Gesichtspunkte, deren sachgerechte Beurteilung. So läßt sich in den meisten Fällen die eine oder andere dieser Varianten wennschon nicht verbindlich festlegen, so doch wenigstens begründet empfehlen.

Zusammengefaßt: Obwohl Stilregeln, verglichen mit den allgemeiner bleibenden Stilprinzipien, konkrete Sprachgestaltungsregeln sein sollten, steht es nicht in ihrer Macht, Einzelheiten regelhaft festzulegen; denn immer existieren diverse Möglichkeiten der Stilisierung. Obwohl sie mit der punktuellen Regelung stilistischer Einzelheiten zu tun haben, ergibt sich ihre mögliche Anwendung oder Nichtanwendbarkeit doch erst aus dem Zusammenhang aller Sprachmittel eines Textes; das fordert der Gesichtspunkt der Stileinheit, von dem noch ausführlich die Rede sein wird. Stilregeln sind also keine exakt festliegenden Regularitäten, wie sie manche Stillehren als autoritative Vorschriften „im reinsten Kochbuch-Stil" bieten (THIEBERGER 1978, 8) und die man einfach auswendig lernen könnte. Abweichend vom normativen Regelbegriff beschreiben, erklären und bewerten sie vielmehr nur die für eine Ausdrucksabsicht bestehenden Ausdrucksmöglichkeiten und stellen so im besten Fall ein Angebot an ihre Benutzer dar: diese und diese Möglichkeiten der Sprachgestaltung gibt es, diese oder jene übergeordneten Gesichtspunkte sind zu berücksichtigen usw. Was letzten Endes stilistisch zählt, ist aber die persönliche Entscheidung.

Diese individuelle Entscheidungsfähigkeit hatten wir einer besonderen Instanz zugewiesen: der 'Stilkompetenz', die nach außen durch ein mehr oder weniger ausgeprägtes „Stilgefühl" repräsentiert wird. Stilistische Entscheidungen sind zwar individuell charakteristisch und damit bis zu einem gewissen Grade erwartbar, aber weder normgebunden noch unabänderlich. Genau das ist der Punkt, an dem eine verantwortungsbewußte Stillehre anzusetzen hat: Stilprinzipien und Stilregeln dienen ebenso wie die noch zu besprechenden Stilmuster nur als praktische Mittel zu dem Zweck, sprachwissenschaftlich fundierte Stilinformation zu bieten. Wer seinen Stil verbessern will, dem sollen Stilmöglichkeiten aufgezeigt und deren Anwendungsbedingungen erläutert werden, einschließlich von Wertungen im Sinne eines „besser" oder „schlechter". Stilinstruktion dieser Art bereitet die stilistische Entscheidung des einzelnen vor, nimmt sie ihm aber nicht aus der Hand. Wenn diese stilistische Entscheidung, wie wir angenommen haben, Sache der Stilkompetenz ist, besteht der eigentliche Sinn einer Stillehre in dem Versuch, eben diese Stilkompetenz systematisch zu verbessern.

Stilmuster: Beispiele, Übungen, Vorbilder

Eine Verbesserung und Verfeinerung der stilistischen Entscheidungsinstanz also, der Stilkompetenz – wie soll das vor sich gehen? Bekanntlich schrieb die alte Rhetorik zur Erreichung einer guten Redetechnik dreierlei vor: Regeln, Vorbilder, Übung (vgl. S. 7f.), und das scheint ein probates, verallgemeinerungsfähiges Rezept. Nachdem der stilistische Regelbegriff zuvor erläutert worden ist, wenden wir uns den „Vorbildern" zu. Stilmuster können in verschiedener Form verwendet sein: als Beispiele, positive wie negative, als Demonstrations- oder Experimentierstücke und als eigentliche Vorbilder, d. h. Texte meist literarischer Art. Jedoch sollen diese Stilmuster keineswegs nur einfach zur Kenntnis genommen werden, sondern nicht zuletzt als Grundlage eigener Übung dienen: „Die beste Art und Weise, gut . . . schreiben zu lernen, ist, kontrolliert und bewußt viel und häufig zu schreiben. Wichtiges Hilfsmittel dafür ist in der rhetorischen Schulung immer schon die *imitatio*, die Nachahmung von Vorbildern gewesen, so daß das 'Know-how' am exemplarischen Fall studiert und daraufhin im Selbstversuch dem Muster nachgeeifert wird" (UEDING 1985, 13 f.).

Der große Meister des Stilbeispiels ist zweifellos LUDWIG REINERS.[53] Beispiele sind bei ihm einerseits selbst Stilmittel, indem sie – amüsant zu lesen – der doch recht trockenen Stillehre zur wünschenswerten Anschaulichkeit verhelfen sollen, andrerseits aber auch Mittel der Lehre: „Die Beispiele des Falschen dienen als Warnung, die des Guten als Vorbild" (REINERS 1943, 57). Die unverhältnismäßige Überzahl der negativen Beispiele, meist ausgesprochener „Stilfehler", erklärt sich leicht; denn es fällt schwer, eindeutig positive Stilbeispiele zu finden, die man nicht auch anders formulieren könnte. Nun wäre REINERS allerdings nicht REINERS, wenn er aus der sprachbedingten Not der einfacheren Negativexemplifizierung nicht doch eine stildidaktische Tugend zu machen gewußt hätte. Unter Bemühung der WILHELM-BUSCH-Verse: *Das Gute – dieser Satz steht fest – ist stets das Böse, was man läßt,* versteht er es, sozusagen eine Abschreckungstheorie mit der Konsequenz guten Stilgebrauchs aufzubauen: „Wer all die Gebrechen abgelegt hat, die in dem Abschnitt Stilkrankheiten beschrieben stehen, der ist bereits ein guter Stilist" (REINERS 1943, 7). Berechtigte Kritik hat darauf hingewiesen, daß die nicht selten extreme, sprachparodistisch anmutende Künstlichkeit solcher Negativbeispiele auf den lernbegierigen Leser offenbar anders wirkt: Keine Spur von Abschreckung – und er schmunzelt nicht nur belustigt über die REINERSschen Sprachmonster, sondern „wird sich nach der Lektüre . . . erleichtert sagen: So schreibst du ja Gott sei Dank nicht" (NICKISCH 1975, 51), womit der unterstellte pädagogische Effekt völlig ausbleibt. Gewiß muß eine Stillehre auch stilistische Defekte aufzeigen, um Auge und Ohr des weniger geübten Lesers auf solche sprachgestalterischen Mängel oder Härten aufmerksam zu machen; jedoch dürfen sie nicht zum Selbstzweck werden. Als Stilmuster wörtlichen Verständnisses sollten Stilbeispiele nach Möglichkeit positiv sein: Wenn von stilistisch gutem Sprachgebrauch die Rede ist, hat der Leser auch ein Recht zu wissen, wie dieser gute Stil in konkreten Formulierungen aussieht.

Weiterhin sollten die Beispiele – wiederum nach Möglichkeit – Texten unserer Gegenwartssprache entnommen sein, die in einem für die heutige Sprachverwendung als charakteristisch und zugleich musterhaft geltenden Deutsch abgefaßt sind. Damit wird keineswegs ausgeschlossen, auch konstruierte Demonstrations- oder Experimentierstücke für bestimmte, so in Texten nicht nachweisbare Stilphänomene heranzuziehen. Sie können etwa eine stilistische Besonderheit verdeutlichen oder anhand fingierter Beispiele gewisse Kunstgriffe vorführen, die eine Formulierung attraktiver gestalten; oft stehen sie zum Vergleich neben einem echten Text. Dies letzte, wichtigste Verfahren kennt zwei Varianten, die zugleich verschiedene Stufen des Stilkönnens vorstellen. Erste Möglichkeit: zu einem Grundtext, der sprachlich im ganzen oder in Einzelheiten unvollkommen ist, wird eine stilistisch verbesserte Textfassung hergestellt; diese Verbesserung hat Lehrcharakter, insofern der Leser ihr Stilratschläge entnehmen kann und zu gleichartigen eigenen Übungen angespornt wird. Zweite Möglichkeit: der Stillehrer hat selbst einen zwar korrekten, doch stilistisch glanzlosen Text hergestellt, woneben dann die meist literarische, auf jeden Fall aber sprachlich anspruchsvolle Ausgangsversion steht

- sicherlich mehr Anregung denn Ansatzpunkt für selbständige Versuche. REINERS, der sämtliche Verfahren mit großer Virtuosität handhabt, überspitzt auch in diesem Fall:

Wenn ich mich nunmehr dem Problem zuwende, wie man unter Würdigung aller hier in Frage kommenden Umstände die Geltungsdauer von Aussagen zu beurteilen hat, die eine Widerspiegelung der Wirklichkeit nicht oder jedenfalls nicht in vollem Umfange enthalten, so würde ich die Formulierung für angemessen erachten, daß Lügen eine gewisse Tendenz in sich tragen, auf längere Fristen hin betrachtet, der vollen Zustimmung aller Beteiligten in mehr oder minder hohem Grade zu ermangeln[54]

- als negative Illustration der Forderung nach Knappheit des Ausdrucks, wovon sich um so positiver die schlichte Kürze des Sprichworts abhebt: *Lügen haben kurze Beine.*

Bleiben noch die eigentlichen „Vorbilder". Auch hier weiß REINERS uns in aller Genauigkeit zu sagen, wer diese sprachstilistische Autorität einzig und allein sein könne: der „Sprachgebrauch der großen Dichter und Schriftsteller" (REINERS 1943, 256). Das ist, mit vollem Nachdruck formuliert, der Standpunkt der traditionellen Idealnorm. Trotzdem: auch heute liest man Dichter und Schriftsteller, ältere wie moderne – können sie uns noch Stilvorbilder sein? Von den Eigengesetzlichkeiten der Literatur abgesehen, läßt sich dort schwerlich lernen, wie man Kommunikation in Alltagssituationen betreibt, in welcher Form z. B. ein behördliches oder geschäftliches Schreiben sachgerecht abgefaßt wird, was für Anforderungen eine wissenschaftliche Abhandlung erfüllen muß usw. – kurz, es entfällt größtenteils jener Bereich gehobener Gebrauchsprosa, der anscheinend die deutsche Gegenwartssprache in ihrer „Normalform" repräsentiert.

Heißt das aber, daß man von guten Schriftstellern nichts lernen könnte? Sie sind die großen Meister der Wortkunst, die ihre Sprache bewußt formen, die vielfältige, oft ungeahnte Stilmöglichkeiten sichtbar machen und gerade dadurch, daß sie sich nicht immer im Rahmen der Normalsprache halten, sprachstilistisch innovativ wirken: neue Wortbildungen, „kühne Metaphern", brillante Sprachspiele usw. In der Stillehre freilich, die sich auf das Handwerkliche zu beschränken hat, ist solch hohe Stilkunst weder lehr- noch lernbar. Auch vom Umformulieren poetischer Texte zu Übungs- oder anderen Zwecken ist aus vielen Gründen abzuraten. Es kann nicht Sache zumal des noch ungeübten Stilisten sein, derartiger Sprachkunst nachzueifern oder sie gar imitieren zu wollen – wohl aber kann er sie auf sich wirken lassen, um vielleicht unbewußt profitierend der Lektüre stilistische Anreize zu entnehmen. Über die immer schon musterhaften Stilvorbilder literarischer Art hinaus sollte indes, so scheint empfehlenswert, gute moderne Gebrauchsprosa in den

Katalog der Musterstücke aufgenommen werden: erstklassige Zeitungsartikel, anspruchsvollere Sachbücher der verschiedensten Gebiete, auch wissenschaftliche Essays (sofern nicht zu sehr im Fachjargon geschrieben). Diese Einbeziehung gebrauchssprachlicher Texte hätte den Effekt, nicht nur ein Korrektiv gegenüber dem zuweilen exzentrischen Sprachgebrauch mancher Schriftsteller zu bieten, sondern auch unseren Blick für den heutigen Zeitstil zu schärfen.

Literaturhinweise

Vgl. Nickisch 1975, 170–186: Bibliographie. – U. Förster, Formulieren – wer lehrt es wie?, in: Muttersprache 90 (1980), 245–262. – H. Rupp, Über die Notwendigkeit von und das Unbehagen an Stilbüchern, in: Sprachnormen in der Diskussion. Beiträge vorgelegt von Sprachfreunden, Berlin/New York 1986, 103–115. – W. Sanders, Die Faszination schwarzweißer Unkompliziertheit. Zur Tradition deutscher Stillehre im 20. Jahrhundert, in: Wirkendes Wort 38 (1988), 376–394. – W. Welte, Moderne Linguistik: Terminologie/Bibliographie, München 1974, 469–488: Regel. – H. J. Heringer (Hrsg.), Seminar: Der Regelbegriff in der praktischen Semantik, Frankfurt a. M. 1974. – B. Sandig, Stilistik, Berlin/New York 1978, 67–98: Einige Arten von Regeln und Regelzusammenhängen. – R. M. G. Nickisch, Gutes Deutsch?, Göttingen 1975, 145–151: Zur Bedeutung von Stilidealen, Stilprinzipien und Stilregeln bzw. Stilvorbildern und Stilmustern in einer künftigen praktischen Stilistik. – G. Möller, Die stilistische Entscheidung, Leipzig 1978, 22–42: Vorüberlegungen; ders., Praktische Stillehre, Leipzig, 5. Aufl. 1985, 13–18: Maßstäbe für angemessene Sachprosa, sowie 27–30: Die Wirkung sprachlicher Muster. – B. Sandig, Stilistische Mustermischungen in der Gebrauchssprache, in: Zeitschrift für Germanistik 10 (1989), 133–155.

8. TENDENZEN DER DEUTSCHEN GEGENWARTSSPRACHE

Unserem Zeitstil auf der Spur

> *Will man das für eine Zeit Typische feststellen, so kann*
> *dies weder durch das Lexikon noch durch die Gram-*
> *matik erreicht werden. Gegenwartssprache ... muß in*
> *jedem Falle zunächst einmal auf Grund ihrer zeitsti-*
> *listischen Merkmale, d. h. auf Grund der Auswahl, die*
> *sie unter den vorhandenen Sprachmitteln trifft, be-*
> *schrieben werden.*
>
> H. EGGERS (1973, 28)

Was ist ein 'Zeitstil'? Die Sprachgeschichte teilt mit der allgemeinen
Geschichte das Spiel von Zufall und Notwendigkeit, das BLAISE PASCAL
auf die pointierte Formel gebracht hat: „Die Nase der Kleopatra: wäre sie
kürzer gewesen, so würde das Antlitz der Erde ganz anders aussehen"
(nach WANDRUSZKA 1979, 8 f.). Sprachgeschichte besteht eben doch nur
zu einem kleineren Teil aus Sprachwissenschaft und zu einem sehr großen
Teil aus Geschichte. So sind auch sprachliche Moden und herrschende
Stilrichtungen letzten Endes geschichtlich bedingt: Ausdruck einer allgemeinen Lebens- und Geisteshaltung der betreffenden Epoche. Das wird
vor allem daran deutlich, daß „der" Zeitstil sich allseitig weder für eine
Einzelsprache wie das Deutsche behandeln läßt noch überhaupt in dem
engen Bereich der Sprache allein. Vielmehr hätte er die gleichzeitige Musik, Malerei und anderen Künste, ja selbst „modische" Äußerlichkeiten
der Kleidung, der Haartracht usw. einzubeziehen [55]: ein GOETHE in Jeans
auf italienischer Reise, die DROSTE-HÜLSHOFF im chicen Minikleid unter
der Judenbuche, umgekehrt SIEGFRIED LENZ mit gepuderter Perücke
seine Deutschstunde haltend – unzeitgemäße, weil dem jeweiligen Zeitstil
widersprechende Vorstellungen.

Deutsche „Gegenwartssprache"

Den Zeit- oder Epochenstil findet man höchst unterschiedlich definiert: in kaum überbietbarer Allgemeinheit als „stilistische Übereinstimmung und Stileigenart in einer Epoche" (SOWINSKI 1973, 383), als die
„gemeinsame Lebenshaltung" einer Zeit, in der „die verschiedenen Indi-

vidualstile zum Epochenstil" verbunden sind (KERKHOFF 1962, 20), als „zusammenfassende Bezeichnung für die in einer gesellschaftlichen Periode herrschenden allgemeinen Stilzüge und besonderen Stilnormen" (KRAHL/KURZ 1984, 141) usw. Gerade wegen der Ungleichartigkeit der aufgeführten Kriterien scheint die Anmerkung wichtig, daß ein Zeitstil sich nie als irgendeine Durchschnittsmenge erklären läßt, sei es von Individualstilen, Stilnormen oder ähnlichem, vielmehr immer nur durch seine im Vergleich mit anderen Epochen hervortretenden Besonderheiten. Diese augen- und ohrenfälligen Unterschiede des jeweils zeittypischen Sprachgebrauchs resultieren aus bestimmten Präferenzen: der selektiven Bevorzugung bestimmter Elemente des Wortschatzes, bestimmter Strukturen in Formenbildung und Satzbau, überhaupt bestimmter, stilistisch signifikanter Formulierungsweisen. Wenn jeder einzelne Zeitstil einen chronologischen Ausschnitt in der historischen Abfolge von Sprach- und Stilperioden bildet, dann ist auch der Stil der deutschen Gegenwartssprache nichts anderes als ein Zeitstil: der jüngste – und längst nicht mehr „Stiefkind der Germanistik"[56]. Seit einer Reihe von Jahren häuft sich die Zahl der Bücher über die „deutsche Sprache im 20. Jahrhundert", über „unser heutiges Deutsch", über „Tendenzen der Gegenwartssprache" usw.

Wenigstens eine zeitliche Grenze läßt sich für die deutsche Gegenwartssprache einigermaßen klar ziehen. Der Begriff freilich ist eine „gleitende Bezeichnung": wenn WALTHER VON DER VOGELWEIDE um 1198 seine *tiutsche zunge* rühmt, wenn VALENTIN ICKELSAMER in seiner Grammatik (1534) von *vnser gemainen Teütschen sprach* redet, wenn JACOB GRIMM 1819 bereits die *gegenwårtige sprache* zitiert – hätten sie nicht ebensogut alle auch von ihrer „Gegenwartssprache" sprechen können? Sie konnten es nur deshalb nicht, weil der Begriff damals in seinem speziellen Verständnis noch gar nicht existierte.[57] Pünktlich zum Auftakt unseres Jahrhunderts erschien erstmals ein Buch mit dem Titel ›Die deutsche Sprache der Gegenwart‹ (von L. SÜTTERLIN): Beginnt unsere Gegenwartssprache also um 1900? H. EGGERS, der sich mit dieser Frage intensiv auseinandergesetzt hat, sieht sprachhistorisch im Gegenwartsdeutsch eine völlig neue Epoche, dergestalt, „daß jener Zeitraum, dessen Sprache wir als 'Neuhochdeutsch' bezeichnen, bereits abgeschlossen hinter uns liegt" (EGGERS 1973, 16); zur Benennung des eben nicht mehr 'Neuhochdeutschen', sondern sozusagen „neuesten" Hochdeutschen nach 1945 schlägt er den Namen 'Deutsche Gegenwartssprache' vor. Welches Profil hat dieses moderne Hochdeutsch in seiner Entwicklung seit dem Ende des Zweiten Weltkrieges, der in der Tat einen markanten sprachgeschichtlichen Einschnitt setzt?

Ein Zeitstil ist nicht die gesamte Sprachverwendung einer Epoche im

Durchschnitt, um diesen Kerngedanken zu wiederholen, sondern nur deren zeittypische Besonderheit: die charakteristische Art und Weise, wie man jeweils von den zur Verfügung stehenden Sprachmöglichkeiten Gebrauch macht. Wenn gemäß der hoch- und schriftsprachlichen Idealnorm deutscher Sprache, wie sie vom 19. Jahrhundert bis an die Schwelle unserer Gegenwart gültig war, Grundsätze wie Anschaulichkeit des Ausdrucks, Satzbau in kunstvollen Perioden, eine gewählte Bildlichkeit usw. herrschten, zeichnet sich der heutige Sprachgebrauch durch andere, geradezu entgegengesetzte Prinzipien aus. So stellt W. SEIBICKE fest: „Jede Zeit hat ihre eigenen Vorstellungen von dem, was als gut und schön zu gelten habe. Heute heißen die Vorbilder freilich: Sachlichkeit, Straffheit, und man neigt eher zur Unter- als zur Übertreibung" (SEIBICKE 1969, 21). Liegt darin das Wesen unseres Zeitstils? Wenn wir im Zusammenhang der Stillehre nach einer tragfähigen Grundlage suchen, um stilistische Ansprüche zu formulieren, sollten wir nicht übersehen, daß auch unser heutiges Deutsch keineswegs einheitlich, sondern ein sehr vielschichtiges Sprachgebilde ist: Individuelle, soziale und regionale Unterschiede nicht einmal gerechnet, reicht es von künstlerisch gestalteter Literatursprache bis zur trivialsten Alltagskommunikation. Freilich entfallen diese Extrembereiche von vornherein für unsere Zwecke: Die Sprachkunst auf der einen Seite, die sich aller nur denkbaren Sprachformen bedient und daher überhaupt nicht in strengem Sinne zu erfassen ist, untersteht ihren eigenen Gesetzen und kann nicht Gegenstand ernstzunehmender Stillehre sein. Die Alltagssprache auf der anderen Seite, obwohl zumindest in ihren Konturen beschreibbar, bleibt insgesamt ein ebenso anonymer wie vielförmiger Sprachkomplex, dessen eigentlichen Wirkungskreis das spontan gesprochene Wort bildet; ihr schriftlicher Niederschlag etwa in der Boulevardpresse, klischeehaft und banal, läßt sich allenfalls als „Bodensatz des Zeitstils" kennzeichnen (EGGERS 1973, 11). So muß sich unser Interesse auf jenen zentralen Bereich der modernen „Gebrauchssprache" richten, deren primäres Ziel in sachlicher, zweckorientierter Information besteht, die mit der Flut derzeitiger Massenkommunikation in Administration und Geschäftsverkehr, Presse, Funk und Fernsehen, Wissenschaft und Technik alle menschlichen Lebenssphären erfaßt und in eine breite Sprachöffentlichkeit hineinwirkt.

Es kommt somit nicht von ungefähr, wenn H. EGGERS als Materialgrundlage für sein Anliegen, dem „Zeitstil unserer Gegenwart auf die Spur zu kommen", ein bestimmtes Sprachniveau gewählt hat: jene „mittlere schriftsprachliche Schicht" sachbezogener Gebrauchsprosa, wie sie für „ein breites Publikum" in angesehenen Zeitungen und im gediegenen Sachbuch weiteste Verbreitung findet; sie soll die Stiltendenzen unserer Zeit am deutlichsten widerspiegeln (vgl. EGGERS 1973, 10 ff.). Übrigens

gelangte man bei der Untersuchung der gesprochenen Gegenwarts-
sprache zu einer ganz ähnlichen Konzeption: einer deutschen 'Standard-
sprache', die definiert wird als der „Sprachgebrauch der Gruppe von
Sprechern des Deutschen, welche redegeübt in der überregionalen
Öffentlichkeit zu sprechen gewohnt ist" (STEGER 1971, 15f.). In beiden
Fällen also die mittlere, gebrauchssprachliche Stilebene als moderne
„Grundnorm", diese verstanden im Sinne eines zwar durchschnittlich-
normalen, doch keineswegs anspruchslos-trivialen Sprachgebrauchs.
Das ist die als Standard gesetzte deutsche Gegenwartssprache. Selbstverständlich bedeutet die Festlegung einer solchen sprachlichen Normal-
lage nicht, daß alle Texte in ihr abgefaßt sein müßten. Auch
bezieht sich unsere Leitidee der kommunikativen Adäquatheit
keinesfalls nur auf dieses ausdrücklich als Gebrauchssprache gekenn-
zeichnete Gegenwartsdeutsch.

Stilistische Tendenzen des heutigen Deutsch

Wie allgemein Stil als Wahl, so haben wir Zeitstil als typische Auswahl
aus den verschiedenen Gebrauchsmöglichkeiten der Sprache in einem
historischen Zeitraum bestimmt. Als Richtschnur für diese Auswahl wird
man sinnvollerweise nicht Idealvorstellungen oder gar sprachferne Fik-
tionen nehmen, sondern die kommunikativen Gegebenheiten der jeweiligen Sprachrealität. Wie sieht diese Sprachrealität heute aus? Selbstverständlich ist es unmöglich, auf wenigen Seiten eine vollständige Beschreibung unserer Gegenwartssprache zu bieten; wohl aber lassen
sich einige aufschlußreiche Tendenzen skizzieren, die auch Stiltendenzen
sind.

Als ebenso zeittypisch wie stilrelevant gilt die konzentrierte Information des modernen 'Nominalstils', wie er meist etikettiert wird.[58] Dieser
besteht aus einer Kombination mehrerer charakteristischer Stilzüge: der
namengebenden Reihung von Nominalgliedern, einem Zurücktreten
des Verbs als Träger der Satzaussage, überwiegend parataktischer Satzgestaltung. Was damit gemeint ist, macht ein Beispiel aus klassischer
Zeit klar:

Es scheint nicht überflüssig zu sein, genau anzuzeigen, was wir uns bei diesen
Worten denken, welche wir öfters brauchen werden.

So GOETHE – H. EGGERS hat folgendermaßen in Gegenwartsdeutsch umformuliert: [59]

Die genaue Angabe des bei diesen öfters zu brauchenden Wörtern Gedachten
scheint nicht überflüssig.

Ein Hauch von GOETHE, scheint es, ist der Umformulierung geblieben – wenn das auch ein schlechterer GOETHE wäre. Heute sollte man eher einen Satz der Art erwarten:

Zunächst erfolgt eine Definition der häufiger gebrauchten Wörter (Begriffe).

Dies dürfte ungefähr der Formulierungsweise entsprechen, die nach statistischen Ermittlungen in der Gegenwartsschriftsprache dominiert und daher als kommunikativ adäquater „Regel"fall zu gelten hat. Das Satzmuster enthält, als Einfachsatz, nur noch eine Verbstelle; die stark vermehrten Nominalglieder gehen, wie sich im Vergleich mit der Ausgangsfassung erkennen läßt, aus der Komprimierung ursprünglicher, natürlich verbhaltiger Nebensätze hervor – eine Verzahnung also der drei Phänomene: Einfachsatz, Verbreduzierung und Nominalisierung. Als weitere Konsequenz ergibt sich eine wiederum statistisch belegbare Verkürzung des modernen Satzes (in unserem konstruierten Beispiel: von 20 auf 8 Wörter). Diese Kürze kommt nicht etwa durch weniger Inhalt zustande, sondern durch Konzentrierung der Information, und zwar eindeutig als Folge der neuen Stilisierung.

Allerdings wäre es zu einfach, den ganzen Vorgang nur in dieser quantitativen Perspektive zu sehen: Einfachsatz, folglich weniger Verben, dafür mehr Substantive. Ohne eine entsprechende qualitative Prädisposition der Sprachmittel wäre selbstverständlich keine gleichwertige oder gar den früheren Sprachstrukturen überlegene kommunikative Leistung erreichbar. Mit anderen Worten: nicht diese konkreten Sprachphänomene sind primär zu setzen, sondern die sie erzeugenden Kräfte eines allgemeinen Stilwandels, dessen Wesen an seinen Wirkungen sinnfällig wird. Da die „wachsende Bevorzugung der nominalen Ausdrucksmittel . . . als wichtigstes Stilproblem unserer heutigen Gebrauchssprache" gilt (MÖLLER 1970, 1136), wollen wir zunächst die charakteristischen Züge des Nominalstils betrachten. Daß die moderne Ausdrucksweise „nominal" erscheint, hat seinen wesentlichen Grund in drei Erscheinungen: erstens einem Streben nach begrifflicher Präzision, zweitens 'Nominalisierung' und drittens sogenannten Augenblickskomposita.

Ausdrucksschärfe im Sinne begrifflicher Präzision kommt dadurch zustande, daß man mehr oder weniger weitläufige Umschreibungen, wie sie früher üblich waren, durch exakte Begriffe ersetzt (z. B. statt GOETHES „genau anzuzeigen, was wir uns bei diesen Worten denken" – die *Definition der Wörter*). Man redet heute nicht mehr vom „Schüler, der fähig ist, etwas zu lernen", sondern von der *Lernfähigkeit des Schülers*; wenn es „nicht möglich ist, das gewünschte Material zu beschaffen", spricht man von der *Unmöglichkeit der Materialbeschaffung* usw. Die Nähe solch komprimierter Nominalfügungen zum Fachbegriff ist unverkennbar, so daß man darin wohl mit Recht ein Übergreifen des wissenschaftlich-technischen Sprachgebrauchs sieht: „Ein vorwiegend aus Technik und Wissenschaft stammendes und auf sie metaphorisch zurückdeutendes Vokabular kennzeichnet den allgemeinen Sprachgebrauch der Gegenwart" (STORZ 1984, 41).

Die einfachste und häufigste Art der Nominalisierung, d. h. Umwandlung anderer Wortarten in Substantive, besteht zweifellos in der Reduzierung ursprünglicher Verbalformulierungen: *indem man* sie durch Substantive *ersetzt* – oder eben auf dem Wege des *Ersetzens* bzw. der *Ersetzung* durch Substantive. Wie hier demonstriert, bieten sich dafür hauptsächlich zwei Möglichkeiten an, einmal der substantivierte Infinitiv; zum andern, noch geläufiger, die Verbalableitung mittels Substantiven auf *-ung*:

Denken und *Sprechen* erwachsen aus der gleichen Geistestätigkeit des Menschen. Die *Klärung* der Umstände, zur *Deckung* der Nachfrage, eine *Verrohung* der Sitten – usw.

Beide Möglichkeiten sind uralt; wir kennen sie, seitdem es deutsche Sprache in schriftlicher Überlieferung gibt. Neu aber, und darin liegt ihre zeitstilistische Relevanz, ist die gegenwärtige Gebrauchsfrequenz.

Eine besonders auffällige Kategorie moderner Nominalbildungen wird im Begriff 'Augenblickskomposita' zusammengefaßt. Man versteht darunter meist längere Wortkompositionen, die ad hoc zur Raffung größerer Sprachkomplexe gebildet werden – dies vor allem ein Kunstgriff der immer unter *Formulierungszeitdruck* arbeitenden Presseleute, z. B.

der „Kandidat, der an die Spitze einer Wahlliste gestellt wird": *Spitzenkandidat*;
eine „Organisation, die sich auf der ganzen Welt um die Belange des Gesundheitswesens kümmert": *Weltgesundheitsorganisation*;
eine „Kampagne, die sich dagegen wendet, wie wir unsere Umwelt verschmutzen": *Antiumweltverschmutzungskampagne*.

In diesen Zusammenhang gehören auch jene oft monströsen und daher stilistisch auf keinen Fall empfehlenswerten Bindestrich-Komposita des Typs: die *Haltet-den-Dieb-Parole,* das *Von-der-Hand-in-den-Mund-Leben* usw. – verschiedene Möglichkeiten, alle aber Formen der Raffung: zeitgemäßer Sätze-Ersatz per Wort.

Bevor wir uns den hintergründigen Wirkkräften derartiger Tendenzen unseres Zeitstils zuwenden, noch kurz ein Blick auf die andere Seite des gleichen Phänomens: Offensichtlich wird nämlich die rational-sprachökonomische Zweckhaftigkeit der besprochenen Nominalbildungen ergänzt durch sozusagen komplementäre Erscheinungen im Verbalbereich, die man als deren Folge oder auch Voraussetzung interpretieren kann. Im Grunde ein höchst erstaunliches Phänomen: Hand in Hand mit der starken numerischen Abnahme des Verbgebrauchs im allgemeinen, die durch statistische Untersuchungen belegt wird, geht eine wesentlich höhere Frequenz einzelner, semantisch äußerst blasser Tätigkeitswörter wie *bringen, kommen, bilden, darstellen, erfolgen, durchführen, vornehmen* usw. In der Vergangenheit hart kritisiert, dienen sie in vielseitiger Anwendbarkeit hauptsächlich als Träger der grammatisch-syntaktischen Funktion des Verbs: daher ihre sprachwissenschaftliche Bezeichnung als 'Funktionsverben'. Im gleichen Atemzug sind jene sprachlichen Streckformen zu nennen, die der Name 'Funktionsverbgefüge' als Kombinationen aus Funktionsverb und Verbalsubstantiv zu kennzeichnen versucht, also statt einfacher Vollverben wie z. B. *ausdrücken, erfahren, klären, verbinden* „gestrecktes":

zum Ausdruck bringen
in Erfahrung bringen
zur Klärung bringen
in Verbindung bringen – usw.

Es dürfte ohne weiteres einsichtig sein, daß die Bedeutung hier nicht mehr vom Verb getragen wird, sondern sich auf das zugehörige Verbalsubstantiv verlagert hat. Wer etwas zum Ausdruck bringen will, dem geht es weniger darum, daß er etwas *bringt,* als daß er sich *ausdrückt;* das Verb „regiert" nicht mehr, sondern gibt nur noch den Wegweiser zur eigentlichen, im Substantiv enthaltenen Aussage ab: „ich bringe – was? nichts. Vielmehr: wozu bringe ich? zum Ausdruck" (MACKENSEN 1971, 104). Man hat daher nicht ganz zu Unrecht von einer „nominalen Verkleidung" verbaler Ausdrücke gesprochen. Kritik hin, Kritik her – man darf gleichwohl nicht die Leistung solcher Funktionsverbgefüge übersehen, die sie in vielen Fällen unersetzlich macht. Eine zweite Beispielsreihe, die nun im Verb variiert, soll das verdeutlichen:

in Verbindung bringen
in Verbindung treten
in Verbindung stehen
in Verbindung bleiben – usw.

Offensichtlich hängt es von den wechselnden Funktionsverben ab, daß einmal das Verursachen, dann das Einsetzen, schließlich das aktuelle und künftige Andauern des gleichen Vorgangs ausgedrückt wird: Funktionsverbgefüge besitzen die wichtige Fähigkeit, verschiedene verbale 'Aktionsarten' zu markieren – eine Ausdrucksmöglichkeit, über die das einfache Verb allein selten verfügt (dazu bedarf es zusätzlicher Präfixe, Partikeln, Ergänzungsbestimmungen usw.).[60] Funktionsverbgefüge haben indes noch eine weitere Eigenschaft, der sie vermutlich ihre besondere Beliebtheit in unserer Zeit verdanken: Sie verbinden große Effektivität mit geringem Aufwand, indem nach Art eines Sprachbaukastens relativ wenige Elemente in variablen Kombinationen zum Ausdruck vergleichsweise zahlreicher Bedeutungs- und Handlungsaspekte ausgenutzt werden. Was aus rein sprachästhetischer Sicht wohl eine Verarmung bedeuten mag, wird bei nüchterner Betrachtung als durchaus funktionsgerechter Bestandteil der Gegenwartssprache erkennbar.

Das führt unmittelbar auf die Kernfrage: Inwieweit handelt es sich bei diesen (keineswegs erschöpfend behandelten) Erscheinungen um bloße Veränderungen der Sprachstruktur, inwieweit um solche des Stils, oder genauer gefragt: um eine Stileigenart unserer Zeit? Die Antwort ergibt sich aus der sprachwissenschaftlichen Diskussion der letzten Jahrzehnte, als die Nominalstil-Tendenz lange Zeit negativ als „Substantivitis", d. h. als krankhaft-schlimme „Hauptwörterseuche", verschrien war; ebenso wurden Funktionsverben wie Funktionsverbgefüge in ihrem zunehmenden Gebrauch als inhaltsleer, aufgebläht, umständlich – kurz: sprachinadäquat verteufelt. Für die normative Stilistik jener Tage mag stellvertretend L. Reiners mit seinen Normsetzungen zu Wort kommen: „Das Verbum ist das Rückgrat des Satzes. Wenn man die Handlung in ein Hauptwort zwingt und ein farbloses Zeitwort anleimt, so bricht man dem Satz das Rückgrat" (Reiners 1943, 140); aber das ist noch „eine harmlose Spielart der Hauptwörterkrankheit. Die eigentliche Satzfäulnis beginnt, wenn durchweg Handlungen durch Hauptwörter statt durch Tatwörter wiedergegeben werden" (142). In solchen Formulierungen spiegelt sich der allerdings vergebliche Kampf der traditionellen Stillehre gegen sprachgeschichtliche Veränderungen, die letztlich einen tiefgreifenden Wandel des Stilideals anzeigen: eine Wendung von der schrift-, wenn nicht gar literatursprachlich orientierten Idealnorm der Vergangenheit zum gebrauchssprachlichen Leitbild der Gegenwart, das primär auf kommunikationsgerechte Sachinformation ausgerichtet ist.

Kommunikative Adäquatheit: ein gebrauchssprachliches Stilideal

Die neue Sprachform steht in vielem der modernen Sprache von Wissenschaft und Technik nahe, die aufgrund ihrer vielfältigen Verbreitung in unserer hochtechnisierten Lebenswelt bereits weithin der Gemeinsprache integriert erscheint. Zweifellos stimmt diese Sprachform aber auch am ehesten mit dem Zeitstil unserer Gegenwartssprache überein: Präzision des Ausdrucks, dies hauptsächlich in Minimalformulierungen; knappe, sachgerechte Einfachsätze mit vergleichsweise wenigen Erweiterungen;

Konzentrierung auch der komplexesten Sachverhalte mittels eines differenzierten und hochspezialisierten Vokabulars. Für diese heute zentrale und zeittypische Form des Sprachgebrauchs könnte die Devise lauten: „Möglichst viel Information in möglichst wenig Worten" (EGGERS 1973, 47). Funktional, sprachökonomisch, sachzweckorientiert – so ist unsere Gegenwartssprache, und dem entspricht stildidaktisch die Forderung nach Gebrauchsadäquatheit aller zwischenmenschlichen Verständigung.

Wenn zuvor einige besonders auffällige Phänomene des heutigen „Gebrauchsstils" (SANDERS 1977, 43) exemplarisch behandelt worden sind, dann muß darauf hingewiesen werden, daß noch vieles mehr zu einer umfassenden Charakterisierung der deutschen Gegenwartssprache anzuführen wäre. So vollzieht sich ein deutlicher Wandel im Gebrauch des Konjunktivs, dessen Umschreibung mit *würde* auch in der Schrift immer weiter um sich greift.[61] Diese Entwicklung läßt in aller Klarheit die Motive der Sprachökonomie und Funktionalität erkennen: Vereinfachend und verdeutlichend, systematisierend und generalisierend in einem, umgehen die periphrastischen Bildungen erstens die Schwierigkeit der Formenvermischung zwischen Indikativ und Konjunktiv; zweitens schließen sie sich den anderen umschreibenden Verbkategorien an (ich *werde, habe, hatte* . . .), und drittens werden sie wohl auf die Dauer ohnehin jene komplizierten Konjunktivformen der starken Verben ersetzen: ich *hätte, stähle (stöhle?), schnitte, liefe* usw. Ähnlich wie bei Nominalstil und Verbreduzierung stellt sich hier die stilkritische Frage: Soll man diese Tendenz unterstützen, oder soll man ihr entgegenzuwirken versuchen? Hauptsächliche Verwendung findet der Konjunktiv in der indirekten Rede: nicht nur zur sprachökonomischen Raffung längerer Passagen wörtlicher Rede, sondern auch als beliebtes Stilmittel subjektiv pointierender Redewiedergabe. Angesichts des dadurch vorausgesetzten höheren Stilniveaus sollte man wo immer möglich echte Konjunktivformen, deren Wert gerade in ihrer stilistischen Funktion liegt, den zweifellos bequemeren *würde*-Umschreibungen vorziehen. Zusätzlicher Erwähnung bedarf die 'Konditional'-Formulierung (Bedingungsform): Für sie besteht eine alte, freilich immer mehr vernachlässigte Stilregel, die eine Verbindung von *wenn* mit *würde* strikt untersagt: „Wenn ich Geld *hätte*" – nie jedoch: *haben würde!*[62] Nun lassen sich bei den schwachen Verben die Formen des Indikativs und Konjunktivs der Vergangenheit nicht unterscheiden: „Wenn ich ihn *lobte* . . ." – also doch besser *loben würde?* Und bei den starken Verben wirkt eine Ausdrucksweise wie „wenn er mir *hülfe (hälfe, hölfe?)*" statt *helfen würde* heute geziert, wenn nicht gar lächerlich. Eine elegante Lösung wäre, in Umschreibungen mit *wollen* und *sollen* auszuweichen: „Wenn ich ihn loben wollte . . . Wenn er mir helfen sollte . . ."

Warten wir den weiteren Sprachwandel ab, der wohl nur noch eine Frage der Zeit ist.

In Ausrichtung auf die kommunikative Adäquatheit schriftlicher Äußerungen haben wir die moderne Entwicklung unserer Gegenwartssprache mit als eine Leitvorstellung stilistischer Verhaltensmaßregeln beachtet. Viele Tendenzen, die sich – von der älteren Stillehre noch heftig bekämpft – mittlerweile durchsetzen konnten, erweisen sich als durchaus „gutes Deutsch" im Sinne der gebrauchssprachlichen „Mittellage" unserer heutigen Sprachverwendung: Kommunikativ adäquat ist, was mit den Erfordernissen und Anwendungskonventionen eben dieser modernen Art von Gebrauchssprache übereinstimmt. Ausdrücklich sei auf zweierlei hingewiesen: Diese Auffassung besagt erstens keineswegs, daß die beschriebenen Substantivreihungen und Nominalisierungen, Funktionsverben und Funktionsverbgefüge ohne Kritik positiv zu sehen wären. Unabhängig von der Einstellung zu diesen aktuellen Stiltendenzen gibt es gute Stilisten, die solche neuen Möglichkeiten gekonnt zu nutzen verstehen, und umgekehrt immer auch schlechtere, deren Unvermögen dieselben Sprachmittel in Verruf bringt – das war zu allen Zeiten so! Zweitens kann aber auch jede andere, vom Gegenwartstrend abweichende Sprachform kommunikativ adäquat sein, falls sie in einer bewußten Kommunikationsabsicht und in Übereinstimmung mit dem vorgegebenen Diagramm der Kommunikationsfaktoren verwendet wird.

Literaturhinweise

Vgl. S. Jäger, Standardsprache, in: H. P. Althaus/H. Henne/H. E. Wiegand (Hrsg.), Lexikon der Germanistischen Linguistik, Tübingen, 2. Aufl. 1980, 375–379. – L. Mackensen, Die deutsche Sprache in unserer Zeit, Heidelberg, 2. Aufl. 1971. – Die deutsche Sprache im 20. Jahrhundert. Mit Beiträgen von P. Hartmann/H. Mayer/D. Sternberger/H.-R. Müller-Schwefe/J. Trier, Göttingen, 2. Aufl. 1969. – H. Eggers, Deutsche Sprache im 20. Jahrhundert, München 1973. – P. Braun (Hrsg.), Deutsche Gegenwartssprache, München 1979. – H. Eggers, Kleine Schriften (hrsg. von H. Backes/W. Haubrichs/R. Rath), Tübingen 1982, Teil III: Gegenwartssprache. – Die deutsche Sprache der Gegenwart. Mit Beiträgen von B. Carstensen/F. Debus/H. Henne/P. von Polenz/D. Stellmacher/H. Weinrich, Göttingen 1984. – F. Tschirch, Wachstum oder Verfall der Sprache? (1965), in: P. Braun (Hrsg.) 1979, 17–48; ders., Stehen wir in einer Zeit des Sprachverfalls?, in: Sprachnorm, Sprachpflege, Sprachkritik. Jahrbuch 1966/67 des Instituts für deutsche Sprache, Düsseldorf 1968, 106–132. – H. Moser, Wohin steuert das heutige Deutsch?, in: Satz und Wort im heutigen Deutsch. Jahrbuch 1965/66 des Instituts für deutsche Sprache, Düsseldorf 1967, 15–35; auch in: Braun (Hrsg.) 1979, 49–68. – F. Debus, Zur Deutschen Sprache in unserer Zeit –

Verfall oder Fortschritt?, in: Die deutsche Sprache der Gegenwart, Göttingen 1984, 9–28. – H.-D. Kübler, Ende der Schriftkultur?, in: Wirkendes Wort 35 (1985), 333–362. – W. Klein (Hrsg.), Sprachverfall?, in: LiLi 16/H. 62 (1986). – G. Drosdowski, Ist unsere Sprache noch zu retten?, Mannheim 1988. – R. Große, Entwicklungstendenzen in der deutschen Sprache der Gegenwart, in: Probleme der Sprachwissenschaft, The Hague/Paris 1971, 9–26. – G. Drosdowski/H. Henne, Tendenzen der deutschen Gegenwartssprache, in: H. P. Althaus/H. Henne/ H. E. Wiegand (Hrsg.), Lexikon der Germanistischen Linguistik, Tübingen, 2. Aufl. 1980, 619–632. – D. Nerius (Hrsg.), Entwicklungstendenzen der deutschen Sprache seit dem 18. Jahrhundert, Berlin 1983. – D. Cherubim, Deutsche Sprache in der Gegenwart, in: Zeitschrift für Germanistische Linguistik 14 (1986), 147–160. – P. Braun, Tendenzen in der deutschen Gegenwartssprache, Stuttgart/Berlin/Köln/Mainz, 2. Aufl. 1987. – K.-E. Sommerfeldt (Hrsg.), Entwicklungstendenzen in der deutschen Gegenwartssprache, Leipzig 1988. – G. Stickel (Hrsg.), Deutsche Gegenwartssprache. Tendenzen und Perspektiven. Jahrbuch 1989 des Instituts für deutsche Sprache, Berlin/New York 1990.– W. Besch/O. Reichmann/St. Sonderegger (Hrsg.), Sprachgeschichte. Ein Handbuch zur Geschichte der deutschen Sprache und ihrer Erforschung (Zweiter Halbbd.), Berlin/New York 1985, 1448–1716: Das Neuhochdeutsche in seiner Entwicklung vom 17. bis zum 20. Jahrhundert. – H. Eggers, Deutsche Sprachgeschichte II, Reinbek, Neuaufl. 1986. – G. Wolff, Deutsche Sprachgeschichte, Frankfurt a. M. 1986, 208–270: Deutsche Sprache von ca. 1920 bis zur Gegenwart.

9. KOMMUNIKATIONSFAKTOREN UND STILPRINZIPIEN

Der kommunikative Rahmen

Indem ein Sprecher/Schreiber unter bestimmten kommunikativen Bedingungen, die er aufgrund seiner Sprachhandlungskompetenz zu erkennen vermag, bestimmte Sprachmittel auswählt und nach bestimmten Strukturen anordnet, gestaltet er seinen Text stilistisch. Ein bestimmter Stil entsteht also durch Auswahl und Anordnung bestimmter Sprachmittel unter bestimmten kommunikativen Bedingungen.

W. INGENDAHL (1981, 463)

Die Sprache als zwischenmenschliches Verständigungsmittel ist nur ein Sonderfall der allgemeinen Kommunikation, die sich auch mit Maschinen, unter Tieren oder durch nichtsprachliche Mittel vollziehen kann: Beispiele wären die 'Computersprachen', die berühmte „Tanzsprache" der Bienen oder der ganze Bereich der 'nonverbalen Kommunikation' (Aktion, Gestik, Mimik usw.). Wenn wir Sprache als Kommunikation zwischen Menschen beschreiben, dann treten zusätzlich zu den Eigenschaften der Sprache als Zeichen- und Regelsystem die Faktoren des Kommunikationsprozesses ins Blickfeld. Ihrer Herkunft entsprechend sind sie meist informationstheoretisch formuliert als 'Sender', 'Empfänger', 'Nachricht' usw. Wir nehmen eine „Übersetzung" dieser Begriffe in unsere Terminologie des Schreibstils vor: 'Schreiber', 'Leser', 'Text' usw. Den einzelnen Kommunikationsfaktoren lassen sich bestimmte Sprachfunktionen zuordnen – vielleicht auch, und das wird die Fragestellung dieses Kapitels sein, Stilprinzipien?

Kommunikationsmodelle

Weiteste Bekanntheit hat die LASSWELLsche Kommunikationsformel[63] gefunden: „WER spricht zu WEM WANN und WO WOZU WORÜBER?" – ein Schema eingängiger W-Fragen, die sich bei der systematischen Behandlung der Kommunikationsfaktoren von selbst beantworten werden. Die geläufigste Darstellungsform in der Sprachwissenschaft ist die des 'Kommunikationsmodells', in dem die Kommunikationsfaktoren und ihre Beziehungen schematisch abgebildet sind.

Als einer der ersten stellte der Wiener Sprachpsychologe KARL BÜHLER 1934 ein solches Sprachmodell auf: sein „Organon-Modell" (griechisch *órganon* 'Werkzeug') beschreibt die Sprache als Instrument zur Übermittlung einer Nachricht über etwas durch einen Sender an einen Empfänger; der triadischen Beziehung entspricht die dreifache Funktion sprachlicher Äußerungen als 'Ausdruck', 'Appell' und 'Darstellung' (vgl. BÜHLER 1965, 28 ff.). Die drei Grundgrößen jeder Kommunikation: „die erste Person des Senders, die zweite Person des Empfängers und die 'dritte Person' im eigentlichen Sinne: der oder das, von dem man spricht", hat ROMAN JAKOBSON in seinem kaum weniger bekannten Modell um drei weitere vermehrt: das 'Kontaktmedium', den 'Kode' und die 'Nachricht' (vgl. JAKOBSON 1972, 13 ff.) – sechs Kommunikationsfaktoren also, denen entsprechend grundlegende Sprachfunktionen zur Seite stehen.[64] Sind diese bei JAKOBSON sprachsystematisch an Positionen des Kommunikationsmodells gebunden, so werden sie von der Funktionalstilistik auch anwendungsbezogen formuliert: als kommunikative, didaktische, intellektuelle, ästhetische usw. Grundfunktionen der Sprache.[65] Konkrete Texte realisieren so gut wie nie eine dieser Sprachfunktionen sozusagen in reiner Filtrierung, vielmehr treten sie stets gemischt in Erscheinung, und die jeweils dominierende Funktion bestimmt die spezifische Sprachstruktur des Textes. Aber – was bringt uns dieser kommunikative Aspekt überhaupt?

Sprache ist kein abstraktes System von Zeichen und Regeln: dergestalt existiert sie nur, bildlich gesprochen, als im Spiritus der Sprachwissenschaft konserviertes Beobachtungsobjekt. Erst in ihrer Rolle als menschliches Verständigungsmittel gewinnt sie Leben, und lebende Sprache braucht immer Menschen: einen, der spricht oder schreibt, und wenigstens einen zweiten, der zuhört oder das Geschriebene liest – die einfachste Form eines Kommunikationsmodells, bestehend nur aus den 'Kommunikationspartnern'. In der von JAKOBSON als 'emotiv' bezeichneten oder auch „expressiven" Sprachfunktion bekundet der Sprecher/Schreiber seine Haltung zu dem, was er äußert: seine Gefühle, Stimmungen, Einstellungen usw.; wir werden diesen Gesichtspunkt schreiberorientiert unter dem Stichwort der 'individuellen Voraussetzungen' behandeln. JAKOBSONS 'konative' Funktion ist auf den Hörer/Leser gerichtet, in reinster Form als unmittelbare Anrede; diesen wichtigen Aspekt erfaßt der linguistische 'Adressatenbezug'. An dritter Stelle folgt die „Sache", über die gesprochen oder geschrieben wird: der 'Kommunikationsgegenstand'; auf ihn zielt die 'referentielle' oder auch 'denotative' Funktion der Sprache, insofern eben auf bestimmte Gegebenheiten der „Welt" Bezug genommen wird (als verbaler oder verbalisierbarer 'Kontext'). Weiterhin ist die Sprache selbst zu berücksichtigen, und zwar nach JAKOBSON in drei verschiedenen Eigenschaften: als Kontaktmedium, Kode und „Nachricht" (Übersetzung des englischen *message*). Das Kontaktmedium Sprache stellt die Verbindung zwischen den Kommunikationspartnern mittels eines physikalischen Kanals her, der Laute als Schallwellen oder geschriebene Buchstaben übermittelt. Linguistisch geht es bei dieser 'phatisch' genannten Elementarfunktion nicht um informative Kommunikation, sondern einfach um Kontaktherstellung mit Hilfe von Sprache: Kommunikation einleiten, aufrechterhalten, weiterführen usw.; zugeordnet ist, als maßgebender Gesichtspunkt, die 'Kommunikationssituation', die in der Form der Sprech- oder Schreibsituation jeweils verschiedenen Bedingungen unterliegt. Mit 'Kode' bezeichnet man ein Sprachrepertoire, das den Kommunikationspartnern ganz oder teilweise gemeinsam sein muß, damit eine ungestörte Kommunikation zustande kommen kann: diese Kommunikationsgrundlage bildet das bereits kurz charakterisierte heutige Deutsch, unsere Gegenwartssprache. Die 'metasprachliche' Funktion, die mit dem Kode verbunden ist, beruht auf der linguistischen Unterscheidung von 'Objektsprache' und 'Metasprache'. Metasprache ist Sprache, die über Sprache (als Objektsprache) handelt und damit sich selbst reflektiert; im Sprachalltag spielt sie eine Rolle bei Verstehensfragen der Art: „Wie meinen Sie das?" sowie in allen Sprachlernprozessen. Auch das vorliegende Buch über Stil ist von der ersten bis zur letzten Seite „metasprachlich".

Bleibt noch die Nachricht mit ihrer 'poetischen' Funktion. JAKOBSONS berühmte Definition, seit 30 Jahren einer der meistzitierten Sätze in Sprach- wie Literaturwissenschaft, hat den Wortlaut: „Die Einstellung auf die Nachricht als solche, die Zentrierung auf die Nachricht um ihrer selbst willen, ist die poetische Funktion der Sprache" (JAKOBSON 1972, 108). JAKOBSON war es indes auch, der gleichzeitig mit Nachdruck darauf hingewiesen hat, diese poetische Sprachfunktion sei in ihrem Wirkungsbereich nicht auf „Dichtung" beschränkt, vielmehr im allgemeinlinguistischen Rahmen sämtlicher verbalen Tätigkeiten zu sehen. M. RIFFATERRE hat daraus den bemerkenswerten Schluß gezogen: „Die poetische Funktion entspricht natürlich dem von der Stilistik beschriebenen Aspekt der Sprache . . . Mir scheint, es ist besser, diese Funktion 'stilistisch' zu nennen" (RIFFATERRE 1973, 126). Auch wenn es mit der Umbenennung allein nicht getan ist: eine Metapher bleibt in der Tat eine Metapher, unabhängig davon, ob sie in einem literarischen Werk oder in der Alltagssprache begegnet. Das Tertium comparationis liegt offenkundig in der bewußten Sprachgestaltung, ohne die der gute Stil normalen Sprachgebrauchs ebensowenig zustande kommt wie eine „ästhetische Durchstrukturierung" des

Sprachkunstwerks (SEIDLER 1978, 291). Doch muß auch diese Feststellung wieder eingeschränkt werden: Selbst „guter Stil" ist nichts Absolutes – eine noch so brillant formulierte Äußerung kann trotzdem verfehlt sein, wenn sie in ihrem Verwendungszusammenhang unangemessen erscheint.

Man kann hieraus die Notwendigkeit eines übergeordneten Stilideals ersehen: Unsere Grundforderung kommunikativer Adäquatheit besagt in diesem Sinne, daß die „Vertextung" des Kommunikationsgegenstandes sich auszurichten habe nach den Erfordernissen der Kommunikationsabsicht (Rede- oder Schreibintention); diese fungiert sozusagen als Steuerungsinstanz für den gesamten 'Kommunikationsakt', wobei freilich die von ihr entworfenen Formulierungsstrategien eine volle Berücksichtigung aller anderen Faktoren des Kommunikationsmodells voraussetzen.

Ein Kommunikationsfaktoren-Modell für Stilzwecke

Kommunikationsmodelle unterscheiden sich nach ihrem Nutzungszweck: Es gibt sehr einfache Modelle, die in sprachliche Kommunikation einführen wollen, und hochkomplizierte, um heuristische Vollständigkeit bemühte Modelle verschiedener Art.[66] Auch ein für stilistische Zwecke brauchbares Kommunikationsmodell stellt eigene Ansprüche, wobei die praktische Verwendbarkeit in der Stillehre ein Hauptgesichtspunkt sein sollte: Kommunikationsfaktoren sind für uns nur insoweit wichtig, als sich ihnen Stilprinzipien zuordnen lassen. Schließlich ist ja eine linguistisch fundierte Bestimmung dieser in der Vergangenheit meist intuitiv und vage formulierten Stilprinzipien unser erklärtes Ziel. Da die Stilprinzipien unterschiedliche Bereiche betreffen, wird es sich methodisch empfehlen, das Faktorendiagramm schrittweise anzugehen. In rein analytischer, doch auch darstellungsmäßig begründeter Trennung unterscheiden wir drei Gruppen von Stilprinzipien:
(1) Stilprinzipien im Bereich Denkstil/Sprachstil;
(2) Stilprinzipien im Rahmen der Redekonstellation;
(3) Stilprinzipien im Zusammenhang der Textbildung.
Der Denkstil befaßt sich mit der Wahrnehmungs- und Denkstrukturierung, die auf einen bestimmten Sachverhalt gerichtet ist. Dieser wird zum „Thema" einer intendierten Sprachäußerung gemacht und damit zur Grundlage der späteren Formulierung. Einerseits geht es hier um logische Operationen, andrerseits auch schon um die Konstituierung semantischer Sinnkomplexe: Logik und Semantik (genauer die auf den Sachverhalt Bezug nehmende 'Referenzsemantik') sind im gedanklichen Vorfeld eines Kommunikationsaktes wirksam. Der Sprachstil hat es auf dieser Stufe zunächst mit der semantischen Vorstrukturierung „thematischer

Komplexe" zu tun. Sie bilden die Grundlage für die Selektion und Kombination von Sprachelementen: 'Selektion' als Wahl von Worteinheiten aus dem „inneren Lexikon" – 'Kombination' als deren korrekte syntaktische Verbindung, womit sich zugleich eine Ausweitung zur Grammatik hin ergibt: „Stil als Ergebnis von Auswahl und Anordnung" (vgl. INGENDAHL 1975, 110 ff.). Die logische Strukturierung des Sachverhalts im Denkstil ist auf Prinzipien wie „Klarheit, Ordnung" ausgerichtet, die semantische Strukturierung des Sprachstils entsprechend auf „Genauigkeit, Begriffsschärfe". Auf diesen Vorüberlegungen basiert folgendes Teilmodell[67]:

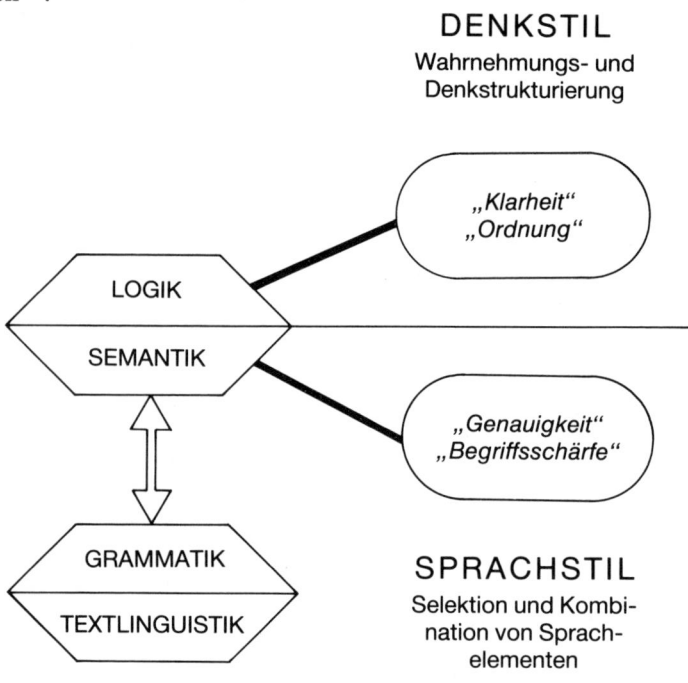

Teilmodell 1: Denkstil/Sprachstil.

Im Kommunikationsgegenstand ist bereits die Anschlußstelle an die eigentlichen Kommunikationsfaktoren der Redekonstellation und der Textbildung genannt. Mit dem Ausdruck 'Redekonstellation' bezeichnet man „die in einem bestimmten kommunikativen Akt eine bestimmte Zeitspanne lang unverändert bleibende Kombination außersprachlicher Verhaltenselemente" (STEGER/SCHÜTZ 1973, 207).[68] Der Einfachheit halber wollen wir annehmen, daß unser Versprachlichungsprozeß eines gegebenen Sachverhalts unter gleichbleibenden Bedingungen erfolgt und damit einen Kommunikationsakt bildet. Welche Kommunikationsfaktoren machen die spezielle Redekonstellation aus? Wichtigster Bestandteil sind die Kommunikationspartner: in dem von uns als Regelfall vorausgesetzten Akt schriftlicher Textproduktion also Schreiber und Leser, die unverzichtbaren Pole jeglicher Kommunikation. Ein Kommunikationsakt spielt sich ferner in einem äußeren Rahmen ab, für den man verschiedene Namen hat: Realität, „Welt", auch 'Wirklichkeitsmodell' usw.; als konkrete Situation reicht diese Realität direkt in die Redekonstellation hinein. Aber mit der Nennung von Schreiber, Leser und Situation sind noch nicht die kommunikativen Umstände beschrieben, die ihre spezifische Eigenheit im Stilprozeß bestimmen.

Für den Schreiber lassen sich diese Umstände als Summe seiner 'individuellen Voraussetzungen' angeben, die psychisch-sozialer Natur sind: teils spezielle Veranlagungen und Interessen, teils Ausbildung, Kenntnisse usw. Ältere Stilkriterien wie „Natürlichkeit", das „Natürlich-Echte" oder „Natürlich-Persönliche" hat G. Möller auf den modernen Begriff der „Individualität" gebracht (vgl. Nickisch 1975, 115): so wollen wir das Stilprinzip für den persönlichen Ausdruckswillen des Schreibers benennen. Im Sinne der 'emotiven' Sprachfunktion Jakobsons dominiert zwar die individuelle Seite, ohne daß sie jedoch auf „Emotionen", Gefühle, Einstellungen usw. beschränkt wäre. Gerade wenn es um eine Ausprägung des Sprachgebrauchs im eigenen Stil geht, fließt die ganze Persönlichkeit ein.

Die Rolle des Lesers wird im Vollzug eines Kommunikationsaktes vom Schreiber aus gesehen und bestimmt sich mit Hilfe der linguistischen Größe des 'Adressatenbezugs': Umstände wie die Einschätzung des Adressaten, Rollenverhältnis und Haltung zu ihm, spezieller Schreibanlaß usw. Daß Differenzen im sozialen Status, in der beruflichen Position oder aktuellen Rollenzuweisung einen markant unterschiedlichen Sprachgebrauch nach sich ziehen, ist hinlänglich bekannt. Diese Unterschiede sind Stilunterschiede, insofern eine jeweils passende, d. h. dem Adressaten angepaßte Stilebene gewählt wird. Dem ordnet sich als Stilprinzip eine variabel zu interpretierende, weil adressatenbezogene „Verstehbarkeit" der Ausdrucksweise zu.

Mit dem Kommunikationsfaktor 'Situation' hat es in unserem Zusammenhang seine besondere Bewandtnis: In schriftlicher Kommunikation reduziert sich die Situation auf die engere Schreibsituation,[69] auf die im Geschriebenen nur selten ausdrücklich Bezug genommen wird. Hingegen meint Situation im allgemeineren Rahmen der Redekonstellation die Einbeziehung der zeitlich-räumlichen Umstände des Kommunikationsaktes, wenn sich die Kommunikationspartner in direktem Sprecher/Hörer-Kontakt gegenüberstehen. Situative Sprachauswirkungen wie spontane Formulierung, deiktischer Bezug auf die Situation, Rückkopplungseffekte, Verwendung außersprachlicher Kommunikationsmittel usw. – all das kommt vor allem der gesprochenen Sprache zu (vgl. Kapitel 5). Diese Kennzeichen mündlichen Stils bleiben unberücksichtigt.

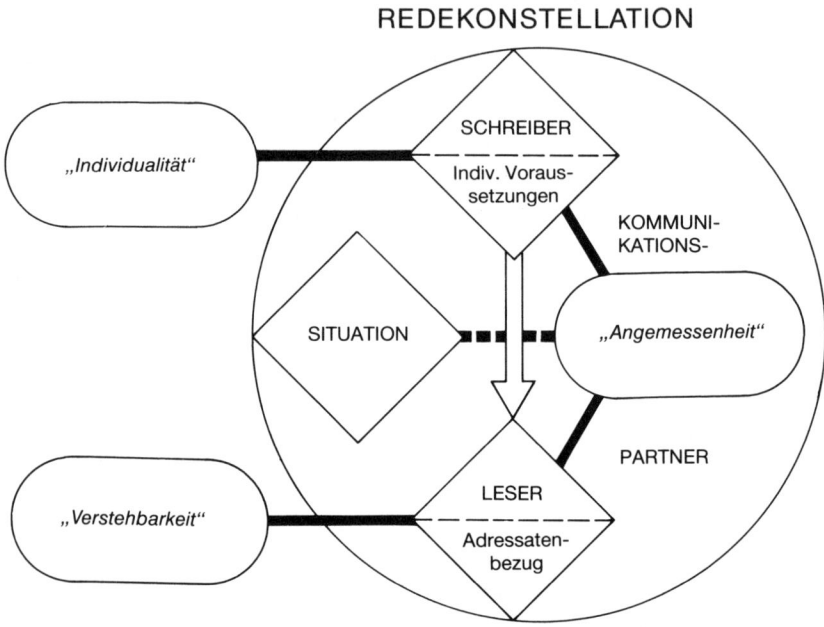

Teilmodell 2: Redekonstellation.

Die Redekonstellation hat aber noch in einem weiteren Punkt Berührung mit der Realität: im Kommunikationsgegenstand. Er thematisiert ja einen Ausschnitt der Welt, sei es der realen Umwelt oder auch einer fiktiven, nur erdachten oder erinnerten Welt. Der Kommunikationsgegenstand hat zwei Seiten: eine sachliche, die als Grundlage des späteren Textes vom Denkstil strukturiert wird, und eine sprachliche, die bei der Ausformulierung des Textes dem Sprachstil als Aufgabe zufällt. Dorthin gehört ein sehr wichtiges Stilprinzip, das sowohl die beiden Seiten des Kommunikationsgegenstandes, den Sachverhalt und seine „Thematisierung", als auch die Faktoren der Redekonstellation, also Schreiber, Leser und Situation, betrifft: es ist dies das zentrale Stilprinzip der „Angemessenheit". Was auch immer man formuliert, es muß den Sachverhalt und den „richtigen Ton" treffen, es muß den Stil des Schreibers ungekünstelt wiedergeben und den Bezug auf den Leser voll verwirklichen – kurz: es muß in jeder Hinsicht stilistisch „angemessen" sein.

Im Vorgang der Textbildung – oder in anderer, schon bekannter Terminologie: bei der Überführung der Texttiefenstruktur in die sprachliche Oberflächenstruktur – wirken mehrere sprachsystematische Faktoren auf den Ablauf des Kommunikationsaktes ein. Entsprechend der früheren Kennzeichnung (Logik, Semantik) stehen für sie die Begriffe 'Grammatik' und für die satzübergreifenden Sprachzusammenhänge 'Textlinguistik'. Beiden sind keine Stilprinzipien zugeordnet, weil wir sprachsystematische Korrektheit, sei sie grammatischer oder textlinguistischer Art, nicht als Gegenstand der Stilistik betrachten: Sie stellt vielmehr die unerläßliche Voraussetzung und Grundlage für stilistische Adäquatheit dar. Immerhin gibt es auch, wie niemand bestreiten wird, Stilprinzipien der Satz- und Textgestaltung; diese lassen sich aber nicht aus dem allgemeinen Sprachsystem herleiten, sondern nur aus dem Sprachgebrauch, wie ihn die deutsche Gegenwartssprache repräsentiert. Sie zeichnet sich, über ihren reinen Systemcharakter hinaus, durch zahlreiche – ergänzende, modifizierende, einschränkende usw. – „pragmatische" Gebrauchsregeln aus, die hauptsächlich auf wiederum wandelbaren Konventionen beruhen und im Hinblick auf die kommunikative „Angemessenheit" des Textes berücksichtigt werden müssen. Hervorgehoben sei in diesem Zusammenhang die Rolle der Textsorten als konventionelle Formulierungsmuster. 'Pragmatik' und 'Textsorten' vermitteln jedenfalls zwischen den Kommunikationsfaktoren der Redekonstellation und dem Sprachsystem der deutschen Gegenwartssprache, indem sie deren Gebrauchsadäquatheit sicherstellen – „Gebrauchsadäquatheit" verstanden als Anwendung der Sprache in kommunikativ „angemessener" und zugleich zeitgerechter Form. Der Spezifik unseres Gegenwarts-Sprachgebrauchs tragen die Stilprinzipien „Knappheit", „Sprachökonomie" und „Sachlichkeit", „Funktionalität" Rechnung; sie wirken an bestimmender Stelle auf die Textbildung ein, wie es das folgende Teilmodell darstellt.

DEUTSCHE GEGENWARTSSPRACHE

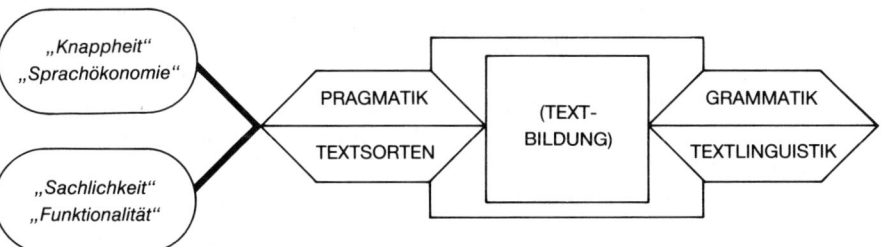

Teilmodell 3: Einwirkung der deutschen Gegenwartssprache.

Bleibt als letztes Teilstück unseres Stilmodells noch das Diagramm der Textbildung. Über den Kommunikationsgegenstand als Grundlage braucht nichts weiter gesagt zu werden, als daß er der notwendigen Ergänzung durch die Kommunikationsabsicht bedarf: Man formuliert keinen Text, ohne daß mit der Darstellung der Sache nicht auch eine bestimmte Absicht verknüpft wäre. Demgemäß kann man nach einem Vorschlag von S. J. SCHMIDT die Kommunikationsabsicht aufspalten in eine „Mitteilungsintention" und eine „Wirkungsintention" (SCHMIDT 1976, 157); das eine beträfe mehr den sprachlich-grammatischen Anteil der Textfundierung, das andere die Ausführung einer gezielten, auf das Erreichen eines kommunikativen Effektes ausgerichteten Sprachhandlung. Bildlich ausgedrückt, geht aus der Ehe zwischen Kommunikationsgegenstand und Kommunikationsabsicht der eigentliche Kommunikationsakt hervor, der in dem von uns gesetzten Regelfall schriftlich realisiert wird und zum Ergebnis einen mehr oder weniger provisorischen „Textentwurf" hat. Diese Zwischenstufe gilt wohlgemerkt nur bei Verwendung der Schrift und wird im vorliegenden Schema ausdrücklich vorgesehen, weil ihr stilistisch besondere Relevanz zukommt: Verbesserungen und Revisionen, die aus diesem Textentwurf den endgültig ausformulierten Text machen, sind fast ausschließlich Stilkorrekturen. Sämtliche Schritte unseres Diagramms – bis auf den letzten, der intuitiv nachvollziehbar wie empirischer Untersuchung zugänglich ist – bilden nur theoretisch getrennte Phasen eines komplexen Simultanprozesses der Textbildung, bei dem die verschiedenen, hier zu Analysezwecken methodisch auseinandergehaltenen Faktoren vielfältig rückgekoppelt und miteinander verzahnt sind. Das Textbildungsschema auf der gegenüberliegenden Seite vervollständigt unser heuristisches Modell.

Stilprinzipien: im Prinzip

Wir sind nunmehr in der Lage, die anfänglich gestellten W-Fragen der LASSWELLschen Formel mühelos zu beantworten: „WER spricht zu WEM WANN und WO WOZU WORÜBER?" In der Terminologie unseres Stilmodells schriftlicher Kommunikation: Wer? – der Schreiber, zu wem? – dem Leser, zusammen die Kommunikationspartner; wann und wo? – die zeitlichen und räumlichen Umstände der Kommunikationssituation, hier speziell der Schreibsituation; wozu? – die Kommunikationsabsicht, und worüber? – der Kommunikationsgegenstand. Neben diesen sprachexternen Kommunikationsfaktoren der Redekonstellation und der Textbildung, wie sie hier in schöner Vollständigkeit vereint sind, fehlen lediglich noch die sprachinternen Faktoren der Denk- und Sprachstruk-

TEXTBILDUNG

KOMMUNIKATIONS-
GEGENSTAND

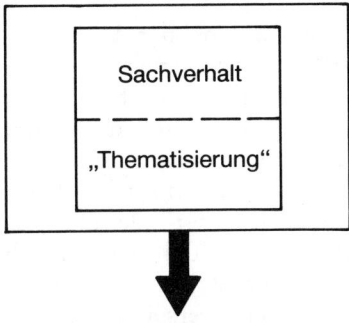

KOMMUNIKATIONSABSICHT

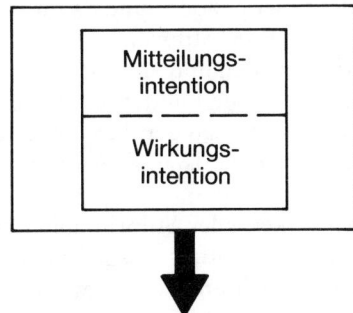

KOMMUNIKATIONSAKT

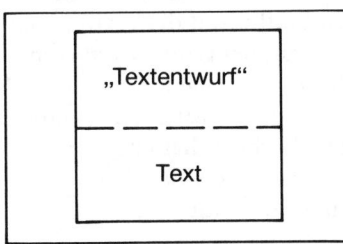

Teilmodell 4: Textbildung.

turierung, die sich ihrerseits logisch-semantisch, grammatisch-textuell und pragmatisch-gegenwartssprachlich untergliedern. Das eigentlich Neue liegt aber in der Konsequenz dieser Systematisierung: Allen Faktoren werden, in einer Art Kausalverknüpfung, bestimmte Stilprinzipien zugewiesen.

Bei kritischer Durchmusterung der Stilprinzipien in den gängigen Stillehren kann man sich im Grunde nur wundern, warum sie in all ihrer Unsystematik letztlich nicht alphabetisch abgehandelt werden. Wer ihre Zusammenstellung im Anmerkungsteil dieses Buches (S. 217) mit den Stilprinzipien vergleicht, die in unserem Stilmodell vertreten sind, wird feststellen, daß weder in der Zahl noch in der Begrifflichkeit Übereinstimmung besteht. Das hat seine Gründe: Die zum Teil verschieden formulierten oder nuancierten, zum Teil auch mit sachlichen Unterschieden verbundenen Begriffe sind jeweils auf einen „gemeinsamen Nenner" gebracht worden (z. B. die „Leichtverständlichkeit", offensichtlich für ein allgemeines Publikum gedacht, als Sonderfall der speziellen „Verstehbarkeit", die auf bestimmte Leser bezogen und damit variabel ist). Insgesamt ergibt sich ein System zentraler Stilprinzipien, die durch ihre Verankerung im Kommunikationsmodell und Anbindung an einzelne Kommunikationsfaktoren eine linguistische Fundierung erhalten. In ihrer Behandlung wollen wir kapitelweise gemäß der durch Numerierung angezeigten Reihenfolge in unserem nun vollständigen „Stilmodell" vorgehen (s. S. 82).

Aus dem Zusammenwirken aller Stilprinzipien entspringt die Stilbildung eines Textes: entsteht, anders ausgedrückt, sein spezieller Stil. Diese stilistische Eigenart bestimmt sich, so wie R. JAKOBSON eine wechselnde Mischung und Gewichtung seiner Sprachfunktionen angenommen hat, weitgehend nach den verschiedenen Anteilen, mit denen die einzelnen Stilprinzipien Einfluß auf die Textbildung nehmen, und welches Stilprinzip dominiert. Zwar nicht immer unbedingt dominant, aber doch von vornherein privilegiert erscheint eines dieser Stilprinzipien: gleichviel, ob es um die Art der Leser-Rücksichtnahme, die Einschätzung des „richtigen Tones" oder die Handhabung der aktuellen Sprachmöglichkeiten geht, entscheidend ist stets der Schreiber – einmal mehr, einmal weniger, doch immer mit „Individualität".

Literaturhinweise

Vgl. Th. Lewandowski, Linguistisches Wörterbuch II, Heidelberg/Wiesbaden, 4. Aufl. 1985, 531–545. – G. Ungeheuer, Sprache und Kommunikation, Hamburg, 2. Aufl. 1972. – H. Buddemeier, Kommunikation als Verständigungshandlung, Frankfurt a. M. 1973. – P. Watzlawick/J. H. Beavin/D. D. Jackson, Menschliche Kommunikation, Bern/Stuttgart/Wien, 7. Aufl. 1985. – D. Baacke, Kommunikation und Kompetenz, München, 2. Aufl. 1975. – J. Hennig/L. Huth, Kommunikation als Problem der Linguistik, Göttingen 1975. – B. Switalla, Kommunikation, Baden-Baden 1976. – K. Merten, Kommunikation, Opladen 1977. – H. Burger/B. Imhasly, Formen sprachlicher Kommunikation, München 1978. – R. Rath, Kommunikationspraxis, Göttingen 1979. – E. Reuter, Kommunikation und Institution, Frankfurt a. M./Bern 1981. – Chr. Schwarz, Bedingungen der sprachlichen Kommunikation, Berlin 1985. – Autorenkollektiv unter der Leitung von G. Michel, Grundfragen der Kommunikationsbefähigung, Leipzig 1985. – W. Kallmeyer (Hrsg.), Kommunikationstypologie. Jahrbuch 1985 des Instituts für deutsche Sprache, Düsseldorf 1986. – B. Strecker, Strategien des kommunikativen Handelns, Düsseldorf 1987. – Th. Herrmann, Sprechen und Situation, Berlin/Heidelberg/New York 1982. – H. S. Scherer, Sprechen im situativen Kontext, Tübingen 1983. – K. Bayer, Sprechen und Situation. Aspekte einer Theorie der sprachlichen Interaktion, Tübingen, 2. Aufl. 1984. – S. Heusinger, Kommunikative Adäquatheit oder kommunikative Angemessenheit, in: Zeitschrift für Germanistik 7 (1986), 318–321. – U. Fix, Kommunikativ-stilistische Adäquatheit. Eine Relation in einer Relation, in: Hallesche Studien zur Wirkung von Sprache und Literatur 12 (1986), 4–12.

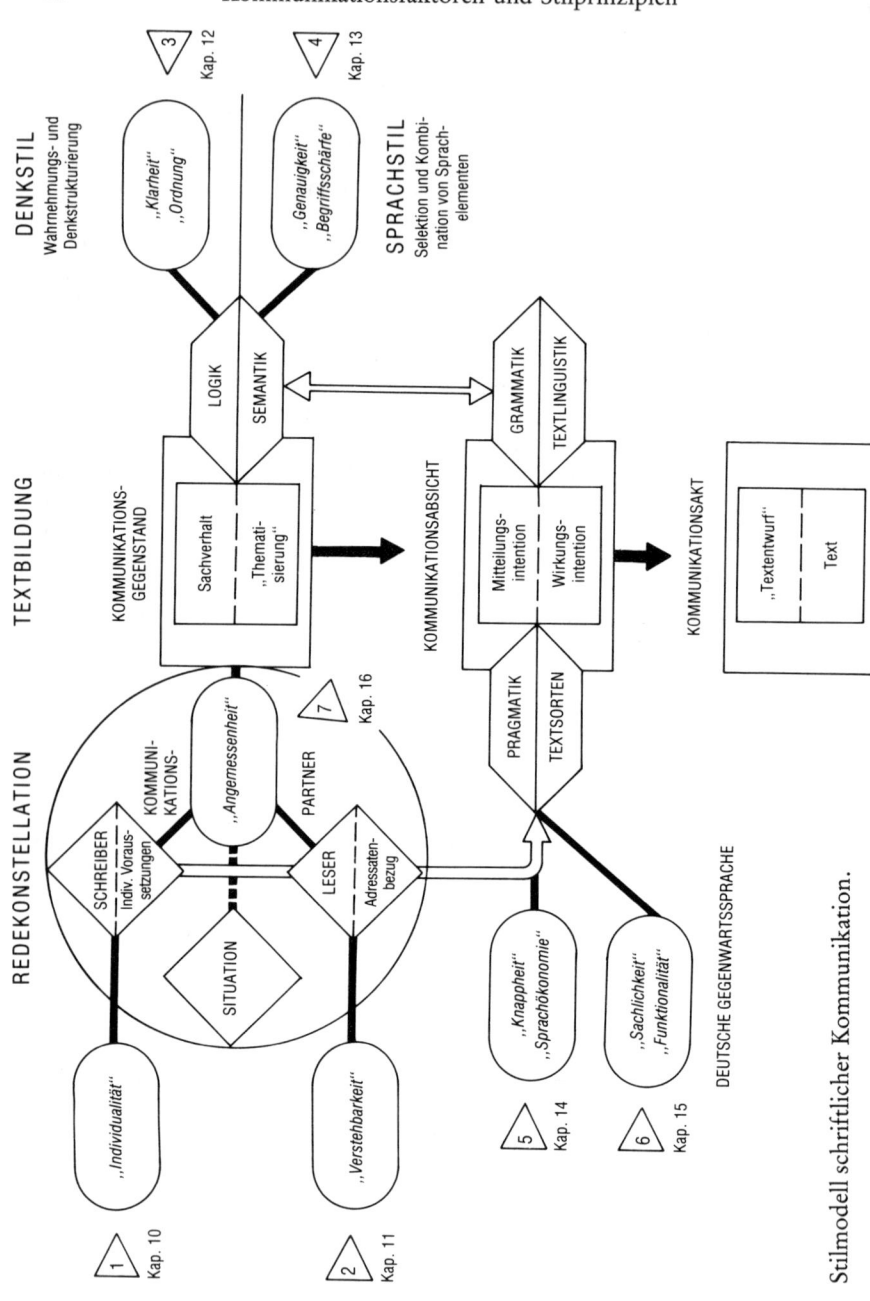

Stilmodell schriftlicher Kommunikation.

10. DIE INDIVIDUALITÄT DES SCHREIBERS

Das ungeliebte Ich

> *Die Sprache bietet uns einen unermeßlichen Schatz von Ausdrucksmöglichkeiten. Wir haben die Wahl; unser Stil beruht auf einer Reihe von persönlichen Entscheidungen ... So manches wir von Meisterwerken lernen können, Stilmuster sind sie für uns nicht; guter Stil kann nur unsere eigene Art sein, Erlebtes, Empfundenes und Gedachtes durch die Sprache anderer mitzuteilen.*
>
> H. RYCHENER (1982, 6.8)

„Jeder Mensch hat seinen eigenen Stil, so wie seine eigene Nase", äußerte LESSING – wäre es dann nicht natürlich, zuerst einmal die durchaus unterschiedliche Ausdrucksweise eines jeden Individuums seinen persönlichen Voraussetzungen, seinem persönlichen „Stilgefühl" zuzuschreiben? Aber der Individualstil, häufig auch „Personalstil" genannt, ist eine sehr umstrittene Größe der Stilistik. Weitverbreitet herrscht die Ansicht, daß er ein ausgesprochenes Ingrediens poetisch-künstlerischer Sprachgestaltung sei, und jene zeittypische Vorstellung eines ausgeprägten Persönlichkeitsstils, die – eingeschränkt auf die Ebene hoher Kunst und Poesie – das klassische Stilverständnis prägte, wirkt seit dem 19. Jahrhundert fort bis in die neuere Literaturwissenschaft.[70] Diese literarisch-individualistische Stilauffassung erweist sich als eine im Grunde psychologisierende Betrachtungsweise, die von der Einbeziehung der Dichterbiographie in die Werkinterpretation bis zur Auslegung dichterischer Werkaussagen als Widerspiegelung psychischer Vorgänge im Autor reicht, die affektive oder ästhetische Wirkungen des Sprachkunstwerks beobachtet, die den beim Leser (Hörer) hervorgerufenen Reaktionen nachgeht usw. Sicher lag es nicht an diesen wissenschaftlichen Erkenntnisinteressen, wenn die Idee des dichterischen Individualstils auf die Dauer in Mißkredit geriet; gleichwohl trugen etwa die idealistisch-neuromantische Stiltheorie eines K. VOSSLER, die Überspitzung der kaum nachvollziehbaren Subtilität SPITZERscher Stilanalysen, die Übersteigerung des STAIGERschen Prinzips „werkimmanenter Interpretation" und vieles andere dazu bei. Letztlich ist aber zu vermuten, daß jene ältere Auffassung durch den ganz natürlichen Wandel der Zeiten und das Aufkommen neuer Denkformen überholt wurde.

Konzept eines allgemeinsprachlichen Individualstils

Die moderne Linguistik setzte einen theoretischen Schlußpunkt: Sie erklärte kategorisch alle Sprache, auch die dichterische, als Sprache und nichts anderes als Sprache; die Sprache der Dichtung wurde damit zu einem legitimen Gegenstand linguistischer Untersuchung. Vor allem R. JAKOBSON ist nie müde geworden, für eine 'Linguistische Poetik' einzutreten. Wenn jedoch die „Sprachkunst" der Dichtung nur ein Sprachausschnitt neben anderen Bereichen wie „Gebrauchssprache" oder „Alltagssprache" ist, dann muß auch Stil – als allgemeines Sprachphänomen – ausnahmslos allen sprachlichen Äußerungen zuerkannt werden. Anders formuliert: Jeder Text, nicht nur der literarische, hat seinen eigenen, „individuellen" Stil.

Diese Vorüberlegungen sollen als Grundlage dienen, um sozusagen aus den Scherben des früheren Personalstils der Dichtung das neue Konzept eines modernen, allgemeingültigen Individualstils zu entwickeln (denn man sollte die mißbräuchliche Vereinseitigung eines im Ansatz richtigen Prinzips nicht zum Anlaß nehmen, dieses Prinzip insgesamt aufzugeben). Wenn Stil in linguistischem Sinne als Ausdruck für die ganze Komplexität stilistischer Möglichkeiten steht, dann realisiert der aktuelle Stil eines Individuums von diesem Potential jeweils eine charakteristische Auswahl – für den Leser des 3. Kapitels nichts Neues. Diese Auswahl beruht auf seinen individuellen Voraussetzungen und wird durch seine persönliche Stilkompetenz geregelt.

Die zentrale Stellung des Individualstils ergibt sich aus der Tatsache, daß Stil nicht von vornherein in der Sprache existiert, sondern durch den sprachgebrauchenden Menschen geschaffen wird: eben durch die Person des Schreibers (oder Sprechers). Stil kommt erst im individuellen, von Mensch zu Mensch verschiedenen und daher für jeden einzelnen Menschen charakteristischen Textbildungsprozeß zustande, je nachdem, wie dieser die ihm gegebenen sprachstilistischen Möglichkeiten nutzt. Die Annahme eines solchen allgemeinen Individualstils erscheint intuitiv plausibel, weil es möglich ist, einen Menschen an seinem Stil zu erkennen, diesen zu imitieren und zu parodieren. Der Individualstil läßt sich aber auch linguistisch beschreiben: Wenn in einem Text Stilelemente nach Art, Häufigkeit, Verbindung usw. typisch wiederkehren, dann ergeben sie ein „Stilmuster", das eine bestimmte Person kennzeichnet. Unter 'Individualstil' wird mithin – unserem weitgefaßten Verständnis von Sprachstil entsprechend – der charakteristische Stilhabitus eines jeden sprachgebrauchenden Menschen verstanden, der ihn gleichsam wie sein Fingerabdruck identifiziert.[71]

Es war von den bedingenden individuellen Voraussetzungen und von

der regelnden Stilkompetenz die Rede. Ein moderner Stiltheoretiker,
L. T. MILIC, hat ähnlich im Verhältnis von Stil und Persönlichkeit des
Schreibers zwischen zwei Komponenten unterschieden: „zwischen den
ihm mit seinem persönlichen Naturell gegebenen Stileigentümlichkeiten,
die sich unwillkürlich und unbewußt seiner Sprache aufprägen, und den
Besonderheiten der sprachlichen Form, die aus freien, bewußten . . . Entscheidungen resultieren" (MÜLLER 1981, 190f.).[72] Die Frage wird sein,
wie frei die bewußten Stilentscheidungen, wie fest dem „persönlichen
Naturell" aufgeprägt die unbewußten Stileigentümlichkeiten wirklich
sind. In einem früheren Kapitel, das die sprachstilistischen Wahlmöglichkeiten behandelte, ist auf die Restriktionen hingewiesen worden, die für
jeden Menschen bestehen: einerseits durch seine psychische Veranlagung,
andrerseits durch seine sozialen Lebensumstände. Nimmt man die geistige Konstitution des Schreibers als eine Konstante seiner individuellen
Voraussetzungen, dann sind ihm zweifellos in seiner Ausdrucksfähigkeit
natürliche Grenzen gesetzt. Berücksichtigt man auch solche soziokulturellen Persönlichkeitsmerkmale wie Ausbildung und Bildung, allgemeinen Wissenshorizont usw., dann ist das alles keineswegs unveränderlich,
sondern zu jedem biographischen Zeitpunkt beeinflußbar. Auch stilistisch wären demnach Erweiterung und Verbesserung spezieller
Sachkenntnisse und des Allgemeinwissens wünschenswert, trägt doch Sicherheit in der Sache unmittelbar zur Sicherheit auch des Ausdrucks bei.
Dennoch erscheint dieser mögliche Ansatzpunkt für die Stillehre nicht
unproblematisch: Soll man allen Ernstes zwecks Aufbesserung der „Welt-
kenntnis" und gleichzeitiger Wortschatzerweiterung die Lektüre von
Sachlexika empfehlen, wie tatsächlich geschehen (vgl. REINERS 1951, 61)?
– sollte man wohl gar als Grundlage größerer Stilkompetenz ein allge-
meinbildendes Universitätsstudium vorschlagen? Wenn folglich die individuellen Voraussetzungen des Schreibers im allgemeinen als eine gegebene, nicht unbedingt flexible Größe betrachtet werden müssen, ergibt
sich daraus eine stildidaktische Konfliktsituation: Die Grundlage, von
der eine Stillehre auszugehen hätte, ist von Fall zu Fall verschieden. Was
dem fortgeschrittenen Sprachkönner als selbstverständlich gehandhabte
Ausdrucksmöglichkeit zu Gebote steht, das kann für den weniger geübten Sprachbenutzer schon halbwegs einem Stilkunststück gleichkommen;
und Stilvorschriften, für den einen trivial, wären dem andern nur mit
größter Mühe nachvollziehbar.
    Unter diesen Umständen wird verständlich, warum alle praktischen
Stillehren nicht so sehr fixe Regeln oder gar stilistische Kunstmittel anbieten, vielmehr eine allgemeine Schulung des „Stilgefühls" in den Vordergrund stellen. L. REINERS versucht dem Leser „durch Beispiele und immer neue Beispiele" klarzumachen, daß wir hier „nicht den einzelnen

Griff erlernen können, den die Stunde erfordert, sondern nur den Geist, der jeden Griff erfüllen muß" (Reiners 1943, 59); B. Christiansen will „das Feingefühl für die sprachliche Form wecken und steigern" (Christiansen 1966, 11). G. Möller stellt klar: „Es geht nicht darum, sich Stücke von Sachwissen einzuverleiben, sondern es geht darum, Entscheidungen treffen zu lernen – Entscheidungen, die allerdings Kenntnisse und Einsichten voraussetzen" (Möller 1980, 31). Schließlich noch H. B. Bunje: „Wichtiger aber als das Auswendiglernen von Regeln und Geboten ist es, das Gefühl für den guten Stil zu wecken" (in: Mackensen 1979, 159). In der Tat ist das Hauptgewicht auf eine Verfeinerung dieses „Stilgefühls" zu legen – oder sprachwissenschaftlich exakter: der Stilkompetenz.

Die Stilkompetenz hat weniger mit dem Verfügbarmachen von Sprachelementen und Sprachstrukturen zu tun als vielmehr mit stilistischen Entscheidungen und Urteilen: Sie ist es, die bei Wahlmöglichkeiten entscheidet, welche der Varianten den Vorzug erhält; sie beurteilt mit der kommunikativen Adäquatheit zugleich auch die stilistische „Angemessenheit", und dies im Hinblick auf so vielgestaltige Größen wie Adressat, Gegenstand, Textsorte usw. Die Stilqualität eines Textes wird abhängen von der Empfindlichkeit, mit der die Stilkompetenz in Abwägung der verschiedenen, interdependenten (d. h. untereinander verknüpften) Kommunikationsfaktoren reagiert. Hinzukommen muß aber auch noch die Kenntnis der gegenwärtig aktuellen Sprach- und Stilmittel sowie, mit dieser Kenntnis verbunden, die Fähigkeit zur Durchführung des als richtig und gut Erkannten. Mit anderen Worten: zusätzlich zum Stilwillen bedarf es des Stilkönnens, verstanden als sprachliches Vermögen, bestimmte Ausdrucksabsichten auch stilistisch adäquat zu realisieren. Diese bis zu einem gewissen Grade lehr- und lernbare Befähigung könnte man 'Stiltechnik' nennen.

Der in diesem Abschnitt propagierte allgemeine Individualstil existiert nicht bloß in der Theorie. Obwohl eingebunden in das Netz sämtlicher Stilaspekte, läßt er sich als Bestandteil vieler Texte nachweisen. Überall da tritt er besonders deutlich hervor, wo es um den persönlichen „Geschmack" geht – so etwa in dem instruktiven Sprachausschnitt der Anredeformen, an denen wie kaum sonst der stilistische Auffassungswandel gegenüber früheren Jahrhunderten sichtbar wird.

Was es mit dem „ungeliebten Ich" auf sich hat

In dem Dreieck der redenden, der angeredeten und der dritten Person, über die geredet wird, vertritt die Figur des Schreibers eindeutig das Ich der ersten, redenden oder in unserem Falle: schreibenden Person. Aber dieses Ich war in der Vergangenheit, und zum Teil noch bis in unsere Jahrzehnte, ein durchaus ungeliebtes Ich. Nach Möglichkeit wurde es vor allem in der Schrift unterdrückt oder ersetzt, jedenfalls peinlich vermieden. „Grammatischer Selbstmord des Ich", so hat JEAN PAUL dieses Phänomen witzig apostrophiert. Warum ein solches sprachliches Zurückdrängen der eigenen Person? – „weil wir viel zu höflich sind, um vor ansehnlichen Leuten ein Ich zu haben", antwortet JEAN PAUL. „Denn ein Deutscher ist mit Vergnügen alles, nur nicht Er selber."[73] Tatsächlich steht dieses bemerkenswerte Sprachverhalten in engstem Zusammenhang mit den allgemeinen Umgangs- und speziell Höflichkeitsformen.

Die Frage des Ich und weiterer Selbstbezeichnungen in der Anrede ist ein pragmatisch-soziologisches Problem: pragmatisch, insofern Konventionen und Moden letzten Endes auch den Sprachgebrauch bestimmen; soziologisch, weil es hauptsächlich darum geht, durch diese sprachlichen Formen seine eigene Bescheidenheit und umgekehrt ehrerbietige Reverenz gegenüber anderen, vornehmlich Höhergestellten, zum Ausdruck zu bringen. Wie in vielen Sprachen Europas kam auch bei uns im Mittelalter die Sitte auf, statt der normalen Anrede (Du) als feierlicheren Ausdruck die Mehrzahl (ir, Ihr) im Sinne einer Höflichkeitsform für Einzelpersonen zu verwenden – die Mode des „Ihrzens".[74] Seit dem 16./ 17. Jahrhundert trat in Deutschland als Novität erst singularisches Er auf, in dem sich „die ehrfürchtige Distanz gleichsam in der Nicht-Anwesenheit der Anwesenden ausdrückte"; dann wurde auch dieses Er analog in den Plural gesetzt, sowohl für mehrere Personen wie als höfliche Anrede einer Einzelperson: das noch heute gültige „offizielle" Sie. Es wurde ebenfalls seit dem 17. Jahrhundert groß geschrieben wie alle persönlichen Anreden: „Die Größe der Wertschätzung sollte sich auch in den großen Buchstaben ausdrücken" (AUGST 1974, 35). Wen kann es danach wundern, daß die Anredeformen ein außerordentlich interessantes Untersuchungsobjekt soziolinguistischer Forschung bilden?[75]

Auch in der ersten Person gilt die formale Verwendung von Singular und Plural für eine Einzelperson: Ich und Wir. In den vergangenen Jahrhunderten wurde, wie schon bemerkt, Ich bis ins sprachliche Extrem hinein gemieden. Daß selbst ein GOETHE im Alter brieflich dem Ich häufig aus dem Wege ging, erfahren wir von ZELTER, der das seinerseits auch tat:

Des letzteren Umstandes erwähne // nur, weil er (der Altphilologe Wolf) einst eine Anmerkung machte über Deinen Briefstil, wo dann und wann das ich und mir und mich unwillkürlich ausgelassen ist, um die Reibung der Konsonanten zu vermeiden, wie jeder tut, der ein Ohr für Wohlklang hat.[76]

Weiterer Beispiele bedarf es nicht. Später kennzeichnete die Weglassung des Ich zumal die preußische Militärsprache: „Melde gehorsamst", „Habe verstanden", „Werde Sorge tragen, daß..." usw. – ein abgehackter Offizierston, der offensichtlich von den vornehmen Gesellschaftskreisen Berlins aus auch auf andere Sprachbereiche übergreifen konnte. Die Generation unserer Eltern und Großeltern lernte jedenfalls noch in der Schule: Man fängt nie einen Text, vor allem Brief, mit Ich an!

Wenn Ich, in die Mehrzahl gesetzt, zu einem Wir wird, hat das nach der aufgewiesenen Analogie von Du und Ihr nichts Auffälliges. Für dieses Wir als Bezeichnung der eigenen Person gab es nach dem Muster des Lateinischen zwei Verständnismöglichkeiten: als *Pluralis maiestatis* und als *Pluralis modestiae*. Ein echter Majestätsplural gehört logischerweise nur in den Mund von Kaisern und Königen. Der Bescheidenheitsplural war dagegen in Literatur und Gebrauchsschrifttum früherer Zeit weit verbreitet – eine modische Attitüde, die in engster Verbindung mit der sprachlichen Zurückdrängung des Ich zu sehen ist. Wir hat gegenüber dem klaren Ich immer eine gewisse Anonymität, die in besonderen Fällen begründet sein kann; ist allerdings einzig und allein eine Umschreibung der eigenen Person damit bezweckt, empfindet man Wir heute als affektiert und damit stilistisch unpassend: Sichten wir kurz die Verwendungsweisen von Ich und Wir im Gegenwartsdeutsch.

Eine stark gewandelte Einstellung zeigt sich in der Frage des Ich. Man hat in unseren Tagen offensichtlich keine Hemmungen mehr, dort, wo das eigene Ich thematisiert wird, auch das Wort *ich* zu gebrauchen – und das ist gut so. Man hat ebenfalls kaum noch Hemmungen, es in der früher geradezu tabuisierten Spitzenstellung am Anfang von Texten zu verwenden; so kann man ohne Stilunterschied sagen:

Ich habe gestern mittag auf dem Bahnhofsplatz...
Gestern mittag habe ich auf dem Bahnhofsplatz...
Auf dem Bahnhofsplatz habe ich gestern mittag...

Bei derartigen Formulierungsvarianten ist aus sprachwissenschaftlicher Sicht nur darauf zu achten, daß die Tonstelle am Text- oder Satzanfang mit demjenigen Element der Aussage besetzt wird, das sinngemäß den Vorrang beansprucht. Im Beispiel: ist es die Person (*ich*), die Zeitbestimmung (*gestern mittag*) oder die Ortsangabe (*auf dem Bahnhofsplatz*), die im Vordergrund der Mitteilung steht? Allerdings sollte die neue, zwanglose Verwendung des Ich nicht ins Gegenteil umschlagen, daß man es allein als „zu nackt" empfindet und nun besonders hervorheben zu müssen glaubt: „Ich für meinen Teil, ich persönlich, ich meinerseits, was mich betrifft" usw. (HIRSCH 1976, 91 f.) – immer noch falsche Bescheidenheit oder schon zu stark hervorgekehrtes Selbstbewußtsein?

Die Feststellung, daß sich der moderne Gebrauch des Ich sozusagen „normalisiert" habe, legt eine wichtige Folgerung für die Verwendung von Wir nahe. Das Wort *wir* sollte heute immer eine echte Mehrzahl bezeichnen. Diese „Mehrzahl" muß nicht unbedingt aus einer genau fixierbaren und identifizierbaren Anzahl von Personen bestehen; Behördenschreiben, Geschäftsbriefe usw. haben zwar meist nur einen Verfasser, doch steht dahinter das Amt, die Firma – kurz: die Institution, in deren Namen der einzelne schreibt. Bei diesem wohlbegründeten Wir-Stil spricht man von „stellvertretendem" Wir. Ein anderes, ebenfalls legitimes Wir, das sich als „einbeziehendes" Wir charakterisiert, begegnet in Vorträgen, wissenschaftlichen Aufsätzen, Essays usw., wo selbstverständlich auch nur immer einer redet oder schreibt. Wenn ich daran die Bemerkung knüpfte:

Und jetzt wollen wir einmal überlegen, was es mit diesem Gebrauch des Plurals auf sich hat,

dann erklärt das „wir" dieses Satzes recht gut, was gemeint ist: Der Sprecher schließt den oder die Hörer mit in seinen aktuellen Denkvorgang ein, wobei diese Beteiligung natürlich theoretisch bleibt. Dasselbe ist auch bei geschriebenen Texten möglich und üblich; der Leser wird hier als zunächst einmal hypothetischer Kommunikationspartner einbezogen: Hat nicht die moderne Rezeptionsforschung den Adressaten auch dort, wo ihn das Verfasser-Wir nicht ausdrücklich beschwört, als allgegenwärtigen „impliziten Leser" zutage gefördert? [77]
Der wissenschaftliche Stil spielt in diesem Zusammenhang eine besondere Rolle als extravagantes Sorgenkind. Im Bemühen um möglichst objektive Darstellung habe, so scheint ein ungeschriebenes Gesetz zu lauten, die Person des Verfassers bis zur Verleugnung jeglicher Individualität hinter der behandelten Sache zurückzutreten. Gerade in der wissenschaftlichen Literatur sei die Furcht vor dem Wörtchen *ich* auch heute noch gang und gäbe, stellt W. SEIBICKE zu Recht fest: „Es gilt noch immer als vorbildlich, wenn *ich* in einer Abhandlung überhaupt nicht vorkommt" (SEIBICKE 1969, 17). Aber schlimmer noch: man hat zum Zwecke seiner Umgehung oder Ersetzung zahlreiche Kunstgriffe in die Wissenschaftssprache eingeführt, die heutigem Stilempfinden kaum mehr entsprechen. Die erste Möglichkeit, vergleichsweise harmlos, ist das Wir. Liest man etwa in einer wissenschaftlichen Abhandlung:

Wir teilen diese Ansicht nicht, vielmehr sind wir der konträren Auffassung . . .,

so bedeutet das keineswegs eine Vergewaltigung des Lesers, sich der gegenteiligen, aber ihm zu diesem Zeitpunkt noch gar nicht bekannten Meinung des Verfassers anzuschließen. Es ist ein simples „wir" für das

Verfasser-Ich – sicherlich ein Plural der Bescheidenheit, aber auch dadurch stilistisch nicht entschuldbar: Wir hat nur da seine Berechtigung, wo der Leser tatsächlich in den Textprozeß einbezogen wird. Fataler noch wirkt die Ersetzung des Ich durch unpersönliche Formulierungen, in denen der Verfasser von sich wie von einem Fremden und somit grammatisch in der dritten Person spricht:

(Der) Verfasser ist der Überzeugung . . .
Es kann nicht Sache des Rezensenten sein, die Lücken des besprochenen Buches auszufüllen . . .

Verfasser (Autor), Rezensent – das sind die geläufigsten Umschreibungen. Gelegentlich kommt es auch vor, daß der Verfasser in gleicher Weise mit seinem Namen operiert – was nicht einer gewissen Komik entbehrt, z. B. (Verfasser „Müller"):

Neuerdings hat Müller die ansprechende Meinung vertreten, daß . . .

Wie fragwürdig in stilistischer Hinsicht diese sich noch immer zäh haltende Gewohnheit im Grunde ist, zeigt ein Blick auf die Tradition, der solche Umschreibungen entstammen: Es ist jene Mode devoter Höflichkeit, die ihre Ehrerbietung vor dem Gegenüber – vor allem dem Gegenüber höhergestellten Standes – in einer übertriebenen Zurücksetzung des eigenen Ich äußerte:

Schreiber dieses hat persönlich der hochverehrten Kundschaft . . .
Endunterzeichneter erlaubt sich höflich darauf hinzuweisen . . .
Unser ergebenes Gestriges bestätigend, beehren wir uns . . .

Uraltes Kaufmanns- und Kanzleideutsch, zugleich antiquierte Relikte einer Zeit, in der man von sich als von „seiner Wenigkeit" sprach und mit einem Kratzfuß als „Ihr untertänigst ergebener Diener" sich verabschiedete. Über solche Gespreiztheit des Benehmens und der Ausdrucksweise kann man heute eigentlich nur noch lächeln und wundert sich um so mehr, daß die Wissenschaftssprache immer noch an einzelnen Stilelementen dieser Art festhält, um eine falsch verstandene „Sachlichkeit" zu erreichen. Weitere Möglichkeiten dazu bieten Umschreibungen mit Passiv (Kapitel 15) oder unpersönlichem *man*: „Das Wörtchen 'man' war von jeher ein vortreffliches Versteck für alle Sünden des 'Ich'" (R. G. BINDING).[78] Bleibt noch die Bemerkung, daß der gleiche Stil der Unpersönlichkeit mit der Behördensprache massiv in unser Leben eindringt: „Sie werden hiermit aufgefordert . . ." ist auch heutigentags noch eine typische Beamtenformulierung.

„Individualität" als Stilprinzip

Nicht nur von den Nöten des ungeliebten Ich soll die Rede sein, zumal man diese im großen und ganzen bereits als ein historisches Phänomen abtun kann; es geht auch um die „Individualität" des Schreibers und ihre Entfaltung im Stil. Vorweg: Stil, guter Stil wird nicht gleichgesetzt mit Individualstil (vgl. SANDIG 1978, 38). Vielmehr spielt das Stilprinzip der „Individualität", dem Schreiber zugeordnet, nur im Ensemble sämtlicher anderer Stilprinzipien seine Rolle.

Stellen wir zunächst fest, was die „Individualität" nicht ist: Persönlichkeitsausdruck darf keinesfalls identifiziert werden mit hemmungslosem Selbstbekenntnis, gefühlsbetonter Subjektivität, Äußerung von Affekten, Emotionen usw. Doch entspricht auch dies einer durchaus wandelbaren Einstellung: Wenn wir heute schönformulierte Rührseligkeit als „Kitsch" bezeichnen, so ahnen wir kaum, wie viele namhafte Schriftsteller des letzten Jahrhunderts wir bei konsequenter Anlegung dieses Maßstabes aus der Literaturgeschichte verstoßen müßten und welche Bedürfnisse die 'Trivialliteratur' erfüllt: „Die Angst vermag einen anzukommen, wenn man bedenkt, wer . . . einmal zu den Lieblingen der Deutschen gehört hat" (KILLY 1978, 30f.). Jede Zeit hat eben ihre eigenen Denkweisen und ihre eigene Geisteshaltung. Heute ist man eher nüchtern, sachlich, rational – Gefühl ist weniger gefragt: Man trägt das Herz nicht mehr auf der Zunge, sondern gibt sich eher "cool". Heute neigt man mehr zur Untertreibung, die man vornehm-englisch Understatement nennt – Übertreibung, Wichtigtuerei, Pathos sind verpönt. Heute stehen Sachlichkeit und Zweckmäßigkeit der Sprache im Vordergrund, nicht so sehr eine äußerlich hervorgekehrte „Individualität".

Schwieriger zu sagen ist, worin „Individualität" positiv besteht. Sie beruht auf den individuellen Voraussetzungen des Schreibers; da diese sehr unterschiedlich sein können, ist auch die Individualität eine variable Größe von erheblicher Spannweite: Sie reicht von kaum merkbarer „individueller" Auflehnung gegen die idiomatisch-konventionellen Zwänge unseres Sprachgebrauchs bis zur selbständigen und bewußten Handhabung des Sprachrepertoires, die unter Verzicht auf alles übliche Floskelwerk einen persönlichen, auch vor 'Abweichungen von der Norm' nicht zurückschreckenden Stil verwirklicht (obwohl der Regelfall, muß das nicht unbedingt ein künstlerisch-literarischer Stil sein). „Individualität" als Stilprinzip bezeichnet demnach eine bei jedem Menschen verschieden ausgeprägte Eigenschaft, in seiner sprachlichen Ausdrucksweise die eigene Persönlichkeit hervortreten zu lassen – aber generell bleibt zu beachten, daß diese „Individualität" nur eine unter mehreren Komponenten darstellt, die zusammen erst einen bestimmten Stil bilden.

Ist es überhaupt möglich, seinen individuellen Stil zu entwickeln, zu fördern, zu verbessern? Selbstverständlich kann niemand Veranlagungen ändern und stilistische Begabung, wo sie nicht vorhanden ist, erzwingen: „Wer sich einen originellen Stil angewöhnen will, wird zum belanglosen Stilgaukler", schreibt REINERS (1943, 485). Das zielt ausdrücklich auf übertriebenes Originalitätsstreben: Wer seiner Sprache ein paar rhetorische Figuren aufsetzt oder gewisse Formulierungs„tricks" anzuwenden versteht, der verfügt noch längst nicht über einen individuellen Stil. Nicht also „Individualität" um jeden Preis, vielmehr muß diese sowohl im Hinblick auf Leser, Sachverhalt und Verwendungszweck als auch dem Schreiber selbst „angemessen" sein: Damit wird das zweite Stilprinzip, das in unserem Kommunikationsmodell der Figur des Schreibers zugeordnet ist, in die Überlegungen eingeführt. „Angemessenheit" bedeutet, in Rückbeziehung auf den Schreiber, nicht mehr und nicht weniger als die gleichbleibende Einhaltung seiner individuellen Stillage. Ob eine zu seinen sonstigen Formulierungsfähigkeiten nicht passende hochtrabende Schreibart, ob umgekehrt eine unter sein normales Niveau absinkende, banalisierende Ausdrucksweise – jede Abweichung führt zu sprachstilistischer Künstelei: Gespreiztheit im einen, Plattheit im anderen Fall. Gesuchtheit, Gespreiztheit, Gekünsteltheit des Ausdrucks sind Gegenbegriffe zu der in den meisten Stillehren geforderten „Natürlichkeit" des Stils. Es liegt nahe, diese „Natürlichkeit" als eine besondere Seite und damit als Subprinzip der „Individualität" zu betrachten, ja darin eine Verschmelzung beider schreiberorientierten Prinzipien, der „Individualität" und persönlichen „Angemessenheit", zu sehen: Gemeint ist die einfache, weil ungekünstelte, und dem Schreiber angemessene „natürliche" Ausdrucksweise, die keine höheren als die seinem Stilkönnen gemäßen Ansprüche stellt und dennoch auch die Möglichkeit anspruchsvoller Formulierung offenläßt, sofern dies seinen sprachstilistischen Fähigkeiten entspricht. Der aufmerksame Leser registriert, so wie er jeden Stilbruch im Textzusammenhang konstatiert, sofort auch jede unangemessene, von der erwartbaren „Individualität" des Schreibers abweichende Änderung seiner Stillage.

Rufen wir uns in Erinnerung, daß die Stilkompetenz eines Menschen als seine individuelle Erwartungsnorm beschrieben worden ist. Die Stilprinzipien „Individualität" und „Angemessenheit" beziehen sich also beim Schreiber unmittelbar auf diese stilistische Kompetenz: Sie ist individuell geprägt, insofern sie auf der Grundlage seiner individuellen Voraussetzungen typische Persönlichkeitsmerkmale des Stils ausbildet; sie ist angemessen dann, wenn dieses charakteristische Stilverhalten konsequent und damit erwartbar eingehalten wird. Die Folgerung, die sich aus dieser Tatsache ergibt, ist ebenfalls schon bekannt: Wer seinen persönlichen Stil formen will, muß seine Stilkompetenz verbessern. Nur – auf welche Weise? Erste Voraussetzung ist der bereits mehrfach zitierte „Wille zum guten Stil". Aber dieser Wille soll nicht in mißverstandener Originalitätsbeflissenheit zu einem „gewollten", besonders herausgeputzten, manirierten Stil führen, der immer ein Zeichen von Dilettantismus ist. Der Wille zur bewußten Sprachgestaltung soll sich vielmehr darauf konzentrieren, was und in welcher Absicht und für wen man in jedem einzelnen Falle schreibt: „Man denke an die Sache, den Zweck und den Leser, nicht an den eigenen Stil!" (MÖLLER 1980, 32). Dann wird der eigene Stil, und dazu ein guter, sich wie von selbst einstellen.

Unsere Sprache ist so reich an unterschiedlichen Ausdrucksmöglichkeiten, daß sich von Mensch zu Mensch geradezu zwangsläufig Unterschiede der Formulierung ergeben. Diese sind nicht einmal zufällig; sie beruhen auf bewußten oder unbewußten Entscheidungen des Schreibers, spiegeln also ganz bestimmte, persönliche Präferenzen sprachstilistischer Art. Das ist schon der erste Schritt zu individueller Textgestaltung und damit zu eigenem Stil. Der zweite Schritt muß sein, diese Entscheidungen reflektiert, sicher und einheitlich vorzunehmen – einheitlich, weil Stil ein Phänomen ist, das erst in der typischen Wiederkehr gleicher Sprachmuster deutlich wird. Die „Individualität" des Schreibers erweist sich damit als ein wesentliches Element der letztlich entscheidenden Stilkompetenz. Die Grundlage einer qualifizierten Stilkompetenz wiederum besteht darin, daß man erstens über hinreichende Sachkenntnisse verfügt, zweitens die für eine adäquate Darstellung des Sachverhalts zu Gebote stehenden Sprachmöglichkeiten beherrscht und drittens die außersprachlichen Umstände der Kommunikation angemessen berücksichtigt. Unter diesen kommunikativen Faktoren steht unbestritten an vorderster Stelle der Leser, auf den es tunlichst Rücksicht zu nehmen gilt.

Literaturhinweise

Vgl. E. Nowak, Sprache und Individualität, Tübingen 1983, mit Bibliographie 191–201. – W. G. Müller, Topik des Stilbegriffs, Darmstadt 1981. – B. Gray, Style, The Hague/Paris 1969, 63–73: Style as the Individual (The literary Critic). – St. Ullmann, Sprache und Stil, Tübingen 1972, 132–148: Der Stil eines Autors. – W. Sanders, Linguistische Stiltheorie, Göttingen 1973, 93–110: Stil als die persönliche Eigenart, sich mündlich oder schriftlich auszudrücken. – L. T. Milic, Rhetorical Choice and Stylistic Option: The Conscious and Unconscious Poles, in: S. Chatman (Hrsg.), Literary Style, London/New York 1971, 77–88. – G. Möller, Warum formuliert man so?, Leipzig 1983, 60–67: Persönlichkeit und Formulierungsvorgänge. – W. E. Süskind, Vom ABC zum Sprachkunstwerk, Stuttgart 1955, 173–179: Von der Ich-Form. – W. Seibicke, Wie schreibt man gutes

Deutsch?, Mannheim/Wien/Zürich 1969, 11–25: Das liebe Ich. – H. Peukert, Positionen einer Linguostilistik, Berlin 1977, 63–71: Individualstil. – H. Gipper, Sprachstil und Individualstil, in: W. Kühlwein/A. Raasch (Hrsg.), Stil: Komponenten – Wirkungen I, Tübingen 1982, 3–24. – M. Geier/H. Woetzel (Hrsg.), Das Subjekt des Diskurses, Berlin 1983. – B. Sandig, Stilistik der deutschen Sprache, Berlin/New York 1986, 214–227: Art der Selbstdarstellung. – R. Thieberger, Stilkunde, Bern usw. 1988, 97–101: Persönlicher Stil. – W. Kühlwein/B. Spillner (Hrsg.), Sprache und Individuum. Kongreßbeiträge zur 17. Jahrestagung der Gesellschaft für Angewandte Linguistik, Tübingen 1988. – B. Sowinski, Zur individualstilistischen Variation von Textkonstituenten, in: B. Sandig (Hrsg.), Stilistisch-rhetorische Diskursanalyse, Tübingen 1988, 41–47.

11. DIE RÜCKSICHT AUF DEN LESER

Im Zielkreuz stilistischen Adressatenbezugs

> *Wer etwas schreibt, muß sich einen Zuhörer vorstellen,*
> *und die Art, wie er diese Figur vor sich sieht, der Blick,*
> *den er über seinen Schreibtisch zu ihr hinüberschwei-*
> *fen läßt, ist entscheidend für den Stil.*
>
> L. REINERS (1943, VII)

Auf den ersten Blick haben wir der Person des Schreibers Vorrang eingeräumt, der zweite Blick muß und wird der Figur des Lesers gelten: der anderen, angeredeten Person im Dialog der beiden Kommunikationspartner. Wie an keinem Punkt sonst wird hier die Verschiedenheit von schriftlichem und mündlichem Stil greifbar: In der direkten Kontaktsituation gesprochener Sprache ist der andere ein persönlich anwesender Mensch, der agiert und reagiert, der nicht auf seine Rolle als Hörer fixiert bleibt, sondern selber auch spricht. Ganz anders der Schreiber, der seinen Text zwar ebenfalls an einen anderen richtet – aber dieser andere befindet sich an einem mehr oder weniger entfernten Ort, und der Text wird ihn erst zu einem späteren Zeitpunkt erreichen: Er ist eindeutig auf die Rolle des Lesers festgelegt. Wenn ihn der Schreiber bei Abfassung seines Textes deutlich „vor Augen" hat, dann ist damit in räumlicher und zeitlicher Distanz natürlich sein geistiges Auge gemeint. Dies beachtet, steht gleichwohl die Wichtigkeit des Lesers im Textbildungsprozeß für alle Stillehren außer Frage. Namentlich L. REINERS hat die Figur des Lesers gewissermaßen zur Schlüsselfigur des ganzen Schreibens erhoben, das „eindringlich" im Sinne von *treffend, lebendig, klar* und *knapp* sein soll: „Treffend müssen wir schreiben, sonst können wir dem Leser kein richtiges Bild der Sache vermitteln. Lebendig müssen wir schreiben, sonst langweilt sich der Leser und liest nicht weiter. Klar muß der Text sein, sonst bekommt der Leser einen falschen Eindruck ... Und knapp müssen wir sein, weil wir alles auf der Welt mit sparsamen Mitteln erreichen sollen: wir dürfen die Zeit des Lesers nicht vergeuden" (REINERS 1951, 101). Beruht diese auffallende Leserfreundlichkeit allein auf dem Umstand, daß die Leser eines Stil-Lehrbuchs dieses nicht nur lesen, sondern auch daraus lernen sollen, oder hat sie einen allgemeinen Hintergrund?

Der linguistische Adressatenbezug

Ein „Adressat" ist nach normalem Verständnis derjenige, an den sich ein Schreiben richtet. Dann ist natürlich jeder Leser ein Adressat, auch und gerade der 'Leser' unseres Kommunikationsmodells. Insofern dort aber der Schreiber als Mittelpunkt fungiert, wird begreiflich, daß der Leser aus der Perspektive eben dieses Schreibers gesehen wird. 'Adressatenbezug', ein linguistischer Begriff, meint demzufolge den „taktischen" Blick des Schreibers auf den Leser[79] – sozusagen als „die vom Autor gewählte Zielscheibe" (RIFFATERRE 1973, 40). Auf eine im folgenden verdeutlichte Kurzformel gebracht: Adressatenbezogen zeigt sich das Können eines Schreibers darin, seinen Text so zwingend zu formulieren, daß der Leser genau das versteht, was der Schreiber kommunikativ intendiert hat.

Die theoretische Größe 'Leser' nimmt in jedem Kommunikationsakt verschiedenartig konkrete Gestalt an: Es kann ein Leser oder eine beliebige Mehrzahl von Lesern sein; die Einzelperson kann, namentlich oder anonym, eine Institution vertreten; man kann den einen oder jeden einzelnen Leser persönlich kennen; es kann aber auch die unspezifizierbare Menge unbekannter Leser sein, wie sie in der heutigen Massenkommunikation vorherrscht – das wird sich alles in der Beschreibung der Kommunikationsbedingungen niederschlagen und stilistische Auswirkungen haben. Nehmen wir beispielsweise an, es wären zu schreiben

– ein Privatbrief: an eine bekannte Einzelperson;
– eine Schadensmeldung für die Versicherung: an eine Institution, vertreten durch eine unbekannte Einzelperson;
– ein wissenschaftlicher Fachaufsatz: für eine bekannte Personengruppe;
– ein Sachbuch: für ein allgemeines Publikum, d. h. eine unbekannte Personenmenge.

Muß es nicht verwundern, wie mühelos sich die Adressatenbestimmung aus der Art der zu schreibenden Texte ergeben hat? Man könnte einwenden, daß dafür Gegenstand und Zweck des Schreibens, vor allem aber die Textsorte entscheidend seien, nicht so sehr der Leser. Beim Fachaufsatz wird unbestritten der Gegenstand dominieren: dem Wissenschaftler geht es um die Sache. Bei der Schadensmeldung dürfte der Zweck im Vordergrund stehen, das Interesse nämlich, von der Versicherung eine Entschädigung zu erreichen. Beide Formen der Darstellung, sosehr sie sich im Rahmen bestimmter Textsorten halten, werden darin aber kaum weniger durch den Adressatenbezug mitgeprägt: Wer für einen Kreis von Fachgenossen ein wissenschaftliches Problem erörtert, geht von der „Forschungslage" aus – und das ist nichts anderes als der bei den Adressaten vorausgesetzte Kenntnisstand. Der Versicherungsexperte, der über Schaden und erwartete Ersatzleistung informiert wird, bleibt zwar anonym, muß jedoch von der Rechtmäßigkeit der Ansprüche sachlich und argumentativ überzeugt werden. In allen Fällen wird man sich vor der Textabfassung genau überlegen, nicht nur was und wozu man schreibt, sondern ebenso: an wen. Das gilt auch für Adressatengruppen oder anonyme Adressaten, bei denen es besonders wichtig ist, daß sie keine schemenhafte „Masse" oder „Unperson" bleiben. Im Gegenteil – gerade hier tut man gut daran, sich einen mit allen erwartbaren persönlichen Eigenschaften ausgestatteten und möglichst scharf konturierten Leser vorzustellen, an den wir uns dann als den imaginären „Prototyp" des Adressaten richten können.

Die klarste Form des Adressatenbezugs liegt gleichwohl vor, wenn es sich um eine bekannte Person handelt. Wie sehr der in diesem Kapitel beschworene „Blick auf den Leser" die Einzelheiten der Textbildung bestimmen kann, ließe sich leicht am Privatbrief aufzeigen: Bei ein und demselben Thema wird sich mit der Rolleneinstellung des Schreibers die Art der Textformulierung deutlich verändern, wenn der Brief an einen Freund, einen Kollegen, einen Vorgesetzten usw. gerichtet ist – eine Erscheinung, die von der soziolinguistischen Rollentheorie ausführlich behandelt oder auch als je verschiedene Wahl von 'Registern' beschrieben wird.[80] In unserem stilistischen Zusammenhang ist daran lediglich von Bedeutung, daß die Rücksicht auf den Adressaten tiefgreifende Unterschiede in der als „Tonart" angeschlagenen Stilebene zur Folge hat:

Lieber Hans . . .
Sehr geehrter Herr Meier . . .
Hochverehrter Herr Direktor . . . – usw.

Allein schon solche Anredeformen spiegeln die Stellung und Einstellung des Schreibers zum Leser: freundschaftliche Jovialität, normale Korrektheit, etwas pathetisch klingende Feierlichkeit.

Aber in derlei Äußerlichkeiten erschöpft sich der Adressatenbezug selbstverständlich nicht. Zu Anfang haben wir verglichen, um wieviel einfacher der Sprecher es hat, im direkten Redekontakt seinem Hörer klarzumachen, worum es geht. Der Schreiber muß wesentlich größere Mühe aufwenden, um ein Gleiches mit seinem geschriebenen Text zu bewirken: Er hat – eine unerläßliche Vorbedingung für das Gelingen schriftlicher Kommunikation – die Persönlichkeit des Lesers einzuschätzen, um den ihm gemäßen „Ton" zu finden. Er sollte denkbare Einwände oder unerwünschte Reaktionen des Lesers voraussehend in Betracht ziehen, weil ihm die Möglichkeit zu unmittelbarer Korrektur oder Erläuterung fehlt.

Er muß vor allem seine Formulierungsstrategie, zumal wenn diese „taktisch" auf das Erreichen eines Zieles angelegt ist, konsequent und mit den adäquaten Sprachmitteln realisieren, weil sonst die beabsichtigte Wirkung von vornherein in Frage gestellt wäre. Betrachten wir aber zunächst den Leser als die direkt angeredete zweite Person und einige damit verbundene Stilfragen.

Anrede, Gruß und Höflichkeitsformen

Verglichen mit dem Anreden und Grüßen, wie es in älterer Zeit Brauch war und in manchen heutigen Mundarten noch ist, haben wir es sehr einfach: als vertrauliche Form der Anrede die persönlichen Fürwörter Du und Mehrzahl Ihr, in der Schrift natürlich groß, und sonst einheitlich das offizielle Sie. Dieselbe sprachökonomische Vereinfachung zeigt sich in der jetzt gebräuchlichen Gestaltung des Briefkopfes; sie konzentriert sich auf wenige Standardversionen:

Persönlich (x, y Vornamen; X, Y Familiennamen):
    Lieber x / Liebe y (vertraulich)
    Lieber Herr X / Liebe Frau Y (gut bekannt)
Distanziert (offizielle Normalanrede):
    Sehr geehrter Herr X / Sehr geehrte Frau Y (namentlich bekannt)
    Sehr geehrte Damen und Herren (an Institutionen)

Im Falle der vertraulichen Anrede gibt es natürlich eine Palette individueller Möglichkeiten, die sich nach den gegenseitigen Beziehungen der Schreibpartner richten. Die offiziellen Anredeformen erscheinen demgegenüber weitgehend normiert: Statt des allgemein üblichen „sehr geehrt", mit dem man nichts falsch machen kann (das aber auch entsprechend farblos bleibt), etwa allein „geehrt" oder das früher recht geläufige „wert" zu verwenden, gilt heute schon fast als unhöflich. Als Nuancierung, doch nur falls durch Alter, Rang, gesellschaftliche Stellung usw. begründet, sind allenfalls „sehr verehrt" oder sogar „hochverehrt" erlaubt. Hinsichtlich des Titelgebrauchs genügt die Anmerkung, daß die in der Vergangenheit gerade hier außerordentlich streng beachtete Etikette sich mittlerweile gelockert hat: Amtsträger, an die man in dieser Eigenschaft selbstverständlich mit dem zum Amt gehörigen Titel schreibt, werden außeramtlich durchweg als Normalbürger behandelt. Man beachte noch, daß der akademische Doktortitel immer abgekürzt und in Verbindung mit dem Namen benutzt wird: also „Herr Dr. Müller" – die Anrede „Herr Doktor", bezogen auf einen Arzt, ist inzwischen mehr Berufsbezeichnung als Titel.

Mit den Anredeformen am Briefkopf korrespondieren ebenso konventionelle Grußformeln am Briefschluß. Auch hier wirkt die Tendenz zu Standardversionen:

Vertraulich: Herzliche Grüße Dein x / Deine y
Offiziell: Freundliche Grüße (Ihr) xX / (Ihre) yY

Im ersten Fall ist es, von individuellen Formulierungen abgesehen, auch üblich, nur mit einem „Herzlich(st)" zu schließen (auch wohl „Liebe Grüße"). Die zweite Reihe faßt die hauptsächlichen Varianten des offiziellen Briefschlusses zusammen; wird die etwas verbindlichere Fassung mit „Ihr(e)" gewählt, schreibt man den sonst meist abgekürzten Vornamen aus. Als Erweiterung, zugleich Ausdruck einer Respektshaltung, kommt „Ihr(e) sehr ergebene(r)" vor; dann sollte zur Einhaltung der Stillage aber auch eine im Ton gehobene Grußformel voraufgehen (etwa „Mit verbindlichen Empfehlungen"). In relativ häufigem Gebrauch, vor allem bei Behörden- oder Geschäftsschreiben, steht immer noch „Mit vorzüglicher Hochachtung", auch wenn es steif-distanziert klingt. Fast schon einer Beleidigung gleich kommt heute hingegen das brüske „Hochachtungsvoll" (auch „Hochachtend"), dem man kaum noch abnimmt, daß es früher einmal der meistverwendete offizielle Briefschluß war. Selbstverständlich gab und gibt es noch viel mehr Varianten. Große Stilisten haben es immer verstanden, auch den geringsten Schattierungen des persönlichen Verhältnisses in Anrede und Gruß kunstvoll Ausdruck zu verleihen. In literarischen Texten spielt darüber hinaus die persönliche Anrede des „lieben Lesers" (auch des „geneigten, wertgeschätzten, hochgebildeten … Lesers") die Rolle eines exquisiten Stilmittels, das als solches den Präferenzen der Persönlichkeit und des Zeitempfindens unterworfen ist.

Anrede und Gruß stehen im weiteren Rahmen allgemeinmenschlicher Verhaltensweisen und speziell bestimmter Höflichkeitsformen, die sich in den verschiedenen Kulturen konventionell entwickelt haben: „Sei höflich!" lautet eine vielzitierte Konversationsmaxime.[81] Man unterscheidet zwei Formen der Höflichkeit, eine negative, die in der Respektierung anerkannter Bedürfnisse des anderen besteht: Stichwort „Gesichtswahrung"; eine positive, die Anerkennung offen zum Ausdruck bringt: Stichwort „Komplimente". Gemeinsam ist beiden Formen, daß sie in ʻindirekten Sprechakten' realisiert werden – „indirekt" deshalb, weil im ersten Fall bestimmte eigene Aussagen abgeschwächt oder vermieden, im zweiten Fall verstärkt oder fingiert sind; in allen Fällen wird also etwas anderes intendiert als formuliert. Indes braucht uns hier weder die Höflichkeit als konventionalisierte Verhaltensweise, eben als „Etikette", zu beschäftigen noch das höfliche Sprechen in seinem inhaltlichen Aspekt. Doch gibt es auch sprachliche „Mittel der Höflichkeit" (vgl. WERLEN 1983, 193 ff.):

Frageform, Konjunktivgebrauch, *wenn*-Sätze, Einschränkungspartikeln, Klammerabschwächungen, besonders jene Gruppe von Zeitwörtern, die in der Grammatik 'Modalverben' heißen (*dürfen, mögen, können* usw.).

Können Sie mir vielleicht sagen . . .?
Dürfte ich Sie wohl darum bitten . . .?
Ich möchte aber doch meinen . . .
Lassen Sie mich nun schließen . . .
Wenn ich dazu noch etwas sagen darf . . .
Wenn es Ihnen recht ist, müßte ich jetzt eigentlich . . .
– ehrlich gesagt –
– ich möchte fast sagen –
– entschuldigen Sie, wenn ich das so offen sagen muß – usw.

Zu diesen Mitteln sprachlicher Höflichkeit ergeben sich aus unserer Sicht einige Anmerkungen: Grundsätzlich handelt es sich um blasse, informationsarme Formulierungen, die wenig zum „Inhaltsaspekt" der Sprache beitragen, sondern im Kommunikationsakt fast ausschließlich dem „Beziehungsaspekt" des Sprechens dienen.[82] Wenn nicht Zeichen eigener Unsicherheit, sind sie Signale der „Gutgewilltheit" an den Adressaten. Aus dieser Funktion resultiert auch ihre sprachliche Charakterisierung: Unbestimmtheit, Gewundenheit, Einschränkungen aller Art – viel Worte, aber wenig Information.

Diese Umkehrung unserer Zeitstil-Devise macht verständlich, warum der Stilist hier nur mit ebensoviel Vorsicht wie Vorbehalten zu Werke gehen kann: Die Höflichkeitsfloskeln erfüllen zwar in ihrer Rücksichtnahme auf den Adressaten eine legitime Kommunikationsaufgabe; aber sie werden dort stilistisch inakzeptabel, wo sie zur leeren Formel erstarrt sind und die Höflichkeit zur hohlen Phrase wird: „Wenn Sie bitte die außerordentliche Liebenswürdigkeit haben wollten . . ." Während Wendungen wie „Ich werde mir erlauben . . ." oder „Wenn Sie gestatten, werde ich . . ." vorwiegend Schriftdeutsch sind, gehören viele der genannten Höflichkeitsformen zu den typischen Kontaktmitteln gesprochener Sprache. Vor allem gilt das für die zahlreichen Modalwörter, die linguistisch wegen ihrer aussagemodifizierenden Wirkung 'Abtönungspartikeln' getauft worden sind[83]:

wohl, vielleicht, doch, eigentlich, gern, (ein)mal, nur, beinahe, geradezu – usw.

Kein Wunder, daß die meisten Stillehren empfehlen, sie als überflüssig, ja störend wegzulassen: „All diese Flickworte wimmeln wie Läuse in dem Pelz unserer Sprache herum" (REINERS 1943, 340). Eine weitere Besonderheit, die trotz formaler Ähnlichkeit nichts mit den Höflichkeitsformen zu tun hat, bilden redeeinleitende Floskeln der Art:

Ich würde sagen, möchte annehmen, könnte mir vorstellen . . . – usw.

Sie dienen gerade bei geübten Rednern – falls nicht, was schlimmer wäre, nur Redeschwulst – meist dem Zweck, jene „Schaltpause" zu überbrükken, die dann entsteht, wenn man unversehens etwas sagen und erst noch seine Gedanken ordnen muß: auch sie sind reine Sprechsprache und in schriftlichen Texten als unerwünschte „Vorreiter" kurzerhand zu streichen!

Alles in allem kann als Regel gelten: In jedem einzelnen Fall ist sorgfältig zu bedenken, welche Höflichkeitsformen auch im Schreibstil verwendet werden können. Kommunikativ adäquat sind sie, falls dem Adressaten „angemessen"; aber ihre große Gefahr liegt in der Floskelhaftigkeit: „leeres Stroh" stimmt stilistisch niemals froh. Bleibt noch die Frage, weshalb überhaupt die sprachliche Höflichkeit ein so schwieriges Problem darstellt: weil gerade im Zusammenhang mit den traditionellen Verhaltens- und Umgangsformen des Menschen der Stil des höflichen Sprechens und Schreibens – wie gutes Benehmen – entscheidend vom persönlichen „Geschmack" und Fingerspitzengefühl jedes einzelnen abhängt. Diese sachimmanente Subjektivität läßt sich nicht in Stilregeln einfangen.

Leserbezogene „Verstehbarkeit"

Nach diesem Exkurs nun zu den leserorientierten Stilprinzipien, die wir in unserem Stilmodell als „Verstehbarkeit" und, gewissermaßen ergänzend, als hier adressatenbezogene „Angemessenheit" bestimmt haben. Die Bedeutung des Stilprinzips der „Verstehbarkeit" wird an der Einhelligkeit dieses Gesichtspunktes in den maßgebenden Stillehren deutlich. L. REINERS, für den die „leichte Verstehbarkeit (Lesbarkeit)" nahezu seiner stilistischen Idealvorstellung entspricht, wettert vehement gegen die angebliche Leserfeindlichkeit des gelehrten Stils, und H. SEIFFERT verallgemeinert diese Kritik: „Vom Leser zu fordern, daß er sich anzustrengen habe, ... stellt die Dinge auf den Kopf. Der Autor hat vom Leser gar nichts zu fordern. Umgekehrt hat vielmehr der Leser vom Autor zu fordern, daß er sich so klar und verständlich ausdrücke wie nur irgend möglich" (SEIFFERT 1977, 59). Während der Begriff „Klarheit" sich als ein logisches Ordnungsprinzip erweist, markieren Begriffe wie „Verständlichkeit", im Sinne unserer „Verstehbarkeit", weiterhin „Leicht-" oder „Allgemeinverständlichkeit" eine sprachstilistische Leitvorstellung, die sich unmittelbar zu gutem Stil in Beziehung bringen läßt: „Was leicht verständlich ist, ist stilistisch gut – gut Formuliertes ist dadurch gut Formuliertes, daß es leicht verstehbar Formuliertes ist" (NICKISCH 1975, 39). Nach G. MÖLLER ist die „leichte Verständlichkeit", die er mit „Eingängigkeit" gleichsetzt, ein Gebot der „Rücksicht auf den ‚Empfänger' und

seine Aufmerksamkeit" (MÖLLER 1978, 36). Klarer läßt sich die Rolle des
Adressaten als Bezugspunkt der Formulierung kaum fassen. Der Adressat, unser Leser, muß den Text verstehen, und zwar leicht und richtig verstehen: ohne größere Mühe – etwa der Notwendigkeit wiederholten Lesens; ohne Verständnislücken – z. B. durch unbekannte Fremdwörter –
oder gar völliges Mißverstehen wegen unklarer oder unverständlicher
Formulierung.

Allerdings zeigt sich wieder, daß „Verstehbarkeit" und „Allgemeinverständlichkeit" zwei verschiedene Arten von Verständlichkeit meinen (gemäß der früheren Unterscheidung, S. 79): Mit dem Begriff „Verstehbarkeit" wird eine spezielle, vom jeweiligen Adressaten abhängige Verständlichkeit gekennzeichnet, die infolgedessen sehr unterschiedlich
ausfallen kann. Was für den einen ohne weiteres verstehbar ist, kann für
den anderen völlig unverständlich sein:

Das Abstraktionsniveau ist ein dynamischer Prozeß, der in bedeutendem Umfang
reizinduziert ist. Als modifizierende Kriterien fungieren kognitive und affektive
Diskrepanzen zwischen Reiz- und Verarbeitungspotential. Der Leser registriert
sie beim Dekodieren der Botschaft und reagiert in charakteristischer Weise.

Diese zufällig herausgegriffenen Sätze aus einem kommunikationstheo-
retischen Werk über das Verstehen von Texten[84] demonstrieren sinnfällig
die Eigenart wissenschaftlicher, ähnlich auch technischer „Terminologie": ein Fachwortschatz, der für die Spezialisten aus definitorischen
Gründen und als gemeinsame Diskussionsgrundlage unverzichtbar, für
Außenstehende aber, wenn überhaupt, dann nur unter größten Schwierigkeiten durchschaubar ist. Richtet sich ein Text also ausdrücklich an
Wissenschaftler oder andere Fachleute, bleibt der Adressatenbezug gewahrt trotz der für alle „Laien" anzunehmenden Unverständlichkeit. Ein
Journalist, der dieselbe Thematik für ein größeres Publikum „populari-
siert", wird alles Fachliche ins Allgemeinverständliche umsetzen; wenn er
im Vergleich mit der wissenschaftlichen Darstellung bis zur Verfälschung
vereinfacht, entspricht diese Umformulierung, die den trockenen Stoff
möglichst anschaulich gestalten will, dem Gesichtspunkt betonter
„Leserfreundlichkeit". Beides, so gegensätzlich es erscheinen mag, ist
echter Adressatenbezug.

Das Stilprinzip der „Verstehbarkeit" kennzeichnet sich demnach als variabel; diese Variabilität bedeutet: den Erwartungen und Verstehensfähig-
keiten des jeweiligen Adressaten angepaßt. „Verstehbarkeit" in diesem
Sinne muß immer dann gesichert sein, wenn man für einen ganz bestimmten, in seinen Rezeptionsvoraussetzungen hinlänglich genau bekannten
Leser schreibt (oder einen Leserkreis, der dieselbe Bedingung erfüllt).
Die Sachlage ändert sich, sobald der Adressat zu einer „anonymen"

Größe wird: Wer für eine ihm nur oberflächlich bekannte Lesergruppe oder gar für ein weites Lesepublikum schreibt, der kann die im Adressatenbezug postulierte Leserrücksicht nur durch eine entsprechend allgemeine, möglichst leichte und gute Verständlichkeit seiner Ausdrucksweise üben – eben durch das, was man nicht von ungefähr „Allgemeinverständlichkeit" nennt.

Wie läßt sich der Adressatenbezug stildidaktisch in den Griff bekommen? Man muß sehen, daß adressatenbezogene Formulierungsprobleme im Grunde antizipierte Verstehensprobleme sind. Doch auch eine noch so eindringliche Vergegenwärtigung des Adressaten, der den zu formulierenden Text lesen wird und verstehen soll, setzt sich nicht automatisch in die passende Formulierung um. Der erste Schritt zum guten Stil bleibt daher zwar, wie in diesem Kapitel ausführlich begründet, der intensive Blick auf den Leser: Eine klare Einschätzung seiner Erwartungen, Fähigkeiten, Einstellungen usw. legt das Formulierungsniveau des Textes fest. Der zweite Schritt aber, der die Formulierungsweisen im einzelnen betrifft, läßt sich nur durch wiederholtes, zielstrebiges Üben erarbeiten: indem man, gewissermaßen sprachlich experimentierend, Texte – am besten solche gleicher Thematik – an verschiedene Personen richtet. Für den Anfang sollten dies konkrete, gut bekannte Menschen sein, damit sie als Adressaten ein scharfes Profil haben. Später wird es die Mühe lohnen, sich auch im „allgemeinen" Schreiben zu üben: an Unbekannte, die man in seiner Vorstellung mit bestimmten Eigenschaften ausstattet; an offizielle Institutionen, um sich in den gebrauchssprachlichen Sachton einzufinden; oder vielleicht gar an ein unbestimmtes „Lesepublikum" – mit der neuartigen Überlegung, daß der oder die Leser nicht mehr von vornherein feststehen, sondern man selbst durch eine „interessante" Formulierung des Textes dafür sorgen muß, daß er zum Lesen reizt. Auch G. MÖLLER, sicherlich der erfahrenste Stilpraktiker unserer Tage, rät in diesem Sinne: „Der Lernende muß wissen, daß nichts den individuellen Stil so reich und biegsam macht wie die Aufgabe, ein und dieselbe Sache unterschiedlichen Leser- bzw. Hörerkreisen verständlich zu machen" (MÖLLER 1980, 16).

Vernachlässigt wurde bislang das zweite leserorientierte Stilprinzip: die adressatenbezogene „Angemessenheit". Wenn auch die Wahl des passenden Formulierungsniveaus bereits ein starkes Maß an Leserrücksicht enthält, so ist das dennoch nicht gleichbedeutend mit der „Angemessenheit" eines Textes im Hinblick auf die Person des Lesers. Ein Beschwerdebrief etwa an einen Nachbarn, eingängig formuliert und für den Empfänger womöglich nur zu gut verstehbar, kann gleichwohl kommunikativ verfehlt sein, weil er sich im Ton vergreift. Gemeint ist damit nicht so sehr die absolute sprachliche Form – z. B. muß der Brief keinesfalls aus einer

Aneinanderreihung gröbster Beschimpfungen bestehen –, als vielmehr ihre Unangemessenheit unter den vorliegenden Umständen: weil der Anlaß zu geringfügig war, um eine Beschwerde zu rechtfertigen; weil der Nachbar zum Zeitpunkt des Schreibens den Grund des Anstoßes bereits beseitigt hatte; weil die rüde Ausdrucksweise des Briefes gegenüber der Person des Nachbarn nicht angebracht war. Wenn in der Stillehre die „Angemessenheit in Ton und Sache" als ein wichtiges Prinzip gilt (vgl. NICKISCH 1975, 38), dann bezieht sich die „Angemessenheit" des Tones zweifellos auf den Adressaten: der Schreiber wählt eine dem Leser „angemessene" Stilebene. Hingegen zielt die „Angemessenheit" in der Sache, die ebenfalls gebührend zu berücksichtigen ist, auf den Gegenstand des Schreibens.

Literaturhinweise

Vgl. H. J. Heringer, Textverständlichkeit. Leitsätze und Leitfragen, in: LiLi. Zeitschrift für Literaturwissenschaft und Linguistik 14/H. 55 (1984), 57–70. – P. Glotz/W. R. Langenbucher, Der mißachtete Leser, Köln/Berlin, 3. Aufl. 1970. – P. Teigeler, Verständlichkeit und Wirksamkeit von Sprache und Text, Stuttgart 1968. – A. Neubert, Verständlichkeit, Verstehbarkeit, Übersetzbarkeit, Berlin 1973. – M. Muckenhaupt, Verstehen und Verständlichkeit, in: Kodikas/Code 3 (1981), 39–81. – W. Früh, Lesen, Verstehen, Urteilen. Untersuchungen über den Zusammenhang von Textgestaltung und Textwirkung, Freiburg/München 1980. – H. Aust, Lesen. Überlegungen zum sprachlichen Verstehen, Tübingen 1983. – N. Groeben, Leserpsychologie: Textverständnis – Textverständlichkeit, Münster 1982. – W. Klein (Hrsg.), Textverständlichkeit – Textverstehen, in: LiLi. Zeitschrift für Literaturwissenschaft und Linguistik 14/H. 55 (1984). – B. Mogge, Man muß sich zwar plagen – aber Verständlichkeit ist lernbar, in: Der öffentliche Sprachgebrauch I, Stuttgart 1980, 190–201. – I. Langer/F. Schulz von Thun/ R. Tausch, Sich verständlich ausdrücken, München/Basel, 2. Aufl. 1981. – M. Bartels, Verständlichkeit von Informationstexten und ihr Zusammenhang mit personzentrierten Qualitäten, Hamburg 1985. – R. Vogt, Über die Schwierigkeiten der Verständigung beim Reden, Opladen 1987. – B. U. Biere, Verständlich-Machen. Hermeneutische Tradition – historische Praxis – sprachtheoretische Begründung, Tübingen 1989. – J. Hennig/L. Huth, Kommunikation als Problem der Linguistik, Göttingen 1975, 107–111: Der Hörer. – E. Frey, Stil und Leser, Bern/Frankfurt a. M. 1975. – B. Sandig, Zwei Gruppen von Gesprächsstilen: Ichzentrierter und duzentrierter Partnerbezug, in: Germanistische Linguistik 5–6/ 81 (1983), 149–197. – R. Thieberger, Stilkunde, Bern usw. 1988, 13–15: Aktiver und passiver Stil.

12. DER GEGENSTAND DES SCHREIBENS

Zur Logik der Sache

Der alte Römer Cato hat den unsterblichen Satz geprägt: Beherrsche die Sache, dann folgen die Worte (rem tene, verba sequentur). *Wer von seinem Gegenstand nichts versteht, kann nie gut schreiben. Genau das gleiche wie Cato hat der Philosoph Schopenhauer einmal gesagt: „Die erste, schon für sich allein beinahe ausreichende Regel des guten Stils ist, daß man etwas zu sagen habe . . ."* Glauben Sie, kein Prunkgewand eleganten Stils kann die Blößen geistiger Nacktheit verhüllen.*

L. Reiners (1951, 139)

„In der Sache sicher, in der Gedankenführung klar" – so lautete eine Grundregel guten Sprechstils (S. 35), die indes nicht weniger für die schriftliche Formulierung gilt. Nun existiert der von uns zum „Thema" gemachte Kommunikationsgegenstand, sei es in der Realität, sei es in unserem Denken, als konkretes oder abstraktes Objekt; es in Worte zu fassen, sollte mithin eigentlich nicht schwer sein. Aber zwischen Wahrnehmung oder Vorstellung eines Sachverhalts und seiner verbalen Wiedergabe liegen komplizierte Vorgänge des Erkennens, Deutens, Verstehens usw. – kurz: der gedanklichen Verarbeitung. Diese im Gehirn ablaufenden Prozesse haben in unserem Zusammenhang das Ziel, denkstilistisch Klarheit und Ordnung zu schaffen. Der Denkstil leistet, wie in Kapitel 4 festgestellt wurde, eine gedankliche Vorstrukturierung der intendierten Sprachäußerung, die wir als 'logisch-semantische Textpräsentation' bezeichnet haben. Während sich die Semantik in diesem vorsprachlichen Bereich auf die Begrifflichkeit richtet, soweit sie durch den Sachverhalt vorgegeben ist, fällt der Logik die Aufgabe einer eindeutigen und folgerichtigen, eben „logischen" Systematisierung zu, die sich wiederum am zugrundeliegenden Kommunikationsgegenstand zu messen hat. Dabei hängt die Logik der gedanklichen Fakten in Auswahl, Anordnung und Gewichtung ihrerseits von der steuernden Kommunikationsabsicht ab.

Der Kommunikationsgegenstand als „Thema"

Was gibt der Kommunikationsgegenstand an Sachgehalt vor, und wie wird dieser gedanklich-sprachlich verarbeitet? Will beispielsweise jemand ein Märchen erzählen, so besteht sein „Stoff" aus den altbekannten Figuren und Motiven jener Phantasiewelt; seine Möglichkeiten der Gestaltung reichen von einfachem Nacherzählen über freiere Wiedergabe bis zur originellen Erfindung neuer Märchenhandlungen. Ein anderer Fall: Bei der Diskussion von Entscheidungsfragen bestehen die Fakten aus den einschlägigen Argumenten pro und contra; so wird der argumentativen Erörterung etwa im schulischen „Reflexionsaufsatz" immer eine möglichst vollständige, differenzierte und zu einer Argumentationskette gestaltete Zusammenstellung aller dem Problem dienlichen Gesichtspunkte vorausgehen. Die markante Verschiedenheit der Texte, wie sie später sprachlich realisiert vorliegen, spiegelt die jeweils unterschiedliche Denkart und Denkleistung.

Sogar wo es um reale, eigentlich „objektivierbare" Sachverhalte geht, weichen mehrere Darstellungen ein und desselben Tatbestandes dennoch kaum weniger voneinander ab, ohne daß diese Unterschiede allein sprachliche Einzelheiten beträfen. Die Begründung liegt offensichtlich in der Divergenz unserer Wahrnehmung und geistigen Verarbeitung von konkret Wahrgenommenem oder abstrakter Gegebenheiten. Als Beispiel nur die visuelle Wahrnehmung, da der Mensch ein „Augenwesen" ist (rund 90 Prozent aller im Gehirn gespeicherten Informationen erreichen uns durch das Auge): Der Sehvorgang besteht keineswegs darin, daß lediglich Bilder passiv aufgenommen werden, vielmehr „assimiliert" er diese zu einem über alle Sinnesorgane und unser Wissen vermittelten Abbild der Umwelt.[85] Wahrnehmungsakte sind also gar nicht so objektiv, wie man meinen sollte, und damit auch nicht für jeden Menschen gleich: „Wir erkennen so viel von der Wirklichkeit, als unsere Gesichtspunkte hergeben" (AEBLI 1980, 184) – und das gilt in noch stärkerem Maße für die kognitiven Prozesse des Ausdeutens und Erklärens von Wahrnehmungsinhalten oder Vorstellungen.

Es gibt eine berühmte Exemplifikation des Sprachphilosophen LUDWIG WITTGENSTEIN, die anschaulich von der weitgehenden Subjektivität menschlicher Wahrnehmung und Interpretationsfähigkeit zeugt[86]: Was ist auf dieser Abbildung (s. S. 107) dargestellt – eine Ente oder ein Hase? Je nachdem, wie man die Zeichnung deutet, werden die zwei „Finger" links einmal als Schnabel, das andere Mal als Ohren erscheinen. Wenn der individuelle Verarbeitungsprozeß als eine Art Interpretation gekennzeichnet worden ist, so in dem Sinne, daß die persönliche Sehweise und Denkart, spezielle Interessen und Intentionen oft eine größere Rolle spielen als der Sachverhalt selbst. Schon F. DE SAUSSURE wußte: „Man kann nicht einmal sagen, daß der Gegenstand früher vorhanden sei als der Gesichtspunkt, aus dem man ihn betrachtet; vielmehr ist es der Gesichtspunkt, der das Objekt erschafft" (DE SAUSSURE 1967, 9). Jedenfalls existiert der Kommunikationsgegenstand nur, insoweit und in welcher Form er zum „Thema" gemacht wird.

In denkstilistischem Zusammenhang war bereits kurz von der 'Disposition' die Rede. Steht bei dieser eine akzentuierende Auswahl und Ordnung der Elemente des Kommunikationsgegenstandes im Vordergrund, so stellt sich der 'Komposition' eine andere Aufgabe: Sie leistet – noch weitgehend auf der Ebene des Denkstils, nicht der des konkreten Textaufbaus – eine Formation des disponierten Materials in „logisch verknüpfte 'thematische Komplexe'" (SCHMIDT 1976, 162). Dabei regelt die Kommunikationsabsicht eine dem intendierten Verwendungszweck entsprechende, sinnvoll bis ideenreich „komponierte" Gruppierung der Einzelelemente in ihrem Verhältnis zueinander und zum Ganzen.

Man kann sich dies am Beispiel der „Gliederung" klarmachen, die auf relativ früher Stufe zum Konzept eines bewußt ausgearbeiteten Textes gehört: Eine Gliederung fixiert im Grunde ein bestimmtes Stadium der gedanklichen Strukturierung. Sie notiert in systematischem Aufbau Thema, Hauptpunkte, Unterpunkte usw., womit gewöhnlich später äußere Texteinteilungskriterien korrespondieren (Kapitel, Abschnitte, Paragraphen usw.). Während die Grobgliederung in aller Regel festliegt und in den Hauptpunkten präzise formulierbar ist, bleibt die Feingliederung relativ provisorisch – und zwar um so provisorischer, je differenzierter sie wird; ihre stichwortartigen Unterpunkte sind weglaßbar, variabel und meist nur vage formuliert. Aus gutem Grund, denn genau hier verläuft die Nahtstelle zwischen Denkstil und Sprachstil: Gedanken erhalten erst ihre genaue Fixierung, wenn die Sprache sie in eine feste Form zwingt.

Komposition: gezielter Textaufbau

Für die schriftliche Textbildung – Konzipieren, Formulieren, Korrigieren – gilt im allgemeinen die Gesetzlichkeit bewußter Planung: Disposition des „Stoffes" und Komposition des Textes. Die Disposition hängt stark vom Kommunikationsgegenstand ab, die Komposition untersteht hingegen der Kommunikationsabsicht – die wechselseitige, unlösbare Verknüpfung beider Gesichtspunkte im Textbildungsprozeß erweist sich zum wiederholten Male; fehlte einer, wäre leeres Gerede ohne Inhalt oder Sinn die Folge. Der Kommunikationsgegenstand bedarf, weil er unterschiedlich wahrgenommen, interpretiert und dargestellt werden kann, der regulierenden Kommunikationsabsicht, die eine spezielle Akzentuierung festlegt und damit auch die Zielrichtung der Textkomposition bestimmt.

Die allgemeinste Grundform des Textaufbaus ist das bekannte Dreierschema, das seit den Tagen der antiken Rhetorik jeder Rede, wir sagen heute: jedem Text zugrunde liegt. Wir haben es alle aus unserer Schulzeit als verbindliches Gliederungsmuster für Aufsätze in Erinnerung: (1) Einleitung – (2) Hauptteil – (3) Schluß. Es scheint eine „natürliche" Grundform zu sein, wie jedes Gespräch zeigt; denn Beginn und Ende werden durch konventionelle „Floskeln" markiert, die als gebrauchsfertige Redeeinführungen oder Redebeendigungen immer wiederkehren, während der eigentliche Gesprächsinhalt äußerst variabel bleibt. Ähnlich strukturiert ist als schriftliche Textsorte der Brief. Selbstverständlich gibt es noch andere Kompositionstechniken: z. B. sukzessiver, meist dem Zeitablauf folgender Textaufbau, assoziativ sich entwickelnde Darstellungsweisen, logisch in- oder deduzierende Gliederungsprinzipien, Vorgriffe und Rückgriffe, Exkurse usw. – aber insgesamt bestätigen diese eher kontrastierend das grundlegende Dreierschema.

Erstens also die „Einleitung": Aller Anfang ist nicht nur schwer, wie es im Sprichwort heißt, sondern auch von eminenter Wichtigkeit für den ganzen Text. Warum? In der Werbung, die ja wie kaum ein anderer Kommunikationsbereich den möglichst effektvollen Einsatz ihrer Denk- und Sprachstrategien ausklügelt, kennt man das Phänomen des 'primären Lesewiderstandes': gemeint ist „die psychologische Hemmung, mit dem Lesen zu beginnen" (in: BEHRENS 1970, 99). Nicht von ungefähr lautet daher der erste Punkt der berühmten AIDA-Formel[87]: attention – Aufmerksamkeit erregen, ja Spannung erzeugen. Diese Regel gilt indes grundsätzlich für jeden Text, für schriftliche allerdings mehr als für mündliche. Ein gedanklich oder sprachlich attraktiver Anfang weckt das Hörer- oder Leserinteresse mit einer entsprechenden Erwartungshaltung hinsichtlich des Textfortgangs. In der Journalistensprache hat man dafür den Begriff des 'Aufhängers', der als „aktueller Anlaß zu oder origineller Einstieg in die Darstellung" oft die Form eines fettgedruckten Vorspanns annimmt (SCHNEIDER 1983, 226). Gleichwohl sollte ein nicht so versierter Textverfasser keineswegs in Stunden tiefsinnigen Grübelns nach einem rettenden „Einfall" für seine Eröffnung suchen: ein spektakuläres Vorkommnis, eine überraschende Idee, ein sprachlich fesselnder Auftakt usw. Selbst die besten Geistesblitze sind verfehlt, wenn sie nicht ihrer Textfunktion gerecht werden, sinnvoll einzuleiten und die Behandlung des „Themas" im Hauptteil vorzubereiten. Auch Sprichwörter, Redensarten oder Zitate, so beliebt ihre Verwendung an dieser Stelle ist, erfüllen ihren Zweck nur, wenn man sie nicht an den Haaren herbeiziehen muß. Ein Aufhänger, der sich nicht „wie von selbst" einstellt, wirkt oft erzwungen und mißlungen – eben „gesucht". In solchen Fällen ist besser beraten, wer einfach das Nächstliegende tut: mit ein paar schlichten Sätzen sein Thema einführen. Oder man greift zur „Null-Lösung": ohne Einleitung sogleich zur Sache kommen – *in medias res* (mitten hinein in die Dinge) heißt diese rhetorische Technik.

Zweitens der „Hauptteil": Dieser ist nach Inhalt und Umfang das Kernstück des Textkonzepts, doch in seinem Aufbau am wenigsten festgelegt. Vor allem die Textsorten bedingen tiefgreifende Unterschiede: Ein Brief – sofern nicht offizielles oder geschäftliches Schreiben mit besonderen Sacherfordernissen – wird seine Einzelthemen normalerweise in zwanglos-assoziativer Reihenfolge aneinanderfügen; hier ergibt sich oft die Notwendigkeit geschickter Überleitungen von einem Thema zum anderen. Dem Sachbericht kommt es hingegen auf genaue Darstellung von Tatbeständen an; er versucht am ehesten in objektiv-präziser Form die reale Anordnung oder Abfolge der Fakten nachzuvollziehen. Die Diskussion, ähnlich auch die schriftliche Problemerörterung, kann sich Gliederungsprinzipien zunutze machen, wie sie Rhetorik und Argumentationslehre methodisch entwickelt haben: Darlegung des Sachverhalts, eine oft in dialektischer Wechselbeziehung stehende Anführung der eigenen Argumente und Widerlegung von Gegenargumenten, die Schlußfolgerung. Solche Gedankengänge logischer Art können vom Allgemeinen zum Besonderen und umgekehrt, vom Ganzen zu seinen Teilen, von der Ursache zur Wirkung, vom Grund zur Folge usw. führen – nicht ohne die psychologische Ausnutzung von Spannung und Steigerung (vgl. GEISSNER 1974, 32 ff.). Das bietet Anlaß, auf den kunstvollen Aufbau vor allem literarischer Texte hinzuweisen: In raffinierter Erzähltechnik arbeiten diese oft mit Vorausdeutungen, Rückblenden und Einschüben; in eingekleideter oder verschlüsselter, ja nicht selten völlig irrational erscheinender Gedankenführung lassen sie ihrer dichterischen Phantasie und Gestaltungskunst freien Lauf. Schon diese wenigen, bestenfalls andeutenden Bemerkungen zeigen, welch komplex-kompliziertes Phänomen die Denkstilistik im Rahmen des Textaufbaus ist: dies nicht zuletzt wegen ihrer Abhängigkeit von so vielen Faktoren (wie Individualität des Schreibers, Ausrichtung auf den oder die Leser, Sachzwang durch konventionell fixierte Textsorten usw.), die sich dann auch auf den Sprachstil des Textes auswirken.

Bleibt noch, drittens, der „Schluß": Inhaltlich ohne neue Gedanken, die sich allenfalls in einem „Ausblick" andeuten können, bietet er meist eine Zusammenfassung der wesentlichen Tatsachen, Gesichtspunkte und Ergebnisse des Hauptteils. Aber es sollte dies eine Zusammenfassung besonderer Art sein: konzentriert wie unter dem Brennglas, eindrucksvoll in ihrer Form, zielbewußt im Sinne der zu verwirklichenden Absicht. Denn der Schluß bleibt als Letztes beim Leser am ehesten haften. Bricht der Text ohne Andeutung des Endes abrupt ab, hinterläßt er ein ratlos-unbefriedigtes Publikum; das gilt selbst im Sonderfall des willentlich so gestalteten 'offenen Schlusses' in manchen Erzählwerken, wo er immerhin Fragen, Auseinandersetzung und Weiterdenken provozieren soll. Kann der Sprecher eine wirksame Markierung des Schlusses auf dem Wege hervorhebender Intonation erzielen, so erreicht der Schreiber sie am elegantesten mit Hilfe einer zugespitzten Aussage: Sentenz, Aperçu, Bonmot usw. – eine ausgesprochene Pointe, die geschliffenste Form solcher Zuspitzung, ist nicht in allen Textsorten angängig.

Logik der Sache – Logik der Sprache

Eine in Disposition und Komposition wirksame Logik des Textes ist auf Klarheit und Ordnung gerichtet, die nun auch als Stilprinzipien in Erscheinung treten: „Klarheit" hauptsächlich verstanden als sachliche Eindeutigkeit, „Ordnung" mehr im Sinne der gedanklichen Organisation des Sachverhalts. Beide Stilprinzipien nehmen einen bedeutenden Rang in unseren Stillehren ein: Da wird der Grundsatz der gedanklichen Ordnung formuliert, die zum Erreichen sachlicher Klarheit notwendig sei (REINERS 1956, 16); als wichtigste Kriterien für die Qualität von Sachtexten gelten „Eindeutigkeit" und „Vollständigkeit" (MÖLLER 1980, 15f.), die sich auf gedanklich-sachliche Klarheit als Grundlage treffender Ausdrucksweise beziehen lassen; oder es heißt gar kategorisch: „Klarheit und Genauigkeit sind die obersten Gesetze eines guten Stils" (SEIBICKE 1969, 52f.).

In jedem Fall werden durch die Stilprinzipien der „Klarheit" und „Ordnung", denen sich die ebenfalls genannten Kriterien „Eindeutigkeit" und „Vollständigkeit" als Subprinzipien unterordnen, folgende Eigenschaften eines Textes sichergestellt: vollständige Erfassung des Sachverhalts, eindeutiges Sinnverständnis, Vermeidung logischer Sprünge oder Brüche. Obwohl dies alles sich noch vorsprachlich im Bereich der Denkstrukturen abspielt, bereitet es doch schon eine exakte Umsetzung in Sprachstrukturen vor, hauptsächlich die Wortwahl betreffend (darüber das folgende Kapitel), doch auch die logische Formulierung von Sätzen und Satzfolgen. Diese Logik der Sache, ihre Klarheit und Ordnung, ist unbedingte Voraussetzung der Textbildung, weil Unlogik auch sprachliche Fehler nach sich zieht, oder besser: an diesen bemerkbar wird.

Thomas Mann bietet ein schönes Beispiel in seiner Tristan-Erzählung[88]: „Er sagte unkorrekterweise 'erstens', obgleich er gar kein 'zweitens' folgen ließ" – von zwei Dingen, die gesagt werden sollten, kommt nur eines zum Ausdruck: Unlogik der Sache.

Verdeutlichen wir uns mit Hilfe einiger Beispiele, was man unter den Stilprinzipien „Klarheit" und „Ordnung" im Textbildungsprozeß konkret zu verstehen hat. Von einem schriftlichen Text können wir erwarten, daß er in seinen Aussagen „stimmig" ist; diese Stimmigkeit, die im Blick auf den Leser als Voraussetzung einwandfreien Verstehens erscheint, läßt sich sachbezogen präzisieren durch die Forderung nach Lückenlosigkeit, Folgerichtigkeit, Widerspruchsfreiheit und Unzweideutigkeit. Nach Lektüre der folgenden Textbeispiele, die ausdrücklich den Anspruch erheben, nicht in die allzu simple Schwarzweißmanier mancher Stillehren zu verfallen, sollte der Leser sich zuerst immer ein eigenes Urteil bilden und eine Antwort auf die jeweils gestellte Frage zu geben versuchen, ehe er bis zur Lösung weiterliest. Wir gehen in der genannten Reihenfolge vor. Was bedeutet „Lückenlosigkeit"?

(I) 'Stil' ist also im sprachwissenschaftlichen Sinne 'gestaltete Sprache', und hier setzt unsere Überlegung an. Gibt es eine untere Grenze, wo Gestaltung, wo mithin auch Stil aufhört? Aber hier ist Mißtrauen angebracht. Ist damit nicht vielmehr ein unausgeglichener, den akzeptierten Normen nicht angepaßter Stil gemeint?

(II) Ist nicht alles, was Menschen sprechen oder schreiben, in irgend einer Weise gestaltet? Zwar kennt das Deutsche scheinbar ein Oppositum zu 'Stil', nämlich 'Stillosigkeit'. Bedeutet 'Stillosigkeit' wirklich 'Abwesenheit' von 'Stil'?[89]

Offensichtlich gehören beide Texte (genauer Textstücke – das „also" am Anfang verweist darauf) thematisch eng zusammen: Könnten etwa zwei Autoren das gleiche Thema „Stil" behandelt haben? Oder scheint die einheitliche Diktion nicht doch eher auf einen Verfasser und damit zwei Abschnitte aus einem Text zu deuten? Bei näherem Hinsehen wird man sich des Eindrucks kaum erwehren können, daß in beiden Textstücken logische Sprünge an den Formulierungen sichtbar werden. Man vermißt Zwischengedanken, die das Folgende vorbereiten: So setzt in (I) die angekündigte „Überlegung" nicht beim Thema der „gestalteten" Sprache an, sondern stellt die umgekehrte Frage nach „ungestalteter" Sprache; die halbherzige Antwort – „Mißtrauen" – verschiebt die Fragestellung noch einmal von „Stillosigkeit" auf „schlechten" Stil. Schlimmer ist der Bruch in (II), wo die Frage nach der Sprachgestaltung abrupt ins Gegenteil der „Stillosigkeit" umgekehrt wird und auf den „Zwar"-Satz kein *aber* folgt – dieses „Aber" steht in (I). Angesichts der durchgängigen Korrespondenzen beider Texte wird mittlerweile wohl ersichtlich geworden sein, daß sie zusammen – indem man satzweise (I) und (II) ineinanderschiebt – einen einzigen, dann „lückenlosen" Text bilden: Es bleibt dem Leser überlassen, dies mit besonderer Aufmerksamkeit hinsichtlich der logischen Verzahnung der Textsätze – am besten auf dem Papier – nachzuvollziehen.

Logische Lückenlosigkeit bedeutet: So selbstverständlich, wie zu einem Handlungszusammenhang sämtliche Fakten dazugehören, müssen in einem Denkzusammenhang alle Gedankenschritte explizit vollzogen und später ebenso vollständig in Sprache umgesetzt werden. Die Einhaltung dieser Gesetzmäßigkeit, so evident sie klingt, versteht sich dennoch nicht ohne weiteres. Der Schreiber läßt sich leicht dazu verführen, die für ihn von vornherein „klare Sache" nur andeutend zu formulieren, da ihm mit den wichtigsten Gedanken sofort der ganze Zusammenhang präsent ist. „Gedankensprünge" sind also oftmals gar keine Denklücken, sondern unzulässig verkürzte Formulierungen. Die entscheidende Frage ist dann: Was versteht der Leser? Ihm zuzumuten, daß er sich aus mehr oder minder disparaten Gedankensplittern mühsam ein – vielleicht gar falsches – Bild zu machen sucht, geht nicht an. Darum sind als Grundlage der Versprachlichung „Vollständigkeit" der Gedankenelemente und ihre Folgerichtigkeit unerläßlich:

Auch ein Text kann uns ein Bild der Wirklichkeit verschaffen. „Bild" braucht also nicht ikonisch verstanden zu werden. Die Wirklichkeit können wir uns dabei sprachlich oder anschaulich vergegenwärtigen. Allen diesen Deutungstätigkeiten ist es gemeinsam, daß sie uns ein Bild der Wirklichkeit bzw. eines Ausschnittes aus ihr schaffen.[90]

Obwohl der Zusammenhang des Textes im ganzen wie auch die sprachliche Kohärenz seiner Sätze vordergründig gewahrt scheinen: die Lektüre vermittelt den Eindruck, als ob der Sinn, wenn nicht gestört, so doch wenigstens „schief" sei. Wem es beim Lesen ähnlich ergangen ist, der hat ein gutes Sprachgefühl, und er lese die Sätze nochmals – nun aber „folgerichtig" in der umgekehrten Reihenfolge! Außer der Lückenlosigkeit des Gedankenganges ist also auch die Anordnung der Gedanken zu berück-

sichtigen: erst ihre sinnvolle Aufeinanderfolge, bei der Textbildung nach-
vollzogen, wird dem Leser ein müheloses Verständnis des Textes ermöglichen. Das Stilprinzip der logischen „Ordnung" läßt sich demnach folgendermaßen bestimmen: Im vorsprachlichen Denkprozeß müssen alle Gedankenelemente des späteren Textes in lückenloser Vollständigkeit und
folgerichtiger Anordnung repräsentiert sein.

Gedankliche „Ordnung" schließt gleichwohl nicht andere Möglichkeiten des Mißverstehens aus, die sich als Verstöße gegen das Stilprinzip der
„Klarheit" beschreiben lassen. Sie verstoßen insbesondere gegen die
Grundsätze der Widerspruchsfreiheit und der Unzweideutigkeit: Ein
Denkvorgang, der Widersprüche enthält oder nicht eindeutig verstehbar
ist, kann ebensowenig in logischem Sinne als klar bezeichnet werden wie
der darauf basierende Text in stilistischem Sinne. Fragen wir uns also,
was heißt „Widerspruchsfreiheit" konkret? Wer kennt nicht das Unsinns-
Gedicht: „Dunkel war's, der Mond schien helle,   Schneebedeckt die
grüne Flur"   usw.?[91] – eine versifizierte Kette von Widersprüchen. Allerdings findet man derart offen formulierte und daher sofort erkennbare
Erfahrungswidersprüche nur selten; viel häufiger und kommunikativ be-
denklicher sind jene verdeckten Widersprüchlichkeiten, bei denen der
Schreiber sein logisches Straucheln nicht einmal bemerkt:

Bitte lassen Sie es mich umgehend wissen, falls Sie dieses Schreiben nicht erhalten
haben.[92]

Ob Homer gelebt hat, weiß man nicht genau. Sicher ist nur, daß er blind war.[93]

Solche Fälle geistigen Kurzschlusses, die für sich selbst sprechen, haben
oft mißverständliche Formulierungen zur Folge. Besonders anfällig für
Fehldeutungen sind jene Unklarheiten des Ausdrucks, die man als unfrei-
willige „Stilblüten" oder in Form sprachlicher Mehrdeutigkeiten (Ambiguitäten) kennt:

Am Teich saß eine Magd und melkte eine Kuh. Im Wasser aber war es umgekehrt.[94]

Diese Formulierung legt ein Verständnis nahe, das allen Regeln natürlicher Logik widerspricht; dennoch ist der unausbleibliche Lacheffekt ein
Anzeichen, daß wir den Sinnfehler durchschauen und pragmatisch interpretieren (hier besteht eine Verbindung zum Witz, bei dem eine ähnlich
auf den Kopf gestellte Logik in humoristischer Absicht eingesetzt wird).

Ein großer Junge spielt mit einem kleinen Federball und gewinnt immer.[95]

Auch hier, wie bei allen linguistischen 'Ambiguitäten' (vgl. WELTE 1974,
58 ff.), sichert der Kontext das richtige Verstehen: der große Junge spielt
natürlich mit einem kleinen Jungen was? – Federball. Obwohl Fälle mehr-
deutiger Formulierung immer wieder in den Texten vorkommen und das

Verständnis kaum beeinträchtigen, können sie die Lektüre doch erheblich hemmen. Als unnötige Kommunikationserschwernisse für den Leser widersprechen sie unserer Forderung nach Unzweideutigkeit. Das darauf beruhende Stilprinzip der logischen „Klarheit" vertritt den Grundsatz: Im vorsprachlichen Denkprozeß muß jeder Gedanke so exakt gefaßt sein, daß im späteren Text Widersprüche und Mehrdeutigkeiten vermieden werden; „Klarheit" des Denkens gehört zu Logik der Sache. Indes sollte noch hinzugefügt werden, daß selbst größte gedankliche Ordnung und Klarheit nicht allein die Form des sprachlichen Ausdrucks bestimmen, weil dieser gerade aus stilistischer Sicht keine absolut festliegende Größe ist: Jeder Gegenstand verlangt seine besondere, ihm „angemessene" Versprachlichung (diese sachliche „Angemessenheit" wird in Kapitel 16 näher erläutert).

Gibt es aber auch eine Logik der Sprache? Dieses Fragezeichen sollte man tatsächlich hinter den Begriff selbst setzen; denn die Logik der Sprache, falls es sie gibt, ist eigener Natur. Wer sprachliche Logik etwa in übereinstimmenden Wortbildungsstrukturen sucht, wird schnell aufgeben: *Enterich, Gänserich, Täuberich,* aber heißt das männliche Huhn darum „Hühnerich"? – nein *Hahn*; oder die Entsprechung *Tisch – Tischler,* was aber hat *Bett* mit *Bettler* zu tun? usw. Schon LICHTENBERG bemerkt, daß „die *Viertelstündchen* größer sind als die *Viertelstunden"* [96]; ein *Köpfchen,* obwohl Diminutiv, bedeutet dennoch keineswegs 'kleiner Kopf': Einen Kopf hat jeder – „Köpfchen" müßte man haben! Daß eine *Hälfte* nicht größer oder kleiner als die andere sein kann und daß ebenso sachbedingt, aber gegen alle grammatischen Regeln ein Eigenschaftswort wie *tot* sich nicht steigern läßt, weiß man – auch wenn MORGENSTERN versucht hat, im „kategorischen Komparativ" die Reihe *Nähe – Näher – Näherin* zu bilden.[97] In neueren, auf Systematik bedachten Linguistik-Büchern wird irritiert vermerkt, daß der Walfisch nur sprachlich ein Fisch, zoo-logisch jedoch ein (Meeres-)Säugetier sei.[98] Die Sprachphilosophen diskutieren ernsthaft über das Problem, wie wohl ein und dasselbe Objekt der Wirklichkeit, der Planet Venus, je nach seiner Erscheinungszeit einmal „Abendstern" und einmal „Morgenstern" genannt werden könne.[99] Fälle wie der folgende bilden das tägliche Brot der Sprachwissenschaft: *vergeßlich* heißt derjenige, der alles vergißt – als *unvergeßlich* wird jemand bezeichnet, den man nicht vergißt.[100] Logik der Sprache? WITTGENSTEIN, der Philosoph der „Alltagssprache", hat einer pragmatischen Lösung den Weg gewiesen; sein vermutlich und mit Recht meistzitierter Satz lautet: „Die Bedeutung eines Wortes ist sein Gebrauch in der Sprache" (WITTGENSTEIN 1980, 311). Genau dieser Gebrauch der Wörter, und zwar ihr adäquater Gebrauch, stellt auch ein zentrales Stilanliegen dar: die Suche nach dem „treffenden Ausdruck".

Literaturhinweise

Vgl. B. Sowinski, in: Germanistische Linguistik 3–4/81 (1983), 93–95: Bibliographie. – W. Kamlah/P. Lorenzen, Logische Propädeutik oder Vorschule vernünftigen Redens, Mannheim 1967. – G. Frey/A. Menne, Logik und Sprache, Bern 1973. – A. Menne, Logik und Linguistik, in: W. A. Koch (Hrsg.), Perspektiven der Linguistik II, Stuttgart 1974, 20–39. – G. Patzig, Sprache und Logik, Göttingen, 2. Aufl. 1981. – E. Tugendhat/U. Wolf, Logisch-semantische Propädeutik, Stuttgart 1986. – H. Frosch, Argumente für eine wahrheitskonditionale Semantik, in: G. Zifonun (Hrsg.), Vor-Sätze zu einer neuen deutschen Grammatik, Mannheim 1986, 128–144. – V. Henn, Der Sehvorgang – Wie Auge und Gehirn ihre Umwelt analysieren, in: M. Svilar (Hrsg.), „Und es ward Licht". Zur Kulturgeschichte des Lichts, Bern/Frankfurt 1983, 201–217. – R. L. Gregory, Auge und Gehirn. Zur Psychologie des Sehens, München 1966. – A. Hajos, Einführung in die Wahrnehmungspsychologie, Darmstadt 1980. – B. L. Whorf, Sprache, Denken, Wirklichkeit, Reinbek, 4. Aufl. 1982. – A. Naess, Kommunikation und Argumentation, Kronberg, 2. Aufl. 1975. – K.-H. Göttert, Argumentation, Tübingen 1978. – R. Ulshöfer (Hrsg.), Logik, Rhetorik, Argumentationslehre I–II, in: Der Deutschunterricht 27/H. 2 (1975) und 28/H. 4 (1976). – J. Kopperschmidt, Sprache und Vernunft I–II, Stuttgart 1978/80. – G. Antos, Grundlagen einer Theorie des Formulierens, Tübingen 1982. – A. Lötscher, Text und Thema. Studien zur thematischen Konstituenz von Texten, Tübingen 1987. – B. Sandig, Stilistik der deutschen Sprache, Berlin/New York 1986, 172–213: Die Handlung und ihr Inhalt (Thema). – H. Seiffert, Stil heute, München 1977, 42–59: Stillogik. – G. Ueding, Rhetorik des Schreibens, Königstein i. Ts. 1985, 29–58: Die Ermittlung der Gedanken und ihre Ordnung. – E. Riesel/E. Schendels, Deutsche Stilistik, Moskau 1975, 264–299: Einige Probleme der Makrostilistik. – B. Sowinski, Kategorien der Makrostilistik, in: Germanistische Linguistik 3–4/81 (1983), 77–95.

13. DER TREFFENDE AUSDRUCK

Tausend Wörter, aber nur ein richtiges

> *Gute Stilisten – ob sie nun von Ereignissen berichten,*
> *Landschaften oder Gegenstände beschreiben, Meinun-*
> *gen oder Gefühle äußern – verwenden immer das tref-*
> *fende und damit anschauliche Wort. Und wenn auch*
> *der dichterische Stil zu den angeborenen Begabungen*
> *gehört: dieses Stilmittel – statt des allgemeinen Wortes*
> *das genaue und für den jeweiligen Fall richtige zu set-*
> *zen – ist erlernbar.*
>
> A. M. Textor (1984, 4)

Ein moderner Erfolgsautor weiß es besser als Gottfried Keller: Nicht Kleider – „Wörter machen Leute"![101] Zweifellos hängen Treffsicherheit und Eleganz des Ausdrucks von jedem einzelnen Wort einer Äußerung ab, auch wenn die Wörter ihrerseits diese Eigenschaften nicht isoliert besitzen, sondern erst im Rahmen der gesamten Äußerung entwickeln. Die wechselseitige Verflochtenheit von Einzelwort und Äußerungszusammenhang haben wir bereits in dem Kapitel über die Konzeption „Stil als Wahl" kennengelernt, und zwar unter dem linguistischen Stichwort: Selektion und Kombination der Sprachelemente. „Stil als Wahl" versteht sich nicht zuletzt auch als Wortwahl: die Wahl des jeweils „treffenden Ausdrucks".

Erstes Erfordernis: „Genauigkeit" und „Begriffsschärfe"

Wer in der Sache sicher und in der Gedankenführung klar ist, dem wird auch der treffende Ausdruck weniger Mühe bereiten: Klar gedacht ist schon halb formuliert – aber damit der ganze Text stilistisch gut gerät, bedarf es der „Genauigkeit" und „Begriffsschärfe" des Ausdrucks. Wie an unserem Stilmodell ablesbar, entsprechen diese Stilprinzipien auf der sprachlichen Seite den gedanklichen Grundsätzen der „Klarheit" und „Ordnung". Mit der Treffsicherheit des Ausdrucks und den Stilisierungsregeln komplexerer Spracheinheiten verschiebt sich der Zuständigkeitsbereich von der Logik zu den grammatischen Kategorien, vor allem zur Semantik. Wir rufen uns den bereits zitierten Kernsatz von W. Seibicke in

Erinnerung, daß Klarheit und Genauigkeit die obersten Gesetze eines guten Stils seien; kaum weniger kategorisch schreibt L. REINERS (1951, 60): „Es gibt keinen guten Stil ohne den genauen, den treffenden Ausdruck." Diese „Genauigkeit" des Ausdrucks, auch in der Doppelformulierung des „Treffend-Genauen", bildet eine Hauptforderung aller Stillehren. Aber – was heißt das: ein Wort ist „genau"?

Das Wort gilt linguistisch als eine schwer definierbare Grundeinheit der Sprache, die wir hier nicht als „Baustein" größerer Äußerungszusammenhänge betrachten, sondern als „sprachliche Minimaläußerung", die sich dazu eignet, „ein Stück Wirklichkeit zu meinen" (ERBEN 1972, 29). Jedes Wort verweist zunächst einmal auf die Vorstellung einer „Sache", sei diese nun konkret oder abstrakt, und je weniger allgemein das Wort ist, desto genauer und differenzierter wird es den Kern der Sachvorstellung erfassen. Auf dieser Überlegung beruht die „große Stilregel: Wähle das besondere Wort, nicht das allgemeine" (REINERS 1943, 72). Mit dem „besonderen" Wort ist der konkrete, spezielle, treffende Ausdruck gemeint, mit dem zu vermeidenden „allgemeinen" Wort der meist blasse, abstrakte Oberbegriff.

Veranschaulichen wir uns, was gemeint ist, an einem simplen Beispiel:

Der Hund frißt aus einem grauen Gefäß.

Ist dieser „Hund" wirklich nur ein Hund, nicht ein Dackel, Pudel, Jagdhund usw.? Hat dieser Hund keine Besonderheiten, die erwähnenswert wären? Hat er vielleicht sogar einen Namen? Nein – dieser Hund, obwohl durch das vorgesetzte „der" als ein bestimmtes Lebewesen gekennzeichnet, bleibt Hund schlechthin und im allgemeinen: das Gattungstier. Was soll so ein Hund dann anderes tun als – „fressen"? (man muß wohl schon zufrieden sein, daß er sich nicht *ernährt*). Aber könnte er nicht auch, je nach Situation,

kauen, beißen, knabbern, abnagen, zermalmen, verzehren, verschlucken, verschlingen, vertilgen, schmausen, schlemmen, schlecken, schwelgen, sich gütlich tun, futtern, verdrücken, hinunterwürgen, den Bauch vollschlagen   – usw.?

Ein nur fressender Hund tut dies selbstverständlich aus einem „Gefäß" – aber wüßte man nicht gerne, was für ein Gefäß? Ist es vielleicht ein(e)

Napf, Schüssel, Mulde, Hafen, Schale, Tiegel, Teller, Tasse, Becher, Terrine, Kessel, Becken, Bottich, Zuber, Trog   – usw.?

Wen wundert es da noch, daß dieses Gefäß nicht farbig, sondern „grau" ist? Aber selbst die Farbe Grau hat Schattierungen:

hellgrau, blaßgrau, mattgrau, fahlgrau, dunkelgrau, schmutziggrau, stumpfgrau, silbergrau, perlgrau, schiefergrau, mausgrau, taubengrau, grau in grau   – usw.

Sollen wir es nun wagen, unseren wohlgemerkt konstruierten Ausgangs-
satz umzuformulieren? Etwa: „Nicki, unser (mahagonibrauner) Langhaardackel, schmaust an seinem silbergrauen Futternapf"; der Name ist
selbstverständlich auswechselbar, und anstelle von Farbe und Rasse
könnte man auch eine kurze Charakteristik einschieben: „wie alle Dackel
keck und keß", oder gar in Anspielung darauf, daß *Dackel* sich als Kurz-
form von *Dachshund* erklärt: „wie alle Dackel ein echter Frechdachs-
hund" . . .

Immerhin haben unsere exemplarisch zusammengestellten Wortketten
all die vielen Formulierungsmöglichkeiten aufgezeigt, die sich bei jeder
Aussage bieten. Welche dieser -zig Möglichkeiten man schließlich wählt,
hängt erstens von den normalerweise vorgegebenen speziellen Umständen ab; zweitens spielt der Wille zur treffenden Wiedergabe eine Rolle.
Der allgemeine Ausdruck ist immer ein Kind der Bequemlichkeit. Denn
farblose „Oberbegriffe" wie *Mensch, Baum, Hund* usw. oder „blutleere"
Tätigkeitswörter wie *sein, haben, machen* usw. sind weitgefaßte Allgemeinbezeichnungen, die sich jedoch gerade wegen ihrer Allgemeinheit
mühelos in zahlreichen Sprachsituationen immer und immer wieder an-
wenden lassen. Diese Gebrauchshäufigkeit hat ihrerseits zur Folge, daß
diese Wörter es sind, die uns auf Anhieb einfallen – soll man aber stets
zum erstbesten Ausdruck greifen? Das mag allenfalls unter dem Zwang
mündlicher Ad-hoc-Verbalisierung verzeihlich sein, im schriftlichen
Sprachgebrauch rechtfertigt sich nur der wirklich „treffende" Ausdruck.
Es bedarf also der Mühe, im Verlauf der Formulierung jeweils einen
Augenblick innezuhalten und sich die Frage zu stellen: Trifft dieses Wort
genau das, was ich ausdrücken will?

Dieser „treffende" Ausdruck sollte, dem Anspruch der „Genauigkeit"
gemäß, nach Möglichkeit nur aus einem einzigen, eben dem an dieser
Stelle „richtigen" Wort bestehen. Es ist eine bekannte Tatsache, daß die
Reihung mehrerer, relativ gleichwertiger Wörter jedem einzelnen viel von
seiner Ausdruckskraft nimmt:

Seine Selbstgefälligkeit, Dünkelhaftigkeit, Überheblichkeit und Arroganz . . .

In solchen Worthäufungen äußert sich denn auch meist weniger eine
Feinheit der semantischen Differenzierung als vielmehr Unsicherheit hinsichtlich des wirklich treffenden Ausdrucks. Ein alleinstehendes, prä-
gnantes Wort hat oft die stärkere Wirkung, die allenfalls noch durch ein
Adjektiv unterstützt werden kann (dieser Rat entbehrt nicht der Tücke,
da später vor unnötigem Adjektivgebrauch gewarnt werden muß), also
einfach:

Seine (selbstgefällige) Arroganz . . .

Zu beachten bleibt, daß es auch statthafte Wortreihung gibt, wenn etwa unterschiedliche Vorstellungen zu einer Aussage verknüpft sind oder die bewußte Steigerung vom schwächeren zum stärkeren Ausdruck das Stilmittel der 'Klimax' bildet. Der „treffende" Ausdruck sollte also in der Form knapp und gehaltvoll, in der Bedeutung möglichst genau, dazu konkret und speziell sein – kurz, gefragt ist der „besondere" Ausdruck, nicht der allgemeine. Denn die Allgemeinbezeichnungen sind in ihrer Extremform „Schwammwörter", wie REINERS sie bildkräftig genannt hat: vage Allerweltsausdrücke, die man in tausend Sprachsituationen mehr oder weniger nichtssagend anbringen kann.[102]

Allerdings muß hier einem naheliegenden Mißverständnis vorgebeugt werden; denn so paradox es klingt: der „besondere" ist zugleich auch der einfachere Ausdruck. Er ist beileibe nicht das gesuchte, gekünstelte, hochtrabende oder möglichst glanzvolle Wort, das nach äußerer Wirkung trachtet. Gegen diese Unart, „triviale Begriffe in vornehme Worte zu hüllen", hat schon SCHOPENHAUER gewettert[103]: „Man brauche gewöhnliche Worte und sage ungewöhnliche Dinge." Eine gekünstelte Ausdrucksweise, krampfhaft gesuchte Stileffekte, manierierte Wort„kunst" um jeden Preis – der feinfühlige Leser durchschaut dies sofort als Sprachschwulst und stilistisches Blendwerk. Was selbst namhaften Sprachmeistern oft genug unter der Hand zu „Kitsch" mißlungen ist, um wieviel weniger sollten das unerfahrene Schreiber versuchen: „Ohne Mätzchen schreiben, nicht mit Wörtern protzen, nicht auf Glatzen Löckchen drehen – das ist eine klare Regel, über die alle Stilisten von Rang und alle Lehrer der Stilkunst sich einig sind" (SCHNEIDER 1983, 72). Dem ist nichts hinzuzufügen.

Auch die Wortlänge bedarf einer kurzen Erwägung. Nach dem ZIPFschen Gesetz[104] kommen die kürzesten Wörter am häufigsten vor, weil es offenbar einem ökonomischen Bestreben entspricht, bei gleichem Kommunikationseffekt kürzere Wörter vorzuziehen oder häufiger benutzte längere Wörter abzukürzen. So hat man festgestellt, daß mit der Zunahme der Silbenzahl von Wörtern ihre Anschaulichkeit abnehme: „Schwitzen hat zwei Silben, transpirieren vier; Dauerregen vier Silben, 'ergiebige Niederschläge' acht; Stuhl und Tat haben eine Silbe, Sitzgelegenheit und Aktivitäten fünf" (SCHNEIDER 1983, 58). Aber wie steht es dann mit jener neueren Tendenz, bestimmte gebrauchshäufige Wörter durch einen zweiten Bestandteil, der eigentlich überflüssig ist, zu „strecken"? Beispiele dafür wären:

Frage- oder Aufgabenstellung, Problembewußtsein, Erfolgserlebnis, Lernprozeß, Größenordnung, Arbeitsaufwand, Zielsetzung, Pflichtübung, Schadensausmaß, Alibifunktion, Erwartungshorizont – usw.

Linguistisch kennzeichnet diese Zusammensetzungen, daß sie den Gesetzmäßigkeiten der deutschen Wortbildung widersprechen. Von den beiden Kompositionsgliedern einer Substantivzusammensetzung fungiert in aller Regel das Zweitglied als „Grundwort", das durch sein Erstglied näher bestimmt wird (daher „Bestimmungswort"): *Haustür* z. B. ist die „Tür eines Hauses"; auch wenn man *Haus-* wegläßt, bleibt *-tür* immer noch eine „Tür". Demgemäß wären *Fragestellung* die „Stellung einer Frage", *Erfolgserlebnis* das „Erlebnis eines Erfolgs", *Alibifunktion* die „Funktion des Alibis" usw. Aber *Stellung, Erlebnis, Funktion* allein? – wir sehen, daß genau entgegengesetzt zum Normalfall die ersten Bestandteile sich verselbständigen lassen: *Frage, Erfolg, Alibi,* eben die früher üblichen Einzelwörter. Die Mehrsilbigkeit dient wohl meist nur einer Verstärkung, die offensichtlich dem Wortkörper größeres Gewicht und dadurch der Aussage mehr Nachdruck verleihen soll. Dann hätten die Sprachkritiker also mit ihren Attacken recht?[105] Man sollte gleichwohl nicht übersehen, daß solche einfachen Wörter wie *Aufgabe, Problem, Lernen* usw. in vielen Verwendungsweisen derart abgegriffen wirken, daß man sie kaum noch in den Mund nehmen kann. Die erweiterten Begriffe sind demgegenüber nicht nur „modisch", wie man ihnen vorwirft, sondern erbringen vielfach eine zusätzliche Sprachleistung: *Aufgabenstellung* beinhaltet nicht nur das Stellen einer Lösungsfrage, vielmehr auch deren exakte Darlegung; *Problembewußtsein* ist die klare, reflektierte Einsicht in eine gegebene Schwierigkeit; *Lernprozeß* meint, korrekt verwendet, den in der Regel sich lange hinziehenden Vorgang schulischen, beruflichen oder anderen Lernens usw. Solche Präzisierungen erscheinen nicht unwichtig; denn „Begriffsschärfe" wird heutzutage besonders in Gebrauchstexten vorausgesetzt. Sie meint mehr als die konkrete, semantische „Genauigkeit", von der zuvor die Rede war: Im Gegensatz zur Wortgenauigkeit, die auf differenzierter Wahrnehmung, Auffassung und Bezeichnung beruht, setzt „Begriffsschärfe" im hier verstandenen Sinn eine exakte Definition oder wenigstens Definierbarkeit voraus. Denn vor allem in wissenschaftlichen, technischen und fachlichen Formulierungszusammenhängen bedarf es aus Verstehensgründen des präzisen und definierbaren, eben „scharfen" Begriffs.

Konkreter und abstrakter Ausdruck

Wenn das Stilprinzip der „Genauigkeit" den konkreten, speziellen, „besonderen" Ausdruck forderte, bedarf es anscheinend nur eines kleinen Schrittes, um zum Subprinzip der „Anschaulichkeit" zu gelangen. Mit ihrem Streben nach sinnenhafter Sprache nahm die „Anschaulichkeit" in den älteren Stillehren einen bevorzugten Rang ein – als leicht irrationales, sprachästhetisches Prinzip, dem sich weitere Begriffe ähnlicher Kennzeichnung zuordnen lassen wie „Lebendigkeit", „Farbigkeit", „Sinnenständigkeit" usw. Anschauliche, lebendige, sinnenständige Sprache – das bedeutet: eine Beschreibung so anschaulich gestalten, daß der Leser das Beschriebene vor sich „sieht", und Personen so lebendig darstellen, daß der Leser sie geradezu reden „hört". Es ist ersichtlich, daß derartige Ansprüche sich nur an die Sprachkunst richten können. Da wird die alte, nur auf Dichtung abzielende Idealnorm sichtbar und mit ihr auch der Grund, warum diese Stilwerte in modernen Stillehren kaum noch auftreten. Das heißt keineswegs, Anschaulichkeit an und für sich wäre nicht mehr gefragt: Ein attraktiv geschriebener Text wird auch heute noch packende Handlungen, Menschen aus Fleisch und Blut, ihre Gedanken, Sinneseindrücke und Reden „anschaulich" machen. Aber das gilt nicht mehr als Stilforderung schlechthin, sondern nur für eine Reihe von Textsorten wie etwa journalistische Reportagen, Reiseberichte, Beschreibungen oder erzählende Texte. In unserer Zeit schaut man viel mehr darauf, für wen und was geschrieben wird – der moderne Zweckgesichtspunkt.

Schon früh hatte sich zwischen Anschaulichkeit und Abstraktion ein immer schärfer kontrastierter Gegensatz herausgebildet: die konkrete, bildhaft-anschauliche Stilisierung auf der einen Seite, auf der anderen die abstrakte, nüchterne, trocken-verstandesmäßige Darstellung. Schwer wog Schopenhauers sarkastische Feststellung, daß Scheindenker „in allen Fällen den abstrakteren Ausdruck" wählen, „Leute von Geist hingegen den konkreteren".[106] In der vielgelesenen ›Stilkunst‹ E. Engels, Anfang unseres Jahrhunderts, handeln zehn dichtbedruckte Seiten über diesen Gegensatz, zugespitzt im Titel ›Der sichtbare und der unsichtbare Stil‹ (Engel 1922, 135 ff.) – und so die allgemeine Haltung der älteren Stillehre, auch in der Frage der Wortwahl: „Trachten Sie nach anschaulichem Ausdruck und schränken Sie kräftig ein den Gebrauch von Begriffswörtern" (Christiansen 1966, 98). Dies trifft sich genau mit der Auffassung, den besonderen, konkreten Ausdruck dem allgemeinen, abstrakten „Oberbegriff" vorzuziehen. Unser dafür maßgebendes Stilprinzip der „Genauigkeit" erklärt auch, warum das so ist: Die Genauigkeit eines Wortes verhält sich umgekehrt zur Größe seines Bedeutungsumfanges; je weiter also ein Allgemeinbegriff gefaßt ist, um so geringer seine konkrete Ausdruckskraft – er wird notgedrungen unanschaulicher, „abstrakter".

Dennoch macht man sich so die Sache zu leicht: Gerade theoretische Begriffe sind, wie wir wissen, meist von ebenso großer Abstraktheit wie Genauigkeit – diese schließen einander also keineswegs aus, nur ist es nicht dieselbe (konkrete) Genauigkeit, von der wir bisher ausgegangen sind: wohl eher unsere „Begriffsschärfe". Einen hohen Grad genuiner

Abstraktheit sagt man hauptsächlich dem Stil der Wissenschafts- und Fachsprachen nach. Der Gesichtspunkt konkreter Anschaulichkeit tritt dort stark in den Hintergrund, ohne indes völlig zu fehlen:

Fuchsschwanz heißt handwerklich eine bestimmte Art Säge.

Wechsel hat im Kaufmännischen nichts mit 'Veränderung' zu tun, man versteht darunter eine Zahlungsweise.

Klage bedeutet nicht nur 'Gejammer' oder 'Beschwerde', sondern ist in juristischem Sinn ein gerichtliches Verfahren.

Kraftfeld, so einfach es klingt, gehört zu den speziellen Fachwörtern der Elektrizität.

Ermüdungsfestigkeit bezeichnet nicht die Resistenz gegen Müdigkeit, vielmehr eine technische Eigenschaft von Flugzeugen.

Ergänzungsbestimmung heißt sprachwissenschaftlich, genauer: im Rahmen der Dependenzgrammatik, ein obligatorisch zum Verb hinzutretendes Satzglied.
– usw.

Diese Beispiele sind insofern nicht typisch, als die Fachterminologien sich überwiegend aus fremdsprachigen Bildungen zusammensetzen, für die das Stilprinzip der „Begriffsschärfe" in noch höherem Maße gilt. Durch die bildhaft-übertragene Verwendung deutscher Wörter sollte demonstriert werden, daß auch im wissenschaftlich-technischen Bereich eine freilich reduzierte und modifizierte Art der „Anschaulichkeit" vorkommt. Gleichwohl sind solche konkret scheinenden Benennungen häufig nur noch dem ausgesprochenen Experten einsichtig. Da Sachlichkeit und begriffliche Präzision als Hauptkennzeichen des theoretischen und fachlichen Stils gelten, kann dort eine Veranschaulichung nur im Verdeutlichen der Fakten, Denkzusammenhänge oder Ergebnisse bestehen. Als Mittel dafür bieten sich Tabellen, graphische Schemata, Zeichnungen, Modelle oder Abbildungen, die den Text erläutern, sowie in sprachlicher Form illustrierende Beispiele, Vergleiche, Bilder an.

Kehren wir zur Ausgangsfrage zurück: konkreter oder abstrakter Stil? Anders gefragt, da Abstraktheit als Merkmal des wissenschaftlich-technischen Stils feststeht: Ist dieser Stil darum „schlechter"? W. SEIBICKE, der sich ausführlich mit dieser Problematik auseinandergesetzt hat (SEIBICKE 1969, 47 ff.), warnt zu Recht davor, guten Stil mit Anschaulichkeit gleichzusetzen: „Auch das Abstrakte kann fesselnd sein – wenn es uns interessiert und wenn wir der Darstellung folgen können . . . Ob wir uns abstrakt oder konkret ausdrücken, hängt vom Thema ab und davon, an wen wir uns richten" (52f.). Ein wissenschaftlicher oder technischer Sachverhalt ist also für Fachkundige, dem Thema und Kenntnisstand der Leser angemessen, sachlich-abstrakt zu behandeln; derselbe Gegenstand, einem größeren oder nicht durchweg sachverständigen Publikum vorgetragen, sollte sich in einer vereinfachenden und erklärenden Darstellungsweise den Verstehensmöglichkeiten dieses Publikums anzupassen suchen. Im übrigen muß auch die abstrakteste Darstellung den Stilanforderungen der Klarheit und Genauigkeit gerecht werden. Daraus leitet sich die Regel ab: So abstrakt wie nötig, so anschaulich wie möglich!

Wortstilistik: „Varietas delectat"?

„Delectat variatio, das steht schon im Horatio" – so beginnt ein alter Liedvers; daran stimmt, daß man schon in der Antike wußte: „Abwechslung bereitet Vergnügen." In der Stildidaktik ist diese Abwechslung weniger ein Vergnügen als vielmehr das autoritative Gebot: Wechsel im Ausdruck zur Vermeidung von Wiederholungen! Und dieses leidige „Wiederholung", das in roter Tinte am Rand des Aufsatzes den Stilfehler markiert – davon weiß wohl jeder aus seiner Schulzeit ein Lied zu singen. Eine „überständige pedantische Schulmeisterregel" (STORZ 1984, 24)?

Von der Wiederholung war bereits die Rede im Zusammenhang mit mündlichem Stil: 'Redundanz' lautete das Stichwort. Was in gesprochener Sprache aus Verständnisgründen notwendig sein kann, die Wiederholung derselben Wörter in kurzer Folge, das erscheint im schriftlichen Ausdruck als Redundanz in negativem Sinne: unnötige, ja störende Wiederholung. Im folgenden geht es nicht so sehr um die krassen, für sich selbst sprechenden Fälle: Arbeitgeber, die sich hinter ihre Angestellten stellten; Staatsmänner, die sich zu einem Gipfeltreffen treffen usw.,[107] sondern um einige Feinheiten der Wortwiederholung. Als mehrmalige Wiederkehr desselben Wortes in einem Satz oder einer Satzfolge eigentlich ein syntaktisches Phänomen, hat sie im letzten jedoch nach G. N. LEECH[108] eine lautliche Begründung: „Ein Wort wiederholen bedeutet, die Laute zu wiederholen, aus denen es zusammengesetzt ist." Lautliche Wiederholungen können aber auch schon in Anklängen, Gleichheit nur des Anlauts oder der Suffixe (Ableitungssilben), ja im rhythmischen Gleichtakt der Sprachfügung bestehen: Beim lauten Lesen klingen sie uns unangenehm im Ohr, und selbst bei stiller Lektüre werden sie einem aufmerksamen Leser störend auffallen. Beispiele für Assonanzen, bloße Lautanklänge, findet man wohl in jedem Text:

Das Zitat macht in der Tat überaus deutlich . . .[109]

Kein Leser, nicht nur der besonders lautempfindliche, wird die Kongruenz von -tat – Tat übersehen, der etwas Reimartiges anhaftet. Reime jedoch sind in einem Prosatext, gar einem wissenschaftlichen Text, nicht am Platz: Sie widerstreben unserem Stilgefühl, das den Reim schlechthin mit der Vorstellung „Gedicht" verbindet. Dies bestätigt unsere entsprechende Einstellung zur Anlautgleichheit:

Die *H*unde *h*eulen im *H*ofe.

Anlautgleichheit ist nichts anderes als Stabreim (Alliteration) und damit Stilelement der Sprachkunst: Unser Beispiel, so „prosaisch" der Satz wirkt, legitimiert sich als MORGENSTERN-Vers. Die stilistische Schlußfolgerung sollte sein, in Normaltexten ungewollte Klangübereinstimmungen von Wortanfängen und Schlußsilben möglichst zu vermeiden. Als in dieser Hinsicht besonders gefährliche Schlußsilben erweisen sich Suffixe, weil sie in vielen Wörtern vorkommen und sich daher leicht häufen (aus einem Geschäftsbrief):

Wir sehen eine Möglich*keit*, die Fällig*keit* Ihrer Verbindlich*keit* . . .

Die Eintönigkeit der Wortbildung und das echoartige dreimalige -*keit* wirken selbst für einen Prosatext als sprachlicher Mißgriff. Ähnliches gilt für die klappernde, fast rhythmische Wiederholung solcher Wörter, die im Satz keine besondere Bedeutung und also auch nicht den Ton tragen:

Ich weinte sehr. *Ich* hatte so Herzklopfen. *Ich* rief meine Mutter.

Diese Satzfolge ist dem Schulaufsatz einer Neunjährigen entnommen.[110] Was daran stört, ist nicht allein das monotone „Ich" an allen Satzanfängen, sondern ebensosehr die einförmige Subjekt/Prädikat-Struktur der Sätze. Redundanz, so hieß es, sei nötige oder unnötige Wiederholung. Unnötig ist sie dann, wenn sie sprachlicher Unbeholfenheit entspringt oder dem Schreiber unbemerkt unterläuft: Solche Wiederholungen, seien sie nun lautlicher, morphologischer oder syntaktischer Art, stören uns, und ihre Vermeidung kommt dem Stil zugute. Wiederholt man nämlich Wörter, die nicht sinntragend und betont sind, so wird eine Nebensächlichkeit sprachlich zur Hauptsache gemacht: Redundanz in schlimmster Form.

Die alte Schulregel: „Wechsel im Ausdruck!" behält da ihre Gültigkeit, wo ungelenke oder gedankenlose, somit „fehlerhafte" Wortwiederholung vorliegt. Da das Pro-nomen der natürliche „Stellvertreter" des Nomens (Substantivs) ist, verspricht erste Abhilfe die Ersetzung durch Pronominalformen: *er / sie / es*, entsprechend *der* (*welcher*), *dieser, jener, sein* usw. Ihren Gebrauch regeln detaillierte Stilvorschriften wie die folgenden: Anstelle von *der*, dem normalen Relativanschluß, kann man auch *welcher* verwenden, dies besonders in solchen Fällen, wo ein Zusammentreffen mit dem Artikel *der der* zur Folge hätte, das ebenso unschön wirkt wie die Aufeinanderfolge von *daß das* (schwerfällig erscheint die Formel *derjenige, welcher*). Das hinweisende *dieser* bezieht sich immer auf den Nahbereich, *jener* auf Fernerliegendes. Veraltet sind *derselbige* und *selbiger*; das allein noch gebräuchliche *derselbe* darf nur in der Bedeutung 'der gleiche, nämliche' verwendet werden.

Als umständlich gilt das Paar *ersterer – letzterer*; als Ersatz dient häufig das kaum weniger steife *erst-* und *letztgenannter* usw. Wenden wir unsere Kenntnisse gleich auf einen Beispieltext an, der dem schon einmal zitierten Schulaufsatz entnommen ist:

Ich hatte einen *Bär*. Ich schoß den *Bär* vorwärts. Da fiel der *Bär* in den Banago (ein schweizerisches Kakao-Getränk). Da fischte ich den *Bär* heraus.

Wohlgemerkt, es geht nicht um die auch hier deutliche Monotonie des Satzbaus, vielmehr um die Wortwiederholung: viermal „Bär" in kurzen Abständen. Niemand wird bestreiten, daß der Text zu einer sprachstilistischen Verbesserung herausfordert. Ersetzen wir also das wiederholte *Bär* durch Pronomen:

Ich hatte einen *Bär*. Ich schoß *ihn* vorwärts. Da fiel *er* in den Banago. Da fischte ich *ihn* heraus.

Ist der so entstandene Text wirklich stilgerecht? Zumal angesichts weitgehender Einsilbigkeit der Pronominalformen wirkt ihre dauernde Wiederholung langweilig, wenn nicht plump. Aber es bleibt ja noch als zweite Möglichkeit: Variation im Ausdruck. Die Textlinguistik, die sich im Zusammenhang der Satzverknüpfung mit diesem Problem beschäftigt hat, spricht denn auch nicht mehr von 'Pronomina' im traditionellen Grammatikverständnis, sondern von 'Proformen': Proformen sind nahezu beliebige Synonymkomplexe, die an die Stelle des zu ersetzenden Wortes treten können: ein *Klavier* – „das Musikinstrument", der *Hund* – „des Menschen anhänglichster Freund", *München* – „die Millionenstadt, Weltstadt mit Herz, Deutschlands heimliche Hauptstadt" usw. Daß freilich auch diese Ersatzmöglichkeiten ihre Gefahren in sich tragen, lehrt die folgende Umformulierung:

Ich hatte einen *Bär*. Ich schoß *mein Spielzeugtier* vorwärts. Da fiel der *molligbraune Plüschteddy* in den Banago. Da fischte ich *meinen armen, nassen Kuschelliebling* heraus.

Zweifellos ist dieser letzte Text der „abwechslungsreichste" – aber es ist eine teuer erkaufte Abwechslung! Die verschiedenen, auch unter sich peinlichst variierten Ersatzformulierungen wirken krampfhaft gesucht und darum lächerlich.[111] Zuweilen sind Wiederholung oder auch ein Allerweltswort besser als „Wechsel im Ausdruck" um jeden Preis!

Synonyme sind zwar sinnverwandte Wörter, die man zur Ausdrucksvariation verwenden kann; je deutlicher sich diese Absicht aber verrät, um

so mehr können sie selbst zu einem Stein stilistischen Anstoßes werden.
Sinnverwandt heißt auch keineswegs gleichwertig: Von mehr oder minder
starken Bedeutungsunterschieden abgesehen, ist darauf zu achten, ob die
variierten Wörter nicht einer anderen Stilebene angehören und deshalb
unpassend wirken, oder ob sie nicht mehrdeutig sind und dadurch zu
Mißverständnissen führen können – aus der Grabrede für ein Unfall-
opfer: „Er war ein echter Patriot, ein guter Bürger und ein *ganzer Mann*,
bis er überfahren wurde." Weiterhin liegt auf der Hand, daß übermäßige
Ausdrucksvariation eher verwirrt: Was soll der arme Leser denken, wenn
für ein und dieselbe Sache kurz hintereinander zehn verschiedene Ausdrücke stehen? Übrig bleibt die vorsichtige Regel, störende Wortwiederholungen durch maßvolle und wohlüberlegte Abwechslung im Ausdruck
zu beseitigen; umgekehrt läßt sich die bewußte, hervorhebende Wiederholung sinntragender Wörter auch im normalen Sprachgebrauch als
akzentuierendes Stilmittel nutzen.

Aktiver und passiver Wortschatz

Grundvoraussetzung dafür, daß man im Ausdruck überhaupt wechseln
kann, ist ein möglichst umfangreicher „Wortschatz", der genug Synonymbegriffe zur Auswahl stellt. Der „treffende Ausdruck", um den wir
uns in diesem Kapitel bemühen, wird eher gewährleistet sein, wenn wir
aus einem möglichst großen, ausdrucksfähigen Wortreservoir schöpfen.
Man kann die Gleichung aufstellen
– geringer Wortschatz: wenige, allgemeine und darum auf viele Sachverhalte anwendbare Wörter;
– großer Wortschatz: viele, differenzierte und darum jeden Sachverhalt
speziell bezeichnende Wörter.
Was soll nun tun, wer nur über einen relativ begrenzten Wortvorrat verfügt und diesen gern erweitern möchte? Der stildidaktischen Weisheit
letzter Schluß kann sicher nicht der Rat sein, alsbald ein Wörterbuch der
deutschen Sprache zur Hand zu nehmen und die „fehlenden" Vokabeln
einfach zu lernen, so wie man das bei Fremdsprachen macht.
Auf der Tatsache, daß wir alle sehr viel mehr Wörter kennen und verstehen, als wir sprechend oder schreibend verwenden, beruht die sprachwissenschaftliche Unterscheidung von 'aktivem' und 'passivem' Wortschatz.
Der aktiv beherrschte Bestand unseres Wortwissens sind die Wörter, die
uns jederzeit „griffbereit" zur Verfügung stehen, wenn wir sie in irgendeinem Formulierungszusammenhang benötigen. Der nicht zu unterschätzende passive Bestand setzt sich aus einer Fülle von Wörtern zusammen,
die wir beim Hören oder Lesen ohne weiteres erfassen, die sonst aber un-

benutzt gewissermaßen in uns „schlummern". Wortschatzerweiterung bedeutet daher im Grunde nur die Aktivierung ohnehin latent vorhandener Kenntnisse: das aktive Verfügbarmachen von passiv schon gewußten Wörtern. Über dieses Ziel besteht Einigkeit: „Wer eine leichte und treffsichere Feder haben will, muß seinen Wortschatz auflockern" (CHRISTIANSEN 1966, 53). Aber wie läßt sich das praktisch bewerkstelligen? Die gängigen Stillehren machen dazu eine Reihe von Vorschlägen. Zunächst findet sich da der Hinweis auf die Synonymwörterbücher, in denen die sinnverwandten Ausdrücke unserer Sprache systematisch zusammengestellt sind: man solle diese Bücher langsam durchblättern und all die Wörter anstreichen, die man jahrelang nicht gebraucht hat (so REINERS 1943, 82). Aber im Ernst, wer wird das bei diesen vielhundertseitigen Werken schon tun? Bestens eignen sie sich hingegen, wenn wir einmal in Ausdrucksnot sind, zum Nachschlagen sprachlicher Möglichkeiten – wozu ja während des schriftlichen Formulierens durchaus Zeit bleibt. Als zweites werden Wortschatzübungen empfohlen: Ausgehend von einer Sachvorstellung, einem Oberbegriff usw. soll man planmäßig Synonymreihen aufstellen, wie das S. 117 schon demonstriert worden ist. Andere Aufgaben können mit Hilfe vorbereiteter Texte bearbeitet werden: Texte, die für bestimmte Begriffe mehrere Formulierungen anbieten, von denen die beste auszuwählen ist (Variantenvergleich); Texte, die Lükken aufweisen, in die das jeweils treffende Wort eingesetzt werden muß (Kontextübungen); Texte mit hier und da versteckten Stilfehlern im Wortbereich, die gefunden und verbessert werden sollen (Korrekturübungen). Solche lexikalischen „Lockerungsübungen" können gewiß nicht schaden – wieviel sie nützen, ist eine andere Frage.

Eine einfachere und sinnvollere Möglichkeit der Wortschatzerweiterung bietet sich, wenn wir uns die Eigenart von aktivem und passivem Wortschatz vor Augen führen. Im Rückgriff auf die Vorstellung des „inneren Lexikons", das den Wortvorrat eines jeden Menschen speichert, stellt sich der Unterschied folgendermaßen dar: Die Wörter des aktiven Wortschatzes sind es, die bei einem bestimmten Sachbezug gleichsam automatisch abgerufen werden, weil sie aufgrund intensiver Kenntnis und häufigen Gebrauchs – bildlich gesprochen – an der Oberfläche des Lexikons „schwimmen". Wir haben gesehen, daß auch dann noch ein unterschiedlicher Grad der Verfügbarkeit zwischen den sich aufdrängenden Allgemeinbegriffen und den nicht ebenso leicht verfügbaren spezielleren Ausdrücken besteht. Aber auch die Wörter des passiven Wortschatzes sind in unserem Lexikon gespeichert, freilich nicht an der Oberfläche, sondern – wieder bildlich – versteckt in abgelegenen Winkeln. Es bedarf daher einer größeren Mühe, sie zu aktivieren; das geschieht immer dann, und zwar nicht willentlich, wenn ein solches Wort uns in einem Text begegnet und verstanden werden muß. Genau dieselbe Mühe sollten wir, nun aber willentlich, bei jedem Akt der Wortwahl aufwenden: wir sollten jedesmal nicht zum „erstbesten" Ausdruck greifen, der wohl der erste, aber oft nicht der beste ist. Vielmehr sollten wir uns bewußt fragen, ob unser Wortrepertoire nicht doch noch mehr, anderes, Besseres hergibt. Was bei dieser Suche ans Tageslicht kommen wird, sind Elemente unseres Passivwortschatzes (denn was wir überhaupt nicht kennen, kann uns auch bei intensivster Suche nicht einfallen). Wörter, die wir auf solche Weise aktivieren, gehören nach wiederholtem Gebrauch zum festen Bestand unseres aktiven Wortschatzes.

Man wendet vielleicht ein: Da kann ich lange nachdenken, ohne daß mir etwas Neues, von meiner üblichen Ausdrucksweise Abweichendes einfallen wird! In dieser Lage kann hilfreich sein, was L. REINERS als eines der wichtigsten Mittel zur Mehrung des Wortschatzes ansieht: „aufmerksames Lesen" (REINERS 1951, 63). Man tut damit nichts anderes, als jene Situation mit voller Absicht heraufzubeschwören, die zuvor als ein unbeabsichtigter Anlaß zur Aktivierung des passiven Wortschatzes beschrieben worden ist. Allerdings sollte sich dieses Lesen in zweifacher Hinsicht vom normalen Lesen unterscheiden: Es muß erstens sehr langsam, sehr gründlich und sehr bewußt erfolgen, mit besonderer Aufmerksamkeit für jedes einzelne Wort. Unbekannte, als gut befundene Wörter schreibe man sich heraus; allein schon dieses Notieren verstärkt die Intensität des Einprägens. Zweitens spielt die Art der zu diesem Zweck gewählten Bücher eine Rolle: Will man Wortgut für den normalen Sprachgebrauch finden, so eignet sich dazu am besten die mittlere Stillage des gehobenen Sachbuches. Diese Wahl schützt einerseits gegen die Flut der „Modewörter" in der aktuellen Gebrauchsliteratur; andrerseits vermeidet sie, daß man sich poetische 'Abweichungen' zu eigener, natürlich unliterarischer Verwendung einprägt.

Auch hier gilt folglich unsere allgemeine Regel: Nicht das auffallende, gesuchte, sondern das einfache, treffende Wort! In der Gefahr, dieser Regel zu widerstreben, stehen vor allem zwei Wortgruppen: die 'Neologismen' (Neuwörter) und die 'Archaismen' (veraltete Wörter). Sprachwandel vollzieht sich im Wortbereich, indem auf der einen Seite Wörter veralten, immer seltener gebraucht werden und schließlich untergehen, auf der anderen Seite aber stets wieder neue Wörter – und das nicht nur auf dem Wege der Entlehnung aus fremden Sprachen – in unserer Sprache aufkommen. Stilistisch ist in beiden Fällen größte Vorsicht geboten: Neuwörter entstehen immer als Prägungen eines einzelnen oder einer Gruppe, oft als wissenschaftlich-technische Neubildungen für neue Sachverhalte oder als journalistische Worteinfälle. Man tut gut daran, mit ihrer Verwendung abzuwarten, bis sie sich gemeinsprachlich durchgesetzt haben. Neuwörter sind aber auch ein Generationenproblem: Jeder findet das gut und richtig, was ihm von Jugend an vertraut ist, und alles Neue wird zunächst einmal mit Mißtrauen betrachtet oder abgelehnt. Einige Beispiele für solche von der Sprachkritik – altersbedingt? – attackierten neueren Sprachentwicklungen:

Bildungen wie *Thematik, Problematik* (für einfaches *Thema, Problem*);
Hobby, Freizeit (anstelle von älterem *Steckenpferd, Mußestunden*);
Umbildungen wie *etwas artikulieren, jemanden motivieren;* – usw.

Wirklich ein „Schaustück aus der großen Horror-Parade des jungen Vokabulars" (WEIGEL 1974, 99)? Andere gewinnen demgegenüber „fast den Eindruck, als ob es leichter sei, die Neuwörter zu verteidigen als zu kritisieren" (SEIFFERT 1977, 115). Gegen Einführung und Gebrauch von Neuwörtern ist dann nichts einzuwenden, wenn sie notwendig, sinnvoll und in ihrer Bildeweise korrekt sind: etwa das noch gar nicht so alte, aber schnell akzeptierte und äußerst bildkräftige *Geisterfahrer* oder auch, als moderne Bezeichnung für eßlusthemmende Mittel, *Appetitzügler*. Von der Verwendung veralteter Wörter andrerseits ist entschieden abzuraten: Wenn man *Aar* statt *Adler, Minne* statt *Liebe, Odem* statt *Atem* schreibt oder „Museumswörter" wie *Fehde, Backfisch, züchtigen, gefeit, alldieweil* oder *sintemalen* aus der stilistischen Rumpelkammer hervorholt, baut sich automatisch eine altertümelnde, feierlich klingende Stilebene auf: diese muß aber gewollt sein, wenn sie nicht stören soll. Von welcher Seite man sich auch dem Problem des guten Stils nähert, immer stößt man auf die Grundregel: „Wähle das richtige Wort, und du schreibst einen guten Stil" (MAKKENSEN 1979, 136). Darf dieses „richtige Wort" beispielsweise auch ein Fremdwort sein?

Modewort, Fachwort, Fremdwort

Vom „halbautomatischen Schnellformuliersystem" des Amerikaners BROUGHTON (man beachte auch diese Formulierung) zur „Phrasen-Dreschmaschine" – das ist die neueste worttechnische Entwicklung: [112] Eine Handvoll Adjektive wie *integriert, ambivalent, kreativ, emanzipatorisch, funktional* usw., dazu ebenso viele Substantive, die in Wortzusammensetzungen teils als Erstglied wie *Aktions-, Beziehungs-, Fluktuations-, Bildungs-* oder *Organisations-*, teils als Zweitglied wie *-tendenz, -phase, -problematik, -struktur* oder *-konzeption* auftreten können, werden beliebig kombiniert:

emanzipatorische Bildungsphase, kreative Aktionstendenz, funktionale Beziehungsstruktur, integrierte Organisationskonzeption, ambivalente Fluktuationsproblematik – usw.

Was entsteht, ist in jedem Fall eine „Imponiervokabel". In diesem Begriff fällt zusammen, was wir in unserer Überschrift als Mode-, Fach- und Fremdwort korrekt getrennt haben – auch wenn sich heute kaum mehr saubere Grenzen ziehen lassen. Schuld daran ist nach Meinung der Sprachkritiker die gegenwärtige „Bildungsinflation", die „eine gigantische Fachausdrucksschwemme" über uns gebracht habe (WEIGEL 1974, 8): Das Fachwort sei in dieser Welt der Halbbildung „modisch" geworden, und Fachwörter ihrerseits sind eben zu 70 bis 80 Prozent Fremdbildungen. Nehmen wir das Wort *Problem* als Beispiel: „Ist doch kein Problem", heißt es auch in biederstem Alltagsdeutsch, wenn man sprachlich auf der Höhe ist; dasselbe *Problem* nimmt in wissenschaftlicher Verwendung als die definierte, zu klärende Schwierigkeit eine zentrale Rolle ein, und daß es aus der griechischen Sprache stammt, weiß man schließlich: also Modewort, Fachwort und Fremdwort in einem wie Hunderte anderer Begriffe. Trotzdem sei der Versuch einer kurzen stilistischen Musterung dieser verschiedenen Aspekte unternommen.

Was ist ein „Modewort"? Zu allen Zeiten hat es Ausdrücke gegeben, die wie Raketen am Sprachhimmel auftauchten, eine Weile „in aller Munde" waren, um dann ebenso schnell – „zerredet", wie man sagt – wieder einzutauchen in das große Meer der Wörter (und vielleicht sogar unterzugehen). Derartige Modewörter gab es im Barock, in der Klassik, der Romantik usw.; ein Modewort des 18. Jahrhunderts war beispielsweise *Empfindsamkeit*, das inspiriert vom englischen *sentimental* das Lebensgefühl einer ganzen Epoche prägte. In der Gegenwart herrschten und herrschen ganz andere, unserer Zeit gemäße Modewörter; jeder wird die folgende Aufzählung mühelos ergänzen können:

Wiedervereinigung, Pillenknick, Datenverarbeitung, Bildungsexplosion, Konjunkturflaute, Umweltverschmutzung, Gentechnologie – usw.

Allerdings – sind das nicht eher „Schlagwörter"? Schlagwörter, die viel über die Denkart und Geisteshaltung der letzten Jahrzehnte aussagen und in ihrer Häufung zugleich erkennen lassen, um wieviel schnellebiger wir sind als frühere Jahrhunderte?

Die eigentliche Sprachmode zeigt sich darin, was für Wörter in der Alltagskommunikation „in" sind (um einen dieser wenig sprachgerechten, aber gängigen Ausdrücke zu gebrauchen). Das bedeutet zugleich, daß sie über kurz oder lang klischeehaft erstarren; hier ein Stück „Festansprache", das sich aus lauter Sprachschablonen zusammensetzt:

Wenn wir uns heute hier zusammengefunden haben, um miteinander diesen Tag zu begehen, so geschieht das nicht von ungefähr. Denn gerade in einer Zeit wie der unseren, da die echten menschlichen Werte mehr denn je unser ernstes, tiefinnerstes Anliegen sein müssen, wird von uns eine Aussage erwartet. Ich möchte Ihnen keine Patentlösung vortragen, sondern lediglich eine Reihe von heißen Eisen zur Diskussion stellen, die nun einmal im Raum stehen. Was wir brauchen, sind ja nicht fertige Meinungen, die uns doch nicht unter die Haut gehen, sondern was wir brauchen, ist vielmehr das echte Gespräch, das uns in unserer Menschlichkeit aufrührt.[113]

Es gehört schon viel Sprachbewußtsein dazu, sich der Versuchung dieser „vorgestanzten" Formulierungen des Sprachklischees zu entziehen, weil sie jedermann auf der Zunge und im Ohr liegen. Aber sosehr sie das Sprachverständnis in seinen eingeschliffenen Bahnen erleichtern mögen – stilistisch sind sie Gift! Es gilt daher, ein Gespür für floskelhafte Wortmacherei in den vielfältigsten Formen zu entwickeln; dazu gehören z. B.

Modewörter wie *Reizüberflutung, Stellenwert, hinterfragen, berieseln, frustriert, mittelfristig* usw.;
Aufblähungen wie *naturgemäß, natürlicherweise, naturgegebenermaßen* (anstelle des einfachen *natürlich*);
stereotype Adjektivverbindungen wie der *gesunde* Menschenverstand, *notorische* Lügner, *zentrale* Mittelpunkt usw.
und das Heer all jener fix und fertigen, „mit *hundertprozentiger* Sicherheit" immer wiederkehrenden Phrasen, mittels deren ein durchschnittlicher Sprachbenutzer immerhin rund zwei Drittel seiner täglichen Kommunikation bestreiten kann.

Zum Glück währen auch Sprachmoden nicht ewig. Sie verändern sich heute sogar schneller als jemals zuvor, und zwar auf dem Wege des allgemeinen Sprachwandels. Eine bemerkenswerte Beobachtung E. CHR. HIRSCHS erläutert das: Bekanntlich reichen unsere gewöhnlichen Verstärkungswörter vor allem dem spontanen Steigerungswillen längst nicht mehr: man findet etwas nicht „sehr, höchst, überaus usw. gut", sondern *irre gut!* Schon die jetzt ältere Generation favorisierte solche Ausdrücke wie *irrsinnig* und *wahnsinnig, verrückt, toll* usw., um ihrem natürlichen Übertreibungsdrang zu frönen. Heute greift man eher zu Wörtern wie *ungeheuer, schrecklich, furchtbar,* vor allem aber *unheimlich:* „Die Mutter bevorzugte Wörter, die einen krankhaften Geisteszustand bezeichnen, die Tochter schmückt ihre Sätze lieber mit Ausdrücken, durch die man Angst und Schrecken verbreiten kann" (HIRSCH 1976, 97f.). Allerdings bleiben gerade derartige Emotionalvokabeln weitgehend auf die Mündlichkeit oder dem Mündlichen nahestehende Textsorten wie etwa Brief oder Reportage beschränkt; in anderen Schrifttexten tritt die negative Seite des Sprachmodischen nicht mit gleicher Deutlichkeit hervor: So schreibt man nicht!
In dieser Hinsicht schlimmer, weil überwiegend geschrieben (ge-

druckt), ist das 'Fachwort'. Ob Wissenschaftler, Techniker oder Fachleute der verschiedensten Disziplinen – jeder von ihnen kommt nicht ohne einen speziellen Wortschatz aus, den er in Ausübung seiner Tätigkeit braucht: die Fachterminologie. Für den Wissenschaftler etwa sind definierte Begriffe unerläßlich: *Phonemsystem, Lexemstruktur, Satzkonstituenten, Textkohärenz* usw.; sie können darum – als Besonderheit der Regel, im Ausdruck zu wechseln – nicht beliebig umformuliert werden, ohne schlimmste Fehlauffassungen zu verursachen. Da jedes Fach seine eigene Terminologie hat, gibt es „Spezialwortschätze" der Mediziner, der Juristen, der Physiker, der Ingenieure usw., die einer präzisen, sachgerechten und reibungslosen Verständigung unter den Fachleuten dienen. Natürlich gibt es auch innerhalb der Geisteswissenschaften entsprechende Terminologien, so die Sprache der Soziologen, Pädagogen, Psychologen und auch die Sprache der modernen Sprachwissenschaft – sprechen Sie „Linguistisch"? Soweit dadurch ein wirklicher Fortschritt in der Wissenschaft zu verzeichnen ist, wird man diese terminologische „Hypertrophie" (Übermaß) als unvermeidliche Nebenerscheinung wohl oder übel in Kauf nehmen. Doch vielfach werden Hypothesen, Spekulationen, ja Scheinprobleme mit aufwendiger Methodik, darstellerischer Verfremdung ('Formalisierung') und eben einem extravaganten, oft modischen Fachvokabular zu imposant erscheinenden Denk- und Sprachgebäuden hochstilisiert: Hier ist das Wort vom wissenschaftlichen „Imponiergehabe" am Platz.[114] Allerdings besteht auch der seriöse Fachwortschatz aufgrund der ständig zunehmenden Internationalisierung von Wissenschaft, Technik und allgemeinem Verkehr zu einem sehr hohen Prozentsatz aus 'Fremdwörtern'.

Die in allen Stillehren, älteren wie neueren, ausnahmslos und nicht selten leidenschaftlich erörterte Fremdwort-Frage ist heute kein *Problem* mehr. Diese Formulierung enthält gleich ein stichhaltiges Argument dafür, daß es selbst dem ärgsten Sprachpuristen nicht mehr möglich wäre, auf alle Fremdwörter zu verzichten. Gäbe es denselben Sinn, wenn man statt „Problem" etwa „Frage" (oder „Fragestellung") sagte, nur weil das ein deutsches Wort ist? Ein Problem stellt sicherlich immer Fragen, aber viele Fragen sind völlig ohne Problem. In anderen Fällen wird tatsächlich zu überlegen sein, ob man nicht z. B. statt *Differenz* besser das schlichte *Unterschied* verwenden sollte. Dabei geht es weniger ums Grundsätzliche wie in früheren Zeiten, vielmehr gilt auch hier die allgemeine Regel des Wortgebrauchs: Der jeweils treffende Ausdruck ist zu wählen – unabhängig davon, ob Fremd- oder Erbwort! Daß in der Tat die Grenze zwischen stilistischem Gut und Schlecht mitten durch die Fremdwort-Problematik hindurchgeht, zeigt folgende Beispielreihe: [115]

Die wissenschaftliche Beobachtung hat ergeben, daß ein je geringeres Maß von ökonomischer Intelligenz auf der Produktionsseite waltet, desto beträchtlicher das Volumen der ihr auf der Erfolgsseite entsprechenden subterranen Vegetationsformen von Solanum tuberosum zu sein pflegt.
Qualität und Quantität subterraner Agrarprodukte stehen in reziproker Korrelation zur geistigen Kapazität ihrer Produzenten.
Das Volumen der Solaneen ist reziprok proportional der cerebralen Kapazität des Agronomen.
Der stupideste Agrarier hat die voluminösesten Solaneen.
Der dümmste Bauer hat die dicksten Kartoffeln (Sprichwort).

Welche ist die stilistisch beste Fassung? – natürlich das Sprichwort selbst: eine geschliffene Aussage, die eine inhaltliche Antithese in einen syntaktischen Parallelismus kleidet. Stellt die treffsichere Kürze also das entscheidende Gestaltungskriterium dar, muß die erste Kontrafaktur als besonders gelungen angesehen werden – nicht als Beispiel für Fremdwörterei, sondern für Weitschweifigkeit, Umstandskrämerei und dem Gegenstand nicht angemessene Überspanntheit. Die zweite Umformulierung charakterisiert sich als „scherzhafte Übertragung in ‘akademischen Stil’“: dergestalt eine Parodie auf den Bildungsdünkel, der sich in übertriebenem Fremdwortgebrauch äußert. Nicht anders die beiden weiteren Umsetzungen in „Fremdwortdeutsch“, die kaum noch eine ernstzunehmende Wiedergabe des Sprichworts bieten: „Was die ‘Übersetzung’ so lächerlich macht, ist das Mißverhältnis zwischen der pompösen Form und dem banalen Inhalt“, stellt W. SEIBICKE (1969, 127) fest. „Das Beispiel mit dem ‘Volumen der Solaneen’ gehört also gar nicht ins Kapitel ‘Fremdwort’, sondern ins Kapitel ‘Umständlichkeit’.“
   Wie sagt doch in FONTANES ›Stechlin‹ der alte Dubslaw: „Kann eigentlich Fremdwörter nicht leiden. Aber mitunter sind sie ein Segen.“ Der jahrhundertelange Kampf der Sprachpuristen gegen das Fremdwort wie noch die sprachwissenschaftliche Diskussion der letzten Jahrzehnte über die Unterscheidung von Fremd- und Lehnwort[116] haben sich durch die seitherige Sprachentwicklung erledigt: Die Mehrzahl der gebräuchlichen Fremdwörter kann heute als integrierter Bestandteil unserer Gemeinsprache gelten, und sie heben sich von den anderen Wörtern allenfalls ab durch gewisse *Nuancen* der Aussprache und der Rechtschreibung. In beiden Punkten sorgt die moderne Massenkommunikation dafür, daß solche Wörter mit ihren Besonderheiten in jedes Haus getragen und jedermann bekannt werden. Die Frage ihrer Herkunft – sofern diese nicht ohnehin auf der Hand liegt – verschiebt sich immer mehr zu einer sprachwissenschaftlichen Frage, die den allgemeinen Gebrauch kaum berührt. Daraus folgt die Annahme, daß Fremdwörter nicht in einer besonderen „Abteilung“ unseres inneren Lexikons untergebracht sind, sondern dort

wie jedes andere Wort im Verband ihrer Sinnverwandten stehen. Auch ihre Anwendung regelt sich daher nach der Gesetzmäßigkeit, den treffenden Ausdruck aus dem Kreis der Synonyme zu wählen. Und genauso wie für jedes andere Wort gilt für das Fremdwort, daß man sich im Falle seiner Wahl bewußt zu fragen hat, ob nicht doch noch eine bessere Ausdrucksmöglichkeit besteht.

Wiewohl heute nicht mehr unbedingt die Kenntnis einer Fremdsprache Voraussetzung dafür ist, die aus ihr entlehnten Wörter im allgemeinen zu kennen, zu verstehen und auch richtig zu schreiben, ergibt sich aus ihrer Eigenart als Fremdwort doch die Frage der „Angemessenheit" ihrer Verwendung. Der Schreiber sollte in wohlverstandenem Eigeninteresse nur solche Fremdwörter benutzen, deren Form, Bedeutung und Gebrauch er sicher beherrscht – sonst kommt es zu jenen peinlichen Inkorrektheiten oder Verwechslungen, wie sie als verräterische Zeichen der Halbbildung von Sprachkarikaturisten immer wieder aufs Korn genommen werden. Andrerseits bedingt die Rücksicht auf den Adressaten, wenn überhaupt, dann nur solche Fremdwörter zu gebrauchen, von denen anzunehmen ist, daß der Leser sie versteht: Diese Forderung gilt im übrigen nicht anders für vergleichbar „schwere Wörter" des Deutschen.[117] Selbst für den Fall, daß Fremdwort und Erbwort bedeutungsgleich zur Wahl stehen, sollte sich die Entscheidung nach Kontext und Stilebene richten. Erfahrene Stilisten empfehlen zwar „einen um so sparsameren Umgang mit Fremdwörtern . . ., je höher die Stilschicht ist" (SCHNEIDER 1983, 61): nicht zufällig suche GOETHES Iphigenie „das Land der Griechen mit der *Seele*" – nicht mit der *Psyche*, obwohl das sinnigerweise ein Wort griechischer Herkunft gewesen wäre. Man sollte aber keineswegs übersehen, daß Fremdwörter nicht selten bemerkenswerte „Stilträger" mit Expressivität, Bildungswert und sprachlicher Eleganz sein können[118] – auch außerhalb ihres hauptsächlichen Gebrauchs als Fachvokabular, das auf die prägnant-sachliche Zweckmäßigkeit des heutigen Deutsch ausgerichtet ist.

Literaturhinweise

Vgl. P. Kühn, Deutsche Wörterbücher. Eine systematische Bibliographie, Tübingen 1978, 38–42 und 47–52. – F. Dornseiff, Der deutsche Wortschatz nach Sachgruppen, Berlin, 7. Aufl. 1970. – H. Wehrle/H. Eggers, Deutscher Wortschatz. Ein Wegweiser zum treffenden Ausdruck, Stuttgart, 14. Aufl. 1981. – K. Peltzer, Das treffende Wort, Thun, 18. Aufl. 1981. – A. M. Textor, Sag es treffender, Reinbek, 11. Aufl. 1984. – H. Görner/G. Kempcke (Hrsg.), Synonymwörterbuch. Sinnverwandte Ausdrücke der deutschen Sprache, Leipzig, 5. Aufl. 1978. – Duden. Sinn- und sachverwandte Wörter und Wendungen, bearb.

von W. Müller u. a., Mannheim/Wien/Zürich, 2. Aufl. 1986. – E. Agricola (Hrsg.), Wörter und Wendungen. Wörterbuch zum deutschen Sprachgebrauch, Leipzig, 8. Aufl. 1977. – W. Friedrich, Moderne deutsche Idiomatik, München, 2. Aufl. 1976. – Duden. Richtiges und gutes Deutsch. Wörterbuch der sprachlichen Zweifelsfälle, bearb. von D. Berger/G. Drosdowski u. a., Mannheim/Wien/Zürich, 3. Aufl. 1985. – J. Dückert/G. Kempcke (Hrsg.), Wörterbuch der Sprachschwierigkeiten. Zweifelsfälle, Normen und Varietäten im gegenwärtigen deutschen Sprachgebrauch, Leipzig 1984/Thun 1986. – M. Lichnowsky, Worte über Wörter, Reinbek 1964. – H. Weigel, Die Leiden der jungen Wörter, Zürich/München 1974. – A. Gleiss, Unwörterbuch, Frankfurt a. M. 1981. – B. Carstensen, Beim Wort genommen, Tübingen 1986.

14. GUTES DEUTSCH VON HEUTE (I): SPRACHÖKONOMIE

Liegt in der Kürze die Stil-Würze?

> *Die moderne Gebrauchssprache hat – besonders im letzten halben Jahrhundert – alle Ausdrucksmittel hervorgeholt, entwickelt und verfeinert, die „ökonomisch" sind (man spricht von „Sprachökonomie"), d. h. präzise Verständigung und Wissensspeicherung mit geringstmöglichem Aufwand erreichen ... Knappheit, hohe „Informationsdichte" sind gesellschaftliches Erfordernis geworden, und vielen Sachdarstellern längst individuelles Bedürfnis.*
>
> G. Möller (1978, 23)

Wenn es um „gutes Deutsch von heute" geht, können wir an die Vorüberlegungen anknüpfen, die zum Zeitstil unserer Gegenwartssprache angestellt worden sind (Kapitel 8). Der Stilwandel, der sich mit der geradezu hektischen Sprachentwicklung im Laufe der letzten Jahrzehnte beschleunigt vollzogen hat und vollzieht, tritt allenthalben augenfällig hervor: überdeutlich im Wortbereich, unübersehbar in den Satzfügungen und nicht weniger auffällig in einer veränderten Bildlichkeit. Früher hieß es beispielsweise, wenn das Schlimmste überstanden war, man sei „über den Berg" – ein unkompliziertes Bild aus der Sprache der Fuhrleute: nun geht es leichter, bergab. Heute spricht man in gleicher Situation davon, daß „die Talsohle erreicht" sei; unten, wie man ist, kann es jetzt nur wieder aufwärts gehen – offensichtlich eine moderne Metaphorik, die sich von den Kurven der Statistik herleitet (Hirsch 1976, 49). Freilich muß nach einem alten Gemeinplatz nicht immer alles Neue gut sein, wie auch Gutes gut bleibt, wenn es nicht neu ist: Was also kann man an unserem heutigen Deutsch empfehlen, wovor ist stilistisch zu warnen?

„Knappheit": den Rotstift betätigen!

Wie sehr der „Zeitgeist" als Grund und soziologischer Hintergrund mitspielt, zeigt folgendes Phänomen: Im letzten Jahrhundert galt die „Muße", das Zeithaben, als Kennzeichen der vornehmen, bürgerlich-aristokratischen Gesellschaft. Das heutige Zeitalter der „Freizeit" charakterisiert sich demgegenüber – besonders was die moderne Elite angeht, die den überfüllten Terminkalender gern als eines ihrer Statussymbole betrachtet – genau umgekehrt durch einen allgemeinen Mangel an Zeit.[119] Wenn man aber „keine Zeit" hat, wirkt das unmittelbar auf die Art der verwendeten Sprache zurück: komprimierte Ausdrucksweisen, kürzere Sätze, Sprachökonomie.

Bezeichnenderweise hat L. REINERS diese Begründung, man dürfe die Zeit des Lesers nicht vergeuden, seiner lapidaren Stilforderung unterlegt: „Schreibt knapp!" (REINERS 1951, 115 f.). In seiner großen ›Stilkunst‹ widmet er der stilistischen Kürze rund 25 Seiten mit der abschließenden Feststellung, daß die Knappheit dort ihre Grenzen finde, wo sie Unklarheit oder Mißklang hervorrufe (1943, 360). Auch B. CHRISTIANSEN erhebt „das Knappe" zum Stilprinzip, wenngleich ohne größeren Nachdruck; er spricht eher „impressionistisch" als synonym von formaler „Schlankheit – was immer das ist" (NICKISCH 1975, 78). Demgegenüber rangiert die „Knappheit" in sprachökonomischem Sinne mit an vorderster Stelle bei G. MÖLLER, der außerdem darauf hinweist, „daß es viel mehr Überlegung und Disziplin kostet, einen Text so knapp und dabei so exakt wie möglich zu formulieren, als ihn geschwätzig und unkontrolliert ablaufen zu lassen" (MÖLLER 1980, 16). Alles in allem erweist sich die Forderung nach „Knappheit" als ein altbekannter Stilgrundsatz, der ohne Zweifel seine Berechtigung hat.

Die häufig im gleichen Zusammenhang genannte „Kürze" ist lediglich eine spezielle Form, damit Subprinzip, der allgemeineren „Knappheit": sie verhalten sich also zueinander wie das schon behandelte Begriffspaar der „Verstehbarkeit" und „Leichtverständlichkeit". Kürze läßt sich z. B. in exakten Angaben über die Zahl der Wörter im Satz konkretisieren; hingegen bleibt Knappheit stets eine relative, insofern variable Größe, als sie von den jeweils vorliegenden Kommunikationsbedingungen abhängt: Ein sogenannter Einwort-Satz wie „Feuer!" ist absolut gesehen kurz, sogar extrem kurz; trotzdem hat er in seiner Situation, als akute Brandmeldung, volle kommunikative Berechtigung – man vergleiche als mögliche Alternative das ähnlich kurze: „Es brennt!" Während also die „Kürze" keineswegs als Stiltugend absolut zu setzen ist, gilt „Knappheit" des sprachlichen Ausdrucks mit Fug und Recht als wichtiges Stilprinzip. Seine stilistische Funktion besteht hauptsächlich darin, die Kürze oder aber Ausführlichkeit einer Formulierung in Abhängigkeit von den jeweils dominierenden Kommunikationsfaktoren zu regeln:
- „Knappheit" im Sinn von Kürze kann Merkmal des individuellen Stils eines Menschen sein, man spricht dann von „lakonischer Ausdrucksweise";
- „Knappheit" kann sich adressatenbezogen in präzisen Anweisungen

eines Vorgesetzten äußern, als Extrem die militärische Kommando-sprache;
- „Knappheit" kann durch die Textsorte gefordert werden, z. B. im Tele-gramm, usw.

Andrerseits verlangt möglicherweise das adressatenbezogene Stilprinzip der „Verstehbarkeit" - was durchaus keinen Widerspruch bedeutet - „Knappheit" in einem ausführlicheren Verständnis. Bei dem Bemühen etwa, einem sprachwissenschaftlichen Laien die komplizierten Begriffe und Methoden der Linguistik klarzumachen, würde eine fachspezifische Darstellung von lehrbuchmäßiger Exaktheit und Prägnanz sicher ihren Zweck verfehlen: Eine gewisse Breite der Erklärung und Verdeutlichung, also sprachdidaktische Redundanz, wäre hier zweifellos auch stilistisch am Platz.

Sinnvolle „Knappheit" bewegt sich mithin zwischen den verbotenen Extremen verständnisgefährdender Kürze und geschwätziger Weit-schweifigkeit. Man unterscheidet sprachliche Knappheit, die am Wortauf-wand spart, und sachliche Knappheit, die entbehrliche Gedanken unter-drückt. „Der äußerste Pol sprachlicher Knappheit ist der Telegrammstil, der äußerste Pol der sachlichen Kürze der Aphorismus" (REINERS 1943, 339). Dieses Zitat spricht für sich. Der „Telegrammstil" gehört entschie-den und ausschließlich dorthin, wo ihn sein Name situiert: ins Tele-gramm.

Eintreffe Dienstag 15.48 Hauptbahnhof.

Ein derart fragmentarisches Wortpuzzle „versteht" ein Leser nur unter Aufbietung einiger Mühe und in Kenntnis der besonderen Regularitäten, die für die Textsorte Telegramm gelten. Zudem ist wichtig, daß es sich da-bei um einen Text beschränkten Umfangs handelt. Eine durchgängige Anwendung solch extrem verkürzter Ausdrucksweisen, wie sie der Begriff 'Telegrammstil' nahelegt, verbietet sich mit Rücksicht auf den Adressaten. Und der Aphorismus? Als kurze, prägnante und rhetorisch zugespitzte Ausformung eines originellen Gedankens ist er eine ausge-sprochene Kunstform der Literatur - eine aphoristische Äußerung wird dem gewöhnlichen Sterblichen nur in seltenen Sternstunden gelingen, „aphoristische Kürze" als persönliche Stileigenart ihn wohl gar zum Sonderling stempeln.

Die angestrebte „Knappheit" des Ausdrucks kommt durch rechtzeiti-ges Weglassen oder mehr noch durch nachträgliches Streichen zustande: Kürze als Ergebnis des korrigierenden Rotstiftes. Wegzulassen oder zu streichen sind alle Wiederholungen, Selbstverständlichkeiten und Ab-schweifungen; sie verstoßen gegen das stilistische Gebot sachlicher und sprachlicher „Knappheit", weil sie ein Mißverhältnis zwischen sprachlichem Aufwand und Äußerungsgehalt erzeugen – jedermann kennt Horazens „geflügelten" Spott über die kreißenden Berge, die eine lächerliche Maus gebären. Im einzelnen ist „überflüssig" (redundant) alles, was man schon gesagt hat: Leute, die es offenbar besonders gut machen wollen, wiederholen jeden Gedanken zwei- oder dreimal und fassen zum Schluß nochmals zusammen. Das mag in spontaner Rede noch angehen, in schriftlichen Texten nicht. Überflüssig ist weiterhin alles, was der Leser bereits selbst weiß: Warum wohl entlockt uns der schon bekannte Witz allenfalls noch ein gelangweiltes Lächeln? Man vermeide alle sogenannten Allgemeinplätze, deren Kenntnis beim Adressaten vorauszusetzen ist, aber auch eine allzu weitläufige Ausbreitung spezieller Fakten, die leicht zur „Banalität" geraten. Zu diesen Selbstverständlichkeiten – im buchstäblichen Wortsinn – gehören ferner Dinge, die der Leser selber dem Text entnehmen kann. Ein Satz wie:

Das Ungeheuer von Loch Ness hat wieder zugeschlagen.

läßt beispielsweise die Schlüsse zu, daß es einen Ort namens „Loch Ness" gibt, daß dort ein bestimmtes „Ungeheuer" existiert oder als existent angenommen wird, daß es früher wenigstens schon einmal „zugeschlagen hat" usw. (vgl. WUNDERLICH 1980, 42 f.). ‚Präsuppositionen' nennt man linguistisch solche „stillschweigenden" Voraussetzungen, die in einer Äußerung unausgesprochen mitverstanden werden. Überflüssig ist schließlich alles, was nicht unmittelbar zum „Thema" gehört (wobei wir unter ‚Thema' den durch Kommunikationsgegenstand und Kommunikationsabsicht gesteckten Rahmen verstehen): alle „Nebensächlichkeiten", d. h. unwesentliche Umstände, die eine Äußerung nur verwässern; zu viele Einzelheiten, die den Äußerungskern leicht überdecken; jedes Abirren vom Thema, das den Äußerungszusammenhang stört usw. – alles Sünden wider die Kommunikationsadäquatheit und damit auch Verstöße gegen den guten Stil.

Fragt die sachliche „Knappheit" stets, welche Informationen entbehrlich, wenn nicht gar störend sind, so richtet sich die Forderung sprachlicher „Knappheit" gegen unnötigen Wortaufwand. Denn auch hier ist das Weniger oft besser als das Mehr, wie die folgenden Beispiele zeigen:

meistbietend versteigern, *neu* renovieren, *vor*programmieren; *Grund*prinzip, *Rück*antwort, *Zuständigkeits*kompetenz; eine *seltene* Rarität, der *chronische* Dauerzustand, einander *gegenseitig* beschuldigen; das Gerücht, *angeblich* sei . . .; *immer* zu tun pflegen; obwohl er krank war, kam er *trotzdem*; – usw.

Versteigert wird stets zum höchsten Gebot („meistbietend"), ein „Grundprinzip" ist buchstäblich ein ‚Grundgrundsatz', eine Rarität immer

„selten", und jedes Gerücht besagt, daß etwas „angeblich" ist oder sogar „sein soll"! In derartigen Doppelaussagen – Tautologien und Pleonasmen – steckt nicht nur störende Wortredundanz, sondern auch Unlogik. Weniger falsch als aufgeblasen wirken sprachliche Übersteigerungen (wobei von den Steigerungsformen des Adjektivs noch nicht die Rede sein soll). Da lauert uns die Meute jener „unglaublich" vielen, besonders in der heutigen Alltagssprache geläufigen Verstärkungswörter auf: daß man etwas „enorm" teuer, „hochgradig" interessant, „ungeheuer" lustig, ja „schrecklich" schön findet. Würde man statt „hundertprozentig sicher" lediglich „sicher" schreiben – wäre das nur, sagen wir, zu 50 oder 70 oder 90 Prozent? Im Gegenteil: die Verstärkung schränkt ein, weil sie immer ein Anzeichen von Unsicherheit ist. Daß der Hervorhebung dienende Zusätze häufig den Sinn des hervorgehobenen Wortes eher abschwächen, bestätigt sich ähnlich bei den zahlreichen „Füll- und Flickwörtern" unserer Sprache (vgl. SCHNEIDER 1983, 120 ff.): Wer fügt sie nicht immer wieder gedankenlos in seine Texte ein, diese *aber, denn, freilich, immerhin, nämlich* usw. Maßvoll und in wohlbedachter Ausdrucksabsicht eingesetzt, verdienen diese „Kleinwörter" – grammatisch hauptsächlich Adverbien und Konjunktionen – W. SEIBICKES Bezeichnung als stilistische „Würzwörter" (dies vor allem als Redepartikeln der Sinnabtönung in gesprochener Sprache). Im Übermaß und gedankenlos verwendet, führt ihr Gebrauch zu einer „Überlogisierung" mit der Folge sprachlicher Schwerfälligkeit. Diese exemplarischen Hinweise mögen genügen; denn eine praktische „Gebrauchsanweisung für sachgerechtes Textkürzen" gibt es ohnehin nicht.

Verdichtung im modernen 'Nominalstil'

Unter 'Nominalisierung' versteht man in der Linguistik die Umwandlung von Verben, verbhaltigen Satzteilen oder ganzen Sätzen in Substantive bzw. nominale Wortgruppen (Substantive und Adjektive, auch Partizipien). 'Nominalstil' – als Gegensatz zum 'Verbalstil' – ist entsprechend eine Ausdrucksweise, in der die nominalen Satzglieder nicht nur erheblich zahlreicher, sondern auch die hauptsächlichen Träger der Satzaussage sind. Demgegenüber treten die vormals dominierenden Verben nach Anzahl und Bedeutung zurück. Gehen wir von einem Beispiel aus:

Eines der größten praktischen Probleme für die Sprachwissenschaft – und zweifellos eines ihrer ältesten – ist die Übersetzung von Äußerungen oder Texten aus einer Sprache (der Ausgangssprache) in eine andere Sprache (die Zielsprache) . . . Auch andere praktische Probleme der Sprachwissenschaft sind eng mit dem Übersetzungsproblem verbunden: beim Lernen und Lehren von Fremdsprachen wird das Verständnis oft durch den Kontrast zur Muttersprache und geeignete Übersetzungen erleichtert. Ebenso wird die Einführung und Sicherung von Fachsprachen und überregionalen Verkehrssprachen durch Umschreibungen in der bekannten Umgangssprache unterstützt.[120]

Ein moderner Text, wie er den skizzierten Entwicklungstendenzen unseres Gegenwartssprachgebrauchs augenscheinlich entspricht, und trotz seiner Fülle komprimierter Informationen ein Muster an Klarheit. Fragen wir uns, ob ein typischer Nominalstil vorliegt, so spricht schon das quantitative Verhältnis zwischen Substantiven und Verben für sich (25 : 4). Noch aufschlußreicher erscheint die Qualität der vier Verbformen (es handelt sich um das Hilfsverb *sein, verbunden sein, erleichtert* bzw. *unterstützt werden*): *sein* und *werden* bucht REINERS an der Spitze seiner Negativliste „kraftloser" Zeitwörter, die nach ihm „keine echten Tatwörter, sondern bloßer Redekitt" sind (REINERS 1943, 140). 'Funktionsverben' lautet, ebenso sachlich wie fachlich, die heutige Bezeichnung. Und die Nominalglieder? Sie bieten inhaltlich einen festumrissenen Ausschnitt sprachwissenschaftlichen Vokabulars: *Sprache, Ausgangs-* und *Zielsprache, Fremdsprachen* usw. Doch gilt unser Blick weniger dem Wortschatz im allgemeinen als einem formalen Aspekt, der Bildeweise der Substantive. Da fällt sogleich der starke Anteil der Formationen auf *-ung* ins Auge, und mit *Lernen* und *Lehren* sind auch die substantivierten Infinitive vertreten. Wir wissen, daß die älteren Stillehren eine heftige Fehde gegen alles führten, was dem verpönten „Hauptwortstil" diente. E. ENGEL (1922, 137f.) schimpfte über die „langgeschwänzten Denkwörter" auf *-ung, -heit* und *-keit*, vor allem aber die „Ungerei". Ähnlich kritisch äußert sich L. REINERS, der von den „Zeitwörter auffressenden" Abstrakta auf *-ung* spricht (REINERS 1943, 140) und die substantivierten Infinitive, „diese als Hauptwörter verkleideten Verben", als schwerfällig kennzeichnet (1951, 76) – alles unter der alarmierenden Überschrift: „Das Zeitwort stirbt!" Wo liegt hier, linguistisch begründet, die stilistische Wahrheit?

Sprachhistorische Tatsache ist, daß es sowohl den substantivischen Gebrauch des Verbs als auch die deverbativen Ableitungen auf *-ung* schon seit ältester Zeit im Deutschen gibt.[121] Tatsache ist auch, daß man spätestens seit dem 18. und 19. Jahrhundert den zunehmenden „Mißbrauch" solcher Substantivierungstendenzen beklagt hat. In unserer Gegenwartssprache scheint nur eine Entwicklung endgültig durchgesetzt und abgeschlossen zu sein, die sich bereits seit langem angekündigt hatte: ohne Zweifel eines der „wesentlichsten Kennzeichen des modernen Deutsch" (VON POLENZ 1972, 152). Die „Verhauptwortung" unserer Sprache, gegen die Sprachkritik und Stillehre vergebens ankämpften, entspricht offenbar einem zeitgemäßen Drang nach „Verdichtung" aller Aussageformen: eine Komprimierung des sprachlichen Ausdrucks, die auch mit der stilistischen Forderung nach „Knappheit" übereinkommt und notwendigerweise einen höheren Abstraktheitsgrad unserer Gebrauchssprache einschließt.

Der Nominalstil im ganzen ist die Summe verschiedener Einzelerscheinungen wie: substantivische Neubildungen und Substantivreihung, Funktionsverben und Funktionsverbgefüge, substantivierte Infinitive und Verbalableitungen auf *-ung* usw. – sie sind als Wesenszüge des Zeitstils unserer Gegenwartssprache ernst zu nehmen und im Sprachgebrauch „kommunikativ adäquat" anzuwenden. Erst an diesem Punkt kommt die Stillehre zum Zuge: Alle Neuentwicklungen, und so auch der Nominalstil, tendieren gerade auf dem Höhepunkt ihrer Geltung häufig dazu, über das gebotene Maß hinauszuschießen. Vor solchen Auswüchsen, nicht aber vor dem Nominalstil als solchem ist aus der Stilperspektive zu warnen. Diese Warnung läßt sich in zwei allgemeine Regeln fassen, die auf sämtliche genannten Erscheinungen anwendbar sind: Ihr Gebrauch sollte erstens in jedem einzelnen Falle wohlüberlegt und zweitens nicht in übertriebener Häufigkeit erfolgen. Darüber hinaus ist generell ein ausgewogenes Verhältnis zwischen nominalem und verbalem Stil anzustreben.

Im Zeitstil-Kapitel war bereits von jener modernen Art substantivischer Neubildungen die Rede, die man als 'Augenblickskomposita' bezeichnet: ihrer Funktion nach „Raffwörter", die den Inhalt von Wortgruppen oder ganzer Nebensätze zusammenfassen. F. Tschirch hat auf die fast schwindelerregende Zunahme solcher Wortzusammensetzungen hingewiesen; gleichzeitig schwelle die viele Jahrhunderte hindurch übliche Komposition lediglich zweier Glieder zu einer immer größeren Zahl der Kompositionsglieder an [122]:

dreigliedrig wie *Armbanduhr, Straßenbahnschaffner, Altweibersommer*; viergliedrig wie *Fußballländerspiel, Obergerichtsvollzieher, Kleinrentnerfürsorge*; ja fünfgliedrig wie *Wochenendrückfahrkarte* oder *Tiefkühlgefrierschrankmodell* – bis hin zum berühmt gewordenen *Donaudampfschiffahrtsgesellschaftskapitän*!

Man wird kaum glauben, daß solche Wortungetüme in der „Papiersprache" öffentlicher Institutionen – und hier durchaus ernstgemeint – ebenfalls begegnen: *Volkshochschullehrerjahreshauptversammlung, Bundesbahnbeamtenwitwensterbekasse*. Zwar wehrt sich die Sprache selbst gegen diese überhandnehmenden Hybridbildungen durch sogenannte Klammerformen, in denen ein oder mehrere Mittelglieder ausgelassen werden: *Füll(feder)halter, Spitzen(belastungs)zeiten, Fernsprech(teilnehmer)verzeichnis* usw. Aber auch der bedachte Stilist wird sich – getreu seinem Grundsatz, jedes einzelne Sprachelement sorgsam auf seine stilistische Verwendbarkeit zu prüfen – vor derartigen Bandwurmwörtern hüten: nicht nur wegen des ästhetischen Unbehagens, das sie verursachen,

sondern auch, weil sie den normalen Gesetzmäßigkeiten unserer Wortbildung widersprechen und das Verstehen erschweren. Man stelle sich nur vor, mehrere solcher barbarischen Sprachgebilde folgten aufeinander: „Die Verfahrensweisevereinfachungsgründe der Heizungsanlagenkontrollorganisation . . ." [123]
Neben der Bildeweise neuer Substantive spielt auch ihre Reihung im Nominalstil eine entscheidende Rolle. Sein Wesen besteht ja nicht zum wenigsten darin, daß die substantivisch komprimierten Aussageinhalte syntaktisch wiederum in einen einzigen Satz gefaßt werden. Sind wir zu Beginn dieses Abschnitts von einem gelungenen Nominalstil-Text ausgegangen, so sei nun an einem juristischen Beispielsatz demonstriert, wie die übertriebene Häufung nominaler Satzglieder auf das empfindlichste stören kann:

Wegen nachteiliger Wirkung der Ausübung des verliehenen Rechtes kann der davon Betroffene nicht die Unterlassung der Ausübung oder die Beseitigung einer auf Grund des verliehenen Rechtes errichteten Anlage verlangen. [124]

Ist es möglich, daß Genauigkeit – hier die Genauigkeit einer Gesetzesformulierung – verstehenserschwerend wirkt? Die Schwierigkeit liegt wohl eher darin, daß in diesem Fall der Satz „überfüllt", der Satzbogen folglich überspannt ist. Trotz oder gerade wegen der angestrebten Eindeutigkeit wird das Beziehungsgefüge der sich häufenden Nominalgruppen, damit aber auch ihr Sinnbezug, nicht mehr unmittelbar einsichtig. Da Rechtstexte eigenen Gesetzlichkeiten unterliegen, sei hier auf eine stilistische „Verbesserung" verzichtet. In einem Normaltext wäre es bei solchen zu kompliziert geratenen Sätzen zweckmäßig, die intendierte Satzaussage aufzulockern: indem man sie auf mehrere selbständige Sätze verteilt oder wenigstens einzelne Passagen nicht nominal, sondern in Nebensätze faßt.
Wenn sich das Schwergewicht der Satzaussage ins Nominale verlagert: wenn man also nicht mehr *verwendet*, sondern eine *Verwendung erfolgt*; wenn man nicht mehr *erhebt*, vielmehr eine *Erhebung durchgeführt wird* usw., dann bilden solche „Universalverben" wie eben *erfolgen* oder *durchführen*, [125] die in Hunderten von Fällen bequem anwendbar sind, die Reaktion der Sprache auf die nun substantivischen Vorgangsbezeichnungen des Nominalstils. Die semantische Leistung dieses exklusiven Kreises neuartiger 'Funktionsverben' bleibt gering; ihre Funktion besteht nur noch darin, syntaktisch den Satzablauf zu regeln – aber gerade das eröffnet ihnen nahezu uneingeschränkte Anwendungsmöglichkeiten. Wenn Funktionsverben mit bestimmten Verbalsubstantiven, insbesondere solchen auf -*ung*, eine feste Verbindung eingehen, entstehen 'Funktionsverbgefüge': auch sie im Grunde grammatische Erscheinungen. Gegenüber den Anfeindungen, denen diese neuen, mehr rationell-öko-

nomisch als ästhetisch befriedigenden Sprachstrukturen jahrzehntelang ausgesetzt waren, ist ihre zeittypische „Funktionalität" hervorgehoben worden. Da die Nominalisierungstendenz indes vielfach ausufert, fällt der Stillehre die Aufgabe zu, eine Grenze zwischen ihrem stilistisch akzeptablen
und ihrem anstößigen, weil übertriebenen Gebrauch aufzuzeigen.

Fragen wir uns, worin die Unterschiede stilistischer Gewichtung in
den folgenden vier Formulierugen liegen:

Die Stellungnahme besagt – Die Stellungnahme besagt ausdrücklich
Die Stellungnahme drückt aus – Die Stellungnahme bringt zum Ausdruck

Jeder mag für sich entscheiden, welcher Formulierungsvariante er den
Vorzug gäbe: Jedoch bleibt das einfache *ausdrücken*, obgleich Vollverb,
ähnlich blaß wie einfaches *besagen*; hingegen wirkt *zum Ausdruck bringen* zweifellos kräftiger, vergleichbar dem verstärkten *ausdrücklich besagen*. Wir lernen, daß Funktionsverbgefüge keineswegs nur eine additive
Zusammensetzung aus Verbalsubstantiv und Funktionsverb sind; oft zeigen sie im Vergleich mit den Vollverben, die dem Verbalsubstantiv zugrunde liegen, eine merkliche Sinnverschiebung. Dem ist Rechnung zu
tragen, indem man zwei Grundsätze beachtet:
– Einfache Verben sind den Erweiterungen, also Funktionsverbgefügen, unbedingt vorzuziehen, wenn sie allein das Gemeinte ausdrücken (in diesem
  Fall wirken die Erweiterungen „gestreckt", aufgebläht, gespreizt);
– Funktionsverbgefüge haben immer dann ihre Berechtigung, wenn sie
  bereits eine mehr oder weniger abweichende Eigenbedeutung aufweisen, wenn sie unterschiedliche Aktionsarten des Vorgangs ausdrücken
  oder wenn sie einer anderen Stilebene angehören.
Nach dieser Regelung würde z. B. gelten:

stets *verlesen, vorlesen* – nicht *zur Verlesung bringen* (gespreizt), aber *eine Vor-
lesung halten*;
beweisen – aber *unter Beweis stellen* [126] (juristische Spezialbedeutung);
neben *verfügen* (mehrdeutig: etwas, über etwas?) – *zur Verfügung stehen, haben,
stellen, halten* usw. (Nuancierung des verbalen Aspekts);
besuchen – einen Besuch abstatten (Unterschied der Stilebene).

Da ohnehin nicht alle in unserer Gebrauchssprache geläufigen Formeln
erläutert werden können und ihre Beurteilung in manchen Fällen sogar
schwankt, mag das genügen. Man braucht sich auch hier nur nach unserer eingangs aufgestellten allgemeinen Regel zu richten: Da uns die (erweiterten) Funktionsverbgefüge leicht auf der Zunge liegen, sollte man
sich jedesmal fragen, ob nicht auch das (einfache) Vollverb den gleichen,
dann aber stilistisch besseren Dienst tut. Und so sinnvoll Funktionsverbgefüge auch sein mögen – wenn sie gehäuft auftreten, stören sie allein
schon wegen ihrer formalen Erweiterung. Denn da jedes Funktionsverb

der Ergänzung durch ein Verbalsubstantiv bedarf, ist die Gefahr groß, daß ihre Häufung in Verbindung mit den weiteren nominalen Satzgliedern zu einem unverdaulichen „Substantivbrei" führt.

Wie an den Beispielen immer wieder deutlich wurde, treten 'Verbalsubstantive' (in Substantive umgewandelte Verben) hauptsächlich in zwei Erscheinungsformen auf: als substantivierte Infinitive und Verbalabstrakta auf *-ung*. Beide haben in der Vergangenheit gleichermaßen im Kreuzfeuer stilistischer Kritik gestanden. Gleichwohl sind Wörter wie das *Prüfen* oder die *Prüfung* normale Bestandteile unserer Sprache, denen aber auch nichts in irgendeiner Hinsicht Nachteiliges anzumerken wäre. Die stilistischen Vorwürfe treffen in der Tat erst zu, wenn eine übertriebene Häufung vorliegt, und dieser Gesichtspunkt gilt für jede Art von Sprachelementen. Selbst bei einer Wortfolge wie etwa: „Mit *Rat, Tat, Kraft* und *Macht* . . .", lauter sinnkräftigen „Kernwörtern", wird das rhythmische Stakkato der Einsilber (wie auch die Monotonie der *a*-Klänge) ein feinnerviges Ohr unliebsam berühren. Ähnlich ist es bei einer Reihung von substantivierten Infinitiven, z. B. in der Aufzählung eines schulischen Stundenplans:

Rechnen, Schreiben, Singen, Lesen . . .

Um wieviel stärker muß jedoch das Gefühl unangenehmer Betroffenheit bei den Wörtern auf *-ung* sein, deren tonstarke Nachsilbe bei jeder Wiederkehr auf das Trommelfell des Hörers gleichsam einhämmert. Auf dieser Wirkung beruhen die wahrhaft abschreckenden Beispiele der Stillehre (aus einem Geschäftsbrief):

Bei Verwend*ung* bester Materialien, gewissenhafter Ausführ*ung*, reeller und prompter Bedien*ung* sehe ich Ihrer Verständig*ung* zwecks unverbindlicher Beratung und Auftragserteil*ung* entgegen.[127]

Jedes dieser *-ung*-Wörter ist, für sich genommen, unanstößig. Was stört, ist einzig die Wiederholung des gleichen Worttyps in dichter Folge. Einfachstes und häufig praktiziertes Mittel, dies zu vermeiden, ist – bei unveränderter grammatischer Fügung – die Verwendung substantivierter Infinitive. Diese werden heute auch sonst nicht selten anstelle älterer Verbalabstrakta gebraucht: das *Lehren* statt *Belehrung, Lehre*; das *Bemühen* statt *Bemühung, Mühe*. Solche Infinitive wirken tatsächlich oft frischer, weil sie weniger verbraucht sind.

Neben der stilistisch nicht unbedenklichen Häufung von *-ung*-Wörtern bleibt ihre Bildeweise zu beachten. Auch *-ung*-Wörter dürfen nicht mehrdeutig sein; z. B. die *Bitterfüllung* oder *Beinhaltung*: welche *Füllung, Haltung*? – natürlich *Bitt-erfüllung, Be-inhaltung*. Auch *-ung*-Wörter dürfen nicht zu kompliziert gebaut sein; denn die bekannten

Zerrbilder echter -*ung*-Ableitung kommen weder zustande, wenn man einfache Verben (*regeln* – *Regelung*) noch wenn man Verben mit Präfix (*verfügen* – *Verfügung*) oder sogar mit direktem Objekt verbundene Verben (eine Frage stellen – die *Fragestellung*) substantiviert. Sie entstehen ausschließlich – und darin sind sie den überdimensionierten Substantivzusammensetzungen vergleichbar –, wenn ganze Präpositionalausdrücke in Verbindung mit ihrem Verb nominalisiert werden:

zur Ruhe setzen – *Zurruhesetzung*, für erledigt erklären – *Fürerledigterklärung*, in die Wege leiten – *Indiewegeleitung* – usw.

Nicht zuletzt solche aufgeblähten, mißgestalteten -*ung*-Komposita haben die ganze Wortbildungskategorie in Mißkredit gebracht.

Wir fassen zusammen: Nicht der Nominalstil ist schlecht, man kann ihn allenfalls schlecht „machen" (man beachte den Unterschied: „schlechtgemacht" hat man ihn schon lange genug). Seine unsachgemäße Handhabung äußert sich vor allem in einer verstehenserschwerenden Überladung der Sätze mit Nominalgliedern. Auch Funktionsverbgefüge sind nicht schlecht, sondern nur ihr unbedachter, übertriebener Gebrauch. Ähnlich ist das „Umfunktionieren" von Verben, das letztlich den Nominalstil erst ermöglicht und in der Hauptsache durch die zahlreichen -*ung*-Ableitungen bewerkstelligt wird, nicht begründet zu kritisieren: Nur müssen diese Substantivierungen, ebenso wie alle Substantivkompositionen, in ihrer Bildeweise den stilistischen Ansprüchen genügen. Da sich der Nominalstil in seiner Art der Füllung und Spannung des Satzbogens vornehmlich auf syntaktischer Ebene auswirkt, leitet sich daraus unmittelbar die in allen Stillehren eingehend erörterte Frage ab:

Kurzer oder langer Satz?

Unser Stilprinzip der „Knappheit" konkretisiert sich bei Anwendung auf den Satz in zähl- und meßbarer „Kürze": Wie lang darf – wie kurz soll ein durchschnittlicher Satz sein? „Baut kurze Sätze!" gibt L. REINERS (1951, 80) dem stildidaktischen Tenor Ausdruck. Im allgemeinen, so lautet seine Begründung, sollte „ein Satz nicht länger . . . als 10 bis 20 Wörter" sein, weil sonst leicht ein „widerwärtiger Bandwurmsatz" daraus wird; umgekehrt verwirft er auch extrem kurze „Sätze von 3 bis 4 Wörtern, das sogenannte Asthmadeutsch" (1956, 10f.). Sieht man von den veränderten Zahlenwerten ab, zeigt sich bei W. SEIBICKE eine erstaunliche Übereinstimmung: „Die Sätze sollen im Durchschnitt zehn bis fünfzehn Wörter enthalten"; folglich sind für ihn Sätze, die weniger als 12 Wörter haben, kurz, umgekehrt Sätze mit mehr als 15 Wörtern lang

(SEIBICKE 1969, 79). Im Gegensatz zu REINERS, dessen Richtwerte seiner persönlichen stilistischen Einschätzung entstammen, stützt SEIBICKE sich auf freilich ungenannte „Sprachwissenschaftler".

Neuere Untersuchungen zur Satzlänge in der deutschen Gebrauchsprosa der Gegenwart hat namentlich H. EGGERS durchgeführt.[128] Als statistischen Durchschnitt mit dem höchsten Frequenzwert ermittelte er die Sätze von 13 bis 16 Wörtern – 13 Wörter als Maximum bei den Journalisten, 16 bei den Sachbuch-Autoren: „Die Journalisten gehen gewandter mit der Feder um und dürfen in ihrer Sprachgestaltung als moderner gelten. In ihrem Stil zeigt sich deutlicher noch als bei den Gelehrten die Tendenz der modernen deutschen Schriftsprache zum kurzen Satz" (EGGERS 1973, 35). Doch so wünschenswert die wissenschaftliche Fundierung durch empirische Frequenzuntersuchungen auch sein mag: der numerischen Exaktheit statistischer Methoden sind im Stilbereich enge Grenzen gesetzt. Sie kann nur quantitative, keine qualitativen Aussagen machen, wie auch die jeweils unterschiedlichen Kommunikationsbedingungen nicht in ihre Analysen eingehen. Eins bleibt statistisch immer eins – realiter aber ist bekanntlich ein Haar in der Suppe relativ viel, ein Haar auf dem Kopf relativ wenig. Dieselbe Relativität gilt letztlich auch für die stilgerechte Satzlänge. Nach journalistischen Maßstäben, die immerhin als besonders aussagekräftig für unseren heutigen Zeitstil hervorgehoben worden sind, endet bei 9 Wörtern die optimale Verständlichkeit, und der Mittelwert in deutschen Zeitungen liegt bei 16 Wörtern; mit 20 Wörtern ist die Obergrenze des Erwünschten, mit 30 Wörtern die des Erlaubten erreicht (vgl. SCHNEIDER 1983, 82). Dennoch läßt sich nicht einmal eine dieser Zahlen als allgemeinverbindliches Richtmaß empfehlen: Satzlänge und Satzbau hängen vielmehr in jedem einzelnen Fall von der erwartbaren Aufnahmefähigkeit des Lesers ab.

Es zeigt sich, daß die Überschrift dieses Abschnitts „Kurzer oder langer Satz?" mit der sich alsbald aufdrängenden stildidaktischen Folgerung, möglichst kurze Sätze zu formulieren, an der eigentlichen Fragestellung vorbeigeht (vgl. MÖLLER 1978, 25 ff.): Nicht nur um Kürze oder Länge geht es, sondern ebensosehr um die Satzbildung insgesamt, ob vollständige oder unvollständige Sätze, wann Hauptsätze oder Nebensätze, Satzreihen oder Satzgefüge. Nach welchen Grundsätzen soll man dabei verfahren? Zweifellos besteht bei langen Sätzen eine größere Gefahr, daß sie weitschweifig, unübersichtlich und kompliziert sind: „Sätze labyrinthisch gebaute", wie JOSEPH ROTH es ausdrückt. Jedoch ist es umgekehrt auch möglich, in kurzen Sätzen den Gedankengang derart sprachlich zu komprimieren, daß sie aus eben diesem Grund Verständnisschwierigkeiten bieten. Als oberster Gesichtspunkt gilt die „Verstehbarkeit": Ob man viel Inhalt in einen kurzen Satz faßt, ob man diesen lockerer, damit länger gestaltet oder gar mehrere Sätze macht – darüber entscheidet unsere Einschätzung des Lesers hinsichtlich der Grenzen dessen, was man ihm zutrauen kann oder nicht zumuten darf.

Die Verständlichkeit für den Leser ist gleichwohl nur die eine Seite, die Formulierungsfähigkeit des Schreibers selbst die andere, die ebenso berücksichtigt werden muß. Die individuelle Art seiner Satzgestaltung sollte jeder nach den ihm zu Gebote stehenden Sprach- und Stilmöglichkeiten einrichten: Wer sich noch unsicher fühlt, der beschränke sich zunächst auf kurze und einfache (Haupt-)Sätze oder Satzreihen. Unter einer Satzreihe versteht man mehrere Hauptsätze, die nur durch ein Komma abgetrennt oder durch *und* verbunden sind ('Parataxe'), im Gegensatz zum Satzgefüge, das eine Verbindung aus Hauptsatz und wenigstens einem Nebensatz ist ('Hypotaxe'). Ob mehr Hauptsatzstil oder mehr unterordnender Satzbau – das bleibt der Ausdruckseigenart jedes einzelnen überlassen. Immerhin wird man mit wachsender Übung und Stilsicherheit ohne weiteres in der Lage sein, sowohl die Satzlänge zu vergrößern als auch die Satzkonstruktion komplexer zu gestalten. Doch selbst „Könner" sollten in beidem das Übermaß meiden: Man hüte sich, den kleinen Thomas Mann, der versteckt in jedem von uns schlummert, zu wecken!

Kehren wir noch einmal zu der exakten Durchschnittsberechnung der modernen Satzlänge zurück: 13 bis 16 Wörter. Diese Zahlen bieten einen mittleren Richtwert, der nicht so mißverstanden werden darf, daß sich ein „idealer" Text nun von vorne bis hinten aus Sätzen der angegebenen Länge zusammensetzen sollte. Das widerspräche nicht nur gutem Stil, weil diese Sätze einen Text von kaum zu überbietender Gleichförmigkeit ergäben, sondern auch dem Wesen des statistischen Mittelwerts: er bedeutet ja einen rechnerischen Durchschnitt, der sich aus dem Wechsel kürzerer und längerer Sätze ergibt. Genau dies, Abwechslung zwischen mäßig kurzen und nicht übermäßig langen Sätzen, ist auch ein probates Rezept stilistisch guter Satzgestaltung, wozu als zweites noch die Variation von Haupt- und Nebensätzen kommt. In diesem Sinne stellt W. SEIBICKE (1969, 79) die „pragmatische" Schlußregel auf: „Der Wechsel der Satzarten und von kurzen und langen Sätzen ermüdet am allerwenigsten und wird den verschiedenen Gedanken, die man vorbringen will, am besten gerecht."

Wenn nächst dem Nominalstil „der Hang zu den überlangen Sätzen das schlimmste Stillaster der Deutschen" ist (REINERS 1951, 82), dann zielt das auf Erscheinungen wie „Schachtelsatz" und „Kettensatz": Besteht ein Satzgefüge aus mehreren, auf unübersichtliche Weise ineinandergeschobenen Gliedsätzen, haben wir es mit dem berühmt-berüchtigten deutschen Schachtelsatz zu tun – lang, wirr und unverdaulich wie ein vielfach verknoteter Bandwurm. Immerhin sind Schachtelsätze heute viel weniger zahlreich, als die Strafpredigten und in der Tat abschreckenden Exempel aller Stillehren vermuten lassen – nicht weil uns die von REINERS beschworene Vorliebe für verschlungene Satzperioden abginge, sondern weil es den meisten von uns gottlob an der sprachlichen Kunstfertigkeit fehlt, die typische Schachtelsatzbauweise der stilistischen Horrorbeispiele auch nur halbwegs nachzuvollziehen. Aber MORGENSTERNS „Bandwurmweisheit" läßt sich, etwas einfacher, auch im vielgliedrigen Kettensatz schwätzen. Ein spezieller „Treppensatz" wird daraus, wenn diese Glieder aus lauter Nebensätzen bestehen, die einer nach dem anderen an einen vorgängigen Hauptsatz angehängt werden:

Eines Morgens stand ein junger Mann vor einer Tür, die zu einem anscheinend schmucken Haus gehörte, das auf einem Hügel stand, der von einem Fluß umgrenzt wurde, der jenem mächtigen Strom zufloß, welcher sich in einem Meer verlor, das . . . – usw.[129]

Wie das Beispiel zeigt, gibt es ihn tatsächlich: den „unendlich" langen Satz. Dennoch entsteht kein unentwirrbares Satzknäuel wie beim zuvor beschriebenen Schachtelsatz, eher drängt sich das Bild eines syntaktischen Eisenbahnzuges auf mit dem Hauptsatz als Lokomotive vorab. Demgemäß stört hier nicht so sehr die Undurchsichtigkeit als vielmehr die Gleichförmigkeit der Gliedsätze, die – eben wie ein Eisenbahnwagen nach dem anderen – vor unseren Augen klappernd vorüberrollen. Wenn wir eine stilistische Lehre daraus ziehen wollen, lautet sie: Nebensätze, die aufeinanderfolgen, sollten nie gleichartig gebaut sein.

Eine weitere Frage, die den Satzbau betrifft: Soll man sich immer in vollständigen Sätzen ausdrücken? Der folgende Werbetext bietet eine Reihung von Kurzsätzen eigenen Formats: meist unvollständige Sätze, die in der Sprachwissenschaft als 'Setzungen' bezeichnet werden, ja zuweilen nur Satzfetzen oder zwischen Punkte eingeklemmte Einzelwörter:

Dieser Wagen hat viel Komfort. Einzeln zu verstellende Vordersitze. Regulierbare Heizung und Lüftung. Ausstellfenster hinten. Kleiderhaken. Halteschlaufen. Türtaschen. Armlehnen, Sonnenblenden, Haltegriff für Beifahrer. Und so weiter.[130]

Erinnern wir uns zunächst, daß es im Zusammenhang mit gesprochener Sprache schon um Unvollständigkeit der Satzkonstruktion, hauptsächlich in Form von Ellipsen und Anakoluthen, ging: eine kommunikativ nicht störende Eigenart der Mündlichkeit. Soll man daraus schließen, in der auf Korrektheit bedachten Schreibsprache seien solche „defekten", unvollständigen Sprachstrukturen schlechthin fehl am Platz? Durchaus nicht. Auch im schriftlichen Text hat zumal die Ellipse, die in der Auslassung entbehrlicher Satzglieder als eine „Sparform" unserer Sprache angesehen wird,[131] ihre zeitgemäße Berechtigung – und das in den verschiedensten Formen alltagssprachlicher Verwendung:

(Ich bitte um) Entschuldigung!
(Das war doch) Alles nur Spaß!
Oder (ist es etwa nicht so, wie ich gesagt habe)?
Wie ein kleiner Junge (benimmst du dich)!
Rauchen (ist hier) verboten!
Je schneller (du es tust), um so besser (wird es sein)!   – usw.

Während lückenhafte Sprachstrukturen sich in spontaner Rede leicht sinngemäß ergänzen lassen, weil die Umstände der Sprechsituation eine Verständnishilfe bieten, müssen Satzellipsen in schriftlicher Formulierung so durch den Kontext abgesichert sein, daß sie trotz ihrer Verkürzung ohne weiteres verstehbar sind. Treten Ellipsen – wie in unserem Werbetext – gehäuft auf, werden sie in stilistischer Absicht eingesetzt, um eine spezielle Wirkung hervorzurufen. Dasselbe gilt in noch höherem Maße für das Anakoluth: „Satzbrüche", obwohl gesprochen nicht gerade selten, sind in der Schrift nur als bewußtes Stilmittel erlaubt, beispielsweise um einer Werbung den Eindruck der Improvisation zu geben, oder in literarischen Dialogen als eines der „requisitenartigen Versatzstücke . . ., die dem Leser anzeigen sollen: Hier wird gesprochen" (GROSSE 1972, 666f.). Wenn demnach unvollständige, aber sinnvoll verkürzte Satzkonstruktionen, sparsam angewendet, Auflockerung und stilistische Gefälligkeit bewirken können, sind Konstruktionswechsel oder -abbrüche ebenso wie auch häufigere und längere Unterbrechungen (durch Klammereinschübe oder Parenthesen) als Störungen des grammatisch korrekten Satzbaus möglichst zu vermeiden.

Grundsätzlicher Art ist die Entscheidung darüber, was in Hauptsätze und was in Nebensätze gehört; denn praktisch können wir ja jede Äußerung in die Form eines Haupt- oder Gliedsatzes kleiden. Die einschlägige Stilregel, die sich einhelliger Zustimmung erfreut, hat bei L. REINERS ihren kategorischen Wortlaut gefunden: „Hauptsachen gehören in Hauptsätze, Nebensachen in Nebensätze!" (REINERS 1951, 94) – aber was ist eine Hauptsache, was Nebensache? Konstruieren wir den Satz:

Zufällig läuteten auf St. Helena die Glocken, als Napoleons letzter Atemzug verhauchte.

Weltgeschichtlich gesehen bildet ohne jeden Zweifel das Ableben des verbannten Kaisers die hervorragende Aussage dieses Satzes, zumal da der Inhalt des Hauptsatzes ausdrücklich als „zufällig" charakterisiert wird. Trotzdem könnte die Formulierung des Beispiels, so wie sie auf dem Papier steht, nicht weniger sinnvoll sein, wenn vielleicht gerade der Zufall des Glockengeläuts im Augenblick des Todes eine verborgene Beziehung zum Überirdischen andeuten soll. [132] Die Schlußfolgerung liegt daher nahe: Eine Gewichtung der Fakten läßt sich nicht immer einfach aus der „Sache" selbst, dem Kommunikationsgegenstand, ableiten; vielmehr spielt die Kommunikationsabsicht in dieser Hinsicht eine wesentlichere Rolle. Je nach Darstellungsperspektive kann das logische Verhältnis von Haupt- und Nebensachen durchaus eine subjektive Umgewichtung erfahren – nur muß diese Darstellungsperspektive, die zugleich Stilperspektive ist, auch konsequent durchgehalten werden. Dies berücksichtigt, gelten im allgemeinen die bekannten Grundsätze der „Logik der Sache". Ebenso wie es unserer Vernunft widerstrebt, zeitlich Nachfolgendes sprachlich vorwegzunehmen (wie in GOETHES berühmtem „Ihr Mann ist tot und läßt Sie grüßen"), haben wir ein natürliches Empfinden dafür, was das Wesentliche eines Gedankens ist. Was als wesentlich betrachtet wird, darf dann aber nicht im Nebensatz versteckt werden.

Soweit sich von der Sache her keine eindeutige Festlegung aufdrängt, wird die Verteilung der Fakten auf Haupt- und Nebensatz sich nach den Gesichtspunkten stilistischer Sprachgestaltung regeln: Abwechslung in Länge und Kürze der Sätze, in Parataxe und Hypotaxe des Satzbaus usw. Wenn wir dabei stilgerecht verfahren wollen, sollten wir – außer den übergeordneten Prinzipien der individuellen und leserbezogenen Textbildung – auch die zeitstilistischen Präferenzen gebührend in Betracht ziehen: modern formulieren! Die sprachstatistischen Untersuchungen, von denen wiederholt die Rede war, haben in aller Deutlichkeit nachgewiesen, daß heute ein klarer Trend zur Verwendung von Einfachsätzen herrscht (über 40 Prozent aller Satzkonstruktionen, woneben sogar Hauptsatzreihen stark zurücktreten). Die Länge dieser Sätze bemißt sich nach Zahl und Umfang der integrierten Nominalglieder – mit der aufgewiesenen Gefahr einer Über-füllung der Satzstruktur. Wenn in merklich reduziertem Umfang Satzgefüge gebildet werden, dann hauptsächlich als Relativsätze, ferner als *wenn*- oder *daß*-Sätze. Derart präsentiert sich, an der aktuellen Gebrauchssprache orientiert, der Zeitstil unserer Gegenwart im allgemeinen. Für den literarischen Sprachgebrauch gelten andere Gesetze, wie es auch sonst Ausnahmen gibt: So pflegt die Wissenschaftssprache im Satzbau noch ausgeprägte Perioden – wohl nicht allein in Fortsetzung der älteren stilistischen Tradition, sondern auch aus dem sprachlogischen Bestreben heraus, die Beziehungen innerhalb eines Sachzusammenhangs mit Hilfe spezieller Konjunktionen deutlich zu machen, und Konjunktionen ziehen eben Nebensätze nach sich. Doch auch in der Wissenschaft schreibt man längst nicht mehr wie zu Zeiten GRIMMS, SCHLIEMANNS, RANKES oder BREHMS.

„Sprachökonomie" – ein stilistischer Grundsatz?

Die durchschnittliche Satzlänge ist ein Phänomen, das historischen Schwankungen unterliegt. Der heutige Mittelwert läßt im Vergleich mit früheren Jahrhunderten, vor allem auch der unterschwellig noch lange vorbildhaften Klassik, einen deutlichen Stilwandel erkennen: Werke GOETHES und SCHILLERS z. B. zeigen ein Häufigkeitsmaximum von 22 bzw. 23 Wörtern, und ein mehr als 60prozentiger Anteil entfällt auf Satzgefüge.[133] An die Stelle längerer, in kunstvollen Perioden gebauter Sätze ist also die moderne Tendenz zum relativ kurzen und einfachen Satz getreten, der dennoch nicht weniger Information enthält. Dieses rationelle Prinzip geringeren Aufwandes bei gleichwertiger oder noch gesteigerter Leistung (vgl. MÖLLER 1980, 16) bietet Anlaß, die eher sprachsystematischen Grundsätze der „Knappheit" und „Kürze" unter ein anderes, sprachpragmatisches Stilprinzip zu stellen: das Prinzip der „Sprachökonomie".

Will man auch in diesem Fall wieder von den gängigen Stillehren ausgehen, bleibt zu beachten, daß zu der Zeit, als L. REINERS und B. CHRISTIANSEN ihre Werke schrieben, der heutzutage sehr gebräuchliche Begriff der 'Sprachökonomie' noch nicht zur Diskussion stand: bei ihnen ist daher von „Mäßigkeit" oder „Sparsamkeit" des Ausdrucks in einem nur annähernd vergleichbaren Sinn die Rede. Demgegenüber zieht sich der Gedanke sinnvoller Sprachökonomie wie ein roter Faden durch die Werke G. MÖLLERS; er kritisiert alle unbegründete Ausführlichkeit, daß man es sich – weil die Folgen sprachlicher Nachlässigkeit keine Schmerzen und keine Unkosten verursachten – ohne weiteres leiste, „Sprache unökonomisch zu nutzen" (MÖLLER 1980, 11). Auch unter den Stilforderungen W. SEIBICKES beansprucht das Prinzip des „Rationell-Ökonomischen" einen hohen Rang als Postulat „einer Ausdrucksweise, die sich durch die Ökonomie der sprachlichen Mittel und durch nüchterne Sachbezogenheit auszeichnet" (NICKISCH 1975, 100). Die Frage wird sein, welche stildidaktischen Konsequenzen sich ergeben, wenn man „Sprachökonomie" nicht in ihren grammatischen Erscheinungsformen beschreibt, sondern als Stilprinzip versteht.

Wiewohl es noch andere, zum Teil entgegengesetzt wirksame Triebkräfte unseres Sprachverhaltens gibt, etwa den Drang zu Neuerungen, das Streben nach Verdeutlichung oder Differenzierung usw., so spielen doch sprachökonomische Tendenzen in der Gebrauchssprache unserer Gegenwart auch stilistisch eine nicht unwesentliche Rolle. Unter 'Sprachökonomie' verstehen wir im Anschluß an H. MOSER inbesondere
– die Einsparung sprachlicher Mittel, um den geistigen Kraftaufwand zu verringern;

- die Erhöhung der sprachlichen Effizienz, d. h. der Leistungsfähigkeit
der sprachlichen Mittel;
- die Verbesserung der Information und Erleichterung der Kommunikation durch sachgerechte Anwendung der sprachlichen Mittel (vgl.
MOSER 1971, 92):
Gesichtspunkte, die man am besten mit den Stichwörtern Raffung, Verdichtung und präzise Klarheit der Formulierung umreißen kann.

Über die „Raffwörter" des modernen Nominalstils, die Augenblickskomposita, wurde schon gesprochen: Stilistisch ist gegen sie kaum etwas
einzuwenden, sofern sie nicht mehrdeutig sind (*Mädchenhandelsschule*)
oder zu unübersichtlicher Länge geraten (*Hochleistungsultrakurzwellen-
geradeausempfänger*).[134] Zu ergänzen wäre, daß solche in einem Wort
komprimierten Äußerungen nicht nur beim Substantiv vorkommen,
sondern ebenso – wenn auch nicht in gleicher Häufigkeit und nur in
bestimmten Fällen – bei Adjektiven und Verben:

der *maßgeschneiderte* Anzug – ein Anzug, der nach Maß geschneidert ist
das *nervt* mich – das geht mir auf die Nerven

- „sprachwidrig" (STORZ 1984, 49)? Häufig dient die Raffung auch dem
Zweck, Nebensätze zu vermeiden, z. B. im Falle „ökonomischer" Parti-
zipialkonstruktionen anstelle eines Relativsatzes. Aber beide Partizipfor-
men, die der Gegenwart und der Vergangenheit, sind in ihrer Anwendung
nicht ungefährlich, weil sie oft auf das falsche Wort im Hauptsatz bezogen werden[135]:

Die über die Angelegenheit entscheidende Behörde ist umgezogen.
Beiliegend übersenden wir Ihnen . . .
Dort angekommen, ließ er seinen Wagen stehen.
Tödlich getroffen, wollte der Jäger das edle Wild nicht entkommen lassen.

Bei jeder Verwendung eines solchen Partizips muß sorgfältig geprüft werden: wer oder was liegt bei? (sicher nicht der Briefverfasser), wer ist getroffen? (etwa der Jäger?) usw. Auch aus anderen Gründen sollte man mit
Partizipien vorsichtig umgehen: Historisch dem Lateinischen nachgebil-
det, ergeben sie im Deutschen oft steif wirkende Satzfügungen. Ebensol-
che Vorsicht ist bei den eigentlichen Abkürzungen geboten, obwohl sie
die sprachlichen Sparformen schlechthin sind. Die moderne „Akü"-Spra-
che überschüttet uns mit einer derartigen Flut immer neuer Kürzel aller
Art, daß man ihre allgemeine Kenntnis kaum noch ohne weiteres voraussetzen kann. Es scheint daher ratsam, nur die geläufigsten der echten Abkürzungen wie z. B. (zum Beispiel), d. h. (das heißt), bzw. (beziehungs-
weise), usw. (und so weiter) zu verwenden. Raffung darf nie auf Kosten
der sprachlichen Genauigkeit und Verständlichkeit gehen.

Ein weiteres Mittel sprachökonomischer Verkürzung kennen wir bereits: auf funktional Überflüssiges oder sachlich Unwichtiges zu verzichten. Solche Beseitigung von Redundanzen im Sinne gedanklich-sprachlicher Straffung kann stilistisch zugleich der Hervorhebung dienen: „Auslassen verdichtet und betont" (CHRISTIANSEN 1966, 279). Man braucht sich dafür gar nicht auf die großen Stilmeister der Literatur zu berufen – jedes einzelne unserer volksläufigen Sprichwörter demonstriert in seiner straffen, kernigen Prägnanz die Wahrheit dieses Grundsatzes. Auf ihm beruht letztlich auch die auffälligste Erscheinung des heutigen Satzbaus, seine statistisch belegte Verkürzung (Wortzahl) und Vereinfachung (weniger Gliedsätze). Allerdings wäre dies ohne eine tiefgreifende Systematisierung aller Sprachmittel nicht möglich; diese wiederum beruht auf der Eigenart deutscher Wortbildung, daß nahezu jedes Wort in andere Wortarten überführt werden kann: Umwandlung von Verben in Substantive, Neubildung raffender Substantivzusammensetzungen, damit verbunden eine oft zu erhöhter Abstraktion führende Präzisierung und Differenzierung der Begrifflichkeit. Der systematische Gesichtspunkt tritt in nominalen „Reihenbildungen" deutlich zutage, so z. B. neben manchen der älteren Ableitungsweisen neuere Möglichkeiten wie:

substantivisch *-zeug, -werk, -mittel* usw.
adjektivisch *-mäßig, -seitig, -fertig* usw.
adverbial *-weise, -maßen* usw.

Mit Hilfe solcher*maßen* gebrauchs*fertiger* Bilde*mittel* können Wortserien wie am Fließband hergestellt werden:

zweckmäßig, vorschriftsmäßig, altersmäßig, wirkungsmäßig, aktenmäßig, wohnungsmäßig, qualitätsmäßig – usw.[136]

– nicht alle zur reinen Freude der Sprachkritiker. Als systematisierend läßt sich im Verbalbereich auch das Phänomen einer weitgehenden Konzentration auf wenige, vielverwendete Funktionsverben beschreiben, während die übrigen allenfalls – zu Verbalsubstantiven umgeformt – in festgeprägte, bedeutungsmäßig oft stark modifizierte Funktionsverbgefüge eingehen, die ihrerseits über die zusätzliche Fähigkeit verfügen, bestimmte zeitliche Handlungsaspekte zu kennzeichnen.

Wie sehr diese lange angefeindeten Funktionsverbgefüge einen wichtigen Bestandteil sprachökonomischer Art bilden, mag an einer Beobachtung H. MOSERS gezeigt werden. Bekanntlich steht nach den Regeln der deutschen Wortstellung die finite, bedeutungstragende Verbform in sehr vielen Fällen (so nach Hilfs- und Modalverben, in den meisten Nebensätzen usw.) am Ende des Satzes. Diese verbale 'Satzklammer' schließt einerseits die dazwischenstehenden nominalen Satzglieder in einem mehr oder minder weiten „Spannungsbogen" zusammen; das ist ihre gute Eigenschaft. Sie birgt aber andrerseits die große Gefahr, daß durch eine übermäßige Füllung dieser Klammer, indem zu zahl- und zu umfangreiche Glieder eingeschoben werden, was eine Unübersichtlichkeit des syntaktischen Rahmens bewirkt, die verstehensnotwendige, im Verb liegende Information den Sinn des Satzes erst ganz zum Schluß aufdeckt – dies zugleich als Beispiel. Noch schlimmer ist es, wenn dadurch das Satzverständnis nicht nur verzögert und erschwert, sondern gar fehlgeleitet wird. K. BURDACH schreibt [137]:

Um das Jahr 1600 hatte jedenfalls das deutsche Volk eine einheitliche Schriftsprache, die fähig gewesen wäre, Trägerin einer gebildeten nationalen Literatur zu sein . . .

Eine einheitliche deutsche Schriftsprache um 1600? – natürlich nicht; denn der freilich auch so korrekt gebaute und sinnvolle Satz geht ja weiter und besagt dann das genaue Gegenteil: „noch nicht erreicht". Die Satzklammer gilt für die deutsche Sprache als charakteristisch und bereitet Ausländern nicht selten Schwierigkeiten. Diese Neigung zu langem Periodenbau mit weitgespannten Satzklammern hat MARK TWAIN satirisch kritisiert: „Wenn der literarisch gebildete Deutsche sich in einen Satz stürzt, sieht man nichts mehr von ihm, bis er auf der anderen Seite des Atlantischen Ozeans mit dem Verb zwischen den Zähnen wieder auftaucht." [138] Wozu dieser Exkurs? Weil die Umformung des finiten Verbs in ein Funktionsverbgefüge – neben der sogenannten 'Ausklammerung' von Satzgliedern [139] – vielfach eine Möglichkeit zur Abhilfe des beschriebenen Mißstandes bietet: Das Verbalsubstantiv, nun Träger der Bedeutung, steht ja weiter vorne. Damit erfolgt die Information schneller; der Leser erfährt nicht erst am Ende des Satzes, worum es geht. Man vergleiche selbst [140]:

Er schlug vor, am nächsten Tag um 15 Uhr (. . .) abzustimmen.
Er schlug vor, die Abstimmung (. . .) am nächsten Tag um 15 Uhr (. . .) durchzuführen.

In solchen Fällen erweist sich das formal umständliche Funktionsverbgefüge als „durchaus informationsökonomisch" (MOSER 1971, 111).

Dieser gemeinsame Nenner: Vereinfachung sprachlicher Strukturen, Erhöhung ihres Informationsgehalts und Verbesserung der Kommunikation, charakterisiert durchweg die hier besprochenen Erscheinungen unserer Gegenwartssprache – mit anderen Worten, sie sind zu einem großen Teil sprachökonomisch begründet und erklärbar. Demgemäß läßt sich mit R. NICKISCH (1975, 38) der Gehalt des Stilprinzips der „Sprachökonomie" auf die Kurzformel bringen: „Stilistisch 'gut' ist, was übersichtlich und sprachökonomisch formuliert ist – oder umgekehrt: leicht überschaubar und gedrängt Formuliertes ergibt 'guten Stil'." Dieser sprachökonomische Grundzug liegt offensichtlich im Wesen der modernen Kommunikation. In unserem Stilmodell sind die Prinzipien „Knappheit" und „Sprachökonomie" der Pragmatik zugeordnet. An anderer Stelle wurde die pragmatische Sprachperspektive – im Unterschied zur weitgehend sprachinternen 'Bedeutung' der Semantik – in der Weise erklärt, daß die Pragmatik es mit dem „Sinn" von Äußerungen in ihren auch sprachexternen Kontexten zu tun habe. Eine nur pragmatisch erfaßbare Schulsituation mag hier (wie dort, vgl. S. 10) der Erläuterung dienen: Ein Schulrektor erwischt zwei Jungen, die verbotenerweise das Schulgelände verlassen hatten, und fährt sie an: „Wo seid ihr gewesen? – Antwortet mit ‚ja' oder ‚nein'!"[141] Da man nur auf Alternativfragen mit „ja" oder „nein" antworten kann, wird hier eine grammatische Unmöglichkeit verlangt. Trotzdem „verstehen" wir die Äußerung in der vorliegenden Situation richtig: Da ist die Übertretung des Schulreglements, die den strengen Ton des Rektors fordert, verbunden mit dem schulmeisterlichen Anspruch, kein Herumreden zu dulden, sondern auf kurze, prägnante Antwort zu dringen. So gesehen erfüllt die sprachlich dem Buchstaben nach verfehlte Äußerung doch ihren Zweck: gestützt auf schulische Konventionen, Rollenverhalten Lehrer/Schüler usw. – kurz, auf sprachpragmatischer Grundlage. Pragmatisch bedeutet in engerem Wortverständnis aber auch soviel wie 'auf Fakten beruhend, sachlich'. Versteht man den heutigen, an gebrauchssprachlichen Wertmaßstäben orientierten Zeitstil als eine Reaktion auf die frühere, extrem sprachästhetisch bestimmte Idealnorm, so ist außer dem sprachökonomisch-knappen Einsatz der aktuellen Sprachmittel noch ein weiterer Wesenszug unseres Gegenwartssprachgebrauchs stilistisch zu berücksichtigen: seine sprachfunktionale Sachlichkeit.

Literaturhinweise

Vgl. P. Eisenberg/A. Gusovius, Bibliographie zur deutschen Grammatik (1965–1983), Tübingen 1985. – W. H. A. Koenraads, Studien über sprachökonomische Entwicklungen im Deutschen, Amsterdam 1953. – H. Moser, Sprachliche Ökonomie im heutigen deutschen Satz, in: Studien zur Syntax des heutigen Deutsch, Düsseldorf 1970, 9–25; ders., Typen sprachlicher Ökonomie im heutigen Deutsch, in: Sprache und Gesellschaft. Jahrbuch 1970 des Instituts für deutsche Sprache, Düsseldorf 1971, 89–117. – E. Ronneberger-Sibold, Sprachverwendung – Sprachsystem. Ökonomie und Wandel, Tübingen 1980. – K. Daniels, Substantivierungstendenzen in der deutschen Gegenwartssprache, Düsseldorf 1963. – S. Heusinger, Das Verstehen von Texten mit unterschiedlichem Nominalisierungsgrad, in: Linguistische Studien, Reihe A 145 (1986), 106–112. – H. Haider, Die Struktur der deutschen Nominalphrase, in: Zeitschrift für Sprachwissenschaft 7 (1988), 32–59. – H. Eggers, Deutsche Sprache im 20. Jahrhundert, München 1973, 45–59: Moderner Nominalstil, sowie 60–74: Das Verb in der modernen Schriftsprache. – P. von Polenz, Funktionsverben im heutigen Deutsch, Düsseldorf 1963. – H. J. Heringer, Die Opposition von 'kommen' und 'bringen' als Funktionsverben, Düsseldorf 1968. – B. Engelen, Zum System der Funktionsverbgefüge, in: Wirkendes Wort 18 (1968), 289–303. – P. von Polenz, Funktionsverben, Funktionsverbgefüge und Verwandtes. Vorschläge zur satzsemantischen Lexikographie, in: Zeitschrift für Germanistische Linguistik 15 (1987), 169–189. – N. R. Wolf, Zum grammatischen Status von Funktionsverbgefügen, in: M. Kienpointner/H. Schmeja (Hrsg.), Sprache – Sprachen – Sprechen. Festschrift für H. M. Ölberg, Innsbruck 1987, 219–227. – W. Admoni, Die Entwicklungstendenzen des deutschen Satzbaus von heute, München 1973. – H. Eggers, Wandlungen im deutschen Satzbau, in: Der Deutschunterricht 13/H. 5 (1961), 47–61; auch in: Braun (Hrsg.) 1979, 231–247; ders., Zur Syntax der deutschen Gegenwartssprache, in: Kleine Schriften (hrsg. von H. Backes/W. Haubrichs/R. Rath), Tübingen 1982, 244–266. – P. von Polenz, Entwicklungstendenzen des deutschen Satzbaus, in: Die deutsche Sprache der Gegenwart, Göttingen 1984, 29–42. – K.-E. Sommerfeldt/H. Meier, Entwicklungstendenzen im Satzbau, in: K.-E. Sommerfeldt (Hrsg.), Entwicklungstendenzen in der deutschen Gegenwartssprache, Leipzig 1988, 216–243. – K. Matzel, Zur Satzgliedfolge im Neuhochdeutschen, in: Sprachwissenschaft 13 (1988), 330–332. – M. Kefer, Satzgliedstellung und Satzstruktur im Deutschen, Tübingen 1989.

15. GUTES DEUTSCH VON HEUTE (II): FUNKTIONALITÄT

Ist „Sachlichkeit" inhuman?

> *Zwischen den Kommunikationspartnern soll exakte, umweglose Verständigung zustande kommen; Wissen soll im Text so getreu gespeichert werden, daß der Sinngehalt vom Partner unverzerrt wieder entnommen werden kann. Voraussetzung dafür ist, daß sich das Gesagte (Niedergeschriebene) voll mit dem Gemeinten deckt. Kriterien für die Qualität aller Textsorten der Sachprosa sind daher Eindeutigkeit, Vollständigkeit, begriffliche Schärfe.*
>
> G. MÖLLER (1980, 15f.)

Schon mehrfach bestand Anlaß, auf die zweckorientierte Sachlichkeit des heutigen Sprachgebrauchs hinzuweisen, der weithin als „Gebrauchssprache" bezeichnet werden kann. Verantwortlich für diese nüchterne, eher unter- als übertreibende Art unseres Sprachverhaltens zumindest nach außen hin, die auf allen früher üblichen Sprachschmuck durchweg verzichtet, dürfte ein starker Einfluß der Fachsprachen von Wissenschaft und Technik sein: Tatsächlich begegnet man auf Schritt und Tritt Wörtern und Wendungen, die ihre wissenschaftlich-technische Herkunft nicht verleugnen können – und auch nicht wollen: „Denn viele Zeitgenossen verlangt es danach, ihre eigene Zugehörigkeit zum 'wissenschaftlichen Zeitalter' in Wort und Schrift hörbar und sichtbar zu machen" (STORZ 1984, 127). Bereits K. BÜHLER hatte in seinem Organon-Modell der Sprache ihren Werkzeugcharakter betont: Der heutigen Zeit dient die Sprache vorrangig als ein sachgerechtes Instrument zwischenmenschlicher Verständigung. Neben die im vorigen Kapitel behandelte sprachökonomische Rationalität tritt somit als ein zweiter gleichartiger und gleichrangiger Gesichtspunkt die zweckgemäße Funktionalität unserer Gegenwartssprache.

„Sachlichkeit" und Textsorten

Bezeichnenderweise fehlen bei B. CHRISTIANSEN und L. REINERS in sachlich-funktionale Richtung weisende Prinzipien völlig – sie widersprächen ja auch der dort vertretenen Stilnorm anspruchsvoller bis exquisiter Gehobenheit der Sprache. Anders W. SEIBICKE; nach ihm paßt weder gefühlvolle „Überschwenglichkeit" noch umgangssprachlich-saloppe „Hemdsärmeligkeit" in unsere Zeit. „Alle Abweichungen von der Normal- und Mittellage nach oben wie nach unten führen von dem, was als guter Stil empfunden wird, hinweg" (SEIBICKE 1969, 21 f. 43 f.): „Sachlichkeit" ist heute gefragt. Diese Sachlichkeit bildet für G. MÖLLER die absolute Grundlage aller Stillehre: Wer „Sachprosa" – unsere Gebrauchssprache – schreibt, benutzt Sprache, „um eine eindeutig zweckbestimmte Aufgabe zu lösen"; als Stillage gilt die „mittlere, normalsprachliche", ohne emotionale Stilfärbungen: „Die Schönheit der Sachprosa liegt in ihrer Zweckmäßigkeit" (MÖLLER 1980, 15. 17). Was bedeutet „Sachlichkeit" in diesem stilistischen Sinn?

Sachlichkeit ist zunächst, grob formuliert, sachbezogene Zweckorientiertheit der Textbildung; das erklärt auch, warum MÖLLER immer wieder von der „Zweckmäßigkeit" der Sachtexte spricht. Zu unterscheiden ist zwischen Sachlichkeit als einer gewissermaßen inhärenten Eigenschaft von Sachtexten und Sachlichkeit als allgemeiner Einstellung, die selbstverständlich auch in anderen Texten eine Rolle spielt. Demgemäß bedeutet Sachlichkeit im ersten Fall: Ausrichtung auf die „Sache", den Kommunikationsgegenstand, und dessen möglichst objektive Darstellung im Text; umgekehrt Verzicht auf alles, was nur subjektives Beiwerk ist oder sprachlicher Aufmachung dient. Die „Sachlichkeit" von Gebrauchstexten liegt also, unter Zurücktreten der Person des Schreibers und anderer Umstände, in der nahezu ausschließlichen Konzentration auf den Gegenstand des Schreibens (wissenschaftliche Texte sind das beste Beispiel). Im zweiten Fall bedeutet Sachlichkeit: Der Schreiber nimmt gegenüber seinem Text eine Haltung ein, die durch nüchternen Tatsachensinn und rationales Zweckdenken bestimmt wird; die Formulierung erfolgt ohne Umschweife und zielbewußt, doch meist in einem unpersönlich gehaltenen Stil. Außer in dieser „Unpersönlichkeit", von der noch die Rede sein wird, äußert sich „Sachlichkeit" konkret nicht als Einzelzug, sondern als Summe vieler schon bekannter Stilgrundsätze: Ordnung und Klarheit des Textkonzepts gehören ebenso zu den Formulierungsvoraussetzungen wie Genauigkeit des Ausdrucks und ein gewisser Abstraktionsgrad.

Sachlichkeit als allgemeine Einstellung kann individualstilistische Eigenschaft sein, hingegen wird die Sachlichkeit gebrauchssprachlicher Texte vielfach konventionell gefordert: Ein rührselig abgefaßtes Bewerbungsschreiben, ein subjektiv kommentierender Wetterbericht, eine mit persönlichen Gefühlsergüssen durchsetzte Examensarbeit usw. erscheinen als ungewöhnlich, ja verfehlt. Bewerbungsschreiben, Wetterbericht, Examensarbeit – das sind 'Textsorten'.[142] Gerade in der Gebrauchssprache

besteht eine enge Bindung an solche konventionellen Formulierungsmuster, die für viele Schreibakte offiziellen Charakters durchaus obligatorisch ist. Überhaupt sind die wenigsten Texte völlig freie, individuelle
Gestaltungen; vielmehr orientieren sie sich, bewußt oder unbewußt, immer an der jeweiligen Textsorte. Man kann eine Textsorte als typische Art
der Textbildung beschreiben, die zum einen durch redekonstellative
Merkmale konstituiert, zum andern auch in sprachlichen Kriterien greifbar wird: „Es war einmal . . ." (Märchen), „Man nehme . . ." (Kochrezept) – charakteristische Textsortenanfänge,[143] die wir alle kennen. Als
besonders wichtig für die Textsortenbestimmung gelten indes die sämtli-
chen Texten eines Typs gemeinsamen Merkmale der Redekonstellation.
So weist z. B. ein Vortrag, mag jeder einzelne auch nach Inhalt und
Darbietungsform äußerst verschieden sein, dennoch stets die gleichen
Kennzeichen auf: ein Redner, ein schweigend zuhörendes Publikum, ein
vorgegebenes Thema, das nach vorbereitetem Konzept oder ausformu-
liertem Manuskript abgehandelt wird, usw. Leider ist die sprachwissenschaftliche Beschreibung von Textsorten, damit auch die Textsortenstili-
stik, noch nicht zu einem praktikablen Lehrstück gediehen; aber auch so
hat offenbar jeder von uns eine mehr oder minder deutliche Vorstellung
davon, wie solche gebrauchssprachlichen Textsorten aussehen sollten.
Ihre aktive Beherrschung ist allerdings unterschiedlich ausgeprägt: Jeder
wird einmal in die Lage kommen, einen formellen Brief, ein Zeitungsin-
serat, einen Lebenslauf usw. schreiben zu müssen. Andere Textsorten wie
Gebrauchsanweisung, Wetterbericht oder Reklame dagegen „beherrscht"
man nur passiv, d. h. man erkennt sie und registriert sofort eventuell
vorkommende Abweichungen.

Textsorten stecken indes nicht nur den äußeren, kommunikativen Rahmen ab, in den der konkrete Einzeltext sich einfügen muß; sie können
darüber hinaus in ihrem Aufbau wie in der Art der Formulierung bis in
Einzelheiten konventionell geregelt sein. Vergegenwärtigen wir uns dies
am Beispiel des eben erwähnten Lebenslaufs: Obwohl die biographischen
Fakten exakt festliegen, gäbe es zahlreiche und sehr verschiedene Möglichkeiten, sie darzustellen – wie verschieden, davon vermitteln literarisch
gestaltete Lebensläufe einen Eindruck (vgl. SANDERS 1977, 89f.). Gleichwohl fiele es im „Ernstfall" niemandem ein, etwa seiner Bewerbung einen
Lebenslauf in Versen beizufügen, die chronologische Reihenfolge auf den
Kopf zu stellen oder gar zur Auflockerung der spröden Darstellung gelegentlich einen Witz einzuflechten. Mit dem Lebenslauf als Textsorte verbinden wir vielmehr die Vorstellung, daß er relativ knapp, präzise und
sachlich sein müsse – konventionell bis zur Schablone:

Ich, (Vorname, Name), wurde am (Datum) in (Geburtsort) geboren.   – usw.

Jedoch ist auch das bereits eine weiterentwickelte und sich noch weiter-entwickelnde Form. Früher war es nahezu obligatorisch, einen Lebens-lauf handschriftlich in vollständigen, wohlausformulierten Sätzen abzu-fassen und in den Text viel von seinem Denken und Fühlen, als Ausdruck der innersten Persönlichkeit, einfließen zu lassen. In neuester Zeit be-schränkt man sich demgegenüber meist auf einen maschinenschriftlichen Abriß der chronologisch geordneten Lebensdaten: nur noch nüchterne Zahlen, Namen, Fakten. Der Lebenslauf, so individuell er von Mensch zu Mensch ist, hat nach moderner Auffassung eine weitgehend normierte Form als informativer Sachtext erhalten: Konventionen sind oft sogar raschem Wandel unterworfen.

Im Blick auf die stildidaktische Praxis erinnern wir uns daran, daß die Textsorten „Formulierungsmuster" genannt worden sind: Was der eine vielleicht als Beschränkung seines Formulierungsfreiraums empfindet, kann für den anderen möglicherweise eine nützliche Hilfe bedeuten. Ver-fügt man nämlich über keinerlei Erfahrung im Umgang mit einer be-stimmten Textsorte, so nehme man die „Musterhaftigkeit" beim Wort: Man studiere einen der betreffenden Textsorte zugehörigen Mustertext; auf diesem einfachen Rezept basiert z. B. die jahrhundertelange Tradition der sogenannten „Briefsteller".[144] Wer andrerseits mit den allgemeinen Regularitäten einer Textsorte vertraut ist, der vergegenwärtige sich nur, bevor er Textkonzept und Formulierung in Angriff nimmt, die typische Konstellation der Kommunikationsfaktoren sowie den textsortenspe-zifischen Aufbau und Darstellungsstil: Innerhalb dieses konventionell vorgegebenen Rahmens, den es einzuhalten gilt, sind dann indivi-dualstilistische Formulierungsfreiheiten in eingeschränktem Maße zumindest gestattet. So beginnt z. B. ein Studienbuch über Sprechen und Schreiben:

Der Mensch lebt in der Welt, indem er sich äußert und innert. Aber sicher nicht nur der Verleger wird zu bedenken geben, daß ein Wort wie „innert" im ersten Satz nicht gerade einladend wirkt. Zwar ist dieses Wort nach dem Wortbildungs-verfahren der deutschen Sprache möglich und im Kontext auch verstehbar, trotz-dem: was werden die Leser bei „innert" wohl innern, und vor allem, was werden sie äußern?[145]

Ein eklatanter Verstoß gegen den wissenschaftlichen Sachstil? Der Verfas-ser ist sich dieser Problematik bewußt gewesen – seine kurze Erörterung hebt sie gewissermaßen auf. Da zudem der wortspielerische Gegensatz von Äußerungen und *Innerungen* auch noch in den behandelten Pro-blemkreis der Kommunikation einführt, haben wir es mit einem durch-aus gelungenen, originellen Texteinsatz zu tun. Im weiteren geht es, je-weils anhand konkreter Stilerscheinungen, um Fragen folgender Art: Welche Sprachmittel bewirken Sachlichkeit, welche wirken ihr entgegen?

Wie individuell darf, wie sachlich muß ein Gebrauchstext sein? Wie steht es mit der vielberufenen „Unpersönlichkeit" des Sachstils?

Weg mit den Adjektiven?

Nächst Substantiven und Verben, die schon Gegenstand zeitstilistischer Überlegungen waren, gilt das Adjektiv als ein Sprach- und Stilmittel, das sich in früheren Jahrhunderten vor allem als „schmückendes Beiwort" (Epitheton ornans) höchster Wertschätzung erfreute. Aber nachdem schon die ältere Stillehre zunehmend Vorbehalte geäußert hatte, schätzt man heute die „Schlingpflanze" Adjektiv stilistisch gar nicht mehr. Man gebe „sozusagen den Hauptwörtern den Rachen frei und erlaube ihnen, nach Herzenslust Adjektive zu verschlingen", rät ein bekannter Stillehrer (SÜSKIND 1955, 41); oder noch drastischer: „Weg mit den Adjektiven!" (SCHNEIDER 1983, 37). Wirklich – weg mit allen Adjektiven? Es scheint, daß hier das Pendel der Entwicklung zu stark nach der kritischen Seite ausschlägt. Denn bei sinnvoller Anwendung sind auch Adjektive durchaus funktionstragende, genauer gesagt: Eigenschaften bezeichnende Bestandteile unserer Sprache. Sie treten in zweifacher Form auf, attributiv: *der hohe Baum* – prädikativ: *der Baum ist hoch*; im letzteren Fall das Adjektiv zu flektieren (also: *der Baum ist ein hoher*), gilt als Stilfehler. Eine dritte Möglichkeit, das nachgestellte Adjektiv, kennen wir nur noch aus älteren Gedichten und Liedern: *Röslein rot*. Liest man heutzutage als Überschrift einer Zeitungsmeldung: „Verkehrsunfall: *Fahrer tot*", so handelt es sich linguistisch nicht um ein nachgestelltes Adjektiv, sondern nur um eine verkürzte Formulierung: „(Der) Fahrer (ist) tot." Bestimmend für die stilistisch sinnvolle Anwendung von Adjektiven – und ähnlich für die zum Verb tretenden Adverbien, die nähere Umstände der Handlung ausdrücken – sind im übrigen jene allgemeinen Grundsätze, wie sie schon für andere Wortkategorien aufgestellt worden sind: „treffend" und „nicht gehäuft"!

Aus dieser Vorbemerkung ergibt sich bereits eine erste Entscheidung: Alle Adjektive (und Adverbien), die lediglich der sprachlichen Füllung oder Dekoration dienen, sind von vornherein inakzeptabel:

Fernher rauscht das Meer in die *holde* Stille, der Wind regt *sanft* das *starre* Laub. Ein *mattseidenes* Gewand, *elfenbeinweiß* und *golden bestickt*, umfließt ihre Glieder und läßt einen *zartgeschwungenen* Nacken frei, auf dem die *feuerfarbenen* Flechten lasten . . .[146]

Derartige „schmückenden Beiwörter", die zumal in solcher Kumulation doppelt gekünstelt wirken, erzeugen Kitsch (vgl. KILLY 1978, 12). Und wie sollen wir es mit jenen Adjektiven halten, die man aufgrund ihrer festen Verbindung mit ein und demselben Substantiv als „stehende Beiwörter" bezeichnet? Sie jedenfalls drängen sich uns bei jeder Gelegenheit glatt und schnell auf die Zunge:

der bittere Ernst, die konstante Bosheit, der triftige Grund, die vollendete Tatsache, die brennende Frage – usw.

Aus welchem „triftigen Grund" muß ein Grund stets *triftig* sein? Kann überhaupt ein Wort, das immer in der gleichen Verbindung steht, jedesmal „treffend" sein? Die stereotype Anwendbarkeit solcher Ausdruckskoppelungen führt zu ihrer unbedachten Anwendung als Klischees – bequeme sprachliche „Fertigteile", die zudem vom ständigen Gebrauch abgenutzt sind. Will oder kann man nicht auf sie verzichten, dann sollte man wenigstens ihren Sinngehalt prüfen: die „konstante Bosheit" beispielsweise – liegt der Nachdruck dieser Aussage wirklich auf der Konstanz, dem Andauern boshaften Verhaltens also, oder handelt es sich bloß um eine formelhafte Steigerung durch das Adjektiv? Von diesen stereotypen Adjektivverbindungen gelangt man unmittelbar zu den pleonastischen, von denen schon die Rede war: Typ „die *seltene* Rarität" (vgl. S. 139). Eine andere fehlerträchtige Art bleibt noch kurz zu erwähnen [147]:

das 100jährige Stiftungsfest, der geräucherte Heringverkäufer, der mehrköpfige Familienvater, der chemische Fabrikbesitzer – usw.

Hundert Jahre lang feiern? – man kann selbstverständlich nur das 100jährige Bestehen oder aber das 100. Stiftungsfest feiern. Indes wird jedem einsichtig sein, daß der Fehler in Beispielen dieser Art gar nicht bei den Adjektiven, sondern in ihrem falschen Bezug zu suchen ist: im Bezug des Attributs auf das Bestimmungswort und nicht auf das Grundwort der Substantivzusammensetzung, wie es den Regeln der Grammatik entspräche. Aber ähnlich wie die fehlerhafte Adjektivierung von Kleinwörtern (der *wehe* Finger, die *zue* Tür, das *neuliche* Schreiben usw.) begegnen solche, in den Stillehren eifrig traktierte Sprachkarikaturen doch relativ selten in der normalen Sprachpraxis.

Wie sieht demgegenüber ein stilistisch akzeptabler Gebrauch des Adjektivs aus? Adjektive sind nach allgemeiner Auffassung dann notwendig, wenn sie der Unterscheidung dienen: wenn es sich also um *weiße*, nicht *graue* Mäuse handelt, wenn von *kalten* Getränken (im Gegensatz zu *warmen*) die Rede ist usw. Adjektive sind auch angebracht, wenn sie – möglichst ungezwungen und unverbraucht – wesentliche Eigenschaften einer Sache treffend kennzeichnen oder dem Gedankengang etwas Neues hinzufügen, wenn sie also eine eigene Leistung für die Aussage erbringen.

Man vergleiche die folgenden abgegriffenen (in Klammern) mit den in gutem Sinne „originellen" Verwendungen [148]:

eine (vornehme) *kurfürstliche* Nase, (offenkundige) *wasserklare* Lügen, die (schwunglose) *kurzgeschorene* Sachlichkeit – usw.

Allerdings sollte man beachten, daß vom ungewohnten zum gekünstelten Ausdruck oft nur ein kleiner Schritt ist. Weiter fällt auf, daß man gern zu adjektivischen Erweiterungen verschiedener Form greift: z. B. *hochmodern, tränennaß, feingliedrig, grausam-ernst, würzig-prickelnd* usw. Aber hier lauern gleich die Gefahren: Adjektive können zu Weitläufigkeit und Aufschwellung führen; nicht gut gewählt, „verwässern" sie häufig den Sinn.

Ist das Adjektiv schon an und für sich nicht unbedenklich, so liegen noch größere Tücken in seiner Häufung:

... der ebene, gut unterhaltene, lang sich hinziehende und immer geradeaus führende Weg. [149]

Nehmen wir an, der beschriebene Weg weist tatsächlich die angeführten Eigenschaften auf – müssen sie darum aber auch alle genannt werden? Die Kritik richtet sich meist, rein syntaktisch, gegen die zu große Füllung des Bogens zwischen dem Artikel und seinem Substantiv (*der ... Weg*). Wesentlicher scheint der stilistische Gesichtspunkt, ob die gehäuften Adjektive wirklich alle notwendig und im Sinne der Beschreibungsabsicht „treffend" sind. Spielt es z. B. eine besondere, hervorhebenswerte Rolle, daß der Weg „eben" genannt wird? War vorher vielleicht von einem holprigen, kaum befahrenen Weg die Rede, so daß nun seine gute Qualität herausgestrichen werden muß? Soll etwa der „lang sich hinziehende und immer geradeaus führende Weg" die Monotonie der Reise symbolisieren? Gute Beschreibung besteht nicht einfach in detaillierter Aufzeichnung aller möglichen beobachtbaren Fakten um ihrer selbst willen; viel wichtiger ist ihre darstellerische Organisation, die ihnen eine bestimmte Funktion im Text zuweist: Erst deren angemessene Erfüllung macht sie stilistisch treffend. Wenn nicht, gilt in der Tat der Satz: „Jedes weggestrichene Adjektiv ist ein Gewinn" (SCHNEIDER 1983, 42).

Es wäre mit den Adjektiven vielleicht gar nicht einmal so schlimm, wenn man sie nicht auch noch steigern könnte. Schon der Komparativ evoziert Neid und Konkurrenzgedanken, der Superlativ gar Überheblichkeit und Ausschließlichkeitsansprüche. Drastisch erleben wir das in der Werbung:

Ein *gutes* X? – nein, X ist *besser* (als was?), es gibt nichts *besseres* (als X); X ist das *beste* – das *beste* X, das es je gab; X wirkt *optimal* (oder gar *optimalst*? *bestoptimal*?) ...

Auch im normalen Sprachgebrauch sind die Steigerungsformen nicht unproblematisch. Der Komparativ erfordert in der Regel eine Vergleichsgröße, die im Gegensatz zur Grundform des Adjektivs, der ein *wie* folgt, mit *als* angeschlossen wird: *ebenso groß wie*, aber *größer als* – GOETHES kannibalisches Wohlsein „*Als wie* fünfhundert Säuen" kann hier nicht unbedingt als vorbildliche Umgehung dieser grammatischen Schwierigkeit gelten. Während man Adjektive wie *tot, wahr, viereckig, blau, kein, letzter* usw. normalerweise nicht steigern kann, sollte man dies bei anderen nicht tun, weil das einfache Wort bereits einen hohen, nicht mehr steigerungsfähigen Grad der betreffenden Eigenschaft ausdrückt:

einzig, absolut, fundamental, gigantisch, erstklassig, ideal, einwandfrei – usw.

Die Adjektivsteigerung kann neben der logischen auch noch formale Schwierigkeit bereiten: Bei Zusammensetzungen aus zwei adjektivischen oder partizipialen Gliedern werden entweder das erste oder das zweite Glied, nie aber beide gesteigert. Der „bestangezogenste Herr" ist sprachlich eine Karikatur. Nach der Regel erfolgt eine Steigerung im Erstglied, wenn die Komposition sinngemäß noch durchschaubar bleibt, jedoch im Zweitglied, sofern die Zusammensetzung bereits als einheitlicher Begriff aufgefaßt wird; letzten Endes entscheidet der übliche Sprachgebrauch, der hier nicht immer einheitlich verfährt. Meist läßt sich diese Komplikation elegant umgehen, indem man das einfache Adjektiv verwendet: also nicht *schwerstwiegend* (?) oder *schwerwiegendst* (?), sondern schlicht *schwerwiegend*!

Die Höchstform der adjektivischen Steigerung, der Superlativ, gilt aus stilistischer Sicht als „schreiend". Aber nicht nur das: „Jeder Superlativ reizt zum Widerspruch", hat BISMARCK geäußert.[150] Fest steht, daß Steigerung im Übermaß entwertet: Wird im Text ein Wort unterstrichen, dient das der graphischen und sinngemäßen Akzentsetzung; häufen sich solche Unterstreichungen, verlieren sie ihren Hervorhebungswert – und gelten gar als pathologisches Indiz. Dennoch scheint heute ein kommunikatives Bedürfnis nach Ausdrucksverstärkung zu bestehen: für die gesprochene Sprache wurde auf diese Erscheinung bereits hingewiesen (S. 131). Auch das geschriebene Deutsch kennt Mittel der Steigerung, die differenzierter sind als der Superlativ. Da gibt es zunächst die auch schon etwas „altersschwache" Verdoppelung, z. B. *noch und noch, groß und (immer) größer*. Das geläufigste Mittel bildet ein dem Adjektiv vorgesetztes Bestimmungswort, das sich nicht selten reihenbildend zum allgemeinen Steigerungselement entwickelt:

blitzschnell, fuchsteufelswild, erzfaul, uralt (-komisch, -gemütlich . . .), vollgültig (-reif, -schlank . . .), hochgestellt (-modern, -vermögend . . .), superklug (-reich, -elegant . . .) – usw.

Eine zweite Möglichkeit der Hervorhebung, kaum weniger gebräuchlich, ist das dem Adjektiv vorausgehende Steigerungsadverb:

sehr, durchaus, ungemein, äußerst, mehr als – usw. (es folgt das Adjektiv im Positiv);
viel, bedeutend, wesentlich, erheblich, weitaus – usw. (mit folgendem Komparativ);
weitaus, bei weitem, schlechthin, aller- – usw. (mit folgendem Superlativ).

Ferner sind modische Formeln zu beachten, über die man stilistisch geteilter Meinung sein kann: Ist das Leben heutzutage nicht „ungleich schwerer" als früher, obwohl wir es doch eigentlich „denkbar leicht" haben? Aber „rein äußerlich" betrachtet, bestätigt sich „einmal mehr", daß es uns trotz allem „nichts weniger als schlecht" geht, usw. In der gleichen Richtung liegt das „höfliche Adjektiv": An die Stelle antonymischer Gegensätze wie z. B. *schön – häßlich* treten junge *un*-Bildungen, die mildernde „Zwischenwerte" schaffen: *unschön* ist zwar auch Konträrbegriff zu *schön,* klingt aber längst nicht so negativ wie *häßlich* – eine höfliche Abschwächung (vgl. MACKENSEN 1979, 42 f.). Übrigens kann man diese Möglichkeit, ihrerseits negiert, wieder zu einem dezent-sprachmodischen Kompliment umgestalten: „ein *nicht un*elegantes Kleid". Die Normalform solcher Ausdrucksabschwächung bilden indes, nicht nur in Verbindung mit Adjektiven, einschränkende Umstandswörter wie *fast, annähernd, sozusagen, gleichsam* usw. *Gewissermaßen* als Umkehrung der Steigerungsadverbien dienen sie dazu, eine Aussage zu relativieren.

Gerade in jüngster Zeit gibt es eine Fülle adjektivischer Neubildungen, die sich in stark produktiven Typen dem modernen Sprachgebrauch bestens einfügen:

unfallfrei, standardmäßig, lichtbeständig, schlüsselfertig, ofenfrisch, körpergerecht, leistungsintensiv, fachspezifisch, datenverarbeitend, gefriergetrocknet – usw.[151]

Obwohl nur eine kurze Liste zufällig herausgegriffener Beispiele, wird doch ihre zeitstilgemäße Tendenz greifbar, ganze Sachzusammenhänge funktionsgerecht in ein einziges Wort, hier Adjektiv, zu raffen. Auch die Affinität der neuen Bildungen zur Sprache von Wissenschaft, Technik und moderner Lebenswelt tritt hinreichend deutlich zutage. Sicherlich hat W. SEIBICKE recht, wenn er – ohne eine verallgemeinernde Regel für den Adjektivgebrauch zu formulieren – schreibt: „Angemessen ist das stimmungsvolle Adjektiv in einem Stimmungsbild, das erläuternde in einer Beschreibung, das unterscheidende und beurteilende in einem Sachtext – immer vorausgesetzt, daß der Inhalt des gewählten Adjektivs in Einklang mit der 'Sache' steht, das Gemeinte 'trifft'" (SEIBICKE 1969, 155). In puncto Steigerung hüte man sich ebensosehr vor der zu blassen wie vor der zu grellen Charakterisierung; wenn eine Formulierung mehr Nachdruck erhalten soll, dann in sprachgerechter und gegenstandsangemessener „Dosierung" der Verstärkungsmittel! Nach statistischen Berechnungen weisen im übrigen Fachtexte die größte Adjektivdichte auf: Das sind dann alles andere als blumig-anschaulich „schmückende Beiwörter", sondern definierende, spezifizierende und präzisierende Adjektive. Als solche gehören sie ebenso zu den Kennzeichen des wissenschaftlich-technischen Sachstils unserer Zeit wie die Passiv-Formulierung.

Passiv – stilistische „Leideform"?

Obwohl auch moderne Zeithaltung, betrifft der Stilgrundsatz zweckdienlicher „Sachlichkeit" doch hauptsächlich den Bereich der Gebrauchssprache und darin wieder vornehmlich das Fachschrifttum. In anderen Zusammenhängen wurden schon einige der Sprachmittel erwähnt, auf denen diese zeittypische Sachlichkeit beruht: ein jeweils invariables Fachvokabular, exaktes Definieren der Sachverhalte, logisch-klare Satz- und Textgestaltung, schließlich das Zurücktreten der Verfasserindividualität. Nun gibt es ein syntaktisches Mittel, welches seiner Struktur nach darauf angelegt ist, das handelnde Subjekt auszuklammern: die Passivkonstruktion [152] – kein Wunder also, wenn diese in wissenschaftlichen Texten überdurchschnittlich häufig vorkommt. In gleichem Maße aber, wie passivische Formulierungen zunehmend auch in unsere Gemeinsprache eindringen, wächst die stilistische Kritik: „Arm an Saft und Kraft", heißt es vom Passiv, „eine späte, künstliche, entmenschlichte Form des Verbs" (SCHNEIDER 1983, 50). Trifft diese negative Beurteilung tatsächlich zu?

Als Ausgangspunkt halten wir zunächst fest: Grammatisch gilt die Passivformulierung als syntaktische Variation des Aktivs, die sich konkret in einer Transformation von Subjekt und direktem Objekt sowie der *werden*-Umschreibung des Verbs äußert. Wäre dem so, müßte man das Passiv in der Tat, verglichen mit dem Aktiv, als umständlicher und unklarer, ja sinnlos ablehnen. Indes kommt dem Perspektivenwechsel der Formulierung insofern eine durchaus eigenständige Ausdrucksfunktion zu, als damit oft eine Ausklammerung des bewirkenden Faktors ('Agens') bezweckt ist, hauptsächlich der handelnden Personen. Wenn diese nicht bekannt, selbstverständlich oder unbedeutend sind, jedenfalls aus einem bestimmten Grund nicht genannt werden sollen, greift man zum Passiv:

Der Politiker wurde auf offener Straße erschossen.
Auf Antrag des Staatsanwalts ist der Angeklagte zu drei Jahren Gefängnis verurteilt worden.
Das Seminargebäude wird um 20 Uhr geschlossen. – usw.

Stellen wir uns überhaupt jedesmal die Frage: von wem? Die Antwort würde im ersten Beispielsatz lauten: „Die Attentäter konnten unerkannt entkommen"; im zweiten ist sie überflüssig, denn anklagen und verurteilen kann nur ein Gericht, und im dritten Satz bleibt es von untergeordneter Bedeutung, wer die Schließung vornimmt. Wir halten zunächst einmal fest: Als sprachliche Normalform hat uneingeschränkt die Aktivformulierung zu gelten – sie überwiegt statistisch bei weitem, benennt klar den Urheber des Geschehens und kommt meist mit einfachen, nichtumschriebenen Verbformen aus. Dagegen bedürfen Passivformulierungen stets eines Nachweises ihrer „Existenzberechtigung": sie müssen in jedem einzelnen Fall wohlbegründet sein.

Wie ist der wissenschaftliche Passivgebrauch begründet? Er nimmt seine Legitimation aus der Tatsache, daß der erörterte Sachverhalt im Vordergrund steht, nicht der Verfasser; darüber hinaus verzichtet die Sachdarstellung weitgehend auf individuell gefärbte Äußerungen. Bleibt so schon von vornherein wenig Raum für die Entfaltung der eigenen Person, hat sich in der Folge daraus eine besondere, „entpersönlichte" Art der Stilisierung entwickelt: Verzicht auf *ich*, seltenes Bescheidenheits-*wir*, häufiger *man* (vgl. S. 90) – vor allem aber passivische Formulierungen. Die stilistische Gefahr liegt wieder einmal nicht im Passiv selbst, sondern in seiner Häufung: Werden ganze Textpassagen passivisch ausgedrückt, dann wiederholen sich die steifen *werden*-Konstruktionen in störender Weise. Gute Stilisten haben daher schon immer zu verschiedenen Arten der Passiv-Umschreibung gegriffen, so z. B. der Physiker W. HEISENBERG [153]:

Wie Sie wissen, können durch diese Auffassung alle mit der Erwärmung und Abkühlung der Körper verbundenen Phänomene quantitativ *behandelt werden*. Die Theorie der chemischen Reaktionen *läßt sich* in das so geschaffene Schema zwanglos *einordnen* (*kann eingeordnet werden*). Die qualitativen Änderungen der Stoffe in chemischen Prozessen *scheinen* auf die Änderungen der geometrischen Konfigurationen der Atome *zurückführbar* (*können zurückgeführt werden*).

Hier treten zwei Ersatzformen des Passivs auf, die nicht zuletzt wohl aus stilistischen Gründen gewählt sind: *sich lassen* mit Infinitiv und *sein* in Verbindung mit einem Adjektiv auf -*bar*. Weitere Möglichkeiten wären Formulierungen mit *finden, erfahren, erleiden* und *durchmachen* (z. B. *Ausdruck finden, Belehrung erfahren* usw.); neben der unpersönlichen Formulierung mit *man* kann auch Reflexivbildung als Ersatz dienen (*man findet / es findet sich*), ferner *sein* mit Infinitiv oder *fähig* in Verbindung mit einem Verbalsubstantiv (. . . *ist zu verändern, der Veränderung fähig*) – alles Formen des „verkleideten Passivs", wie H. KOLB diese Erscheinung genannt hat. Jedenfalls verfügt die Sprache der Wissenschaft dergestalt über ein variables Instrumentarium, das ihr erlaubt, die Uniformität des *werden*-Passivs durch Umschreibungen passivischen Sinnes stilistisch aufzulockern.

Nicht also das Passiv in der Wissenschaftssprache, sondern seine immer häufigere Verwendung in der Gemeinsprache bildet den eigentlichen Stein stilistischen Anstoßes. Noch genauer: vor allem das Behörden- und Geschäftsdeutsch ist stark von den unpersönlichen *werden*- und *sein*-Formulierungen des Vorgangs- und Zustandspassivs durchsetzt. Begründet? „Das Es der Behörde", der Firma oder ähnlicher Institutionen verbirgt sich „hinter dem unangreifbaren Anonym" (MACKENSEN 1979, 103):

Betreten (ist/wird) verboten!

Es ist davon auszugehen / wird davon ausgegangen . . .

Zwecks Feststellung Ihrer Personalien werden Sie aufgefordert . . .

. . . ist der Tatbestand des Diebstahls als von seiten des Gerichts für festgestellt zu erachten;

. . . wird mit Gefängnis bis zu drei Jahren bestraft; – usw.

Wer kennt sie nicht, diese umständlichen, „papierdeutschen" Ausgeburten des St. Bürokratius, die sich alle peinlich bemühen, den Urheber nicht zu nennen? Sie sind es hauptsächlich, die den alten behördlichen Kanzleistil in unserer „Sprache der verwalteten Welt" und antiquierte Formeln des Kaufmannsdeutsch im modernen Geschäftsbrief fortsetzen. Ein Glück, daß solche Formulierungsweisen im alltäglichen, vor allem auch mündlichen Sprachgebrauch nur eine nebensächliche Rolle spielen! Wenn als Bedingung genannt wurde, daß die Verwendung des Passivs in jedem einzelnen Fall motiviert sein müsse, so mag ein Beispiel die Art solcher Begründung erläutern:

›Alice im Wunderland‹ und die kaum weniger berühmte Fortsetzung ›Im Spiegelreich‹ (1872) *wurden* zwar für Kinder *verfaßt* . . ., doch sind sie als Kinderbücher einzigartig, weil sie Erwachsene genauso, wenn nicht sogar stärker ansprechen. Ihr Verfasser war . . . Die erste Ausgabe, Bibliophilen als die ›1815-Alice‹ bekannt, *wurde* auf Kosten des Verfassers von der Oxford University Press *gedruckt*. Im letzten Augenblick *wurde* jedoch vom Autor wegen der schlechten Reproduktion der fast ebenso berühmt gewordenen Illustrationen John Tenniels die Auflage für ungültig *erklärt*.[154]

Der Text stammt aus einem Werk, das über berühmte Bücher der Weltgeschichte handelt – folglich stehen diese im Vordergrund: die Buchtitel ›Alice im Wunderland‹ und ›Im Spiegelreich‹, die „erste Ausgabe" und „Auflage" sind die grammatischen Subjekte der drei passivisch konstruierten Sätze. In der Rangfolge deutlich an zweiter Stelle steht der „Verfasser": am Anfang stilistisch geschickt ausgespart, wird er angesichts seiner Wichtigkeit folgend in einem eigenen Satz vorgestellt; später heißt es „auf Kosten des Verfassers" und „vom Autor" (schließlich noch, drittrangig, gedruckt „von der Oxford University Press"). Wie sich an diesen Beispielsätzen beobachten läßt, gewinnen die Passivformulierungen ihren Sinn dadurch, daß sie im Dienste einer bestimmten Ausdruckabsicht unterschiedliche Akzentsetzungen ermöglichen. Man muß sich also von dem üblichen Schwarzweißbild Aktiv/Passiv freimachen: Auch für Feinheiten der Aussagegewichtung bietet sich das Passiv als ein geeignetes Mittel an. Eine weitere Möglichkeit seiner Anwendung bildet das „höfliche" Passiv, das im Zusammenhang mit Kritik, Vorwürfen, Mißbilligung usw. eine Abschwächung bewirkt. Schreibt man beispielsweise: „Es wurde beanstandet . . .", dann richtet sich dieser Tadel vordergründig nur gegen einen Sachverhalt, implizit natürlich gegen dessen Verursacher – der jedoch ungenannt bleibt. Besonders geläufig und nie ernsthaft kritisiert, steht das Passiv auch in Rezepturen, Kochbüchern, Gebrauchsanweisungen, überhaupt Anleitungen aller Art, wenn es darum geht, allgemeine Regelhaftigkeiten oder Vorschriften zu formulieren (z. B. die Rechtschreib-Regeln des ›Duden‹). Nicht das Passiv als Sprachform ist also bedenklich, vielmehr allein seine unsachgemäße Verwendungsweise – dies hauptsächlich im amtlichen „Stil der Unpersönlichkeit".

Der inhumane Akkusativ

Wurde schon das Passiv als „entmenschlichte" Sprachform bezeichnet, so hat die Sprach- und Stilkritik bis zur „Inhumanität" gesteigerte Entpersönlichung in modernen Verberweiterungen vor allem mittels vorgesetztem *be-* oder *ver-* festgestellt: Man gibt nicht mehr eine Vollmacht – man *bevollmächtigt*; man macht niemanden zum Sklaven – man *versklavt* usw. Ganze Reihen solcher Präfixbildungen, unterschiedlichen Alters und verschiedener Ableitung, gibt es:

bereinigen, beschädigen, beköstigen, befürworten, beglückwünschen, bezuschussen – usw.
verplanen, verallgemeinern, verängstigen, verstaatlichen, verunmöglichen, verbeamten – usw.

Gemeinsam ist ihnen, daß sie anders als die variabel konstruierten Grundwörter alle den Akkusativ regieren; als inhuman wird diese „Akkusativierung" bezeichnet, sofern sie personale Objekte betrifft: „Wenn der, *dem* ein Kaufmann Waren *liefert*, zu einem wird, *den* die Firma mit Waren *beliefert*, so rückt er deutlich aus der Rolle der sinngebenden Person heraus; er ist nicht mehr der persönliche Kunde, sondern die Nummer der Lieferliste" (WEISGERBER 1958, 68) – indem der „Mensch im Akkusativ"[155] als Ziel einer transitiven Handlung in die Nähe von sonstigen

Sachobjekten gerückt wird, ergeben sich leicht solche kulturpessimistischen Deutungen wie die der Enthumanisierung unserer Gegenwartssprache. Vor allem H. KOLB hat indes gezeigt, daß die moderne Beliebtheit solcher *be-* und *ver-*Bildungen offensichtlich weniger sprachideologische als sprachintern-grammatische Gründe hat. Wie beim Passiv werden nämlich je nach Formulierung unterschiedliche Ausdrucksleistungen erbracht: Man *liefert* (einem Kunden) *Waren*, aber man *beliefert* einen *Kunden* (mit Waren) – die *be-*Präfigierung macht einen Perspektivenwechsel möglich. Während beim Grundverb das Sachobjekt im Vordergrund steht und daher obligatorisch ist, das Personalobjekt hingegen fakultativ hinzugefügt werden kann, verhält es sich beim präfigierten Verb genau umgekehrt.

Aber warum tendiert die moderne Sprache so eindeutig in Richtung der akkusativisch konstruierten *be-*Verben? Vielleicht deshalb, weil der Akkusativ formal in den meisten Fällen mit dem Nominativ übereinstimmt und daher im Vergleich zum Dativ eine bequemere Handhabung ermöglicht. Zudem bieten die *be-*Verben noch weitere Vorteile in ihrer leichteren Transformierbarkeit: *ich werde beliefert* (Umsetzung ins persönliche Passiv), der *Belieferte/belieferte Kunde* (passivisches Partizip/ Adjektiv), die *Belieferung* des Kunden (Verbalsubstantiv) usw. Hinter den verbalen Neubildungen und daraus abgeleiteten Formulierungsweisen stehen Motive wie formale Vereinfachung und sprachrationale Vereinheitlichung, die insgesamt auf eine größere Präzision und funktionale Zweckmäßigkeit der Sprachverwendung gerichtet sind. Es wäre allerdings zu einseitig, in dieser Hinsicht nur die Vorsilben *be-* und *ver-* zu berücksichtigen. Präfixerweiterungen, um einfache Verben syntaktisch vielseitiger und semantisch nuancierter zu gestalten, gibt es in Fülle; als Beispiel das Aktionsverb *arbeiten* mit seinem Umfeld [156]:

bearbeiten, verarbeiten, ausarbeiten, erarbeiten, aufarbeiten, überarbeiten, durcharbeiten, vor- und nacharbeiten;
sich einarbeiten, überarbeiten, abarbeiten;
zur Bearbeitung bringen, zur Verarbeitung kommen   – usw.

Gerade im Anschluß an diese Funktionsverbgefüge zum Ausdruck wechselnder Aktionsarten und Bedeutungsabstufungen zeigt sich, worauf es auch den neuen Verberweiterungen ankommt: Akzentuierung, Präzisierung und Differenzierung der Vorgänge. Der Schluß liegt nahe,[157] daß es sich um Sprachformen unserer technisierten Gesellschaft handelt, die weitgehend dem fachsprachlichen Gebrauch entlehnt sind. In der allgemeinen Sprachverwendung hat sich daraus ein offenkundiges Bedürfnis entwickelt, Verben durch zusätzliche Präfigierung mit mehr Nachdruck auszustatten:

zeigen – aufzeigen, prüfen – überprüfen, klären – abklären, fragen – hinterfragen, warnen – vorwarnen, diskutieren – ausdiskutieren   – usw.

Das ist nicht unbedingt „Sprachinflation", wie es in der Kritik heißt[158]: Wer eine Angelegenheit *über-prüft* oder *hinter-fragt*, gibt sich zumindest den Anschein, dies intensiver zu tun als der einfach Prüfende oder Fragende. Angestrebt wird damit vermutlich eine Teilhabe am vorbildhaften technisch-wissenschaftlichen Sprachstil; wir bewegen uns hier also im Bereich sprachlicher „Prestigeformen", zu deren Eigenarten es immer gehört, daß sie übers Ziel hinausschießen: übermäßiger Fremdworteinsatz, sprachliche Übersteigerungen und jene kurzlebigen „Imponiervokabeln", die ebenso schnell wieder im Papierkorb der Sprachgeschichte verschwinden, wie sie in Mode gekommen sind.

Welche Folgerungen soll die Stillehre aus den dargestellten Tatbeständen des modernen Sprachgebrauchs ziehen? Rationalisierung und Funktionalisierung aller Sprachmittel sind, als Folge der Technisierung unserer Lebenswelt und ihrer allgemeinen Verbreitung durch die Massenkommunikation, im Gegenwartsdeutsch so weit fortgeschritten, daß sich niemand dieser Entwicklung entziehen kann. Es hilft auch nichts, über heutigen „Sprachverfall" zu lamentieren oder die nüchterne Sachlichkeit unserer Gebrauchssprache als inhuman zu beklagen; denn man sollte „nicht vergessen, daß es den Menschen selbst zugute kommt, wenn bequeme grammatische Möglichkeiten im raschen Sprachverkehr des modernen Alltags genützt werden" (VON POLENZ 1972, 151). Auch die besprochenen Augenblickskomposita, sprachökonomische Neubildungen aller Wortarten wie *Nahschnellverkehr, durchschnittsgebildet, dauerparken* usw., die sich durch ihre Gebrauchsfrequenz als zeittypisch legitimieren, dienen solcher Bequemlichkeit, weil die Bedeutungsbeziehungen nicht genau ausgedrückt werden müssen. Zugleich aber sind sie, indem größere Sprachkomplexe präzisierend und komprimierend in ein Wort gefaßt werden, auch rationeller: Die moderne Zusammensetzung „ist als ‚Großblock' zu handhaben, wo die Wortgruppe aus einzelnen Ziegelsteinen gemauert werden muß" (FLEISCHER 1971, 394).

Ein weiteres Phänomen dieser Art ist die Reihenbildung, das „Gesetz der Serie": Stark produktive Ableitungsmuster, z. B. die zahllosen *-ung*-Substantive, Adjektive auf *-mäßig*, Verben mit den Vorsilben *be-* oder *ver-*, erleben in unserer Zeit eine ständige Vermehrung und sind uns derart geläufig, daß eigene Wortschöpfung im Rahmen ihrer Bildemöglichkeiten keineswegs ausgeschlossen scheint – wie ließe sich etwa die *Pfefferung* eines Steaks *zumutungsmäßig* mit Ihrem Sprachgefühl *vereinträchtigen*? Die zahlreichen Präfixerweiterungen älterer Grundverben haben wie die Funktionsverbgefüge eine größere Genauigkeit und Ausdrucksdifferenzierung in der Vorgangsdarstellung zum Ziel. Eine ähnliche Erklärung findet wohl eine neue Art lexikalischer Kettenbildung, die in sich immerzu noch vermehrenden Begriffsfeldern zu beobachten ist: Unterschied man beispielsweise früher allenfalls qualitativ zwischen *Kosten* und *Unkosten*, existiert gegenwärtig eine ohne weiteres fortführbare Skala vornehmlich quantitativ nuancierender Zusammensetzungen wie *Kostensituation, Kostenaufwand, Kostendruck, Kostenlawine, Kostenexplosion* usw.

Auch wenn man die Stileigenschaften der neu entstehenden Sprachstrukturen nicht in jedem Fall vorbehaltlos akzeptiert, wird doch das allgemeine Bestreben deutlich, schon vorhandene Sprachmittel möglichst effizient zu nutzen. War der Gesichtspunkt der Sprachökonomie hauptsächlich auf eine rationelle Verknappung des sprachlichen Aufwandes gerichtet, so regelt die Sprachfunktionalität den sachgerechten, wirksamen Einsatz der sprachstilistischen Mittel mit dem Ziel größtmöglichen Informationsgehaltes: „Höchste Zweckmäßigkeit also ist höchster Stil", hat schon E. ENGEL (1922, 20) in aphoristischer Prägnanz den „obersten aller Stilgrundsätze" formuliert – eine funktionale Betrachtungsweise. Das erinnert daran, daß es ja eine eigene 'Funktionalstilistik' gibt.

„Funktionalität" als Stilprinzip

Wie das Begriffspaar „Knappheit – Sprachökonomie", so stehen auch „Sachlichkeit – Funktionalität" nicht als gleichberechtigte Stilprinzipien nebeneinander: Sprachökonomie und Funktionalität benennen gleichzeitig die hinter den konkreten Sprachtendenzen erkennbaren Triebkräfte, die uns letzten Endes erst zu Knappheit und Sachlichkeit des Ausdrucks motivieren. Was bedeutet nun „Funktionalität", verstanden als Stilprinzip?

Die Funktionalstilistik [159] betrachtet Stil als die kommunikativ „funktionsgerechte" und pragmatisch „wirkungsvolle" Verwendungsweise der Sprache, wobei die diesem Zweck gemäßen Ausdrucksmittel – differenziert nach bestimmten Anwendungsbereichen – durch außer- und innerlinguistische Faktoren festgelegt sind. In diesem Sinne lautet eine funktionalstilistische Stildefinition: „Stil ist ein historisch veränderliches, durch gesellschaftliche Determinanten bedingtes Verwendungssystem der Sprache, objektiv verwirklicht durch eine qualitativ und quantitativ geregelte Gesamtheit sprachlicher Mittel – mit anderen Worten: realisiert aufgrund kodifizierter Normen für die einzelnen Kommunikationsbereiche" (RIESEL/SCHENDELS 1975, 16). Dies ist so zu verstehen, daß häufig wiederkehrende Kommunikationssituationen sich in ihrem Ablauf historisch-konventionell verfestigen können; es bilden sich stereotype, d. h. weitgehend normierte Sprachgebrauchsmuster ('Sprachhandlungsschemata') heraus, deren funktionale Zweckbestimmtheit die verschiedenen Kommunikationsbereiche auf eine differenzierte und jeweils spezifische Art prägt. Als daraus resultierende Stilbereiche, die 'Funktionalstile' genannt werden, unterscheidet E. RIESEL, die prominenteste Vertreterin dieser Stilkonzeption:

(1) „Stil der öffentlichen Rede"
(2) „Stil der Wissenschaft"
(3) „Stil der Presse und Publizistik"
(4) „Stil der Alltagsrede"
(5) „Stil der schönen Literatur"

Lassen sich die beiden letztgenannten Funktionalstile wegen der Eigengesetzlichkeiten der vorwiegend mündlichen Alltagskommunikation und literarischer Texte dem funktionalstilistischen Modell nicht ohne weiteres einordnen, so ist auch gegen die drei Stile des gebrauchssprachlichen Kernbereichs eingewendet worden, daß sie in sich zu uneinheitlich und von zu großer Variationsbreite seien: es finden sich weder einfache Merkmale noch Merkmalkombinationen, die ausschließlich für den öffentlichen, wissenschaftlichen oder publizistischen Stil Geltung hätten. Wenn mehrfach Gelegenheit war, auf typische Stileigenschaften z. B. wissenschaftlicher Texte aufmerksam zu machen, so blieben diese letztlich doch von zu großer Allgemeinheit: Fachvokabular, Sachorientiertheit, Abstraktion usw. Nicht von ungefähr wird in diesem Zusammenhang auf „Texte" zurückgegriffen, denn Funktionalstile konkretisieren sich in den stilistischen Kriterien der ihnen zu- oder besser untergeordneten Textsorten. Der „Stil der Wissenschaft" ist also der Stiltyp, wie er sich aus den Gemeinsamkeiten des Stils wissenschaftlicher Vorträge, Abhandlungen, Referate usw. ableiten läßt. Mit anderen Worten: wie Kommunikationsbereiche sich als zusammengehörige Textsortenbündel beschreiben lassen, so Funktionalstile als Bündelungen von 'Textsortenstilen'.[160] Hier schließt sich der Kreis zu dem, was im ersten Abschnitt über Textsorten und ihre stildidaktische Berücksichtigung gesagt worden ist.

In seiner allgemeinen Form führt der Gesichtspunkt der Funktionalität direkt auf unser Stilideal der kommunikativen Adäquatheit: Funktionalstilistischer Zweckmäßigkeit entspricht der in vollem Umfang kommunikationsgerechte Einsatz der Sprachmittel. „Kommunikationsgerecht" wiederum bedeutet die angemessene Beachtung aller Kommunikationsfaktoren, die hier nochmals zusammengefaßt seien:

Man nehme einen logisch-semantisch gut vorstrukturierten Sachverhalt, der möglichst informativ und zielbewußt dargestellt werden soll. Ein kräftiger Schuß Rücksicht auf den Leser macht besonders bekömmlich. Man verrühre das Ganze mit viel zeitgerecht-pragmatischer Sprachökonomie und Funktionalität, was am besten in der Form vorgeprägter Textsorten bewerkstelligt wird. Nachdem man zum Schluß mit wohldosierter Schreiber-Individualität abgeschmeckt hat, ist der stilistisch gelungene Text fertig.

Natürlich kann man es so nicht machen: das Resümee[161] einer Sachdarstellung ist kein Kochrezept. Aber es genügt nicht, einen klaren Verstoß gegen die konventionell festgelegte Textsortenspezifik, die funktional geforderte Sachlichkeit oder die Lesererwartung zu konstatieren: nicht Einzelheiten sind stilistisch „schief", sondern der Text insgesamt. Da die Art der Darstellung dem dargestellten Gegenstand nicht angemessen erscheint, wurde eine falsche „Stilebene" gewählt.

Literaturhinweise

Vgl. E. Barth, Die funktionale Differenzierung der Sprache, in: Die Neueren Sprachen, Neue Folge 19 (1970), 186–191. – E. Riesel, Stilistik der deutschen Sprache, Moskau, 2. Aufl. 1963; dies./E. Schendels, Deutsche Stilistik, Moskau 1975. – B. Sandig, Probleme einer linguistischen Stilistik, in: Linguistik und Didaktik 3 (1970), 177–194. – U. Püschel, Die Bedeutung von Textsortenstilen, in: Zeitschrift für Germanistische Linguistik 10 (1982), 28–37. – K. Horálek, Sprachfunktion und funktionelle Stilistik, in: Linguistics 14 (1965), 14–22. – E. Riesel, Grundsatzfragen der Funktionalstilistik, in: Linguistische Probleme der Textanalyse. Jahrbuch 1973 des Instituts für deutsche Sprache, Düsseldorf 1975, 36–53. – W. Fleischer/G. Michel u. a., Stilistik der deutschen Gegenwartssprache, Leipzig 1975, 23–27: Die Funktionalstilistik (R. Gläser). – J. Scharnhorst, Zum Wesen des Begriffs Funktionalstil, in: Zeitschrift für Phonetik, Sprachwissenschaft und Kommunikationsforschung 34 (1981), 305–314. – G. Michel, Grundzüge der Stilistik, in: Kleine Enzyklopädie Deutsche Sprache, Leipzig 1983, 483–489; ders., Positionen und Entwicklungstendenzen der Sprachstilistik in der DDR, in: Sprache und Literatur 16/H. 55 (1985), 42–53. – H.-W. Eroms, Funktionale Satzperspektive, Tübingen 1986. – A. Lötscher, Text und Thema. Studien zur thematischen Konstituenz von Texten, Tübingen 1987. – G. Beck, Funktionale Textmuster und die Formen ihrer internen Verknüpfung, in: Der Deutschunterricht 40/H. 6 (1988), 6–27. – Die Beiträge von H.-W. Eroms, H. Aust, B. Sandig, G. Lerchner in: Textlinguistik contra Stilistik?, in: A. Schöne (Hrsg.), Kontroversen, alte und neue. Akten des 7. Internationalen Germanistenkongresses Göttingen 1985, Bd. III. Tübingen 1986, 1–129. – W. Fleischer (Hrsg.), Textlinguistik und Stilistik. Beiträge zu Theorie und Methode, Berlin 1987.

16. STILEINHEIT, STILEBENEN, STILBRÜCHE

Das Zusammenwirken aller Stilprinzipien

> *Es ist keineswegs so, daß, wer schreibt, schlechthin einen „Stil" hat, der für alle Gelegenheiten paßt . . . Vielmehr hat jede Gelegenheit des Schreibens ihren Stil in sich; der Gegenstand, über den ich schreibe, und der Zweck, für den ich schreibe, bedingen meine Stilform. Wer – nach einem Wort Lessings – über Flöhe „erhaben" schreibt, ist ein schlechter Schriftsteller.*
>
> L. MACKENSEN (1979, 122)

Von stilistisch „gutem Deutsch" war bisher die Rede. Es sollte auf zwei methodischen Wegen erreicht werden: erstens durch systematische Berücksichtigung der wesentlichen Kommunikationsfaktoren; zweitens durch angemessene Einbeziehung aktueller Sprachtendenzen und der herrschenden Stilkonventionen, da ein guter Sprachgebrauch immer auch „modern" sein sollte. Dieses „gute Deutsch" in allen Ehren – wie steht es aber, wird man fragen, mit dem versprochenen „besseren Deutsch"? Wenn wir in den voraufgehenden Kapiteln die Stilanforderungen, die sich aus der Individualität des Schreibers, aus seiner Rücksicht auf den Leser, aus der Logik der Sache usw. ableiten ließen, „unter die Lupe genommen" haben, so trifft dieses Bild haargenau zu: Wir haben zwar die genannten Einzelgesichtspunkte, und nur sie jeweils für sich, gewissermaßen stark vergrößert und damit sehr detailliert betrachtet – aber wie beim Vergrößerungsglas blieb alles andere außerhalb des Blickfeldes, insbesondere auch der Ganzheitsaspekt. Was folglich nach der Analyse aller Stilprinzipien in ihrer Vereinzelung noch fehlt, ist die Abstimmung der verschiedenen Gesichtspunkte aufeinander, die Synthese: ihre wohlabgewogene Einordnung in eine stilistische Gesamtperspektive. Je feiner die Abstimmung der Einzelheiten, desto größer die Einheit des Stils, und je einheitlicher der gute Stil, desto besser auch das Deutsch!

Das zentrale Stilprinzip der „Angemessenheit"

Die stilistische Feinabstimmung unter den einzelnen Stilprinzipien leistet – als eine Art „Superprinzip", das in unserem Stilmodell Schreiber,

Leser, Situation und Sache zusammenbindet – die „Angemessenheit", die schon früher im Zusammenhang mit der linguistischen Akzeptabilität eingeführt wurde. Sie setzt nicht nur in gerader Linie das seit der Antike gültige Postulat des *aptum* fort,[162] sondern gilt auch den modernen Stillehren noch als stildidaktische Größe ersten Ranges. So hat L. REINERS seine „Angemessenheit in Ton und Sache" auf die prägnante Regelformulierung gebracht: „Wähle die richtige Tonart!" (REINERS 1956, 17). Allerdings wird bei ihm diese „Angemessenheit" des sprachlichen Ausdrucks von anderen Stilwerten an Geltung deutlich übertroffen, ähnlich wie bei B. CHRISTIANSEN, der dazu vermerkt: „Sprache und Gegenstand sollen zusammenstimmen: die gleiche Tonart soll beide umgreifen" (CHRISTIANSEN 1966, 136). Vorweggenommen sei, daß diese „richtige" oder „gleiche Tonart" eines Textes sich als dessen in verschiedener Hinsicht angemessene Stilebene auffassen läßt. Ein vergleichsweise hoher Stellenwert kommt bei W. SEIBICKE der Stilforderung des „Angemessen-Treffenden" zu,[163] und bei G. MÖLLER rückt sie nahezu in den Rang des Stilideals – was gleichwohl nicht dem bei ihm im Vordergrund stehenden Gesichtspunkt gebrauchssprachlicher 'Funktionalität' widerspricht: „Ein Text ist dann stilistisch angemessen, wenn er sprachlich seiner Funktion, einer außersprachlichen Größe, vollkommen gerecht wird" (MÖLLER 1980, 14). Ausgerichtet am gesellschaftlichen Bedürfnis nach exakter, rationeller Verständigung, wird ein zeitgemäßer, sach- und zweckorientierter Sprachgebrauch gefordert mit dem „bestmöglichen kommunikativen Effekt, der erzielt wird, wenn Kongruenz zwischen Ausgedrücktem und Ausdruck besteht" (NICKISCH 1975, 114). Ähnlich schlägt übrigens auch B. ASMUTH eine Verbindung der „Angemessenheit" mit dem Kriterium der Zweckmäßigkeit vor, die man am besten in eins fasse, „da jedes für sich leicht zu eng verstanden wird, das Angemessene ... zu ästhetisch, das Zweckmäßige einseitig praktisch" (ASMUTH/BERG-EHLERS 1974, 112). Wichtig erscheint, daß die „Angemessenheit" eine Vielzahl von Umständen zu berücksichtigen hat: die Kommunikationspartner, insbesondere die Art der Beziehung zwischen Schreiber und Leser(n), die Kommunikationssituation als direkten Bezugsrahmen, Kommunikationsgegenstand als „Thema" und Kommunikationsabsicht als Intention des Textes, weiterhin den Typ der Sprachhandlung oder Textsorte, zeitstilistische Sprachtendenzen sowie traditionell-historische Konventionen: „Angemessenheit ist also ein Sammelbegriff für verschiedene Aspekte von Stil" (SANDIG 1981, 31). Worin diese „Angemessenheit" konkret besteht, braucht im Hinblick auf Schreiber, Leser, Situation und Sache nur kurz wiederholt zu werden.

Schreiberbezogen bedeutet „Angemessenheit" die gleichbleibende Einhaltung eines individuellen Stilverhaltens, das damit – trotz der Fähigkeit,

Stilebenen wie Sprachregister zu wechseln – bis zu einem gewissen Grad „erwartbar" wird (vgl. S. 92). Immerhin sollten die individualstilistischen Möglichkeiten des Schreibers nicht zu gering eingeschätzt werden: Wenn etwa als Grundregel sachlicher „Angemessenheit" gilt, daß der ernste, feierliche Gegenstand einen hohen Stil verlange, so kann unter subjektivem Blickwinkel auch das feierlichste Thema eine ironische Brechung erfahren oder auch der ernsteste Stoff noch von einer heiteren Grundstimmung getragen sein.

Leserorientiert äußert sich „Angemessenheit" als kommunikationsadäquate Einstellung des Schreibers auf den Adressaten, wofür diverse Einzelheiten zu berücksichtigen sind: Person und Persönlichkeit des Lesers (oder der Leser), Anlaß, Zweck und spezielle Umstände des Kommunikationsaktes, vor allem aber die Erwartung des Lesers, wie sie auf den Schreiber rückwirkt. Insofern er sich ein mit seinen eigenen Erwartungen abzustimmendes Bild davon zu machen sucht, was von ihm erwartet wird, entsteht eine gegenseitige, das Sprachverhalten normierende 'Erwartungserwartung'.[164] Wer sich ein falsches Bild von den Erwartungen seines Lesers oder Publikums macht, schreibt an ihm vorbei – die Erklärung nicht nur für schriftstellerische Mißerfolge, sondern auch für alltags- und gebrauchssprachliche Kommunikationsstörungen.

Weniger relevant erscheint die Schreibsituation. Wenn jemand beim Anblick einer Autokarambolage einem ebenfalls zuschauenden Passanten schildert: „Sehen Sie, wie die beiden Wagen aufeinandergeprallt sind? Wie die Fahrer jetzt herausspringen, sich beschimpfen, nach der Polizei rufen?" usw. – so wäre dies völlig situationsunangemessen: All das sieht der andere ja auch, und was er mit eigenen Augen wahrnimmt, das braucht, ja darf nicht verbalisiert werden. Situationsbezogene „Angemessenheit" bleibt demnach weitgehend eine Angelegenheit des mündlichen Sprachstils.

Zentrale Bedeutung kann hingegen das Angemessenheitsprinzip in seinem Bezug auf die „Sache" beanspruchen – ein Gesichtspunkt, den die Behandlung des Kommunikationsgegenstandes (in Kapitel 12) ausgespart hat. Die angestrebte „Kongruenz zwischen Ausgedrücktem und Ausdruck", von der die Rede war, kann im Sinnzusammenhang mit sachlicher „Angemessenheit" in zweifacher Hinsicht gestört sein: Erstens kann der Inhalt einer Äußerung, das Ausgedrückte, dem thematisierten Gegenstand nicht gerecht werden. Wenn etwa im Gutachten eines Philosophieprofessors über einen Studenten zu lesen ist: „J. hat eine wundervolle Handschrift, und sein Deutsch ist grammatikalisch einwandfrei", so klingt die Formulierung zweifellos sehr korrekt und wie ein echtes Lob – aber sie impliziert, daß der Student in Philosophie eine Niete ist.[165] In nicht ebenso pointierter Form, dafür aber um so häufiger begegnet dieselbe Erscheinung in Schulaufsätzen mit der hinlänglich bekannten Lehrerannotation: „Thema verfehlt". Zweitens kann sachliche Unangemessenheit auf der Art und Weise des sprachlichen Ausdrucks beruhen: Wer für eine vergnügliche Unterhaltung im Freundeskreis Predigttöne anschlägt, wer umgekehrt eine Grabrede mit spaßigen Versen würzt, wer einen banalen Geschäftsbrief zu einem sprachlichen Kunstwerk hochstilisiert, wer umgekehrt einen Festvortrag in schnoddrigstem Umgangsdeutsch konzipiert usw. – der hat sich im Ton vergriffen (dabei wird vorausgesetzt, daß die sprachliche Form als solche unter anderen kommunikativen Bedingungen durchaus adäquat sein könnte). „Sich im Ton vergreifen" bedeutet also nichts anderes als: Verstoß gegen die stilistische „Angemessenheit". Genauso wie man am Adressaten vorbeischreiben kann, geschieht das hier bei der „Sache": entweder indem man die normalerweise erwartbare und somit vom Leser auch erwartete Sachinformation vorenthält – man verfehlt den thematisierten Gegenstand selbst; oder indem man nicht den sachlich angemessenen „Ton" trifft – man wählt eine falsche Stilebene.

Stilfehler lassen sich in jedem einzelnen Fall spezieller begründen, etwa mit Verstößen gegen Textsorte, Situation, Zweck und Anlaß des Schreibens (oder Redens). Immer jedoch spielt die vom Schreiber mit Blick auf den Leser gewählte „Stillage" eine entscheidende Rolle, und diese wiederum hängt wesentlich vom thematisierten Gegenstand und der mit dieser Thematisierung verbundenen Intention ab. Das recht kompliziert anmutende Beziehungsgeflecht läßt sich daher, zumindest in stildidaktischer Vereinfachung, auf die bekannte Formel der „Angemessenheit in Ton und Sache" reduzieren. Angemessenheit in der Sache versteht sich genaugenommen als Bezug auf die außersprachliche Wirklichkeit, der gewahrt sein muß; ein überspitztes Beispiel für solchen Realitätsbezug: Geht es um einen „mausgrauen Zwergpudel", dann verbietet sich – aller Rassenvorliebe zum Trotz – eine Formulierung als „mahagonibrauner Langhaardackel". Angemessenheit im Ton betrifft die innersprachlichen Beziehungen, den Kontext: Ob ein Wort angemessen ist, richtet sich dann nach der Homogenität, mit der es sich dem Stilniveau des Textes einpaßt:

Ein dreckiger, herumlungernder Köter schlug sich gierig den Bauch mit Wasser voll.
Ein verschmutzter, offenbar fremder Hund stillte lechzend seinen Durst.

Zwei parallel gebaute, sinngleiche Sätze – dennoch erscheint es kaum möglich, einzelne Satzteile gegeneinander auszutauschen, ohne daß es zu gravierenden Stilbrüchen käme: Beide Sätze vertreten offensichtlich eine jeweils in sich einheitliche Stilebene.

Stileinheit – einheitliche Stilebenen

Der Begriff 'Stilebene' ist mittlerweile so häufig verwendet worden, daß er dringend einer systematisierenden Erläuterung bedarf. Wenn Stil allgemein als sich typisch wiederholende Wahl und Fügung der Sprachmittel bestimmt worden ist (vgl. Kapitel 3), dann kommt eine Stilebene durch die konsequente Wahl gleichstimmiger, d. h. in ihrem Stilwert zusammenpassender und damit einheitlicher Sprachmittel zustande. Jede stilistisch gute Formulierung steht unter diesem Gesetz der 'Stileinheit'. Gleichwohl stellt sie kein Stilprinzip bisherigen Verständnisses dar, sondern regelt als Koordinationsprinzip die Abstimmung der Sprachmittel gemäß ihrer „Angemessenheit" für eine bestimmte Stilebene. Nach B. SANDIG (1981, 30f.) gilt „Einheitlichkeit des Stils als allgemeinste Kombinationsregel . . . Die allgemeinste stilistische Anwendungsregel ist die der Angemessenheit" – mit anderen Worten: Die Wahl der Sprachmittel (Selektion) wird der „Angemessenheit" zugewiesen, ihre Verknüpfung (Kombination) der Forderung nach „Einheit des Stils".

Wenn man vom „Stil eines Autors", „Stil eines Werks (Textes)", „Stil einer Zeit (Epoche)" usw. spricht, wird darin das positive Wirken des Grundsatzes der Stileinheit greifbar: Es ist eine jeweils unterschiedliche Gleichartigkeit sprachstilistischer Art, die in der Folge eine bestimmte Erwartungshaltung gegenüber dem Stil des betreffenden Autors, Werks oder Zeitabschnitts aufbaut. Eine Durchbrechung dieser Erwartung, die zugleich ein punktuelles Aufgeben der Stileinheit bedeutet, macht sich negativ als Stilbruch bemerkbar – es sei denn, dieser wäre seinerseits wiederum Stilmittel. In diesem Zusammenhang ist auf den wichtigen Unterschied zwischen falscher Stilebene und Stilbruch aufmerksam zu machen: Die Mißachtung des Gesichtspunktes der „Angemessenheit" (in welcher Hinsicht auch immer) kann zu einem mehr oder weniger schwerwiegenden Verfehlen der korrekten Stilebene führen – diese selbst ist dann zwar in sich absolut stimmig, doch als ganze ein Mißgriff; anders der Stilbruch, der immer ein falsch gewähltes Element innerhalb einer sonst angemessenen Stilebene kennzeichnet.

Die Forderung nach Stileinheit, die sich grundsätzlich auf alle Stilebenen gleich welcher speziellen Beschaffenheit erstreckt, äußert sich konkret vor allem in der Beachtung der allgemeinen Stilschicht der Wörter, in der strikten Einhaltung des einmal festgelegten intellektuellen Niveaus, in einer gleichbleibenden sprachästhetischen Qualität des Textes usw.[166] Eine solche einheitliche Stilebene ergibt durchaus keinen groben Raster, wie er oft im Sinne einer „gehobenen", „umgangssprachlichen" oder anderen Schreibweise angegeben wird. Vielmehr kann sie theoretisch ein sehr fein eingestelltes, für stilistische Nuancen hochsensibles Instrument

sein – ob auch in der Praxis, das liegt weitgehend beim Schreiber selbst.
Denn er „wählt" ja die einem Kommunikationsakt adäquate Stilebene, sei
es in intuitiver Abschätzung des richtigen Tones, sei es in überlegter Abstimmung auf die besonderen Umstände der „Angemessenheit in Ton
und Sache" mit ihren vielfältigen Gesichtspunkten. Gelingt es, die sich
daraus ableitenden stilistischen Ansprüche auf den rechten Nenner zu
bringen, ergibt das die geforderte Stilebene.

Wenn die Grundlage eines guten Stils die korrekte und stilistisch
sichere Handhabung der sprachlichen Möglichkeiten ist, dann besteht das
Geheimnis des besseren Stils in ihrer subtilen „Harmonisierung": einerseits in der wohlabgestimmten Wahl der treffenden Stilebene, andrerseits
in deren einheitlicher Ausfüllung durch in jeder Hinsicht angemessene
Sprachmittel. Diese auf einer ausgeprägten Stilkompetenz beruhende
Feinabstimmung, die viel stilistisches „Fingerspitzengefühl" voraussetzt,
rechtfertigt in ihren höchsten Formen tatsächlich den Vergleich mit der
Kunst, namentlich mit der Tonkunst, wie es die geläufige Bildlichkeit
nahelegt: „Jedes geschriebene Stück, wie überhaupt jedes Werk der Kunst,
soll eine bestimmte Tonart haben und durchhalten" – für Musiker eine
Selbstverständlichkeit, für die „großen Meister der Feder" ein unbewußt
befolgtes „Soll-Gesetz" (CHRISTIANSEN 1966, 135). Aber hier überschrei-
ten wir den selbstgesteckten Rahmen, der die eigentliche Stilkunst aus-
schließt; G. STORZ (1984, 145) nennt den „Sprachsinn" – unser Stilgefühl –
„kein generelles Vermögen, sondern eine individuelle, der Musikalität
vergleichbare Begabung": ein Talent also, das nicht lehrbar ist.

Immerhin wissen wir nun theoretisch, wie eine angemessene Stilebene
zustande kommt – doch wie läßt sich diese Vorstellung in konkrete Sprache umsetzen? Hier kann die Wichtigkeit des Anfangs, ja oft des allerer-
sten Satzes nicht genug betont werden: „Der Leser ist gefesselt – der Autor auch, auf seine Weise. Dem Ton, den er da angeschlagen hat . . ., kann
er nicht mehr entrinnen" (SCHNEIDER 1983, 187). Man hat die Wahl – aber
diese Wahl legt ein für allemal fest, sowohl den „Ton" des Schreibers als
auch die Erwartung des Lesers. Betrachten wir einige Textanfänge mit
dem Augenmerk auf ihre Konsequenzen für den weiteren Text:

(I) Euch kann ich's ja ruhig sagen: Die Sache mit Emil kam mir selber unerwar-
tet. Eigentlich hatte ich ein anderes Buch schreiben wollen. Ein Buch, in
dem vor lauter Angst die Tiger mit den Zähnen und die Dattelpalmen mit
den Kokosnüssen klappern sollten. Und das kleine schwarz-weiß karierte
Kannibalenmädchen, das quer durch den Stillen Ozean schwamm . . .

(II) In diesem Aufsatz steht wahrscheinlich für einen Linguisten nichts Neues.
Dies ist nichts Neues für einen linguistischen Aufsatz, aber man pflegt es
doch durch eine gelehrte Schreibweise oder eine originelle Terminologie zu
verbergen. Dergleichen möchte ich hier nicht tun . . .

(III) Indem ich die Feder ergreife, um in völliger Muße und Zurückgezogenheit
– gesund übrigens, wenn auch müde, sehr müde (so daß ich wohl nur in kleinen Etappen und unter häufigem Ausruhen werde vorwärtsschreiten können), indem ich mich also anschicke, meine Geständnisse in der sauberen
und gefälligen Handschrift, die mir eigen ist, dem geduldigen Papier anzu-
vertrauen . . .

Drei Textanfänge[167] – alle nicht unbedingt typisch, aber jeder in seiner
Art originell, alle in Ich-Form und ihre Leser direkt ansprechend, alle
auch von einer Grundhaltung augenzwinkernden Humors mitgetragen:
herzerfrischend witzige Phantasie im ersten, kritisch-pointierte Persiflage im zweiten und überlegen ironisierende Heiterkeit im dritten Text.
Trotz dieser Gleichartigkeit wird man nicht übersehen, daß sie doch wieder alle sehr verschieden sind nach Adressatenbezug, Textsorte und nicht
zuletzt Stil.

ERICH KÄSTNER (I) eröffnet seinen bekannten Kinderroman ›Emil und
die Detektive‹ mit einer vertraulichen Kontaktfloskel, die sich unmittelbar an seine jungen Leser wendet: „Euch kann ich's ja ruhig sagen" – der
Autor tritt gewissermaßen persönlich in ihre Mitte und erzählt lustig von
seinem Buch, das eigentlich ein anderes hätte werden sollen; aber dann
kam die unerwartete „Sache mit Emil", deren Ankündigung für die notwendige Spannung sorgt. Der „Aufsatz" von W. KLEIN (II), wissenschaftliche Textsorte also, richtet sich entsprechend an Fachgenossen:
„Linguisten". Dennoch ist der Anfang ungewöhnlich, insofern er –
kunstvoll-chiastisch formuliert – entgegen allen Regeln fachwissenschaftlichen Erkenntnisstrebens „nichts Neues" verspricht und gleichzeitig
noch einen Seitenhieb gegen das gelehrte „Imponiergehabe" seiner Zunft
austeilt; auch hier ist es zweifellos gelungen, Neugier hinsichtlich des
Weiteren zu erregen. Der folgende Anfangssatz der ›Bekenntnisse des
Hochstaplers Felix Krull‹ (III), unverkennbar und unnachahmlich THO-
MAS MANN, unterscheidet sich dadurch, daß sein „ich" nicht das Verfasser-Ich, sondern dem „die Feder ergreifenden" Memoiren-Schreiber in
den Mund gelegt ist, der später „das gebildete Publikum und den mitfüh-
lenden Leser" ansprechen wird. Die ironisch-distanzierte Erzählweise
bietet höchste Kunst der Parodie: Parodie auf Bildungsroman und Me-
moiren-Stil, ja auf die gesamte Bildungswelt des 19. Jahrhunderts. Und
die Spannung? – sie wird durch die ausschweifend-weitläufig umschriebe-
nen „Geständnisse" sowie durch erzählerische Vorgriffe wachgerufen.
Alle drei Texte suchen also auf ihre Weise, Aufmerksamkeit und Spannung hinsichtlich des Textfortgangs zu wecken. Die Folge ist, daß sie die
Lesererwartung in eine ganz bestimmte, allein schon durch die Anfangs-
zeilen festgelegte Richtung lenken: Keiner der Autoren könnte diesen einmal eingeschlagenen Weg seiner Darstellungskonzeption ohne schwer-

wiegende stilistische Dissonanzen verlassen. Der erste Schritt auf diesem Weg ist die Festlegung der Stilebene, die nach außen – für den Leser – mit dem Textanfang konstituiert wird; sie setzt sich unter Wahrung der Stileinheit in der konsequenten Wahl gleichstimmiger Sprachmittel fort.

Stilwert der Wörter und Wendungen

Wenn stilistisch gleichwertige Sprachelemente in der beschriebenen Weise zusammengefügt werden sollen, setzt dies voraus, daß die Sprachelemente – also „Wörter" und „Wendungen" – von sich aus einen gewissen ‚Stilwert' besitzen. Erst dieser erlaubt es, sie einer bestimmten Stilebene zuzuordnen, und umgekehrt ist er es ebenso, der sie im Stilbruch aus einer bestimmten Ebene herausfallen läßt. Tatsächlich gibt es neuere Wörterbücher, die derartige stilistische Anwendungsbedingungen innerhalb des Wortgutes vermerken. Dem liegt ein Stilschichten-Modell zugrunde, das variable Abstufungen auf einer Skala von positiven („dichterisch, gehoben") bis zu eher negativen („vulgär, derb") Stilwerten festlegt.[168] Da Dichtung sich grundsätzlich aller Sprachformen bedienen kann und ‚Vulgarismen' (derbe Formulierungen, Schimpfwörter, Obszönitäten usw.) zumindest in Schrifttexten weitgehend tabuisiert sind, können wir die unterschiedlich angesetzten Stufen auf ein einfaches Dreierschema reduzieren, und zwar
– *gehoben*: die „gewählte", d. h. bewußt gestaltete Ausdrucksweise auf hohem Sprachniveau;
– *normalsprachlich* („bildungssprachlich, Amts- und Papierdeutsch"): die sprachliche Mittellage des „offiziellen" Sprachgebrauchs, in sich funktional nach Sprachbereichen und Textsorten stark differenziert;
– *umgangssprachlich* („salopp-umgangssprachlich, familiär"): die „inoffizielle" Alltagssprache, vor allem in mündlicher Verwendung.
Wie leicht sich in einem solchen Modell sprach- und sozialschichtgebundene Aspekte überkreuzen, lehrt eine Szene vom preußischen Kasernenhof (nach SOMMER 1979, 166) – der Spieß zu einem einfachen Soldaten, der das Wort *speisen* verwendet hat: „Wat denn, jespeist hat Er? Seine Majestät *speisen*, ick *esse*, und ihr Rekruten *freßt*! Verstanden?"
Die folgenden Beispiele (zeilenweise in der Reihenfolge „gehobenes", „normalsprachliches" und „umgangssprachliches" Wortgut) sollen demonstrieren, wie man Wörter im Sinne einer solchen Stilschichtung klassifiziert und welche Schwierigkeiten das mit sich bringt:

Antlitz	Roß	berauscht	unverweilt	entschlafen	empfangen
Gesicht	Pferd	betrunken	sofort	sterben	erhalten
Visage	Gaul	besoffen	gleich	verrecken	kriegen

- Erste Schwierigkeit: Der Löwenanteil unseres Wortschatzes gehört zur mittleren, stilistisch neutralen Stilschicht. All diese „normalsprachlichen" Wörter können ebensogut auch in „gehobenen" oder „umgangssprachlichen" Textzusammenhängen und damit stilistisch markiert verwendet werden: Der Kontext erst legt ihren aktuellen Stilwert fest. Dabei versteht die Markiertheit sich je nach Grad und Richtung ihrer Abweichung von der normalen, unmarkierten Mittellage als Höher- oder Mindereinschätzung im Sinne des Sprachprestiges.
- Zweite Schwierigkeit: Innerhalb von Synonymreihen besteht meist keine derart klare Abstufung, wie die Beispiele sie suggerieren. Dies schon deshalb nicht, weil noch eine Fülle weiterer, wiederum stilistisch differenzierter Ausdrucksmöglichkeiten hinzukommt, die den hilflosen Stilisten vor immer neue Qualen der Wahl stellen, z. B. im Falle des Wortfeldes 'sterben' [169]:

umkommen, ableben, entschlafen, verscheiden, erliegen, verhungern, eingehen, verröcheln, abkratzen, den Tod erleiden, seinen Geist aufgeben, das Zeitliche segnen, ins Gras beißen   – usw.

- Dritte Schwierigkeit: Die stilistischen Markierungen liegen keineswegs immer so eindeutig fest, wie es auf den ersten Blick und bei isolierter Betrachtung der Wörter scheint. Insbesondere spiegeln sie häufig nicht Stil-, sondern Sachunterschiede, z. B. in der Wortreihe *Duft – Geruch – Gestank*. Darüber hinaus kann sich die Bewertung eines Wortes, je nach Anwendungsbereich, auch verschieden regeln: *fressen* beispielsweise, auf tierische Lebewesen bezogen völlig normal, wirkt erst im Falle seiner Übertragung auf den Menschen pejorativ (abwertend).
- Vierte Schwierigkeit: Manche unbesehen als „stilistisch" verbuchte Eigenschaft hat andere, etwa sprachgeographische oder sprachhistorische Gründe. Die stilistische Abstufung des 'Pferd'-Beispiels gilt durchaus nicht allgemein: In weiten Bereichen Süddeutschlands, Österreichs und der Deutschschweiz sind vielmehr *Roß* oder *Gaul* die dort normalen, weil regional geltenden Bezeichnungen für das Pferd [170] – ohne jede stilistische Auf- oder Abwertung. Bei *Roß* spielt noch ein weiterer Aspekt eine Rolle: Obwohl im ›Stil-Duden‹ als „dichterisch" deklariert, ist es dennoch weit weniger ein ausgesprochen poetisches als vielmehr heute altertümliches Wort, ein 'Archaismus'. Diese Feststellung trifft auf zahlreiche Wendungen zu, wie sich leicht daran erkennen läßt, „daß man bei zeitgenössischen Dichtern Ausdrücke wie *Aar, Leu* oder *Hain* im allgemeinen vergeblich suchen wird" (FRICKE 1981, 30). Auch im Rahmen einer Fachterminologie haben Wörter eine Sonderstellung.
- Fünfte Schwierigkeit: die 'Polyvalenz' aller Stilmittel, d. h. ihre vielsei-

tigen Anwendungsmöglichkeiten in unterschiedlicher Ausdrucksfunktion, je nach Art des aktuellen Gebrauchs. Dadurch wird eine absolute Festlegung ihrer Stilschichtzugehörigkeit natürlich erschwert, wenn nicht gar verhindert. Fast immer nehmen Wörter in idiomatisierten Redewendungen eine andere Stilfärbung an:

Lenz („dichterisch"), *Trübsal* („gehoben"), *Knall* („normalsprachlich") – *einen faulen Lenz schieben, Trübsal blasen, einen Knall haben* (alle „umgangssprachlich") – usw.

Darüber hinaus kann aber jedes Wort, unabhängig von seinem normalen Stilwert, in seiner Verwendung stilistische Nuancierungen erfahren: scherzhaft (z. B. die Anrede *Alter Junge!*), ironisch (*bessere Hälfte* für Ehefrau), pejorativ (*Du Affe!* und ähnliche Beschimpfungen), euphemistisch (*vollschlank* für dick) usw. Diese stilistische Polyvalenz der Wörter und Wendungen ermöglicht einerseits eine außerordentliche Ausdrucksvarianz, die auch geringfügige Sinnschattierungen noch zur Geltung bringt; andrerseits macht sie eine Formulierung generell gültiger 'Anwendungs-' und 'Kombinationsregeln' so gut wie unmöglich. Da auch das beste Stilwörterbuch dem Ratsuchenden nicht in jedem einzelnen Fall praktische Hilfe bieten kann, seien einige allgemeinere Überlegungen angeschlossen.

Der 'Stilwert' von Sprachelementen und Sprachstrukturen, der mehrfach zur Rede stand, läßt sich als ihr jeweiliger funktionaler Stellenwert auffassen. Er wird unterschieden nach 'Ausdruckswert' und 'Eindruckswert',[171] von denen der eine dem Schreiber, der andere dem Leser zugeordnet ist. Beide Seiten decken sich allerdings nur in 'symmetrischer' Kommunikation, wenn kommunikativer und stilistischer Gehalt einer Äußerung im Übermittlungsakt vom Schreiber an den Leser gleichbleiben: der Idealfall absoluter Identität zwischen dem Produktions- und Rezeptionsvorgang eines Textes, zwischen Formulierung und Verstehen. Im Normalfall können Ausdrucks- und Eindruckswert mehr oder weniger stark divergieren und daher nur als Annäherungswerte gelten. Geht man davon aus, daß der Schreiber so formuliert, wie er verstanden werden möchte, dann entspricht der Ausdruckswert der von ihm angestrebten, der Eindruckswert der tatsächlich erreichten Wirkung auf den Leser – der Stilwert, den man gern den Sprachelementen zuweisen würde, stellt demnach allenfalls einen Durchschnittswert beider Größen dar.

Dieser Einsicht liegen elementare Eigenschaften unserer Sprache zugrunde: die weitgehende Mehrdeutigkeit, Vagheit und Kontextgebundenheit ihrer Ausdrucksmittel.[172] Im lexikalischen Bereich äußern sich diese Eigenschaften in der Weise, daß Wörter – gemäß der polysemischen und polyfunktionalen Natur unseres Wortschatzes – durchweg über mehrere

Bedeutungen verfügen und diese Bedeutungen in der Regel unscharfe, verfließende „Ränder" haben; ihr Verständnis muß sich notgedrungen aus dem jeweiligen Verwendungszusammenhang im Text ergeben. Offensichtlich verhält es sich mit der Bedeutung ähnlich wie mit manchen anderen Spracherscheinungen, bei denen sich ein 'Zentrum' und eine 'Peripherie' beobachten lassen.[173] Das Zentrum bilden die relativ konstanten Grund- oder Einzelbedeutungen von Wörtern, die sich begrifflich auf konkrete oder abstrakte Gegebenheiten der Realität beziehen und die man – pragmatisch bestimmt – als Bedeutungsangaben in den Wörterbüchern findet; linguistisch spricht man hier von 'Denotation'. An der Peripherie liegen all jene variablen Nebenbedeutungen, die bei jedem Wort als assoziative, emotionale, affektbetonte usw. Begleitvorstellungen und „Gefühlswerte" mitschwingen: sie machen, verschieden nach Individuum, Ort, Zeit und besonderen Umständen, die 'Konnotation' von Wörtern aus.[174] Im allgemeinen wird der Stilwert der verwendeten Wörter aus denotativen und konnotativen Merkmalen gemischt sein; die jeweils spezifische Eigenart dieser Mischung prägt im darauf abgestimmten Kontext die eigene „Atmosphäre" eines jeden Wortes. Wenn über die aktuelle Bedeutung einer Äußerung hinaus ihr „Sinn" als entscheidend für den Erfolg einer Sprachhandlung gilt, dann sind es gerade die Feinheiten der Bedeutungsnuancierung, die indizieren, wie der Schreiber meint, was er formuliert: Betrachtet man Stil als Zusammenhang „zwischen dem, was ausgedrückt wird, und dem, wie es ausgedrückt wird", dann kann die Art und Weise der Formulierung „z. B. Einstellungen stilistisch ausdrücken, und zwar Einstellungen zu sich selber, zum Adressaten, zur Beziehung zwischen sich und dem Adressaten, zum Sachverhalt, zur Äußerung/zum Text usw." (PÜSCHEL 1985, 10 f.) – Einstellungen sowohl individueller Natur als auch konventionelle „Einstellungen" in Textsortenstilen.

Zugegeben, daß der Schreiber es nicht leicht hat, den von ihm intendierten Ausdruckswert seiner Äußerung in einen annähernd gleichartigen Eindruckswert beim Leser umzusetzen – erstens weil das überhaupt nur teilweise in seiner Hand liegt, zweitens weil er die Wirkung seiner Worte kaum exakt vorauszuberechnen vermag. Immerhin kann er mit einiger Sicherheit die denotativen Bedeutungen handhaben und auch wohl ihres Verstehens sicher sein: *Affe* ist stets ein Affe, sei es als Vertreter der Tiergattung, als einzelnes Lebewesen, als Bezeichnung eines Tornisters; aber es fällt schwer, die konnotativen Bedeutungen des gleichen Wortes abzuschätzen, wenn es z. B. als Beschimpfung oder in Redewendungen auftritt wie: *Du Affe! Eingebildeter Affe! Du hast ja einen Affen* (bist betrunken), *benimmst dich wie ein wildgewordener Affe!* usw. – bösartig, spöttisch, nur scherzhaft? Man versteht, warum zumal ironisch gemeinte

Äußerungen häufig als solche verkannt und daher falsch verstanden werden. Trotzdem, gerade die subtilen Bedeutungsnuancierungen: die Sinnabschattungen „mit dem feinen Pinsel", un(über)hörbar mitschwingende „Ober- und Untertöne" des Textes, was „zwischen den Zeilen" zu lesen ist oder wie immer man dieses Phänomen umschreiben will – sie machen aus dem guten einen noch besseren Stil!

In diesem Kapitel geht es um die Kunst der auf die Umstände des Kommunikationsaktes wohlabgestimmten und in sich einheitlichen Stilebene, die uns als Ziel höheren stilistischen Bemühens vor Augen steht: das feinmodulierte Zusammenwirken aller Stilmittel. Eine Art sprachlichen Zusammensetzspiels? – eher trifft schon das Bild des Violinisten, der vor dem Spiel einfühlsam alle Saiten seines Instrumentes auf den Grundton stimmt, um sie zu harmonischem Zusammenklang zu bringen. Wie eine Menge grammatisch korrekt konstruierter Wörter noch längst keine sinnvolle Äußerung ergeben muß, so stünde es auch um die Stilebene schlimm, wenn sie als eine Menge stilistisch gutgewählter und -kombinierter Wörter nur den Charakter eines zusammengestückelten Konglomerats hätte. Im intuitiv oder bewußt vollzogenen Akt der Feinabstimmung muß sich vielmehr, einem chemischen Prozeß vergleichbar, die Verschmelzung aller Einzelelemente zu einer neuen Stilqualität vollziehen: Das Ganze ist immer mehr als die Summe seiner Teile.[175]

Nicht zufällig fiel in diesem Zusammenhang mehrmals das Wort „Kunst": den „richtigen Ton" zu treffen und durchzuhalten, das ist schwierig und in starkem Maße abhängig von stilistischem Einfühlungsvermögen (intuitiv) und Stilkompetenz (reflektiert). Diese Schwierigkeit zieht mehrere Arten von Verstößen nach sich: Sieht man ab von dem Fall, daß überhaupt keine einheitliche Stilisierung zustande kommt, wird entweder die Stilebene punktuell verletzt (Stilbrüche, Stilfehler) oder im ganzen verfehlt. Dafür kann, wie schon besprochen, Unangemessenheit im Hinblick auf Adressaten, Situationsbezug oder Gegenstand des Schreibens verantwortlich sein; auf einen weiteren, anders gearteten Mißgriff soll hier noch aufmerksam gemacht werden: So wie es eine „Gekünsteltheit" des sprachlichen Ausdrucks gibt, so kann es auch gewollt oder ungewollt zu einer „künstlichen" Stilisierung kommen, die gemessen an Thematik, gedanklichem Gehalt und Darstellungsvermögen zu hoch greift.[176] In Werken sogenannter Trivialliteratur spricht man dann von „Kitsch"; doch auch in Schüleraufsätzen, Vereinsreden usw. stößt man häufig auf die gleiche Höherstilisierung. Dahinter steht der an sich lobenswerte Ehrgeiz, es besonders gut zu machen, mit der Folge eines unangemessen „überhöhten" Stils. Nicht psychologisch, sondern soziologisch begründet ist eine ähnliche Erscheinung des gewöhnlichen Sprachgebrauchs, wenn einfache, sprachlich ungewandte Menschen sich aus

Respekt vor höhergestellten Personen oder aus Gründen des Sozialprestiges einer ihre Fähigkeiten übersteigenden, „hyperkorrekten" Sprechweise bedienen – oder schlimmer noch, wenn sie gar schreiben müssen. Seltener bleibt der umgekehrte Fall, daß man sich vielleicht aus Gründen der Höflichkeit oder Anbiederung auf ein ungewohnt niederes Sprachniveau herabzulassen versucht. Das mag Anlaß bieten zu der allgemeineren Frage: Gibt es zumindest für das schriftliche Formulieren ein verbindliches Niveau, das nicht unterschritten werden sollte?

Eine „der bemerkenswertesten Tendenzen der deutschen Gegenwartssprache" (ZIMMER 1978, 22) ist die Aufnahme umgangssprachlichen Wortgutes in literarische, publizistische und sogar fachsprachliche Texte – eine Erscheinung, die E. RIESEL im Sinne einer „lexikalischen Auflockerung" als besonderes Stilmittel gewertet hat.[177] In der Tat besteht gerade im gebrauchssprachlichen Bereich, den wir als stilistische Mittellage empfohlen haben, eine merkliche Tendenz zur Vermischung von Hoch- und Umgangssprache, die gleichzeitig eine Annäherung des schriftlichen an den mündlichen Ausdruck ist. Stützen wir unsere folgenden Überlegungen auf eine ebenso kleine wie zufällige Auswahl solcher umgangssprachlichen Ausdrucksmittel, die jedenfalls im Vergleich mit entsprechenden „gehobeneren" Formulierungen meist abwertend konnotiert erscheinen, ohne jedoch ins Vulgäre abzusinken:

Ramsch, Lache (das Lachen), Patzer, Tippse, Pinkepinke, Kohldampf, Saftladen, Miesmacher, schräger Vogel, höchste Eisenbahn, dicke Luft, in keinster Weise – usw.

kaputt, doof, idiotensicher, großkotzig, tipptopp, nicht von Pappe, was das Zeug hält, noch und nöcher – usw.

kriegen, schmeißen, losgehen (anfangen), anschmieren, hochjubeln, einen Vogel haben (verrückt sein), durch Mark und Pfennig gehen, nicht nötig tun – usw.

Wie soll man mit derartigen Wörtern und Wendungen umgehen? In der mündlichen Alltagssprache bewirkt ihre stilistisch unmarkierte Verwendung jenen lockeren, etwas nachlässig „hemdsärmeligen" Ton, der den vertraulich-familiären und informell-spontanen Umgang kennzeichnet. Anders im schriftlichen Text, bei dem allein schon die retardierte Ausführung (Möglichkeit des Durchdenkens und nachträglichen Überarbeitens) wie auch der offiziellere Charakter alles Geschriebenen zu einem höheren Standard führen. Hier hängt es entscheidend vom Adressaten, von Schreibanlaß und Schreibzweck, der Textsorte usw. ab, ob eine umgangssprachliche „Auflockerung" gestattet ist oder nicht. Vor allem wird das der Fall sein, wenn sie etwa als Mittel humoristischer, ironischer oder bildlich umschreibender Stilisierung dient: *Nackedei, mittelprächtig, mehrere Fliegen mit einer Klappe schlagen* usw. Allerdings verbietet sich auch diese stilistisch markierte Verwendung, falls die Stilebene des Textes auf einen feierlichen oder ernsten, damit „gehobenen" Ton gestimmt ist. Kurzum, mündlich kann man umgangssprachliche Ausdrucksweisen nahezu uneingeschränkt nutzen – ihr schriftlicher Einsatz erfordert Vorsicht, Überlegung und immer eine stilistische Absicht: gedankenlos eingestreut, provozieren umgangssprachliche Vokabeln fast unweigerlich den Stilbruch.

Der Stilfehler par excellence: Stilbruch

Bei Verstößen gegen grammatische Regeln pflegt man von 'Fehlern' zu sprechen;[178] im Stilbereich ist es demgegenüber alles andere als geläufig, von 'Stilfehlern' zu reden: Mißgriffe stilistischer Art werden üblicherweise als „Stilblüten" oder 'Stilbrüche' bezeichnet. In ihrer ursprünglichen Metaphorik die „Blumen" der Rede (*flores rhetoricales*), sind „Stilblüten" heute – in negativ gefärbter Auffassung – stilistisch mißglückte, zudem komisch wirkende Formulierungen, die im Gegensatz zum Stilbruch nicht allein auf der Unangemessenheit innerhalb ihrer Stilebene beruhen, sondern gewöhnlich auch mit sprachlicher Unbeholfenheit zu tun haben. Nimmt man den Stil*bruch* beim Wort, so wird etwas durch„brochen" – wir wissen auch bereits, was: die Einheitlichkeit der Stilebene. Darin liegt die definitorische Bestimmung des Stilbruchs, im Unterschied eben zu den allgemeineren Stilfehlern, die immer punktuelle Verstöße gegen den guten Stil bilden (z. B. „schiefer" Ausdruck, störende Wortwiederholung, „labyrinthische" Satzkonstruktion und dergleichen). Stilbrüche sind insofern andersartig, als sie nicht nur bestimmte außer- oder innersprachliche Gesetzmäßigkeiten übertreten, sondern sich primär gegen die geforderte Einheit des Stils richten. Ihre Fehlerhaftigkeit läßt sich daher nicht absolut setzen, sondern kommt immer erst durch eine Verletzung der im Text aufgebauten Stilerwartung zustande. Dies erklärt auch, warum Stilbrüche um so krasser wirken, je seltener sie vorkommen: Häufen sie sich nämlich in einem Text, so reduziert sich dadurch sofort auch die Erwartung hinsichtlich der stilistischen Einheitlichkeit, und die Entgleisungen werden in ihrer Wirkung relativiert.

Um uns praktisch klarzumachen, was ein Stilbruch nicht ist, stellen wir zunächst einige allgemeine Stilfehler in Form von „Stilblüten" zusammen[179]:

Daß die Wärme alle Dinge ausdehnt, sieht man vor allem im Sommer, wo die Tage viel länger sind als im Winter.
Die Börse ist wie eine Lawine, mal geht sie herunter, mal geht sie herauf.
Das Schwein verdient seinen Namen mit Recht, denn es ist auch eines.
Zu Mozarts Lebzeiten blieben ihm viele Erfolge erspart.
Der Vater schickte Mutti ins Leukerbad, um sich zu erholen.

Die meisten Gastwirte in Mittenwald und Garmisch-Partenkirchen ernähren sich von Sommerfrischlern.
Durch Verkehrsregelung wird in den Städten mancher Unfall, aber auch manches Menschenleben verhütet.

Den stilistischen Finger auf die wunden Punkte dieser Beispielsätze zu legen, bedarf keines übermäßigen Geistesaufwandes. Obwohl beileibe keine erschöpfende „Kasuistik" der Stilblüten, geht es ausnahmslos um Fälle mangelnder Logik und nicht treffender Wortwahl, um sachlich-thematische Widersprüche oder schiefe Semantik, um mißverständliche, weil übertragene oder mehrdeutige Ausdrücke, falsche Bezüge und Konstruktionsweisen im Satzzusammenhang – mit anderen Worten: punktuelle, aus sich selbst erklärbare Fehlleistungen.

Im direkten Vergleich dazu: Stilbrüche lassen sich sehr viel schwieriger exemplifizieren, weil sie eigentlich stets eines weiteren Textrahmens bedürfen, um in ihrer diesen durchbrechenden Wirkung deutlich zu werden. Im kleinstmöglichen Kontext geschieht dies, wenn einzelne Wörter oder Ausdrücke aus ihrer Stilebene – die im engeren Umfeld durch den Satz, in dem sie stehen, aufgebaut wird – herausfallen:

Wenn wir Goethen oder Schillern so sprechen hörten, wie sie tatsächlich sprachen, dann würde ein guter Teil unserer Hochachtung vor ihrer Klassizität flöten gehen.

Ein gleich doppelter Stilbruch: von der „allzu gehobenen, also bereits verschrobenen" Stilebene der flektierten Eigennamen „Goethen" und „Schillern", deren heute allein noch mögliche scherzhafte Anwendung dem „tierischen Ernst" einer wissenschaftlichen Abhandlung widerspricht, zum Ton der Umgangssprache in „flöten gehen", das der um so tieferen Stilebene der Pleite-Terminologie angehört (THIEBERGER 1978, 11). Der Zusammenprall dieser stilistisch unverträglichen Sprachelemente auf knappstem Raum entspricht indes nicht der Regel, vielmehr werden Stilbrüche meist erst in größerem Textzusammenhang greifbar:

Ein Jahr weiter – ein Jahr weiser. Kalender und Kerzen zeigen uns am Geburtstag, daß wir ein Jahr weitergekommen sind. Ob wir allerdings auch um ein Jahr weiser geworden sind, ob wir in der Lebenskunst hinzugelernt haben, erkennt man an anderem. Seien wir darum wählerisch – bieten wir unseren Gästen etwas Außergewöhnliches als festlichen Schluck zum Höhepunkt der Geburtstagsfeier: . . . .[180]

Der kunstvolle Parallelismus des Anfangs, das nachher ausgemalte Wortspiel *weiter – weiser*, die Alliteration in „*K*alender und *K*erzen" – eine stilistisch wohlgesetzte Geburtstagsfeier-Festrede? Die sehr allgemein gehaltenen, kaum auf einen speziellen Anlaß zielenden Formulierungen wie auch der festliche „Schluck" werden uns stutzig machen, und die endgültige Ernüchterung folgt prompt nach dem Doppelpunkt: der Name einer bekannten Sektmarke – das ganze Textkonstrukt ein raffinierter Werbe-gag! Zugleich wird erkennbar, daß man den Stilbruch auch absichtlich verwenden, d. h. als bewußtes Stilmittel einsetzen kann, um auf diese vordergründig ungewöhnliche Art einen besonderen Effekt zu erzielen. Häufiger als man denkt, wird in der Literatur von dieser vorzugsweise sprachkünstlerischen Möglichkeit Gebrauch gemacht; es gibt wahre Mei-ster des literarischen Stilbruchs, beispielsweise HEINRICH HEINE: „Die Stadt Göttingen, berühmt durch ihre *Würste* und *Universität* . . .“ Vor allem humoristische Schriftsteller haben die im Stilbruch liegende Diskre-panz zwischen Form und Inhalt, Sprache und Sinn, Erwartung und Bruch immer wieder für überraschende Wirkungen funkelnden Witzes, einfallsreicher Komik und lustiger Pointen zu nutzen gewußt. Gleich-wohl kann eine solche bis in höchste Höhen der Poesie reichende „Kunst“ des Schreibens nicht Gegenstand praktischer Stillehre sein: Was nur dichterischer Stilfertigkeit gestattet ist, sich in kühner ‘Abweichung von der Norm’ über alle Sprach- und Stilregeln hinwegzusetzen, das ge-hört für uns nicht von der Muse geküßten Erdenbürger – mit der warnen-den Aufschrift „Vorsicht!“ versehen – in den stilistischen Giftschrank.

Literaturhinweise

Vgl. Sanders 1973, 83–111 mit Literatur. – Duden. Stilwörterbuch der deut-schen Sprache, bearb. von G. Drosdowski u. a., Mannheim/Wien/Zürich, 6. Aufl. 1971. – R. Klappenbach/W. Steinitz (Hrsg.), Wörterbuch der deutschen Gegenwartssprache I–VI, Berlin 1961–77. – R. Klappenbach, Gliederung des deutschen Wortschatzes der Gegenwart, in: Der Deutschunterricht 12/H. 5 (1960), 29–45. – J. Scharnhorst, Die stilistische Gliederung des deutschen Wort-schatzes, in: Sprachpflege 13 (1964), 65–72. – E. Riesel, Stilistische Bedeutung und stilistischer Ausdruckswert der Wörter als paradigmatische und syntagmati-sche Kategorie, in: Probleme der Sprachwissenschaft, The Hague/Paris 1971, 486–498. – Ch. Agricola, Stilschichten (Stilebenen), in: Die deutsche Sprache (Kleine Enzyklopädie) II, Leipzig 1970, 1050–1066. – L. Mackensen, Gutes Deutsch in Schrift und Rede, München 1979, 122–128: Das Wesen der Stilebene. – W. Seibicke, Wie schreibt man gutes Deutsch?, Mannheim/Wien/Zürich 1969, 40–47: Sinnverwandte Wörter/Stilfiguren. – D. Wunderlich, Arbeitsbuch Seman-tik, Königstein i. Ts. 1980, 121–123: Stilfehler. – B. Sandig, Stilblüten als Mittel der Erforschung „stilistischer Kompetenz“, in: Jahrbuch für Internationale Germani-stik 13/H. 1 (1981), 22–39.

17. STILISTISCHE „ABWEICHUNGEN"

Der Schritt vom Wege normativer Tugend

Als Sprecher des Deutschen können wir alle zwischen
Äußerungen/Texten unterscheiden, die uns sprachlich
normal vorkommen und die für uns sprachliche Beson-
derheiten aufweisen. Das Besondere beruht sehr
häufig auf Sprachgebräuchen, die wir als unnormal
oder abweichend empfinden. Der besondere Sprachge-
brauch wirkt für uns auffällig, und er fesselt deshalb
oft unsere Aufmerksamkeit . . . Die Idee, Stil auf ab-
weichenden Sprachgebrauch zu gründen, muß etwas
Faszinierendes haben . . .

U. PÜSCHEL (1985, 9)

Grammatik muß sein. Mag sie vielleicht nicht zu den angenehmsten
Lerngegenständen unserer Schulerinnerung zählen, so wird sie doch
– zusammen mit weiteren Spracherfahrungen in unserem „Sprachgefühl"
kondensiert – zeitlebens den festen Boden darstellen, auf dem wir uns
sprachlich bewegen. Was jedoch, wenn dieses anscheinend so sichere
Fundament grammatischer Grundrichtigkeit auf einmal ins Wanken gerät? Wenn etwa ein vom Lehrer wegen „fehlerhaften" Sprachgebrauchs
korrigierter Schüler aufbegehrt: „Aber bei Goethe steht doch auch . . ."
oder: „Bei Thomas Mann habe ich dasselbe gelesen" –? Eine gar nicht so
seltene Schulsituation,[181] die ihren Grund hat: gibt es doch kaum eine
grammatische Regel, gegen die Dichter und Schriftsteller nicht in poetisch erlaubter 'Abweichung von der Norm' verstoßen hätten. Daran
knüpft sich unsere Frage, ob und gegebenenfalls in welcher Form derartige „Abweichungen" wenn schon nicht dem Schüler, der erst einmal die
Norm zu lernen hat, so wenigstens dem reiferen, grammatiksicheren
Sprachbenutzer stilistisch gestattet sind.

Poetische und stilistische Abweichungen

„Grammatik muß sein" – schon der zwischenmenschlichen Verständigung wegen, die ohne Regeln kaum störungsfrei abliefe. Aber man kann
bestehende Regeln übertreten: ihre Nichtbeachtung aus Unkenntnis sind

'Fehler'; geschieht die Übertretung mit voller Absicht, dann nennt man
das eine 'Abweichung' (englisch *deviation*, französisch *écart* usw.). Von
der antiken *licentia poetarum* bis zu unserer auch schon bejahrten „dichterischen Freiheit" haben die Meister der Wortkunst stets für sich das
Recht in Anspruch genommen, aus eigener Macht- und Sprachvollkom-
menheit die gültige Grammatik vorübergehend außer Kraft zu setzen. Sie
behält zwar nach wie vor ihre allgemeine Geltung, denn auch die Sprache
des Poeten ist keine andere als die normale Sprache: „Allein er bedienet
sich oftmals gewisser Freyheiten, die in andern Schriften nicht erlaubt
seyn wuerden", erklärt schon GOTTSCHED.[182] Im Zusammenhang mit
dem historischen Sprachwandel war davon die Rede, in welchem Ausmaß
die Dichter – als Sprach*schöpfer* – unsere Sprache um neues, später oft in
den allgemeinen Gebrauch übernommenes Wortgut bereichert haben.
Fast noch häufiger betätigen sie sich aber auch als „Sprach*spieler*", indem
sie uns in unerwarteten Ausdrucksmöglichkeiten gewissermaßen sprachliche „Kunststücke" vorzuzaubern wissen. Doch alsbald erhebt sich
wieder der warnende Finger: Wie man nicht ohne weiteres aufs Draht-
seil steigen wird, um dort oben in schwindelnder Höhe dieselben
Balanceakte wie die Akrobaten auszuführen, genauso halsbrecherisch
wäre der Versuch, es unbesehen dichterischer Wortkunst nachtun zu
wollen.

Immerhin läßt sich zeigen, daß auch die Schriftsteller – um im Bilde zu
bleiben – nicht ohne Netz arbeiten: „Poetische Abweichungen müssen
selbst bestimmten Regularitäten unterliegen", stellt M. BIERWISCH (1966,
143) fest. Die Spracheffekte sind ja nicht als bloße Wortartistik gedacht,
sondern für Leser bestimmt, die sie trotz ihrer Irregularität verstehen und
in ihrer künstlerischen Ausdrucksabsicht begreifen sollen. Das wird nur
gewährleistet, wenn genügend „normale" Sprachsubstanz erhalten
bleibt, die überhaupt erst eine Abweichung als solche erkennbar und ihren Sinn durchschaubar macht: Regeldurchbrechung gibt es folglich nur
im Hinblick auf Regelhaftigkeit, Abweichung in der Sprachkunst immer
erst auf der Grundlage des normalen Sprachgebrauchs. Weder die iso-
lierte „Abweichung" ohne jeden Kontext, der die Norm vertritt, noch die
„Abweichung" in einer ununterbrochenen Reihe linguistischer Deviatio-
nen erfüllen diese Bedingung: im ersten Fall entsteht gar kein Abwei-
chungscharakter, im zweiten ergibt sich eine Nonsens-Kette; diese kann
allenfalls eine klangliche Wirkung haben wie z. B. ›Das große Lalula‹
MORGENSTERNS, nach seinen eigenen Worten eine „phonetische Rhapso-
die", die allein durch Reim, Rhythmus und Refrain in Verbindung mit
der äußerlichen Anordnung in Versform zum „Gedicht" wird.[183] Im übrigen können 'Abweichungen von der Norm' in allen linguistischen Bereichen vorkommen: in Schreibung und Lautung, Formen- und Wortbil-

dung, Satzkonstruktion und Textkonstitution, hauptsächlich aber im
Bereich der empirischen, semantisch-pragmatischen und logischen Sinn-
gebung.[184] Innerhalb eines Textzusammenhangs fungieren die Abweichungen als stilistisch ins Auge fallende Kunstelemente der dichterischen Sprache, Stilistika ersten Ranges also: Man sollte sie daher von den einfachen
'Stilelementen', d. h. allen stilistisch markierten Sprachelementen, wegen
ihrer Auffälligkeit als 'Stileffekte' unterscheiden. Es verdient schließlich
noch betont zu werden, daß Abweichungen nicht allein den poetischen
Stil repräsentieren, wie umgekehrt eine Sprache, die auf dieses Kunstmittel ganz verzichtet, darum keinesfalls weniger poetisch sein muß.

Und „Spiel mit der Sprache" im Alltag? Wortspiele allgemeiner Art gelingen dort selten in der geistreich-geschliffenen Form ihres literarischen
Gebrauchs; vor allem mündlich geraten sie oft zum „faulen" Wortwitz,
den man Kalauer nennt. Gleichwohl gibt es zwei Wortspielarten, die gerade auch in schriftlicher Form häufiger vorkommen: den Namenwitz
und die (ebenfalls meist witzige) Abwandlung gängiger Redewendungen,
Sprichwörter usw. Das uralte Spiel mit Namen, z. B. seinerzeit die Bezeichnung des heimatverwurzelten indischen Dichters TAGORE als „Gan-
geshofer" (in einer Zeitung),[185] ist ebenso wie die von der Werbung
bevorzugte, doch auch sonst geübte Zitatverdrehung jedem von uns
erlaubt: „*Homer* ist, wenn man trotzdem lacht" – eine geringfügige Umbil-
dung der Laute (*Humor*), und schon wird aus O. J. BIERBAUMS bekann-
tem Motto eine Persiflage auf die klassischen Abenteuer der Antike. Besonderer Beliebtheit erfreuen sich auch Bildungen mittels Wortkreuzung
(Kontamination), einer für uns aufschlußreichen Prozedur, weil sie sozusagen Normal- und Abweichungsstruktur in einem Wort verschmilzt:
Tagtigall, Rhinozepony, Ehrgeizhals, Krokodilemma usw.[186] Man sollte
vermuten, derartige Wortakrobatik sei nichts für den normalen Sprachgebrauch – weit gefehlt! Vergleichbare Sprachspielereien sind seit geraumer
Zeit sogar Gegenstand der schulischen Schreib- und Aufsatzdidaktik:
Unter dem Stichwort 'kreativen' Umgangs mit der Sprache[187] sollen sie
dem Kind schon frühzeitig gerade auch im Experimentieren mit abwei-
chenden Sprachmöglichkeiten die Grundlagen der Norm vor Augen führen – und Spaß macht es außerdem, selbst Sprache zu „erfinden"! Aber
eines muß von vornherein klargestellt werden: Sprachliche Kreativität
kann man bestenfalls anregen, nicht jedoch lehren (und lernen)!

So gern man F. HOHLER zustimmen möchte, die Sprache sei „das
schönste, leichteste und billigste Spielzeug"[188] – es geht auf dem Weg
vom „Spielzeug" zum „Werkzeug" Sprache nicht ohne einschränkende
Warn- und Verbotsschilder. Drahtseilakte der Stilkunst sind im alltäglichen Sprachumgang nicht am Platze; dazu braucht es, so THOMAS
MANN, „jener Meisterschaft ... auf dem zarten und mächtigen Instru-

ment der Sprache, die den literarischen Künstler macht und deren der Dichter bedarf" [189]. Nicht von ungefähr galten nach der antiken Lehre dieselben Spracherscheinungen, die von der Grammatik als fehlerhafter Gebrauch von Wörtern oder deren falsche syntaktische Verwendung streng gerügt wurden, in der Dichtersprache als 'rhetorische Figuren'. Sie sind die Grundelemente auch der Stilkunst: Alles, was unter normalsprachlichen Umständen verboten ist, kann in der Hand des Schriftstellers zum bewußt arrangierten Stilmittel werden – eben als 'Abweichung von der Norm'. Doch ist der Griff in die sprachliche „Trickkiste" der Stileffekte nicht jedermanns Sache. Erstens bedarf es dazu eines guten Maßes an sprachlichem Können und Stilsicherheit, damit der kühne Versuch nicht mißlingt; nichts wirkt peinlicher als z. B. ein verunglücktes Wortspiel. Zweitens muß jede stilistische Abweichung, abgesehen von ihrer formalen Angemessenheit, eine erkennbare Intention haben; das wird in den meisten Anwendungssituationen des Alltags wohl eine humoristische Absicht sein, die eine aufgelockerte Atmosphäre voraussetzt. Prinzipiell aber können normalsprachliche, „stilistische" Abweichungen, sinnreich und wirkungsvoll eingesetzt, als besondere Stilmittel gelten, die einen Text attraktiver gestalten – und das gehört auch zum „besseren" Deutsch!

Attraktiv formulieren!

Attraktive Sprachgestaltung spielt außerhalb der Literatur vor allem in Werbung und Zeitungsdeutsch eine außerordentliche Rolle: beide wollen ja mit Hilfe von Sprache „verkaufen". Man studiere nur einmal die bis aufs I-Tüpfelchen ausgefeilten Finessen von Werbeslogans oder mit welcher Formulierungskunst der Journalist sich bemüht, seinen Text möglichst „interessant" zu machen. Dafür ein Beispiel [190]:

Nach Toni Sailer, dem strahlenden, und Karl Schranz, dem traurigen Matador, jetzt der Kärntnerbua mit Kernnatur, einer der mistet, melkt und Medaillen macht: Franz Klammer.

Drei Namen bekannter Ski-Asse, die beiden ersten – antithetisch gegenübergestellt – als Hintergrund, im Vordergrund der „neue" Matador, dessen kurze Charakterisierung ein Feuerwerk sprachlicher Glanzlichter ist: Assonanzen (*„Kärnt*nerb*ua* mit *Kern*natu*r"*), Alliterationen (*„m*istet, *m*elkt, *M*edaillen *m*acht") und schließlich nach einem erwartungsträchtigen Doppelpunkt der Name als betonter Schlußakkord. Kaum ein Wort in diesem Satz, das nicht Stilmittel wäre!
Als wichtige Voraussetzung kommunikativ und stilistisch gelungener Sprachgestaltung gilt allgemein eine gute „Verständlichkeit", die wir als je

nach Leser oder Leserkreis variable „Verstehbarkeit" erklärt haben (Kapitel 11). Wer „die Zusammenhänge kennt und alle Faktoren berücksichtigt, kann ein Höchstmaß an Verständlichkeit erreichen; doch schreibt er damit zwangsläufig auch einen angenehmen, schönen Stil, einen Stil, der den Leser 'anspricht'?" (FRÜH 1980, 18). Nach allem, was wir über die Rezeption von Gebrauchstexten wissen, sind es gerade die tausendfach gebrauchten Modewörter, die abgegriffensten Sprachklischees, die eingefahrenen Bahnen nicht zu langer, nicht zu schwieriger Satzbaumuster, die leichte Verständlichkeit bewirken – aber sie bewirken zugleich eine fade, monotone Langweiligkeit der Sprache. Nicht ohne Grund wird daher außer der komplikationslosen Verstehbarkeit eines Textes, die selbstverständlich sein sollte, auch seine attraktive Formulierung gefordert: „Der gute Text besteht aus saftigem Fleisch mit einer appetitlichen Schale und einem harten Kern", heißt das bildlich ausgedrückt, oder anders: „Unsere Sprache sei korrekt, verständlich, gut und interessant" (SCHNEIDER 1983, 30 f.). Diese primär für den journalistischen Stil aufgestellte Forderung läßt sich zum generellen Stilpostulat erheben: korrekt in der grammatischen Sprachbeherrschung, verständlich in der Vermittlung des Informationsgehaltes, gut und interessant in der stilistischen Darbietung. Was einen guten Stil ausmacht, sollten wir mittlerweile wissen – aber wie schreibt man „interessant"?

Texte werden nicht nur geschrieben, sondern wollen auch gelesen werden. Vom 'primären Lesewiderstand', einen Text überhaupt zur Hand zu nehmen und mit dem Lesen zu beginnen, war bereits die Rede. Noch mehr gilt es jedoch, die psychologische Hemmung des 'sekundären Lesewiderstandes' zu überwinden: das einmal angefangene Lesen fortzusetzen und bis zum Ende des Textes durchzuhalten.[191] Dazu ist es unbedingt erforderlich, daß der Text selbst die Aufmerksamkeit des Lesers fesselt. Die gute und interessante Formulierung, die gleichzeitig auch am besten verstanden wird, liegt kommunikationstheoretisch unterhalb einer „Komplexitätsschwelle" und oberhalb einer „Banalitätsschwelle"[192]: Gestaltet man einen Text – und sei es auch in der löblichen Absicht, seine eingängige Lesbarkeit zu garantieren – allzu informationsarm, einfach und banal, kann die Reizwirkung bis zu einem Punkt absinken, an dem der enttäuschte Leser ihn als uninteressant, langweilig und qualitativ „schlecht" beiseite legt. Wird der Leser umgekehrt durch eine Überfülle neuer, ihm also unvertrauter Informationen und deren zu komplizierte Darstellung überfordert, so führt dies möglicherweise aus entgegengesetzten Gründen zu dem gleichen Ergebnis: er stellt die Textrezeption resigniert ein. Diese beiden Klippen gleichsam wie Scylla und Charybdis meidend, sollte der stilistisch gelungene Text einen goldenen Mittelkurs steuern, indem er einen verständlich dargebotenen Inhalt mit der formalen Reizwirkung seiner kompositorisch und sprachlich attraktiven Präsentation verbindet.

Mit welchen Stilmitteln läßt sich dieses Ziel verwirklichen? Die allgemeinen, uns seit Kapiteln bekannten Rezepte für den stilistisch guten Text sind

– sorgfältige, „treffende" Wahl des Ausdrucks (Lexik): kein überflüssiges Wortemachen, vor allem keine abgedroschenen Phrasen;
– abwechslungsreiche Satzgestaltung (Syntax): kein eintöniger „Ochsentrott", sei es gleichmäßig langer oder gleichmäßig kurzer Sätze, ebensowenig nur Hauptsatzketten;
– ein klarer, zielstrebiger Aufbau des Textes (Komposition): keine logisch-empirischen Ungereimtheiten, etwa Gedankensprünge, Widersprüche oder Abschweifungen, vor allem keine langweilige Umstandskrämerei;
– eine moderne, sachlich-zweckorientierte Sprache (Pragmatik): kein unzeitgemäßes, verschnörkeltes oder gar „schönes" Deutsch;
– schließlich die harmonische Abstimmung aller Sprachmittel auf den „richtigen Ton" (stilistische Angemessenheit): keine Mißgriffe bei der Wahl oder im Rahmen der einmal gewählten Stilebene.

Werden all diese – hier sprachbezogen formulierten – Gesichtspunkte beachtet, dann fehlt nur noch eines, um den stilistisch guten auch zu einem „interessanten" Text zu machen: die besondere Attraktivität der Formulierung als Lesestimulans. Attraktiver wird ein Text durch kontinuierliche, im Textfortgang leicht intensivierte Stilmittel, die „mäßig, aber regelmäßig" eine Reizwirkung ausüben. „Mäßig" bedeutet in diesem Zusammenhang, daß die Sprachnormalität nicht extrem verletzt wird (wie beim Stileffekt) und es somit keine schwerwiegenden, den Leser womöglich schockierenden Erwartungsbrüche gibt. Aber auch schon kleine „Stolpersteine" bewirken jene leichten Stilanreize, durch die der Leser aufmerkt, in Erwartung gehalten wird und mehr oder weniger „gespannt" weiterliest: Der Schreiber kann sich seines Erfolgs freuen!

Im Gegensatz zur poetischen Abweichung, die demonstrativ gegen geltende sprachliche Normen verstößt, besteht das Wesen der stilistischen Abweichung darin, daß sie unauffälliger, aber nicht weniger bewußt stilistische Grundregeln „verletzt": Alles, was in den voraufgehenden Kapiteln als stilistisch verboten oder wenigstens unratsam dargestellt worden ist, kann zum wirkungsvollen Stilmittel werden, wenn es sinnvoll und mit Absicht so formuliert ist. Im Bereich der Wörter und Wendungen wäre das allgemeinste und geläufigste Stilistikum wohl jedes nicht ganz erwartete Wort, das sich – nach kurzem Nachdenken des Lesers – dann als besonders „treffend" erweist. Treffend in diesem Sinne kann z. B. auch eine Ausdrucksweise sein, die üblicherweise als umständlich gilt: die

Umschreibung durch das verneinte Gegenteil, etwa „*nicht* gerade *minder*bemittelt, *kein Un*mensch sein" – die Stilfigur der 'Litotes'. Steht diese vornehmlich im Dienste bescheidener Untertreibung oder höflicher Abschwächung, so ist das genaue Gegenteil die normalerweise ebenfalls „*nicht un*bedenkliche" 'Hyperbel': die steigernde, oft auch nur ironische Übertreibung; H. HEINE spricht einmal vom Schwadronieren, „daß die Milch auf dem Tisch sauer wurde". Sogar das glatteste Klischee wird zum Stilmittel, wenn man es nur in geringfügig „verfremdeter" Form verwendet: z. B. der Busen*feind*, „beide, *ja noch mehr* Augen zudrücken", „Aller *schlechten* Dinge sind drei"[193] usw. Auch die Wiederholung kann in verschiedenen Formen eine besondere Reizwirkung ausüben. Die Lautwiederholung, als ungewollter Anklang (Assonanz, Reim oder Stabreim) in Prosatexten nicht statthaft, wird dennoch vor allem in alliterierenden Wortanfängen gern genutzt: von der „*m*unter *m*achenden *M*ilch" der Werbung bis zum beliebten Dreiertitel nach dem Muster ›*T*itel, *T*hesen, *T*emperamente‹ – hat das wirklich „ungefähr seit der Edda" nicht mehr viel mit gutem Deutsch zu tun?[194] Besonderen Nachdruck verleiht die Wiederholung am Satzanfang, die rednerisch wirkungsvolle 'Anapher': „Wir fordern ... Wir fordern ... Wir fordern ..." (P. WEISS).[195] Anapher, Alliteration, Hyperbel, Litotes – man könnte diese Reihe lange fortsetzen: es ist das Inventar der alten 'rhetorischen Figuren', die meist noch unter ihren antik-mittelalterlichen Namen in der Stilistik weiterleben.[196]

Diese 'Stilfiguren', wie sie nun heißen, werden infolge ihrer jahrtausendelangen Verwendung in der abendländischen Dichtungstradition meist als universale Gestaltungsformen der Sprachkunst betrachtet; dabei entsprechen sie im Grunde nur „allgemeinen menschlichen Formulierungstendenzen" (ASMUTH/BERG-EHLERS 1974, 121). In dieser Ambivalenz liegt auch ihre stilistische Problematik: Ob in poetischer oder alltäglicher Sprache, man kann Äußerungen semantisch-syntaktisch auf verschiedene Art formulieren: in Form des 'Parallelismus' (gleichmäßiger Bau) oder als 'Antithese' (Gegensatz); beides kombiniert, erhält man den 'Chiasmus' (nach Chi, dem griechischen Buchstaben X, also Kreuzstellung):

der eine links, der andre rechts
von links nach rechts,   von rechts nach links
Denn was er hier der Fliege,   die Fliege dort ihm tut.[197]

Die Beispiele, alle von MORGENSTERN, zeigen in ihrer gebundenen Sprachform klar die Grenzen normalsprachlicher Anwendung; vor allem der „Chiasmus ist eine sehr komplizierte Figur, wirkt daher leicht gekünstelt und begegnet in modernen Reden selten" (SCHLÜTER 1981, 38). Ähnliche Einschränkungen gelten für nicht wenige – und zwar gerade die anspruchsvollsten – Stilfiguren, die für den allgemeinen Gebrauch meist zu „intellektuell" sind. Als äußerst schwierig zu handhabendes Stilistikum muß aus anderen Gründen auch die Ironie gelten: nicht etwa, weil sie zu kunstvoll wäre oder nicht häufig genug in allen Sprachverwendungsbereichen vorkäme, sondern weil Ironie als Ausdrucksweise, die das Gegenteil des Gesagten meint, im allgemeinen nur an Begleiterscheinungen des gesprochenen Wortes wie Tonfall, Gesichtsausdruck, Gesten usw. und in Kenntnis außersprachlicher Verstehenshintergründe erkennbar wird. Daher ist sie schriftlich kaum adäquat zu formulieren; selten jedenfalls tritt sie in derart sarkastischer Schärfe zutage wie in jenem bekannten geistigen Vernichtungsurteil von KARL KRAUS [198]:

Es genügt nicht, keine Gedanken zu haben; man muß auch unfähig sein, sie auszudrücken.

Also doch besser Verzicht auf stilistische Höhenflüge, die allzuleicht mit einer Stil-Bruchlandung oder Stilbruch-Landung enden könnten?

Stilfiguren sind keine sprachlichen Wundermittel, sondern Sprachmittel wie andere auch – nur daß sie eine besondere Stilwirkung haben. Daher behält auch für sie unsere stilistische Allgemeinregel ihre Gültigkeit: in jedem einzelnen Fall wohlüberlegt und nicht gehäuft! Mögen Stilfiguren einen Text noch so attraktiv machen, stilgefährdend können sie erstens wirken, wenn ihre Anwendung lediglich um des Effekts willen erfolgt. Positiv ausgedrückt: ob Wortspiel, Chiasmus, Ironie usw., immer muß der Einsatz des Stilmittels einer sinnvollen Gestaltungsabsicht entspringen wie auch der Textsorte angemessen sein; und die Formulierung bedarf einer geschliffenen Form, damit die witzige, scherzhafte, spöttische oder ironische Absicht dem Leser deutlich wird. Zweitens dürfen Stilfiguren nie in dichter Folge auftreten; denn auch sie verlieren allein durch den Tatbestand ihrer Häufung stark an Wirksamkeit, weil der bis zum Überdruß stimulierte Leser, vor allem wenn diese Stileffekthascherei zur Manier wird, das sehr schnell als affektierte Sprachkünstelei durchschaut. So nützlich es ist, mit den wichtigsten Stilfiguren in ihrer sprachlichen Gesetzmäßigkeit und stilistischen Funktion vertraut zu sein, so wenig bedarf es ihrer aktiven Beherrschung, um attraktiv zu formulieren (darum hier auch kein vollständiger Musterkatalog aller Stilfiguren): Wo ein Stilwille ist, da findet sich auch der richtige Stilweg.

Unser Stilideal der kommunikativen Adäquatheit vor Augen und mit einem sprachstilistischen Grundkönnen ausgestattet, wie es diese Stillehre zu vermitteln bemüht ist, sollte man bei jedem Schreibanlaß oder der Korrektur des Geschriebenen immer wieder sich selbst die Fragen stellen: Ist die Textgestaltung wirklich so beschaffen, daß die Textwirkung als stilistischer Eindruckswert dem intendierten Ausdruckswert entsprechen wird? Ist sie auch so „interessant", daß sie den (oder einen idealen) Leser, einen Menschen jedenfalls von Fleisch und Blut, Klugheit und Witz, zum Lesen reizt? Wie reagiert er wohl auf Einzelheiten der Formulierung, wenn er diesen Ausdruck, jenen Satz, eine ganze Textpassage liest? Schließlich: Ist es auch gelungen, dem Text ein persönliches Kolorit und stilistische Attraktivität zu verleihen? Nachträglich wird man zu seiner eigenen Verwunderung feststellen, daß sich hinter manchen der wirkungsvollsten Sprachmittel nichts anderes verbirgt als – Stilfiguren! Zu diesen Mitteln anspruchsvollerer Sprachgestaltung gehören auch, meist nur „gemäßigt" abweichend und daher am ehesten normalsprachlich verwendbar, Vergleiche, Bilder und Zitate.

Illustrierende Stilmittel: Vergleich, Bild, Zitat

Der Sprachmöglichkeiten, einen Text aufzulockern, gibt es viele: Oft bewirkt dies schon ein gutgesetzter Gedankenstrich. Beliebte Stilmittel der Verlebendigung sind etwa die persönliche Anrede des Lesers, die Wiedergabe wörtlicher Rede, die den Text lebhafter macht, die 'rhetorische Frage', die als Scheinfrage nur dazu dient, Aufmerksamkeit zu wecken, auch – wenngleich mit einigem Vorbehalt – der Ausruf. Soll über die formale Auflockerung hinaus gleichzeitig auch das Dargestellte veranschaulicht werden, bieten sich in erster Linie Vergleiche und Bilder an: „Das schönste, aber auch das gefährlichste Mittel, der Sprache Glanz und Profil zu geben, ist das Bild" (MACKENSEN 1979, 97).

Bildlichkeit im weiteren Sinne bedeutet: das visuelle Vorstellungsvermögen des Lesers nicht durch Zeichnungen, Photographien oder andere graphische Mittel, sondern durch Sprache zu aktivieren. Man staunt immer wieder über die eigentümliche Bildkraft vieler Ausdrücke unserer Alltagssprache, älterer wie neuer, selbst wo wir diese kaum noch bewußt wahrnehmen:

Bücherwurm, Preisschere, angstbeflügelt, schallschluckend, hieb- und stichfest, lichthupen, den Kopf verlieren – usw.

Im folgenden soll indes nur von einer anderen, enger verstandenen Bildlichkeit die Rede sein: von verschiedenen Formen illustrierender Ausdrucksweise. Kein Zweifel – es fördert nicht nur die Verständlichkeit, sondern auch die Stileleganz, wenn man es versteht, komplizierte Sachverhalte durch einen treffenden Vergleich oder die Analogie eines sinnfälligen Bildes anschaulich zu machen. Aber je höherwertig das Stilmittel, um so eher droht ein Mißgriff: nichts fataler als ein „hinkender" Vergleich oder ein „schiefes" Bild (diese Redensarten sprechen für sich). Außerdem

sollten beide nicht „an den Haaren herbeigezogen" wirken: Vergleich
und Bild müssen sich ungezwungen ergeben, unaufdringlich in den Kontext einfügen und zum Sinngehalt der Äußerung beitragen. Einige Beispiele, positive und negative, werden diese stilistischen Anforderungen
erläutern.

Zuvor aber noch ein notwendiger Umweg in die Theorie. Der Vergleich
stellt als formale „so – wie"-Struktur (sprachlich realisiert durch Formulierungen mit *wie, als ob* oder verbal *gleichen, ähnlich sein* usw.) eine
nicht selten überraschende Beziehung der Ähnlichkeit zwischen verschie-
denartigen Sachverhalten her, wobei gewisse Gemeinsamkeiten den Ver-
gleichspunkt bilden: das Tertium comparationis. Verdeutlichen wir uns
dies an dem bekannten Aristotelischen Exempel [199]:

Achill war (stark, tapfer) wie ein Löwe.

Die Eigenschaften der Stärke und Tapferkeit, die den Löwen vornehmlich
auszeichnen, werden in Form eines *wie*-Vergleichs auf Achill, den größten Helden des Trojanischen Krieges, übertragen. Indes hat ARISTOTELES
seinen Satz etwas anders formuliert:

Achill war ein Löwe in der Schlacht.

Die Aussage bleibt dieselbe, es entfällt lediglich die Vergleichsstruktur:
die Formulierung ist zur 'Metapher' (bildliche Übertragung) geworden.[200] Ohne in den gelehrten Streit um den Metaphernbegriff eingreifen
zu wollen, hier nur soviel: Die Metapher als sprachliches Bild – und Bild
bedeutet ja immer Wiedergabe von etwas anderem, zu dem eine Ähnlich-
keitsrelation hergestellt wird – behauptet nicht die Identität der in Beziehung gesetzten Größen: Achill ist kein Tier, und sei es auch ein Löwe! Sie
vergleicht nur, ohne diesen Vergleich sprachlich auszudrücken, auf einer
anderen, „übertragenen" Ebene. Damit ordnet sich die Metapher den
sprachlichen Abweichungsphänomenen zu: Im Grunde ist sie eine
„semantische Anomalie", die normalerweise nicht verbundene, ja un-
verbindbare Bedeutungskomponenten zusammenzwingt – und je größer
die Diskrepanz, desto „kühner" die Metapher. Wie H. FRICKE feststellt,
bildet die Metapher wohl überhaupt die über alle Grenzen, Länder, Zeiten, Sprachen und Kulturen hinweg am meisten verbreitete poetische
Sprachabweichung.[201]

Aber Metaphern bleiben, wie Vergleiche, keineswegs auf den Bereich
der Dichtung beschränkt; der allgemeine Sprachgebrauch schafft, kennt
und nutzt sie nicht weniger. Da auch sie dem Ablauf von Zeit und Sprachgeschichte unterworfen sind, unterscheidet man drei Metapherntypen:
kreative, konventionelle und Ex-Metaphern.[202] Tagtäglich werden in
unserer Sprache, und nicht nur durch Schriftsteller, neue Metaphern

geschaffen; z. B. „Der Likör, in dem das *Herz des Cognacs* schlägt" (Werbeslogan) oder „saure *Wortmeter*" eines Politikers (journalistischer Text).[203] Innovationen dieser Art, die uns in ihrer metaphorischen Eigenart zunächst als ungewöhnlich auffallen werden, lassen sich am ehesten nach dem Modell der 'Abweichung von der Norm' erklären. Solche kreativen Metaphern können, falls die Sprachgemeinschaft sie akzeptiert und in den allgemeinen Sprachgebrauch übernimmt, zu konventionellen Metaphern werden: der *Zahn der Zeit*, ein *eisiger Blick*, *vor Wut kochen* usw. – das Heer all jener gewöhnlichen Redewendungen, die wir Tag für Tag und meist unbedacht im Munde führen. Immerhin ist die ihnen innewohnende Metaphorik noch deutlich genug, daß man sie gelegentlich „reaktivieren" kann: indem man nicht vom Menschen als „Maß", sondern „*Millimeter*maß der Dinge" (E. KÄSTNER) spricht oder den *Schatten eines Verdachts*, der auf jemanden gefallen ist, fortspinnt: „Und nun verbirgt er sich in diesem Schatten."[204] Aber eines Tages werden auch diese konventionellen Metaphern nicht mehr als solche aufgefaßt, sondern zu profanen, „verbrauchten" Ex-Metaphern: Wer versteht noch die (elektrische) *Birne*, das *Stuhlbein*, den *Fuß des Berges* usw. in ihrer ursprünglichen Bildhaftigkeit? Da diese kaum noch mitschwingt, läßt sie auch keine metaphorische Entfaltung mehr zu – oder könnte ein *Stuhlbein* sich wohl „das Knie stoßen"? Lexikalisiert und idiomatisiert sind sie nun Wörter und Wendungen unseres ganz gewöhnlichen Wortschatzes: die Sprache – „eine Sammlung erblaßter Metaphern" (JEAN PAUL).

Nach diesem Exkurs kehren wir zur Stilistik des sprachlichen Bildes zurück. Art und Formulierung von Vergleichen, die einen ersten Schritt auf dem Weg zu voller Bildlichkeit markieren, richten sich weitgehend nach ihrem Anwendungsbereich: intellektuell-erklärend in wissenschaftlichen Texten, technisch-erläuternd im Sachschrifttum, anschaulich-beschreibend in manchen alltäglichen Darstellungsarten. In jedem Fall könnte man zusätzlich das Adjektiv „konkret" anfügen; denn hauptsächlich dienen Vergleich und Bild der konkretisierenden Verdeutlichung abstrakter Sinnzusammenhänge. Wie ein die Sache treffender und auch gut formulierter Vergleich aussieht, soll das folgende Beispiel zeigen[205]:

Man schlägt, nichts Böses ahnend, die Zeitung auf und muß sich schon mit Satzungetümen herumschlagen wie der heilige Georg mit dem Drachen.

Der Vergleich erfüllt hier – in einer journalistischen Sprachglosse – nicht die Funktion einer sachlichen Analogie, sondern lebensfrischer, humoristisch übertreibender Illustration. Da zum eigentlichen Bild kein inhaltlicher, sondern nur ein Formulierungsunterschied besteht, gelten dafür dieselben Bedingungen: auch dort hat man auf die Anwendungsbereiche zu achten. Während etwa MORGENSTERNS Metapher „der Wolke *Zick-*

zackzunge" (Blitz) deutlich poetisch erscheinen wird, könnte sich jedermann wohl ohne Scheu der metaphorischen Ausdrucksweise bedienen, daß „hinter jeder Ecke ein paar Richtungen *lauern"*. Kann man nicht auch ohne weiteres vor jemandem „geistig *den Hut ziehen"* (Hochachtung haben) oder ein Problem „nur *mit den Fingerspitzen* berühren" (wenig, vorsichtig)?[206] Wie sieht ein gutgetroffenes, ansprechend formuliertes Bild aus, das alltägliche Sachverhalte betrifft und sich ungezwungen ergibt?

Ein Buch, wenn es so zugeklappt daliegt, ist ein gebundenes, schlafendes, harmloses Tierchen, welches keinem was zuleide tut. Wer es nicht aufweckt, den gähnt es nicht an; wer ihm die Nase nicht grad zwischen die Kiefer steckt, den beißt's auch nicht.

Ein in der Tat alltägliches Bild, das sich bis in die Ausdrucksweise hinein „umgangssprachlich" gibt; es stammt von WILHELM BUSCH, dem Meister volkstümlich-tiefsinniger Spruchweisheit, dessen Verse der Herausgeber so charakterisiert[207]: „Sie bekommen Flügel, flattern aus den Büchern heraus . . ." – unser Sprachgebrauch steckt voller Bilder.

Aber der Bildgebrauch hat seine tiefsitzenden Tücken! Diese eher insgeheim drohende Gefahr wollen wir, bevor der echte und als solcher wieder klare Bildbruch zur Sprache kommt, an einigen stilistisch instruktiven Beispielen aufzeigen. Sie sind aus verschiedenen Gründen zwar nicht eigentlich „falsch", erscheinen einem jedoch zumindest verdächtig; sie sind keineswegs mißlungen und können uns doch auch wiederum nicht bis ins letzte befriedigen: kurz, ein unterbewußtes Stilgewissen regt sich.

– weg vom Palaver am Feuer, bei dem vermutlich schon immer viel leeres Stroh gedroschen worden ist.[208]

„Leeres Stroh dreschen" ist eine landläufige Redensart einsichtigen Sinnes; doch spielt sich der diesem Bild zugrundeliegende Erntevorgang normalerweise auf der Tenne, in der Scheune ab, beileibe nicht am Feuer – man stelle sich das einmal vor! Offensichtlich genügt diese sachlich begründete Unstimmigkeit, um stilistisches Unbehagen an der Formulierung auszulösen. Ganz anders das nächste Beispiel:

Dem Verfasser geht es nicht darum, ein eher zufällig in Umlauf gekommenes „begriffliches Wechselgeld" nachträglich als „harte Währung" zu deklarieren. Er möchte vielmehr überprüfen . . ., was davon als „bare Münze" genommen und gegebenenfalls dem festen Bestand didaktischer Begriffe zugezählt werden darf.[209]

Eine in sich geschlossene Reihe von Metaphern aus dem monetären Bildfeld, scheint es. Was daran stört, könnte allenfalls ihre dichte Aufeinanderfolge sein, die möglicherweise leicht konstruiert wirkt – aber das ist nur ein Eindruck, der sich nicht bei jedem Leser einstellen muß. Nicht unerwähnt bleiben darf auch, daß poetisch ausgeführte Vergleich- oder Metaphernketten die literarischen Kunstformen des Gleichnisses, der Parabel und der Allegorie bilden. Ein letzter Zweifelsfall:

Die Wirbelsäule ist ein zusammengesetzter Knochen, der den Rücken hinunterläuft. An ihrem oberen Ende sitzt der Kopf, am unteren Ende sitze ich.[210]

Eigentlich doch eine sehr sinnige, ja witzig klingende Beschreibung unseres Vertebralgerüsts! – aber genau da liegt der wunde Punkt: Formulierungen, die uns ein erheitertes Lächeln abnötigen und infolgedessen einem humoristischen Kontext wohl anstehen, können nicht als ebenso sachgerecht in einem ernstgemeinten Schulaufsatz gelten (zum Thema ›Der menschliche Körper‹). Der gar nicht intendierte lustige Effekt erscheint darum weder angemessen im „Ton", noch trifft er die Textsorte. Zugleich wird in dem Umstand, daß dieselbe Bildlichkeit je nach Ausdrucksabsicht einmal positiv, einmal negativ bewertet werden kann, der wichtige Unterschied zwischen anschaulichem Beschreiben und bildlichem Darstellen greifbar: Die Beschreibung bildet zwar auch ab, doch von einem beobachtenden Standpunkt aus, der Sinneseindrücke in ihren wahrnehmbaren Eigenschaften wiedergibt (unmittelbare, eigentliche Bildhaftigkeit). Hingegen überträgt die bildliche Darstellung Denkinhalte auf eine höhere, zugleich auch „figürliche" Ebene (mittelbare, uneigentliche Bildlichkeit);[211] aber sie visualisiert Gedanken nicht nur, sondern „verdichtet" sie im Bild: Eine ins Schwarze treffende Metapher kann ganze Seiten langatmiger Umschreibung in einen Satz raffen!

Wenn man in einem Bild extrem widersprüchliche Sachverhalte koppelt oder absolut unvereinbare Bildbereiche mengt, entsteht ein 'Bildbruch' (Bildkontamination): Kann man sich in dem Fall, daß *alle Stricke reißen*, logischerweise noch *aufhängen?*[212] Ist es möglich, wenn man etwas Voreiliges sagen will, der *Zunge* noch soeben *ein Bein zu stellen?* usw. Eine Vorstellung wird von einer zweiten überlagert. Gleichwohl sollte man nicht übersehen, daß der Bildbruch als 'Katachrese' ebenfalls zu den rhetorischen Figuren zählt – und diese Stilfiguren sind ja, überspitzt ausgedrückt, kunstvoll eingesetzte Stilfehler! Dergestalt erklärt es sich, daß für Generationen von Humoristen, Witzemachern und auch „interessant" schreibenden Journalisten die zielbewußt praktizierte Bildvermischung ein beliebtes Rezept ist, um auf dem Umweg solcher amüsanten Sprach*d*efekte ihre einfallsreichen Sprach*eff*ekte zu erzeugen:

Und der Lungenkrebs reibt sich vergnügt die Scheren.
Sobald der Krach mit Fortschritt zu tun hat, drückt unser Ohr ein Auge zu.[213]
Der Zahn der Zeit, der schon so manche Träne getrocknet hat, wird auch über diese Wunde Gras wachsen lassen.

Dieses letzte, geradezu „klassische" Exempel – immer wieder zitiert – mag Anlaß sein, ein drittes sprachstilistisches Kunstmittel von allgemeinerer Geltung noch in aller Kürze vorzustellen: das Zitat. Es gehört in diesen Zusammenhang, weil die wörtliche Anführung dessen, was andere aus- und eindrucksvoll geschrieben haben, meist ähnlich wie Vergleich und Bild dokumentierenden oder illustrierenden Charakters ist. Dabei muß wieder der Unterschied zwischen den Kommunikationsbereichen und Textsorten hervorgehoben werden. In wissenschaftlichen Texten etwa zählt das Zitieren von Belegstellen aus Quellenwerken oder dem verarbeiteten Schrifttum zum zünftigen Handwerkszeug: keine Darlegung des Forschungsstandes, keine Diskussion von Streitfragen, kaum ein Argumentationszusammenhang oder Resümee ohne einschlägige Zitate! Nicht ebenso selbstverständlich ist diese Zitierpraxis in sonstigen Gebrauchstexten, etwa Geschäfts- oder Behördenschreiben; dort geschieht das sinnvollerweise meist nur, um sich auf den genauen Wortlaut als Grundlage einer Antwort oder eines Entscheids zu berufen. Die überhaupt geläufigste Verwendungsweise des Zitats besteht jedoch in der Anführung fremder Sprachautorität – das bündige Wort aus berufenem Munde: Redensarten, Sinnsprüche, „geflügelte" Dichterworte sind, gleichermaßen schön wie bequem, die meistzitierten „Renommierstücke" unserer Sprache. Der gemeinsame, kennzeichnende Zug all dieser Sentenzen ist ihre pointierte Aussagekraft in knappster Form, die sie auch leicht einprägsam macht, verbunden mit „stilistischer Virtuosität".[214] Zweifellos hat dieses Zitieren seinen Reiz – sowohl für den Leser, wenn er in einem Text solche Glanzstücke der Formulierungskunst eingestreut findet, als auch für den Schreiber selbst, der damit seine zu Papier gebrachten Gedanken gekonnt abzurunden weiß. Immerhin sollte man aber bedenken, daß einerseits zu viele Zitate einen Text zu einem unansehnlichen „Flickenteppich" machen können, andrerseits gerade die am häufigsten zitierten Wendungen nicht selten zu den längst „abgegriffenen Sprachmünzen" rechnen. Zitate sind immer dann angebracht, wenn es des buchstäblichen Wortlauts bedarf, um sich damit auseinanderzusetzen (Dokumentation); erlaubt sind sie, wenn ein vorzubringender Gedanke bereits in so brillanter Formulierung vorliegt, daß jeder eigene Versuch daneben als nichtssagend-banal erscheinen müßte (Illustration). Wie man sich persönlich in dieser Frage verhält, ist im übrigen eine Sache des individuellen Stils.

Literaturhinweise

Vgl. R. Posner, Linguistische Poetik, in: H. P. Althaus/H. Henne/H. E. Wiegand (Hrsg.), Lexikon der Germanistischen Linguistik, Tübingen, 2. Aufl. 1980, 687–698, mit Bibliographie. – R. Jakobson, Poetik. Ausgewählte Aufsätze 1921–1971, Frankfurt a. M. 1979. – H. Blumensath (Hrsg.), Strukturalismus in der Literaturwissenschaft, Köln 1972. – J. Ihwe (Hrsg.), Literaturwissenschaft und Linguistik I–III, Frankfurt a. M. 1971. – M. Bierwisch, Poetik und Linguistik, in: H. Kreuzer/R. Gunzenhäuser (Hrsg.), Mathematik und Dichtung, München, 4. Aufl. 1971, 49–65; auch in: Ihwe (wie oben) II/2, 568–586. – U. Oomen, Linguistische Grundlagen poetischer Texte, Tübingen 1973. – R. Kloepfer, Poetik und Linguistik, München 1975. – Chr. Küper, Linguistische Poetik, Stuttgart/Berlin/Köln/Mainz 1976. – G. Heintz, Sprachliche Struktur und dichterische Einbildungskraft, München 1978. – G. Lerchner, Sprachform von Dichtung, Berlin/Weimar 1984. – M. Geier, Linguistische Analyse und literarische Praxis, Tübingen 1986. – B. Garbe (Hrsg.), Konkrete Poesie, Linguistik und Sprachunterricht, Hildesheim/Zürich/New York 1987. – P. Blumenthal, Semantische Dichte. Assoziativität in Poesie und Werbesprache, Tübingen 1983. – J. Fröchling, Expressives Schreiben. Untersuchungen des Schreibprozesses und seiner Funktionen als Grundlage für eine Laienschreibdidaktik, Frankfurt a. M./Bern/New York/Paris 1987. – A. Liede, Dichtung als Spiel I–II, Berlin/New York 1963. – H. Fricke, Norm und Abweichung, München 1981. – B. Carstensen, Stil und Norm, in: Zeitschrift für Dialektologie und Linguistik 37 (1970), 257–279. – J. Trabant, Poetische Abweichung, in: Linguistische Berichte 32 (1974), 45–59. – W. Frier, Konvention und Abweichung, in: Germanistische Linguistik 3–4/81 (1983), 127–157. – U. Püschel, Das Stilmuster „Abweichen", in: Sprache und Literatur 16/H. 55 (1985), 9–24. – W. Berg, Uneigentliches Sprechen. Zur Pragmatik und Semantik von Metapher, Metonymie, Ironie, Litotes und rhetorischer Frage, Tübingen 1978. – H. F. Plett, Ironie als stilrhetorisches Paradigma, in: Kodikas/Code 4 (1982), 75–79. – Chr. Agricola, Sprachliche Bilder/Stilfiguren, in: Die deutsche Sprache (Kleine Enzyklopädie) II, Leipzig 1970, 1084–1118. – U. Kändler/G. Starke, Stilfiguren, in: Fleischer/Michel 1975, 151–189. – W. Zillig, Die stilistische Bedeutung von Metaphern, in: Münstersches Logbuch zur Linguistik 10 (1987), 103–128. – G. Schöffel, Denken in Metaphern. Zur Logik sprachlicher Bilder, Opladen 1987.

18. DER MENSCH IST DER STIL

Ausblick

Ob das Denken erstarrt oder beweglich bleibt, ob das
Urteil lebendig ist oder konventionell, ob die Geistes-
haltung kraftvoll ist oder schlaff und der Geist
schwungvoll oder papieren: das alles wird zum guten
Teil vom Zepter der Sprache regiert. Wer den Stil bes-
sert, schult Denken und Charakter.

L. REINERS (1943, 15)

Wozu Stillehre, wozu Stillernen? – so bleibt am Schluß zu fragen.
Schauen wir auf unsere Zeit: „Das tintenklecksende Säkulum, über das
Schillers Karl Moor die Hände rang, wurde zum Jahrhundert der
Schreib-, Druck- und Vervielfältigungsmaschinen, die ein Strom bedruck-
ten Papiers verläßt", so malt H. ISCHREYT die moderne Massenkommunikation aus (in: MACKENSEN 1979, 380) – wollen wir in diesem Strom er-
trinken oder selber schreibend mitschwimmen? Schreiben k ö n n e n ist
heute längst kein entbehrlicher Luxus mehr, sondern in allen Situationen
des täglichen Sprachumgangs kaum verzichtbares Erfordernis. Wie man
aber mit dem gleichen Material schöne und weniger schöne, „stilvolle"
und architektonisch mißlungene Häuser bauen kann,[215] so läßt sich auch
im Umgang mit der Sprache ein stümperhafter Gebrauch vom gekonnten
des guten Stils unterscheiden.

Daß dieser gute Stil auch praktische Folgewirkungen hat, kann als Bin-
senwahrheit gelten. Schon vor Jahrzehnten schrieb der französische Phi-
lologe GASTON PARIS: „Eine Sprache ist ein Instrument der Kommunikation zwischen denen, die sich ihrer bedienen, und wenn man sich ihrer
'richtig' bedient, ist man auf der einen Seite sicherer, verstanden zu werden, auf der anderen erfreut man sich einer Wertschätzung, die das Sozial-
prestige hebt."[216] Dieser „richtige" Sprachgebrauch beinhaltet indes
nicht nur seine grammatische Korrektheit, sondern auch und gerade seine
pragmatische Angemessenheit im Sinne der kommunikativen Adäquatheit. Wer den sprachlichen Verhaltensregeln nicht folgt oder sie nicht beherrscht, setzt sich gesellschaftlichen Sanktionen aus: Bestes Beispiel sind
die „Neureichs" als beliebte Zielscheibe sprachkarikaturistischer Witze,
weil sie in ihrem Sprachverhalten zu hoch hinauswollen, nämlich auf ein
nicht „gekonntes" Stilniveau. Umgekehrt stärkt eine gewandte Handha-

bung der Sprache nicht nur Selbstvertrauen und Sicherheit des persönlichen Auftretens, sondern auch das äußere Ansehen in der Gesellschaft, was wiederum die Durchsetzung angestrebter Kommunikationsziele erleichtern kann. So eng aber soziales Prestige und praktischer Erfolg mit gutem Stil verknüpft sind – er darf weder Selbstzweck noch alleiniges Mittel zum Zweck werden: Das eine wäre elegante Schwätzerei, das andere rhetorische Manipulation.

Und die „Moral von der Geschicht" . . .

Ein guter Stil müsse drei Eigenschaften besitzen, hat der große LEIBNIZ einmal bemerkt: er müsse klar, wahr und elegant sein.[217] Die erste Forderung richtet sich an das Denken, die zweite an die Moral und die dritte an die – Rhetorik. Wo bleibt, da es doch um Stil geht, die Stilistik? Der scheinbare Widerspruch löst sich einfach: LEIBNIZ lehrte in „vorstilistischer" Zeit, erst nach ihm trat die junge Stilistik an die Stelle der Rhetorik; und noch jünger ist der Auffassungswandel, daß Stil sich nicht in der glänzenden Formulierung, der „Eleganz" des sprachlichen Ausdrucks, erschöpft. Werfen wir an dieser Stelle einen Blick auf den zweiten Punkt, den Aspekt der stilistischen Moral.

Als kommunikative 'Maxime der Qualität' hat der Sprachphilosoph H. P. GRICE formuliert: „Versuche deinen Gesprächsbeitrag so zu machen, daß er wahr ist"; speziell solle man nichts sagen, was man für falsch hält oder wofür keine hinreichende Evidenz besteht (GRICE 1979, 249). In der Tat gibt es „eine verbreitet akzeptierte und nicht ganz so verbreitet befolgte moralische Norm", die Wahrheit zu sagen (FRICKE 1981, 47): das Gebot sprachlicher Ehrlichkeit. Beruht indes die Glaubwürdigkeit von Äußerungen nicht eher auf ihrem sach- und wissensentsprechenden Inhalt, sind Informationen also nicht ausschließlich eine Angelegenheit der Semantik? Da sei an die noch heute so genannte „Sophistik" erinnert: jene ebenso wortgewandte wie spitzfindige Disputierkunst, die als Übung der frühgriechischen Rhetorik lehrte, wie über jede Sache – einschließlich der gegenteiligen – virtuos und erfolgreich zu reden sei. Nicht viel anders verfahren die verbalen Überredungstechniken, die gegenwärtig vor allem im Bereich der Wirtschaftswerbung und politischen Propaganda mit der modernen Perfektion persuasiver bis manipulativer Psychagogie betrieben werden. „Stilistische Unmoral", wie sie schon SOKRATES der Sophistik vorgeworfen hat?[218]

Veranschaulichen wir uns dies an einem relativ harmlosen Beispiel der heutigen Werbung, „in deren immer raffinierter gemachten Texten fast alle Kniffe wieder auftauchen, auf die schon vor zweitausend Jahren in antiken Rednerschulen und Lehrbüchern hingewiesen wurde" (SCHLÜ-TER 1981, 13). Es geht um das Adjektiv *billig*,[219] das ursprünglich soviel wie 'rechtmäßig, angemessen' bedeutete – man vergleiche auch den Rechtssinn seiner nächsten Verwandten *Un-bill, bill-igen* usw.: Was dem einen *recht* ist, ist dem andern *billig*. Seit dem 19. Jahrhundert verdrängte es das ältere *wohlfeil* und gelangte von daher zu seiner Bedeutung 'niedrig im Preis'; genaugenommen dürfte also nie von „billigen Preisen", sondern nur von „billigen Waren" die Rede sein. Da sich in dieser Verwendung leicht der unerwünschte Nebensinn des Minderwertigen einstellte und das Wort sich mit der Zeit abnutzte, griff man in unseren Tagen zu frischen, werbewirksameren Ersatzvokabeln wie *preiswert* (auch *preiswürdig*) und *preisgünstig*. Diese verstehen sich als moderne Bildungen, die dem von der Sache her eindeutig relativierenden Begriff dennoch eine positive Färbung abzugewinnen versuchen und gleichzeitig auch das sinngemäß klarere „nicht teuer" vermeiden, da jede Negation in Werbeaussagen verpönt ist. Letztlich haben wir es also mit mehr oder weniger raffinierten „Tarnwörtern" zu tun (SCHNEIDER 1983, 56), die anderes bezwekken, als sie rein sprachlich ausdrücken. Die Werbesprache kennt und nutzt zahlreiche Kunstgriffe ähnlicher Manier: 'Euphemismen' bieten schönfärbende Verharmlosungen von Eigenschaften, die als unangenehm empfunden werden: „. . . Jahre *jung*" (statt *alt*), „Zweitfrisur" (für Perücke) usw.; 'Personifizierung' der Waren, ihre Ausstattung mit menschlichen Qualitäten, die Identifizierungsmöglichkeiten bieten sollen: *modern, rassig, sportlich, jung (jugendlich, jugendfrisch), sympathisch* usw. – jedes einzelne dem potentiellen Käufer gewissermaßen „auf den Leib geschrieben" und wie alle anderen offenkundige „Mittel der Überredung, nicht der Überzeugung" (SEIBICKE 1969, 51 f.). Tarnwörter, Überredung, Verführung durch Sprache[220] – heiligt in der Werbung der Zweck die Sprach-Mittel?

Immerhin begegnet man auch sonst vergleichbar bedenklichem Umgang mit der Sprache: der biedere Unfallzeuge, der das Geschehen nicht schlicht und wirklichkeitsgemäß so schildert, wie er es gesehen hat, sondern nach dem bequemen Muster entsprechender Zeitungsberichte; der findige Journalist, der Themen aus Wissenschaft und Forschung attraktiv „aufbereitet" und sich in unzähligen Einzelheiten mit fremden Federn schmückt; der Wissenschaftler seinerseits, der nicht der strengen Beweispflicht für seine Ergebnisse nachkommt, sondern unverläßlich darstellt, wie es „sein könnte", usw. Solche Verstöße gegen die „Wahrhaftigkeit" des Sprachgebrauchs sind auch Verstöße gegen den guten Stil. Denn in allen Fällen sollte dem feinen Ohr, dem scharfen Blick der stilistische Schwindel nicht verborgen bleiben: die verräterische Klischeehaftigkeit im ersten Fall, zwar glatt formulierte, doch sachlich unstimmige Details im zweiten und die vielen einschränkenden „Wenn" und „Aber" im dritten Fall. Kennt man zudem den persönlichen Stil des betreffenden Verfassers aus anderen Schriften, wird sich seine aktuelle „Unehrlichkeit" an merklichen Diskrepanzen zu seiner sonstigen Schreibart ablesen lassen. Selbst der Schriftsteller, bei dem „dichterische Freiheit" und die Welt der Fiktionalität, in der sich seine Wortkunst bewegt, eine sachliche Unwahrhaftigkeit im Grunde unmöglich machen,[221] ist dem Vorwurf solcher sprachlichen Unredlichkeit ausgesetzt, sollte er sich in sinnleere, bloß schönrednerische Eloquenz verlieren: SCHOPENHAUERS Abhandlung ›Über Schriftstellerei und Stil‹ ist eine einzige sarkastische Schelte.[222] Nach allem entbehrt es nicht eines tieferen Sinnes, wenn in einem gängigen Kommunikationsmodell dem Schreiber (Sprecher) das Stilkriterium der „Wahrhaftigkeit" attribuiert wird.[223]

Stil – eine Charaktersache?

Der Stil ist wie ein „Spiegel, in dem der Hörer den Sprecher, der Lesende den Schreibenden, ohne daß er es vermutet, erblicken kann" (MACKENSEN 1979, 39).[224] In diesem Zusammenhang stellen Stillehren und andere Schriften die vielfältigsten, nicht selten kuriosen Beziehungen zum Charakter des Menschen her: teils unter dem Gesichtspunkt einer charakterlichen Fundierung des Stils, wie sie ausschnittweise schon mit der sprachlichen „Glaubwürdigkeit" zur Diskussion stand, teils aber auch als Rückwirkung des Stils auf die Geisteseigenschaften des Menschen. Diese Meinungen müssen uns schon deshalb zum Schluß noch beschäftigen, weil sie eine Antwort auf die eingangs dieses Kapitels gestellte Frage nach dem Sinn von Stillehre und Stillernen versprechen: „Wahre Stilschulung ist Denkschulung und noch mehr: Charakterschulung" (RYCHENER 1982, 5) – ist sie das?

Die physiognomische Deutung des Stils,[225] die – wie zunächst die allgemeine Physiognomik von äußeren, körperlichen Merkmalen – auch von Kriterien des Sprachverhaltens auf bestimmte Charaktereigenschaften der Menschen schließt, hat eine lange Tradition. Ihre klassische Formulierung fand sie in den wie gemeißelten Sätzen SCHOPENHAUERS: „Der Stil ist die Physiognomie des Geistes. Sie ist untrüglicher als die des Leibes."[226] Besonders eindrucksvoll hat L. REINERS die Wechselbeziehung zwischen Charakter und Stil hervorgehoben: „Entschlossene Charaktere" schreiben im Verbalstil, „schwankende Naturen" bevorzugen Substantive (REINERS 1943, 141); hätte CAESAR – statt des sprichwörtlich lakonischen *veni, vidi, vici* – seinen Sieg bei Zela im Hauptwortstil nach Rom gemeldet: „Nach Erreichung der hiesigen Örtlichkeiten und Besichtigung derselben war mir die Erringung des Sieges möglich", so wären die weltgeschichtlichen Folgen ungeheuer gewesen, denn es „hätte ein Mann, der in diesem Stil schreibt, die Schlacht nie gewonnen" (1956, 12) – kurzum, „Stilfragen sind mehr Fragen des Charakters als Fragen des Geistes" (1943, 42). Daß man aus der Art, wie jemand mit der Sprache umgeht, Rückschlüsse auf seine geistige Verfassung ziehen kann, scheint plausibel. Dies betrifft nicht allein konkretisierbare Kenntnisse, Wissens- und Erfahrungshorizont, intellektuelles Niveau usw., sondern ebenso Charakterqualitäten eines Menschen, die man aus seiner Formulierungs- weise herauszuspüren meint: etwa bescheidene Zurückhaltung, ver- steckte Eitelkeit oder ähnliche Wesenszüge. Mit anderen Worten, wir ver- suchen uns ein Bild dieses Menschen zu machen, wie er sich in seinem Sprachverhalten präsentiert – oder besser: darüber, was uns diese verbale Präsentation von seinem Wesen zu verraten scheint. Denn da letztlich sein Stil beurteilt wird, entsteht zweifellos ein subjektiver Eindruck, in dem sich moralische Gesichtspunkte mit halb logischen, halb ästheti- schen Kriterien mischen: z. B. ein bestimmter, begrifflicher, erlesener Stil – ein flauer, anschaulicher, schlampiger Stil.[227] Und diese Stileigenschaf- ten, selbst nicht unanfechtbar, werden dann unbesehen dem persönlichen Naturell zugeschrieben: Stil, pointiert ausgedrückt, gleichsam als „der auf das Papier übertragene Charakter eines Menschen" (SOMMER 1979, 147)?

Noch weniger bleibt übrig von der umgekehrten, geradezu beschwö- rend wiederholten Feststellung, wie sehr ein guter Stil das Denken verbes- sere[228]: Daran stimmt eigentlich nur, daß die konkrete Versprachlichung meist vager Gedankenansätze immer zu größerer Schärfe in den Einzel- heiten zwingt. Daß dieser sich bei jedem Formulierungsakt wiederho- lende Vorgang wie der Stil generell auf den Charakter einwirke, über- spannt den Bogen: Alle großen Demagogen der Weltgeschichte waren blendende Stilisten, aber darum keineswegs auch charakterlich Vorbilder; und die Lüge – als absichtliche Verletzung des stilistischen Wahrhaftig- keitsgebotes – erfüllt gerade dann ihren Zweck der Täuschung am besten, wenn sie überzeugend formuliert ist. Der Stil kann sich nicht der allge- meinen Diskrepanz von Sein und Schein entziehen. Die vielberufene Charakterschulung gehört demnach wohl zu den Dingen, die eine verant- wortungsbewußte Stillehre nicht versprechen sollte, weil es nicht in ihren Kräften steht, sie zu vermitteln.[229]

Im Stil äußert sich der ganze Mensch – als Individuum mit all seinen geistigen und auch charakterlichen Facetten, mehr noch als soziales We- sen, das seine Existenz als Mit-Glied im Zusammenhang menschlicher Gemeinschaften findet. Der wechselseitige Kontakt mit anderen Men- schen vollzieht sich zu einem großen Teil in „praktischer" Interaktion, zu einem kleineren im sprachlichen Handeln, das wir als 'Kommunikation' bezeichnen. Kommunikation dient hauptsächlich der zwischenmenschlichen Verständigung und ist als solche, soll sie reibungslos funktionieren, auf die Kenntnis und Einhaltung von konventionellen, damit historisch wandelbaren „Regeln" angewiesen. Wer in jedem Kommunikationsakt neu einen Erfolg seines sprachlichen Handelns anstrebt, wird sich um einen grammatisch korrekten und semantisch sinnvollen, pragmatisch zweckmäßigen und kommunikativ angemessenen Einsatz der Sprachmittel bemühen: das alles ist im Stilideal der kommunikativen Adäquatheit zusammengefaßt. Was für Sprachmittel und welche Art ihres Einsatzes man wählt, darüber entscheidet jeder einzelne gemäß seinem subjektiven Stilgefühl und seiner individuellen Stilkompetenz. Diese zu schärfen, in ihrem Verständnis der Stilzusammenhänge zu verbessern, sie für selbständige Stilbeurteilung und Stilentscheidungen fähig zu machen – darin sehen wir, über die Vermittlung stilistischer Grundfakten hinaus, die Hauptanliegen praktischer Stillehre.

Immer ist es der Mensch, Sie und ich, jeder einzelne von uns, der über seinen eigenen Stil bestimmt und darüber, wie er ihn verwirklicht: ob er seinen Äußerungen ein stärker persönlich gefärbtes Kolorit verleiht oder als Person hinter der nüchtern-sachlichen Zweckmäßigkeit der Gebrauchssprache zurücktritt, ob er sich dem Rahmen konventioneller Sprachregelungen anpaßt oder in kühner Abweichung über alle Normen hinwegsetzt. Vor mehr als zweihundert Jahren (1753) sagte BUFFON: „Der Stil ist der Mensch selbst"[230] – hatte er, allgemein und im Sinne unserer Zeit interpretiert, mit seinem berühmten Diktum wohl doch recht?

Literaturhinweise

Vgl. allgemein W. G. Müller, Topik des Stilbegriffs, Darmstadt 1981, mit Bibliographie 197–201. – E. Engel, Deutsche Stilkunst, Wien/Leipzig, 30. Aufl. 1922, 23–29: Von der Wahrheit. – W. Gössmann, Glaubwürdigkeit im Sprachgebrauch, München 1970. – W. Becker, Wahrheit und sprachliche Handlung. Untersuchungen zur sprachphilosophischen Wahrheitstheorie, München 1988. – B. Sowinski, Deutsche Stilistik, Frankfurt a. M. 1973, 80–83: Glaubwürdigkeit. – G. Möller, Warum formuliert man so?, Leipzig 1983, 60–67: Persönlichkeit und Formulierungsvorgänge. – A. Busemann, Stil und Charakter, Meisenheim 1948. – M. H. Wörner, Charakterdarstellung und Redestil, in: W. Kühlwein/A. Raasch (Hrsg.), Stil: Komponenten – Wirkungen II, Tübingen 1982, 129–134.

ANMERKUNGEN

[1] Sinngemäß abgewandelt: *Stil* anstelle von „Geschichte"; H. Heimpel, Vorwort, in: H. Quirin, Einführung in das Studium der mittelalterlichen Geschichte, Braunschweig, 3. Aufl. 1964, 13.

[2] Vgl. die genannten Werke von Seibicke 1969, Mackensen 1979 und Reiners 1951 (Untertitel: Der sichere Weg zum guten Deutsch); ferner H. Villiger, Gutes Deutsch, Frauenfeld 1979; D. Faulseit, Gutes und schlechtes Deutsch, Leipzig, 5. Aufl. 1975; E. Hallwass, Mehr Erfolg mit gutem Deutsch, Stuttgart 1979; J. Böttcher/A. Ohrenschall, Gutes Deutsch kann jeder lernen, Bad Wörishofen, 2. Aufl. 1982; usw.

[3] Ausführlicher Seibicke 1969, 9.

[4] Nach H. Rössner, in: Ders./M. Wandruszka (Hrsg.), Der Mensch und seine Sprache, Frankfurt a. M./Berlin/Wien 1979, 349.

[5] Vgl. Seiffert 1977, 20.

[6] Ausdrücklich W. Schneider, Stilistische deutsche Grammatik, Freiburg/Basel/Wien, 4. Aufl. 1967; englisch A. E. Darbyshire, A Grammar of Style, London 1971; W. Hendricks, Grammars of Style and Styles of Grammar, Amsterdam 1976. Der Darstellung nach viele Stilistiken wie die genannte von H. Villiger 1970 (Untertitel: Grammatik und Stilistik der deutschen Gegenwartssprache); Sowinski 1973; Fleischer/Michel 1975; usw.

[7] Vgl. E. H. Lenneberg, Die biologischen Grundlagen der Sprache, in: H. Bühler/G. Mühle (Hrsg.), Sprachentwicklungspsychologie, Weinheim/Basel 1974, 99–155 (102).

[8] Nach Wunderlich 1970, 5.

[9] Laut Aebli (1981, 327) auch „Grundthese" des Buches von H. Hörmann, Meinen und Verstehen, Frankfurt a. M. 1976.

[10] J. L. Austin, Zur Theorie der Sprechakte, Stuttgart 1972; J. R. Searle, Sprechakte, Frankfurt a. M. 1971; R. B. Nolte, Einführung in die Sprechakttheorie J. R. Searles, Freiburg 1978; D. Wunderlich (Hrsg.), Linguistische Pragmatik, Frankfurt a. M. 1972; ders., Studien zur Sprechakttheorie, Frankfurt a. M. 1976; B. Schlieben-Lange, Linguistische Pragmatik, Stuttgart, 2. Aufl. 1979; G. Grewendorf (Hrsg.), Sprechakttheorie und Semantik, Frankfurt a. M. 1979; P. Kußmaul (Hrsg.), Sprechakttheorie, Wiesbaden 1980; G. Hindelang, Einführung in die Sprechakttheorie, Tübingen 1983.

[11] Vgl. J. R. Searle, Indirekte Sprechakte, in: Ders., Ausdruck und Bedeutung, Frankfurt a. M. 1982, 51–79; V. Ehrich/G. Saile, Über nicht-direkte Sprechakte, in: D. Wunderlich (Hrsg.), Linguistische Pragmatik, Frankfurt a. M. 1972, 255 bis 287; D. Franck, Zur Analyse indirekter Sprechakte, in: V. Ehrich/P. Finke (Hrsg.), Beiträge zur Grammatik und Pragmatik, Kronberg 1975, 219–231; R. Meyer-Hermann, Direkter und indirekter Sprechakt, in: Deutsche Sprache 4

(1976), 1–19; K. Zimmermann/P. Müller, Indirekte und implizite Sprechakte, in: Deutsche Sprache 5 (1977), 238–254; G. Beck, Sprechakte und Sprachfunktion, Tübingen 1980; W. Sökeland, Indirektheit von Sprechakten, Tübingen 1980.

[12] Vgl. J. Hennig/L. Huth, Kommunikation als Problem der Linguistik, Göttingen 1975, 112 f.

[13] Seither (1971) viel kommentiert und von Gordon/Lakoff als 'Konversationspostulate' in die Linguistik eingeführt; D. Gordon/G. Lakoff, Konversationspostulate, in: G. Meggle (Hrsg.), Handlung, Kommunikation, Bedeutung, Frankfurt a. M. 1979, 327–353.

[14] Einige Titel zu den Stichwörtern 'Intentionalität' der Sprachverwendung und 'Sprachhandeln': J. Pleines, Handlung – Kausalität – Intention, Tübingen 1976; W. Dittel, Intention und Kommunikation, Meisenheim/Königstein i. Ts. 1979; M. von Cranach/U. Kalbermatten/K. Indermühle/B. Gugler, Zielgerichtetes Handeln, Bern 1980; G. H. von Wright, Handlung, Norm und Intention, Berlin/New York 1977; auch ders., Erklären und Verstehen, Frankfurt a. M. 1974; D. Wunderlich, Handlungstheorie und Sprache, in: Ders., Studien zur Sprechakttheorie, Frankfurt a. M. 1976, 30–50; J. Rehbein, Komplexes Handeln, Stuttgart 1977; K. Baumgärtner (Hrsg.), Sprachliches Handeln, Heidelberg 1977; R. Meyer-Hermann (Hrsg.), Sprechen – Handeln – Interaktion, Tübingen 1978; P.-L. Völzing, Text und Handlung, Frankfurt a. M./Bern/Las Vegas 1979; H. Lenk, Handlungstheorien interdisziplinär I–III, München 1980/81; G. Harras, Handlungssprache und Sprechhandlung, Berlin/New York 1983; E. von Savigny, Zum Begriff der Sprache, Stuttgart 1983, 245–272; G. Saile, Sprache und Handlung, Braunschweig/Wiesbaden 1984; Sandig 1978, 61–98: Sprachhandlungstheorie „als Instrument der Stilbeschreibung".

[15] Zum Stilbegriff E. Castle, Zur Entwicklungsgeschichte des Wortbegriffs Stil, in: Germanisch-romanische Monatsschrift 6 (1914), 153–160; R. A. Sayce, Die Definition des Begriffs 'Stil', in: H. Hatzfeld (Hrsg.), Romanistische Stilforschung, Darmstadt 1975, 296–308; Müller 1981, 6 ff.; A. Müller, Stil. Studien zur Begriffsgeschichte im romanisch-deutschen Sprachraum, Erlangen 1981.

[16] So z. B. Anderegg 1979, 9; G. Storz, in: Sprachkunst 11 (1980), 271.

[17] B. Sandig (1978, 6 ff.) formuliert handlungsbezogen: „'Dasselbe' auf verschiedene Arten bewirken."

[18] Vgl. Sanders 1977, 22–32 (mit weiterer Literatur).

[19] J. Marouzeau, Traité de stylistique latine, Paris, 4. Aufl. 1962, XIII: «La langue apparaît ainsi comme un total, le style comme le résultat d'un choix» (1935); vgl. W. Ax, Probleme des Sprachstils als Gegenstand der lateinischen Philologie, Hildesheim/New York 1976, 23 ff. (36).

[20] Ausdrücklich oder der Sache nach, wenn auch nicht immer ohne kritische Vorbehalte, in den meisten neueren Stilistiken; vgl. Sanders 1973, 18 f. 69 ff.; Sowinski 1973, 23 ff.; Spillner 1974, 45 ff.; Fleischer/Michel 1975, 47 ff.; W. Ax (wie vorige Anm.), 35 ff.; Sandig 1978, 36 ff.; usw.

[21] Zitat: „lexikologischen" zu lesen als *lexikalischen*.

[22] Dankenswerter Hinweis von U. Albrecht; vgl. M. Wandruszka, Die Mehrsprachigkeit des Menschen, München/Zürich 1979; auch Wandruszka 1979; W. Klein, Variation in der Sprache, Kronberg 1974; K. Nabrings, Sprachliche

Varietäten, Tübingen 1981; auch U. Püschel, Überlegungen zu einer Stiltypologie, in: H. Weber/H. Weydt (Hrsg.), Sprechakttheorie und Pragmatik. Akten des 10. Linguistischen Kolloquiums (1975) I, Tübingen 1976, 223–234.

[23] Vgl. H. Burger, Idiomatik des Deutschen, Tübingen 1973; J. Häusermann, Phraseologie, Tübingen 1977; W. Koller, Redensarten, Tübingen 1977; D. Heller, Idiomatik, in: H. P. Althaus/H. Henne/H. E. Wiegand (Hrsg.), Lexikon der Germanistischen Linguistik, Tübingen, 2. Aufl. 1980, 180–186; U. M. Quasthoff, Formelhafte Wendungen im Deutschen, in: Germanistische Linguistik 5–6/81 (1983), 5–24; H. Burger/A. Buhofer/A. Sialm, Handbuch der Phraseologie, Berlin/New York 1982; W. Fleischer, Phraseologie der deutschen Gegenwartssprache, Leipzig 1982.

[24] Vgl. J. Anderegg, Literaturwissenschaftliche Stiltheorie, Göttingen 1977, 53 f.; H. Steinmetz, Sprachgebrauch, Stilkonventionen und Stilanalyse, in: Jahrbuch für Internationale Germanistik 10/H.2 (1978), 16–33 (17). Zur 'Stilbedeutung' auch B. Sandig, in: Germanistische Linguistik 3–4/81 (1983), 15 ff.; Püschel 1982; R. Thieberger, Stil und Situation, in: Sprachkunst 11 (1980), 279 f.: Von der semantischen Funktion der Ausdrucksform. B. Stolt, Die Relevanz stilistischer Faktoren für die Übersetzung, in: Jahrbuch für Internationale Germanistik 10/H. 2 (1978), 34–54, vertritt die Meinung, „daß Stil immer auch Bedeutung ist" (34 f.).

[25] Nach H. Gipper, Denken ohne Sprache?, in: Wirkendes Wort 14 (1964), 145–156 (156).

[26] Die folgenden Ausführungen stützen sich hauptsächlich auf Aebli 1981: „Denkprozesse", so zur Begriffsbildung, zum Wissensmodell, zur Gedächtnisstruktur usw.; ferner Bock 1978 (mit weiterer Literatur).

[27] Vgl. H. Hörmann, Psycholinguistik, in: W. A. Koch (Hrsg.), Perspektiven der Linguistik II, Stuttgart 1974, 138–155 (150 ff.); ausführlich J. Engelkamp, Psycholinguistik, München, 2. Aufl. 1983, 76 ff.; H. Hörmann, Einführung in die Psycholinguistik, Darmstadt 1981, 63 ff.; auch B. Engelen, Semantische Komponentenanalyse und Stilbetrachtung, in: Muttersprache 78 (1968), 250–256.

[28] Zu den Begriffen Welte 1974, 648 ff.

[29] *Lexicoid* als „Element des Tiefen-Lexikons" nach Schmidt 1976, 60; vgl. Sanders 1977, 19 ff.

[30] Zum 'Denkstil' vgl. Krahl/Kurz 1984, 29 f.; H. Schüling, Denkstil, Ratingen 1967; W. Beutin, Sprachkritik – Stilkritik, Stuttgart/Berlin/Köln/Mainz 1976, 20 ff.; Möller 1978, 10 ff. und 1980, 32 ff.; W. Möller, Zum Problem der Denkstile in der Sachprosa, in: Möller 1983, 152–161.

[31] Nach H. Beisker, in: Mackensen 1979, 282.

[32] Weitere Beispiele bei Sommer 1979, 79; Augst 1974, 37 f.

[33] Vgl. Grosse 1972, 649 ff.

[34] Vgl. H. Glinz, Linguistische Grundbegriffe und Methodenüberblick, Frankfurt a. M., 4. Aufl. 1971, 92 ff.; G. Dresselhaus, Langue – Parole und Kompetenz – Performanz, Bern/Frankfurt a. M./Cirencester 1979.

[35] Die meisten Stilistiken beschränken sich auf den schriftlichen Stil; vgl. zur genannten Literatur noch Seibicke 1969, 53–57: Reden und Schreiben; Möller 1980, 219–231: Zum Sachvortrag.

[36] Aus der Flut neueren Schrifttums zur Rhetorik nur: M. Fuhrmann, Die antike Rhetorik, München/Zürich 1984; Geissner 1974; J. Dubois u. a., Allgemeine Rhetorik, München 1974; G. Ueding, Einführung in die Rhetorik, Stuttgart 1978; H. F. Plett (Hrsg.), Rhetorik, München 1977; ders., Textwissenschaft und Textanalyse: Semiotik, Linguistik, Rhetorik, Heidelberg, 2. Aufl. 1979; Schlüter 1981; H. Rehbock, Rhetorik, in: H. P. Althaus/H. Henne/H. E. Wiegand (Hrsg.), Lexikon der Germanistischen Linguistik, Tübingen, 2. Aufl. 1980, 293–303; H. Lemmermann, Lehrbuch der Rhetorik, München, 10. Aufl. 1982; J. Kopperschmidt (Hrsg.), Rhetorische Texttheorie, Darmstadt (angekündigt).

[37] In der Sammlung: K. Tucholsky, Zwischen gestern und morgen, Hamburg 1952, 103 f. (104 f. ›Ratschläge für einen guten Redner‹).

[38] Informationstheoretisch liegt 'Redundanz' dann vor, wenn „eine Kürzung der Information (z. B. einer Zeichenfolge) möglich ist, ohne daß Informationsverlust eintritt" (man unterscheidet ferner zwischen 'fördernder' und 'leerer Redundanz'); vgl. G. Klaus, Wörterbuch der Kybernetik II, Frankfurt/Hamburg, 2. Aufl. 1971, 515.

[39] R. Rath, Kommunikationspraxis, Göttingen 1978, 133 ff. 218 ff.; A. Betten, Ellipsen, Anakoluthe und Parenthesen. Fälle für Grammatik, Stilistik, Sprechakttheorie oder Konversationsanalyse?, in: Deutsche Sprache 4 (1976), 207–230.

[40] Vgl. Augst 1974, 50 f. 80.

[41] Nach Sowinski 1973, 82.

[42] „Man schreibt nicht mit der Feder, man schreibt mit Mund und Ohr" (Reiners 1943, 420); „Laut schreiben!" (Christiansen 1966, 9); usw.

[43] Vgl. D. Cherubim (Hrsg.), Sprachwandel, Berlin/New York 1975; G. Augst, Sprachnorm und Sprachwandel, Wiesbaden 1977; H. Eggers, Sprachwandel – Sprachnormen – Sprachvorbilder, in: Der öffentliche Sprachgebrauch I, Stuttgart 1980, 202–209; E. Staiger, Stilwandel, Zürich/Freiburg 1963; W. Pöckl, Plädoyer für eine diachrone Stilistik, in: Sprachkunst 11 (1980), 192–204.

[44] Eine zumindest illustrative Zusammenstellung solcher Innovationen (unter einzelnen Dichternamen) im Anhang von: F. Kluge/W. Mitzka, Etymologisches Wörterbuch der deutschen Sprache, Berlin/New York, 21. Aufl. 1975.

[45] H.-M. Gauger und W. Oesterreicher/H. Henne/M. Geiger/W. Müller, Sprachgefühl? Vier Antworten auf eine Preisfrage, Heidelberg 1982; ferner H. Gipper, „Sprachgefühl", „Introspektion" und „Intuition", in: Wirkendes Wort 26 (1976), 240–245; J. Strässler, 'Sprachgefühl': A Mental Faculty or Just Stored Knowledge?, in: R. J. Watts/U. Weidmann (Hrsg.), Modes of Interpretation. Essays Presented to E. Leisi, Tübingen 1984, 193–211; M. Disselkamp/R. Olt, Sprachkritik und Sprachgefühl als Gegenstände der Sprachwissenschaft, in: Der Deutschunterricht 37/H. 1 (1985), 34–45.

[46] Vgl. Welte 1974, 52 ff. (mit Literatur); A. Steube, Gradation der Grammatikalität und stilistische Akzeptabilität, Leipzig 1966.

[47] Das ist „derjenige Bereich der sprachlichen Kompetenz, den man 'stilistische Kompetenz' nennen könnte" (Sandig 1978, 24); dazu die Arbeiten von Abraham 1971; Abraham/Braunmüller 1971; Nickisch 1975, 150 f.; Sandig 1981, 22–39. W. Ingendahl (1975, 106 ff.) spricht von 'Formulierungskompetenz', verstanden als produktive oder reproduktive 'stilistische Kompetenz'.

[48] Die 'kommunikative (pragmatische, funktionale) Adäquatheit' spielt in der linguistischen Diskussion ebenfalls eine wesentliche Rolle; stildidaktisch erhebt E. W. B. Hess-Lüttich (1980, 107) das „Postulat der kommunikativen (pragmatischen) Adäquanz".

[49] F. Hundsnurscher weist darauf hin, daß solche wertenden Adjektive wie *gut*, *schön* usw. sich immer auf eine Wertskala beziehen, die von der Gesellschaft als kulturpsychologischer Faktor etabliert wird; Neuere Methoden der Semantik, Tübingen, 2. Aufl. 1971, 109.

[50] Dazu grundlegend H. Lausberg, Elemente der literarischen Rhetorik, München, 4. Aufl. 1971.

[51] Eine tabellarische Übersicht (Zusammenstellung der Begriffe nach Nickisch 1975, 35 ff. 75 ff. 96 ff. 110 ff.):

L. Reiners:	B. Christiansen:	W. Seibicke:	G. Möller:
Gehobenheit	das Besondere	das Sachliche	Funktionalität
Klarheit	das Geordnete	Klarheit	Eindeutigkeit/ Vollständigkeit
Übersichtlichkeit/ leichte Verstehbarkeit		das gut Überschaubare/Leichtverständliche	Allgemeinverständlichkeit/Eingängigkeit
Angemessenheit in Ton und Sache	das Angemessene	das Angemessen-Treffende	Angemessenheit
Natürlichkeit	das Natürlich-Echte	das Natürlich-Persönliche	Individualität
Genauigkeit	das Treffend-Genaue	Genauigkeit	begriffliche Schärfe
Knappheit/Kürze	das Knappe		Knappheit des Ausdrucks
Mäßigkeit/ Sparsamkeit	das Sparsam-Maßvolle	das Rationell-Ökonomische	Sprachökonomie
Anschaulichkeit	das Anschauliche		
Lebendigkeit/ Kraft	das Sinnenständig-Kräftige		
Farbigkeit/ Bestimmtheit	das Bestimmte		

[52] Vgl. J. R. Searle, Sprechakte, Frankfurt a. M. 1971, 54ff.; dazu R. Brück/
E. Kendziora, Einige Anmerkungen zum Begriff der Regel bei Searle, in:
D. Wunderlich (Hrsg.), Linguistische Pragmatik, Frankfurt a. M. 1972, 115–122.
Zum folgenden Sandig 1981, 22f. (vgl. auch Sandig 1978, 67ff.).

[53] Vgl. R. M. G. Nickisch, Das gute Deutsch des Ludwig Reiners, in: Braun
(Hrsg.) 1979, 122–148 (128ff. über Muster und Vorbilder).

[54] Reiners 1951, 17.

[55] Vgl. auch E. Staiger, Stilwandel, Zürich/Freiburg 1963, 12f.; W. Falk, Stil
und Epoche, in: Jahrbuch für Internationale Germanistik 12/H. 2 (1981), 98–114.

[56] G. Stötzel, Die heutige Sprache als Stiefkind der Germanistik, in: A. Rucktäschel (Hrsg.), Sprache und Gesellschaft, München 1972, 369–383.

[57] *Gegenwart* ist erst im Laufe des 18. Jahrhunderts zur heutigen, in fester Relation zu Vergangenheit und Zukunft stehenden Zeitkategorie geworden und
diente sprachwissenschaftlich zunächst nur zur Wiedergabe des 'Präsens' der
lateinischen Grammatik; vgl. Eggers 1973, 15ff.

[58] Für Literaturangaben zu Substantivierung und Nominalkomposition, zu
Funktionsverben und Funktionsverbgefügen, zum modernen Kurzsatz usw. wird
auf die Kapitel 14 und 15 verwiesen; dort sind diese Erscheinungen unserer Gegenwartssprache aus stilistischer Sicht behandelt.

[59] Eggers 1973, 61; das Goethe-Zitat ist der erste Satz der Abhandlung ›Einfache Nachahmung der Natur, Manier, Stil‹ (1789).

[60] Vgl. Erben 1972, 69ff.

[61] Vgl. Seiffert 1977, 32f.; H. Moser, Sprachliche Ökonomie im heutigen deutschen Satz, in: Studien zur Syntax des heutigen Deutsch, Düsseldorf 1970, 16f.;
ferner W. Flämig, Zum Konjunktiv in der deutschen Sprache der Gegenwart, Berlin, 2. Aufl. 1962; S. Jäger, Der Konjunktiv in der deutschen Sprache der Gegenwart, München/Düsseldorf 1971; ders., Gebrauch und Leistung des Konjunktivs
in der deutschen geschriebenen Hochsprache der Gegenwart, in: Wirkendes
Wort 21 (1971), 238–254; auch in: Braun (Hrsg.) 1979, 296–320.

[62] Zum „*würde*-losen" *wenn*: Engel 1922, 84f.; Christiansen 1966, 53; Reiners
1951, 49; zum folgenden H. Glinz, in: H. P. Althaus/H. Henne/H. E. Wiegand
(Hrsg.), Lexikon der Germanistischen Linguistik, Tübingen, 1. Aufl. 1973, 446,
in der veränderten Fassung der 2. Aufl. 1980, 614.

[63] "Who says what in which channel to whom with what effect" (H. D. Lass-
well, 1948), hier nach B. Badura/K. Gloy, Soziologie der Kommunikation, Stuttgart 1972, 10f.; vgl. auch H. Henne, Sprachpragmatik, Tübingen 1975, 93f.

[64] Eine Erläuterung der Jakobsonschen Sprachfunktionen, gerade auch mit
dem Blick auf Stil, bei Ingendahl 1975, 126ff.

[65] Vgl. W. Hartung u. a., Sprachliche Kommunikation und Gesellschaft, Berlin 1974, 299ff.; auch J. Scharnhorst, Zum Wesen des Begriffs Funktionalstil, in:
Zeitschrift für Phonetik, Sprachwissenschaft und Kommunikationsforschung
34 (1981), 307. 312.

[66] Vgl. etwa das „grobe" wie das nach Sender- und Empfängerseite unterschie-
dene „detaillierte" Kommunikationsmodell bei G. F. Meier, Wirksamkeit der
Sprache, in: Zeitschrift für Phonetik, Sprachwissenschaft und Kommunikationsforschung 22 (1969), 474–492; auch in: S. J. Schmidt (Hrsg.), Pragmatik I, Mün-

chen 1974, 63–83. Einführende Modelle z. B. bei W. Herrlitz, Aufbau eines Modells der sprachlichen Kommunikation, in: Funk-Kolleg Sprache I, Frankfurt a. M. 1973, 38–46, oder W. Eichler, Sprachdidaktik Deutsch, München 1974, 18 bis 63; weitere Modelle mit verschiedenartiger Zielsetzung bei Steger/Schütz 1973, 196; Ingendahl 1975, 21; Schmidt 1976, 165; usw.

⁶⁷ Zur Notation in den folgenden (Teil-)Modellen: Unterschieden sind – sprachsystematische Faktoren/Bereiche (Kästchen mit eckigen Seiten); – Kommunikationsfaktoren (aufgerichtete Vierecke); – Teilabläufe der Textbildung (einfache Vierecke, die nochmals unterteilt sind) – sowie Stilprinzipien (Ovale). Anführungszeichen machen normalsprachliche Begriffe kenntlich, vor allem eben Stilprinzipien (im Gegensatz zu linguistisch definierten Begriffen).

⁶⁸ Vgl. auch K.-H. Deutrich/G. Schank, Redekonstellation und Sprachverhalten, in: Funk-Kolleg Sprache II, Frankfurt a. M. 1973, 242–262; H. Steger/ H. Deutrich/G. Schank/E. Schütz, Redekonstellation, Redekonstellationstyp, Textexemplar, Textsorte im Rahmen eines Sprachverhaltensmodells, in: Gesprochene Sprache. Jahrbuch 1972 des Instituts für deutsche Sprache, Düsseldorf 1974, 39–97; zusammenfassend G. Schank/G. Schoenthal, Gesprochene Sprache, Tübingen, 2. Aufl. 1983, 39 ff.

⁶⁹ Eine Gegenüberstellung von Sprech- und Schreibakt bei R. Ulshöfer, Die Theorie der Schreibakte und die Typologie der Kommunikationsmuster oder Stilformen, in: Der Deutschunterricht 26/H. 1 (1974), 6–15 (9 f.).

⁷⁰ Vgl. W. Kayser, Das sprachliche Kunstwerk, Bern/München, 6. Aufl. 1960, 271 ff.

⁷¹ „Der Stil ist so zuverlässig wie ein Fingerabdruck" (Reiners 1943, 479); zu diesem Topos Müller 1981, 106.

⁷² Milic unterscheidet dies terminologisch als „stilistische Optionen" und „rhetorische Selektionen"; L. T. Milic, Rhetorical Choice and Stylistic Option, in: S. Chatman (Hrsg.), Literary Style, London/New York 1971, 77–88 (85).

⁷³ J. Paul, Vorschule der Aesthetik. Erste Abteilung, § 34, in: Sämtliche Werke. Historisch-kritische Ausgabe, I. Abteilung, XI. Band, Weimar 1935, 121 f.

⁷⁴ Vgl. G. Ehrismann, Duzen und Ihrzen im Mittelalter, in: Zeitschrift für deutsche Wortforschung 1 (1901), 117–149, 2 (1902), 118–159, 4 (1903), 210–248, und 5 (1904), 127–220; G. J. Metcalf, Forms of Address in German (1500–1800), Washington 1938; K. Prause, Deutsche Grußformeln in neuhochdeutscher Zeit, Breslau 1930; J. Dünninger, Gruß und Anrede, in: Der Deutschunterricht 15/ H. 2 (1963), 21–35; G. Augst, Zur Syntax der Höflichkeit (Du – Ihr – Sie), in: Sprachnorm und Sprachwandel, Wiesbaden 1977, 13–60.

⁷⁵ R. Brown/A. Gilman, The Pronouns of Power and Solidarity, in: Th. Sebeok (Hrsg.), Style in Language, Cambridge/Mass. 1960, 253–276 (mehrmals wieder abgedruckt); U. Ammon, Zur sozialen Funktion der pronominalen Anrede im Deutschen, in: LiLi. Zeitschrift für Literaturwissenschaft und Linguistik 2/H. 7 (1972), 73–88; D. Hartmann, Begrüßungen und Begrüßungsrituale, in: Zeitschrift für germanistische Linguistik 1 (1973), 133–162; A. Kohz, Linguistische Aspekte des Anredeverhaltens, Tübingen 1982; W. Winter (Hrsg.), Anredeverhalten, Tübingen 1984.

⁷⁶ Nach Reiners 1943, 165.

⁷⁷ W. Iser, Der implizite Leser, München, 2. Aufl. 1979, 10 f.; ders., Der Akt des Lesens, München 1976; auch R. Warning (Hrsg.), Rezeptionsästhetik, München, 2. Aufl. 1979.

⁷⁸ Zitiert nach Sommer 1979, 63.

⁷⁹ Vgl. W. Eichlers „Partnertaktik"; Sprachdidaktik Deutsch, München 1974, 103 ff.

⁸⁰ Vgl. Sanders 1977, 138 f.; E. W. B. Hess-Lüttich, Das sprachliche Register, in: Deutsche Sprache 2 (1974), 269–286; F. Lux, Text, Situation, Textsorte, Tübingen 1981, 40–219.

⁸¹ Zum folgenden I. Werlen, Vermeidungsritual und Höflichkeit, in: Deutsche Sprache 11 (1983), 193–218, mit weiterer Literatur.

⁸² Vgl. P. Watzlawick/J. H. Beavin/D. D. Jackson, Menschliche Kommunikation, Berlin/Stuttgart/Wien, 7. Aufl. 1985, 53 ff.

⁸³ H. Weydt, Abtönungspartikel, Bad Homburg 1969; ders. (Hrsg.), Aspekte der Modalpartikeln, Tübingen 1977; ders. (Hrsg.), Die Partikeln der deutschen Sprache, Berlin 1979.

⁸⁴ Früh 1980, 93.

⁸⁵ Vgl. V. Henn, Der Sehvorgang, in: M. Svilar (Hrsg.), „Und es ward Licht". Zur Kulturgeschichte des Lichts, Bern/Frankfurt a. M. 1983, 215 f.

⁸⁶ Wittgenstein 1980, 504; vgl. auch T. J. Taylor, Linguistic Theory and Structural Stylistics, Oxford 1981, 75.

⁸⁷ Die AIDA-Formel bietet eine Anleitung zu persuasiver Werbewirksamkeit: Ein Werbungstext soll Aufmerksamkeit (A-ttention), Interesse (I-nterest) und den Kaufwunsch (D-esire) wecken, der dann zur Handlung (A-ction) des Warenkaufs führt; vgl. R. Römer, Die Sprache der Anzeigenwerbung, Düsseldorf, 5. Aufl. 1976; D. Flader, Strategien der Werbung, Kronberg 1974; B. Sowinski, Werbeanzeigen und Werbesendungen, München 1979; H. Mayer/U. Däumer/ H. Rühle, Werbepsychologie, Stuttgart 1982. Weiteres bei W. Brandt, Zur Erforschung der Werbesprache, in: Zeitschrift für Germanistische Linguistik 7 (1979), 66–82.

⁸⁸ Vgl. Seiffert 1977, 196.

⁸⁹ Eggers 1972, 8.

⁹⁰ Aebli 1981, 15 f.

⁹¹ Der ganze Text bei W. Ulrich, Linguistik für den Deutschunterricht, Braunschweig 1977, 88.

⁹² Nach Wunderlich 1980, 121; vgl. auch Seiffert 1977, 45 ff.

⁹³ Wunderlich 1980, 329 (leicht umformuliert).

⁹⁴ Aus einem Schulaufsatz; W. Krämer (Hrsg.), Lukasburger Stilblüten I, München 1960, 6.

⁹⁵ Aebli 1981, 14.

⁹⁶ Nach Seibicke 1969, 107.

⁹⁷ Chr. Morgenstern, Alle Galgenlieder, Frankfurt a. M. 1973, 203.

⁹⁸ Vgl. schon L. Bloomfield, Language, New York/London 1933, 139.

⁹⁹ Von Frege bis Quine; vgl. H. Rössner, in: Ders./M. Wandruszka (Hrsg.), Der Mensch und seine Sprache, Frankfurt a. M./Berlin/Wien 1979, 355.

¹⁰⁰ Dieses zufällige Beispiel nach Reiners 1943, 252.

[101] W. Schneider, Wörter machen Leute, München/Zürich 1976.

[102] Paradebeispiel: *interessant*; vgl. Reiners 1951, 129; Hirsch 1979, 49.

[103] ›Parerga und Paralipomena‹, in: A. Schopenhauer, Sämtliche Werke V, hrsg. von W. Freiherr von Löhneysen, Frankfurt a. M./Darmstadt, 2. Aufl. 1968, Nachdruck 1976, 613.

[104] Nach dem Amerikaner G. K. Zipf (1949); Früh 1980, 34.

[105] Vgl. Hirsch 1976, 9 f.

[106] A. Schopenhauer (wie Anm. 103), 611.

[107] Vgl. Sommer 1979, 176.

[108] In: R. Fowler (Hrsg.), Essays on Style and Language, London 1966, 149; übersetzt nach Sanders 1977, 70.

[109] Gauger/Oesterreicher 1982, 56.

[110] In: H. Glinz, Textanalyse und Verstehenstheorie I, Frankfurt a. M. 1973, 147 ff. (die zitierte Stelle 161).

[111] Vgl. Schneider 1983, 66 f.; Sommer 1979, 180 f.

[112] Verlag K. Birkenhauer (Straelen); vgl. Schneider 1983, 27.

[113] In: Schlüter 1981, 273 f.

[114] Vgl. Erben 1972, 12 f.

[115] Nach Reiners 1943, 573, G. Lange (in: Geissner 1974, 50) und Seibicke 1969, 126 f.

[116] K. Heller, Das Fremdwort in der deutschen Sprache der Gegenwart, Leipzig 1966; P. Braun (Hrsg.), Fremdwort-Diskussion, München 1979; zuletzt A. Greule, Erbwort – Lehnwort – Neuwort, in: Muttersprache 90 (1980), 263 bis 275.

[117] H. Henne/W. Mentrup (Hrsg.), Wortschatz und Verständigungsprobleme. Was sind „schwere Wörter" im Deutschen? Jahrbuch 1982 des Instituts für deutsche Sprache, Düsseldorf 1983; G. Strauß/G. Zifonun, Die Semantik schwerer Wörter im Deutschen I–II, Tübingen 1985.

[118] U. Förster, Das Fremdwort als Stilträger, in: Der Sprachdienst 28 (1984), 97–107.

[119] In anderem Sinnzusammenhang W. Sanders, Sachsensprache, Hansesprache, Plattdeutsch, Göttingen 1982, 204.

[120] Wunderlich 1980, 15.

[121] Vgl. R. Kurth, Bildung und Gebrauch der Wörter auf -*ung*, in: Beiträge zur Geschichte der deutschen Sprache und Literatur 78 (Halle 1956), 307–316; W. Henzen, Deutsche Wortbildung, Tübingen, 3. Aufl. 1965, 179 ff.

[122] Vgl. F. Tschirch, Wachstum oder Verfall der Sprache?, in: Braun (Hrsg.) 1979, 38 f.

[123] Vgl. Storz 1984, 50.

[124] Nach Reiners 1951, 80.

[125] Vgl. P. von Polenz, *erfolgen* als Funktionsverb substantivischer Geschehensbezeichnungen, in: Zeitschrift für deutsche Sprache 20 (1964), 1–19; ders., *durchführen* in der Stilnot substantivischer Tätigkeitsbezeichnungen, in: Muttersprache 73 (1963), 193–201; ders., Funktionsverben im heutigen Deutsch, Düsseldorf 1963; V. Schmidt, Die Streckformen des deutschen Verbums, Halle 1968.

[126] Nach J. Trier „ein besonders lehrreiches Beispiel dafür ..., was vor sich

geht, wenn ein Fachwort in die Alltagssprache gerät"; in: Die deutsche Sprache im 20. Jahrhundert, Göttingen, 2. Aufl. 1969, 124 f.

[127] Beispiel mit Besserungsvorschlag bei Seiffert 1977, 60.

[128] Außer älteren Aufsätzen jetzt vor allem in: Eggers 1973, 29–44: Statistisches zum Satzbau; vgl. ferner W. Fucks/J. Lauter, Mathematische Analyse des literarischen Stils, in: H. Kreuzer/R. Gunzenhäuser (Hrsg.), Mathematik und Dichtung, München, 4. Aufl. 1971, 107–122; H. Meier, Deutsche Sprachstatistik, Hildesheim, 2. Aufl. 1964, 185–194.

[129] Nach M. Geier, in: Sprachgefühl? Vier Antworten auf eine Preisfrage, Heidelberg 1982, 144.

[130] Mit weiteren Beispielen dieser Art: R. Römer, Die Sprache der Anzeigenwerbung, Düsseldorf, 5. Aufl. 1976, 169 f.

[131] Dazu ausführlich H. M. Schuh, Ellipse – Text – Kommunikation, Bonn 1974; R. Meyer-Hermann/H. Rieser (Hrsg.), Ellipsen und fragmentarische Ausdrücke, Tübingen 1985 (vgl. auch Anm. 39).

[132] In diesem Zusammenhang erscheint ein kurzer Hinweis auf die Prager Lehre von der „Funktionalen Satzperspektive" angebracht: die 'Thema/Rhema'-Gliederung oder auch – im Gefolge der angloamerikanischen Linguistik – 'Topic/Comment'-Struktur von Sätzen (vgl. Welte 1974, 141. 644 ff. mit weiterer Literatur); als Thema/Topic gelten alle schon bekannten oder weniger wichtigen Informationen, die als Grundlage und Hintergrund für die im Rhema/Comment gegebene neue, wesentliche Information dienen.

[133] Vgl. die Tabellen bei Eggers 1973, 33 f. 43.

[134] Diese Beispiele bei Moser 1971, 108 f. 113.

[135] Nach Moser 1971, 97; Hirsch 1979, 161 f.

[136] Vgl. W. Seibicke, Wörter auf -mäßig, in: Muttersprache 73 (1963), 33–47 und 73–78.

[137] Nach Reiners 1943, 92; vgl. auch Rychener 1982, 92.

[138] In der Übersetzung nach: M. Twain, Ein Yankee am Hofe des Königs Artus (hrsg. von F. H. Link), Frankfurt a. M. 1981, 226.

[139] Als Beispiel: „Sie stiegen aus und kamen vorbei *an einem schon halb abgesperrten Platz*" (U. Johnson); vgl. Sowinski 1973, 117 ff.; E. Beneš, Die Ausklammerung im Deutschen als grammatische Norm und als stilistischer Effekt, in: Braun (Hrsg.) 1979, 321–338; U. Förster, in: Muttersprache 90 (1980), 251 ff.

[140] Nach Moser 1971, 111; an den gekennzeichneten Stellen (. . .) können nahezu beliebig weitere Satzglieder eingeschoben werden, etwa: „über die Frage . . .", „in der Versammlung aller . . .", „nach dem festgelegten Verfahrensmodus" usw.

[141] Diese Anekdote berichtet A. McIntosh, Language and Style, in: J. B. Pride/J. Holmes (Hrsg.), Sociolinguistics, Harmondsworth 1972, 244.

[142] Zur Textsortenlehre vgl. H. Kalverkämper, Orientierung zur Textlinguistik, Tübingen 1981, 104–123; E. Gülich/W. Raible (Hrsg.), Textsorten, Wiesbaden, 2. Aufl. 1975; B. Imhasly/B. Marfurt/P. Portmann, Konzepte der Linguistik, Wiesbaden 1979, 170–181: Textsortenlehre; W. Frier, Linguistische Aspekte des Textsortenproblems, in: Amsterdamer Beiträge zur neueren Germanistik 8 (1979), 7–58; L. Gobyn, Textsorten I–II, Gent 1981/82; F. Lux, Text, Situation,

Textsorte, Tübingen 1981; Textsorten und literarische Gattungen. Dokumentation des Germanistentages in Hamburg (1979), Berlin 1983.

[143] Dazu R. Harweg, Textanfänge in geschriebener und gesprochener Sprache, in: Orbis 17 (1968), 343–388.

[144] Vgl. R. M. G. Nickisch, Die Stilprinzipien in den Briefstellern des 17. und 18. Jahrhunderts (mit einer Bibliographie zur Briefschreiblehre), Göttingen 1969.

[145] Ingendahl 1975, 9.

[146] Einleitungszitat zum ›Deutschen Kitsch‹; Killy 1978, 9.

[147] Vgl. Müller 1982, 248f.; R. Bergmann, Verregnete Feriengefahr und Deutsche Sprachwissenschaft, in: Sprachwissenschaft 5 (1980), 234–265.

[148] Die Beispiele nach Reiners 1943, 154.

[149] Storz 1984, 56.

[150] Einschlägiger Topos der älteren Stillehren: Engel 1922, 412; Reiners 1951, 114; Christiansen 1966, 105.

[151] Sie ließen sich leicht durch Bildungen gleichen Typs vermehren; vgl. das Material zum modernen Adjektiv bei Möller 1980, 196 ff.

[152] Vgl. L. Weisgerber, Die Welt im Passiv, in: Die Wissenschaft von deutscher Sprache und Dichtung. Festschrift für F. Maurer, Stuttgart 1963, 25–59; K. Brinker, Das Passiv im heutigen Deutsch, München/Düsseldorf 1971; G. Schoenthal, Das Passiv in der deutschen gesprochenen Standardsprache, Tübingen 1976; S. Pape-Müller, Textfunktionen des Passivs, Tübingen 1980.

[153] Dieses Beispiel und die weiteren Angaben hauptsächlich nach H. Kolb, Das verkleidete Passiv. Über Passivumschreibungen im modernen Deutsch, in: Sprache im technischen Zeitalter 19 (1966), 173–198; auch in: Braun (Hrsg.) 1979, 265–295 (277).

[154] K. Busse (Hrsg.), Bücher die die Welt verändern, Darmstadt 1969, 642f.

[155] Titel eines Aufsatzes von L. Weisgerber, in: Wirkendes Wort 8 (1957/58), 193–205; ferner Weisgerber 1958; dazu H. Kolb, Der inhumane Akkusativ, in: Zeitschrift für deutsche Wortforschung 16 (1960), 168–177.

[156] Nach H. Kolb, Sprache des Veranlassens, in: Sprache im technischen Zeitalter 5 (1962), 372–387 (384); auch in: F. Handt (Hrsg.), Deutsch – gefrorene Sprache in einem gefrorenen Land?, Berlin 1964, 77–88.

[157] Vgl. L. Mackensen, Die deutsche Sprache in unserer Zeit, Heidelberg, 2. Aufl. 1971, 75f.

[158] Vgl. etwa Storz 1984, 115; Weigel 1974, 73; allgemein auch Hirsch 1976, 101f.

[159] Vgl. Sanders 1977, 101 ff.; auch zum folgenden Riesel/Schendels 1975, 5 ff.

[160] Vgl. Püschel 1982.

[161] Dazu I. Werlen, Ich fasse zusammen – Zur Funktion und Struktur von Resümees in dialogischer Kommunikation, in: Grazer Linguistische Studien 17/18 (1982), 288–316.

[162] Vgl. aus literarisch-ästhetischer Sicht Hess-Lüttich 1980, 107; H. Lausberg, Elemente der literarischen Rhetorik, München, 4. Aufl. 1971, 153. Kritik am „Maßstab des Angemessenen", den er nur für Sachprosa gelten läßt, übt L. Reiners (1943, 49).

[163] Vgl. Nickisch 1975, 97f.

[164] B. Sandig, Sprache und Norm, Sprachnorm, Sprachhandlungsnorm, in: Braun (Hrsg.) 1979, 110–121, mit der Illustration: „Sie erwarten von mir, daß ich von Ihnen erwarte, daß Sie von mir erwarten ..." (110). Der Begriff der 'Erwartungserwartung' nach N. Luhmann.

[165] Dieses Beispiel – nach H. P. Grice – bei W. Dittel, Intention und Kommunikation, Meisenheim/Königstein i. Ts. 1979, 139.

[166] Vgl. Krahl/Kurz 1984, 113.

[167] Von E. Kästner, W. Klein (vgl. Anm. 172) und Th. Mann.

[168] Etwa in: Duden. Stilwörterbuch, XI; R. Klappenbach, Wörterbuch der deutschen Gegenwartssprache I, Vorwort 011–014; vgl. auch Seibicke 1969, 37 ff.; P. Braun, Zur Praxis der Stilkennzeichnungen in deutsch-deutschen Wörterbüchern, in: Muttersprache 91 (1981), 169–177; O. Käge, Noch „ugs." oder doch schon „derb"? Bemerkungen und Vorschläge zur Praxis der stilistischen Markierung in deutschen einsprachigen Wörterbüchern, in: Germanistische Linguistik 3–6/80 (1982), 109–120.

[169] Nur als kleine Auswahl, die jeder selbst vervollständigen mag; vgl. im übrigen L. Weisgerber, Von den Kräften der deutschen Sprache I, Düsseldorf, 3. Aufl. 1962, 184 f.

[170] Leicht zu ersehen auf der Verbreitungskarte in: W. König, dtv-Atlas zur deutschen Sprache, München 1978, 210.

[171] Zusammenfassend Sowinski 1973, 84 f. 330 f.; Riesel/Schendels 1975, 8. 27.

[172] Eine genauere Formulierung und Begründung dieser sprachtheoretischen „Axiome" bei W. Klein, Einige wesentliche Eigenschaften natürlicher Sprachen und ihre Bedeutung für die linguistische Theorie, in: LiLi. Zeitschrift für Literaturwissenschaft und Linguistik 6/H. 23–24 (1976), 11–31.

[173] Vgl. J. Scharnhorst, in: Zeitschrift für Phonetik, Sprachwissenschaft und Kommunikationsforschung 34 (1981), 311 f.

[174] Zu den Begriffen 'De-' und 'Konnotation': Welte 1974, 92. 109 f. 285; von „konnotativer Potenz" des Stils spricht G. Lerchner, in: Beiträge zur Erforschung der deutschen Sprache 1 (1981), 90 f. Vgl. ferner H. Rossipal, Konnotationsbereiche, Stiloppositionen und die sog. „Sprachen" in der Sprache, in: Germanistische Linguistik 4 (1973), 1–87; Z. Kanyó, Stil und Konnotation, in: LiLi. Zeitschrift für Literaturwissenschaft und Linguistik 6/H. 22 (1976), 63–77. Zur Sache A. Siebener, Vom Gefühlswert der Wörter, in: Die Sprache 3 (1954/56), 2–22 und 110–119; G. Rössler, Konnotationen. Untersuchungen zum Problem der Mit- und Nebenbedeutung, Wiesbaden 1979.

[175] Vgl. R. Jakobson, Teil und Ganzes in der Sprache, in: Ders., Aufsätze zur Linguistik und Poetik, München 1974, 38–43.

[176] Dazu Seibicke 1969, 45 ff.; zu „Reden unter der Vereinsfahne" instruktiv H. Bausinger, Deutsch für Deutsche, Frankfurt a. M., 7. Aufl. 1984, 141 ff.

[177] E. Riesel, Lexikalische Auflockerung als Stilmittel und als sprachliche Umnormung, in: Probleme der Sprachwissenschaft, The Hague/Paris 1971, 477–485.

[178] Auch zum Folgenden D. Cherubim, Fehlerlinguistik, in: Zeitschrift für germanistische Linguistik 8 (1980), 1–22; ders. (Hrsg.), Fehlerlinguistik. Beiträge zum Problem der sprachlichen Abweichung, Tübingen 1980; G. Thiel, Fehlertypen in der Praxis des Sachstils der Muttersprache (Deutsch), in:

W. Kühlwein/A. Raasch (Hrsg.), Stil: Komponenten – Wirkungen I, Tübingen 1982, 87–92.

[179] Die Beispiele nach W. Krämer (Hrsg.), Lukasburger Stilblüten I–II, München 1959/60; Reiners 1943, 233; Rychener 1982, 84. Vgl. ferner Wunderlich 1980, 121 ff. 329 f.; Sandig 1981.

[180] R. Römer, Die Sprache der Anzeigenwerbung, Düsseldorf, 5. Aufl. 1976, 188.

[181] Vgl. Sommer 1979, 70 ff.

[182] Nach Fricke 1981, 29.

[183] Vgl. Chr. Morgenstern, Alle Galgenlieder, Wiesbaden 1973, 23 (dazu 332). Völlig auf Sprachzeichen verzichtet sein Gedicht ›Fisches Nachtgesang‹ (31; vgl. Fricke 1981, 25 f.); etwas mehr Sprachsubstanz zeigt das ›Gruselett‹ (309), noch mehr das ›Bundeslied der Galgenbrüder‹ (19) usw.

[184] Alle Ebenen poetischer Abweichung behandelt Fricke 1981, 16 ff.

[185] Vgl. B. Spillner, Stilistische Abwandlung topikalisierter Rede, in: Germanistische Linguistik 3–4/81 (1983), 61–75 (67 f.); das folgende Zitat nach G. Büchmann, Geflügelte Worte, Berlin/Stuttgart, 31. Aufl. 1964, 374.

[186] Die Beispiele nach Morgensterns „Neuen Bildungen, der Natur vorgeschlagen" (Galgenlieder 35); W. Sanders, Wortspiel und Witz, linguistisch betrachtet, in: H. Beckers/H. Schwarz (Hrsg.), Gedenkschrift für J. Trier, Köln/Wien 1979, 211–228 (218).

[187] Vgl. W. Pielow/R. Sanner (Hrsg.), Kreativität im Deutschunterricht, Stuttgart 1973; K. H. Brockerhoff, Kreativität im Deutschunterricht, Düsseldorf 1976; B. Garbe, Experimentelle Texte im Sprachunterricht, Düsseldorf 1976; F. Ostermann, Kreative Prozesse im 'Aufsatzunterricht', Paderborn, 2. Aufl. 1977; R. Sanner, Aufsatzunterricht, München, 2. Aufl. 1980; usw.

[188] F. Hohler, Sprachspiele, Zürich 1979, 5.

[189] Zitiert nach Gauger/Oesterreicher 1982, 56 f.

[190] Nach Sandig 1978, 85.

[191] Vgl. Th. Herrmann/F. Denig, in: Behrens (Hrsg.) 1970, 99.

[192] Vgl. Früh 1980, 92 ff.

[193] Nämlich *schlechterdings, schlechthin, schlechtweg*: dieses (Sprach-)Beispiel bei Weigel 1974, 126.

[194] Vgl. Schneider 1983, 72. Bekannt sind ›Götter, Gräber und Gelehrte‹ (C. W. Ceram), ›Bauern, Bonzen und Bomben‹ (H. Fallada), ferner „Sonne, Sand und Segelboote" (Krahl/Kurz 1984, 109), ›Dunkelmänner, Dichter, Dilettanten‹ (Zwischenüberschrift in: W. Beutin, Sprachkritik – Stilkritik, Stuttgart/Berlin/Köln/Mainz 1976, 79) usw.

[195] Nach G. Lange, in: Geissner 1974, 38; auch Schlüter 1981, 305 f.

[196] Zusammenfassende Darstellungen (außer den in der Literaturauswahl genannten) bei Asmuth/Berg-Ehlers 1974, 121–135; Sanders 1977, 72–83; Seiffert 1977, 80–94; Schlüter 1981, 26–40. Weiteres in der Rhetorik-Literatur (Anm. 36); besonders G. Ueding, Rhetorik des Schreibens, Königstein i. Ts. 1985, 59–80.

[197] Galgenlieder 217. 224. 200.

[198] Nach Schneider 1983, 9 (Motto).

[199] Vgl. Schlüter 1981, 31 f.

[200] Aus der Flut neuerer Veröffentlichungen: H. H. Lieb, Der Umfang des historischen Metaphernbegriffs, Köln 1964; H. Weinrich, Semantik der kühnen Metapher. Allgemeine Semantik der Metapher. Streit um Metaphern, in: Ders., Sprache in Texten, Stuttgart 1976, 295–341; H. Meier, Die Metapher, Winterthur 1963; W. Ingendahl, Der metaphorische Prozess, Düsseldorf 1971; H. Hörmann, Semantische Anomalie, Metapher und Witz, in: Folia Linguistica 5 (1971), 301 bis 330; J. Nieraad (Hrsg.), Linguistik der Metapher, in: Linguistik und Didaktik. Sonderheft (1973); G. Breitenbürger, Metaphora, Kronberg 1975; W. Köller, Semiotik und Metapher, Stuttgart 1975; R. H. Drommel, Die Metapher, Hamburg 1976; J. Nieraad, „bildgesegnet und bildverflucht". Forschungen zur sprachlichen Metaphorik, Darmstadt 1977; H. Kubczak, Die Metapher, Heidelberg 1978; A. Haverkamp (Hrsg.), Theorie der Metapher, Darmstadt 1983.

[201] Vgl. Fricke 1981, 41 (ff.).

[202] Im Anschluß an W. Kallmeyer/W. Klein/R. Meyer-Hermann/K. Netzer/ H. J. Siebert, Lektürekolleg zur Textlinguistik I, Frankfurt a. M. 1974, 174 ff.; nicht so differenziert („lebende" und „tote Metaphern") V. Ehrich/G. Saile, in: D. Wunderlich (Hrsg.), Linguistische Pragmatik, Frankfurt a. M. 1972, 277 ff.

[203] Die Beispiele nach D. Flader, in: Linguistische Pragmatik (wie vorige Anm.), 364; R. Grimminger, in: A. Rucktäschel (Hrsg.), Sprache und Gesellschaft, München 1972, 32 f.

[204] Vgl. St. J. Lec, Das große Buch der unfrisierten Gedanken, München 1971, 122.

[205] Hirsch 1976, 75.

[206] Die Beispiele nach Chr. Morgenstern (wie Anm. 183), 219; St. J. Lec (wie Anm. 204), 90; Christiansen 1966, 51.

[207] H. Balzer, Du weißt Bescheid – Ich weiß Bescheid. Ein Wilhelm-Busch-Brevier, Gütersloh o. J., 63 (vgl. 122 f.).

[208] Schneider 1983, 117.

[209] P. Füglister, in: L. Montada/K. Reusser/G. Steiner (Hrsg.), Kognition und Handeln, Stuttgart 1983, 192.

[210] W. Krämer (Hrsg.), Lukasburger Stilblüten I, München 1960, 40.

[211] Vgl. Sowinski 1973, 301 ff.; Riesel/Schendels 1975, 205 ff.

[212] Vgl. Seiffert 1977, 84.

[213] Beides Zeitungsbeispiele, nach G. Lange, in: Geissner 1974, 46.

[214] Vgl. Z. Škreb, Die Sentenz als stilbildendes Element, in: Jahrbuch für Internationale Germanistik 13/H. 2 (1981), 76–84.

[215] Vgl. Seibicke 1969, 9.

[216] In: H. H. Christmann (Hrsg.), Sprachwissenschaft des 19. Jahrhunderts, Darmstadt 1977, 285.

[217] Nach Reiners 1943, 42.

[218] Vgl. H. Helmers, Didaktik der deutschen Sprache, Darmstadt, 6. Aufl. 1971, 214.

[219] Vgl. R. Römer, Die Sprache der Anzeigenwerbung, Düsseldorf, 5. Aufl. 1976, 195; sprachkritisch Weigel 1974, 29; Mackensen 1979, 43; Schneider 1983, 56.

[220] L. Mackensen, Verführung durch Sprache. Manipulation als Versuchung, München 1973.

[221] Zur 'Lügendichtung' vgl. Fricke 1981, 52 f. 56 f.

[222] In: Sämtliche Werke V (wie Anm. 103), 589–650.

[223] Vgl. H. Helmers (wie Anm. 218), 212 ff.

[224] Abgewandelt – pars pro toto: L. Mackensen sagt das vom Adjektiv.

[225] Ausführlich: Müller 1981, 99 ff.

[226] An genannter Stelle (Anm. 222), 605; vgl. G. Storz, Sprachkunst von der Sprache her gesehen, in: Sprachkunst 11 (1980), 265–276: „Diese physiognomische Wirkung der Sprache ist es, die wir Stil nennen" (270).

[227] Vgl. Eggers 1972, 8; umfassend W. Schneider, Ausdruckswerte der deutschen Sprache, Darmstadt, 3. Aufl. 1974.

[228] Reiners 1943, 42; 1956, 15; 1951, 5: „Wer seinen Stil verbessert, schult auch sein Denken."

[229] Ähnlich kritisch Möller 1983, 61 f.

[230] Vgl. W. G. Müller, Der Topos 'Le style est l'homme même', in: Neophilologus 61 (1977), 481–494; W. Ax, Sprachstil in der lateinischen Philologie, Hildesheim/New York 1976, 246 ff.; Müller 1981, 40 ff.; vor allem Thieberger 1978, 9; ders., Problematisierung des Begriffs 'Text', in: Germanistische Linguistik 3–4/81 (1983), 56; jetzt ders., Stilkunde, Bern usw. 1988, 37 ff.; H.-M. Gauger, Der Autor und sein Stil, Stuttgart 1988, 83 f.

VERZEICHNIS DER ABGEKÜRZT ZITIERTEN LITERATUR

Abraham 1971: W. Abraham, Stil, Pragmatik und Abweichungsgrammatik, in: A. von Stechow (Hrsg.), Beiträge zur generativen Grammatik, Braunschweig 1971, 1–13.

Abraham/Braunmüller 1971: W. Abraham/K. Braunmüller, Stil, Metapher und Pragmatik, in: Lingua 28 (1971), 1–47.

Aebli 1980/1981: H. Aebli, Denken: das Ordnen des Tuns I–II, Stuttgart 1980/81.

Anderegg 1979: J. Anderegg, 'Stil' und 'Dichtung', in: Jahrbuch für Internationale Germanistik 11/H. 1 (1979), 8–25.

Asmuth/Berg-Ehlers 1974: B. Asmuth/L. Berg-Ehlers, Stilistik, Düsseldorf 1974.

Augst 1974: G. Augst (Hrsg.), Deutsche Rechtschreibung mangelhaft?, Heidelberg 1974.

Bach 1964: E. Bach, An Introduction to Transformational Grammars, New York 1964.

Behrens 1970: Th. Herrmann/F. Dehnig, Psychologische Probleme der Werbung, in: K. Chr. Behrens (Hrsg.), Handbuch der Werbung, Wiesbaden 1970, 91 bis 106.

Bierwisch 1966: M. Bierwisch, Strukturalismus, in: Kursbuch 5 (1966), 77–152; auch in: J. Ihwe (Hrsg.), Literaturwissenschaft und Linguistik I, Frankfurt a. M. 1971, 17–90.

Bock 1978: M. Bock, Wort-, Satz- und Textverarbeitung, Stuttgart 1978.

Braun 1979: P. Braun (Hrsg.), Deutsche Gegenwartssprache, München 1979.

Bühler 1965: K. Bühler, Sprachtheorie, Stuttgart, 2. Aufl. 1965.

Chomsky 1969: N. Chomsky, Aspekte der Syntax-Theorie, Frankfurt a. M. 1969.

Christiansen 1966: B. Christiansen, Eine Prosaschule. Die Kunst des Schreibens, Stuttgart 1966.

Eggers 1972: H. Eggers, Grammatik und Stil (Rede anläßlich der Überreichung des Konrad-Duden-Preises 1972), Mannheim/Wien/Zürich 1973.

Eggers 1973: H. Eggers, Deutsche Sprache im 20. Jahrhundert, München 1973.

Engel 1922: E. Engel, Deutsche Stilkunst, Wien/Leipzig, 30. Aufl. 1922.

Erben 1972: J. Erben, Deutsche Grammatik, München, 11. Aufl. 1972.

Fleischer 1971: W. Fleischer, Entwicklungstendenzen der nominalen Wortbildung, in: Probleme der Sprachwissenschaft, The Hague/Paris 1971, 391–407.

Fleischer/Michel 1975: W. Fleischer/G. Michel u. a., Stilistik der deutschen Gegenwartssprache, Leipzig 1975.

Fricke 1981: H. Fricke, Norm und Abweichung, München 1981.

Friedrich 1970: H. Friedrich, Drei Klassiker des französischen Romans, Frankfurt a. M., 6. Aufl. 1970.

Früh 1980: W. Früh, Lesen, Verstehen, Urteilen, Freiburg/München 1980.

Gauger/Oesterreicher 1982: H.-M. Gauger/W. Oesterreicher, Sprachgefühl und

Sprachsinn, in: Sprachgefühl. Vier Antworten auf eine Preisfrage, Heidelberg 1982, 9–90.

Geißner 1974: H. Geißner, Rhetorik, München, 2. Aufl. 1974.

Gipper 1982: H. Gipper, Sprachstil und Individualstil, in: W. Kühlwein/ A. Raasch (Hrsg.), Stil: Komponenten – Wirkungen I, Tübingen 1982, 9–24.

Grice 1979: H. P. Grice, Logik und Konversation, in: G. Meggle (Hrsg.), Handlung, Kommunikation, Bedeutung, Frankfurt a. M. 1979, 243–265.

Große 1971: R. Große, Entwicklungstendenzen in der deutschen Sprache der Gegenwart, in: Probleme der Sprachwissenschaft, The Hague/Paris 1971, 9–26.

Grosse 1972: S. Grosse, Literarischer Dialog und gesprochene Sprache, in: H. Backes (Hrsg.), Festschrift für H. Eggers zum 65. Geburtstag, Tübingen 1972, 649–668.

Henne 1982: H. Henne, Der Berufung wird stattgegeben. Plädoyer für die Entwicklung von Sprachgefühl, in: Sprachgefühl. Vier Antworten auf eine Preisfrage, Heidelberg 1982, 91–137.

Heringer 1974: H. J. Heringer, Praktische Semantik, Stuttgart 1974.

Hess-Lüttich 1980: E. W. B. Hess-Lüttich, Stiltheorie. Zur Verständigung über 'Stil' in der Angewandten Linguistik, in: W. Kühlwein/A. Raasch (Hrsg.), Angewandte Linguistik, Tübingen 1980, 91–112.

Hirsch 1976: E. Chr. Hirsch, Deutsch für Besserwisser, Hamburg 1976.

Hirsch 1979: E. Chr. Hirsch, Mehr Deutsch für Besserwisser, Hamburg 1979.

Hörmann 1977: H. Hörmann, Psychologie der Sprache, Heidelberg, 2. Aufl. 1977.

Ingendahl 1975: W. Ingendahl, Sprechen und Schreiben, Heidelberg 1975.

Ingendahl 1981: W. Ingendahl, Stil, in: E. Nündel (Hrsg.), Lexikon zum Deutschunterricht, München/Wien/Baltimore, 2. Aufl. 1981, 461–468.

Jakobson 1972: R. Jakobson, Linguistik und Poetik, in: J. Ihwe (Hrsg.), Literaturwissenschaft und Linguistik I, Frankfurt a. M. 1972, 99–135 (in der 3bändigen Sammlung: II/1, Frankfurt a. M. 1971, 512–548); auch in: Ders., Poetik. Ausgewählte Aufsätze 1921–1971, Frankfurt a. M. 1979, 83–121.

Kallmeyer/Schütze 1975: W. Kallmeyer/F. Schütze, Konversationsmaximen/ Interaktionspostulate, in: Linguistik und Didaktik 6 (1975), 81–84.

Kerkhoff 1962: E. L. Kerkhoff, Kleine deutsche Stilistik, Bern/München 1962.

Killy 1978: W. Killy, Deutscher Kitsch, Göttingen, 8. Aufl. 1978.

Krahl/Kurz 1984: S. Krahl/J. Kurz, Kleines Wörterbuch der Stilkunde, Leipzig, 6. Aufl. 1984.

Kurz 1985: G. Kurz, Zur Einführung: Stilfragen, in: Sprache und Literatur 16/ H. 55 (1985), 1–8.

Langacker 1976: R. W. Langacker, Sprache und ihre Struktur, Tübingen, 2. Aufl. 1976.

Liwerski 1974: R. Liwerski, Stil, in: D. Krywalsky (Hrsg.), Handlexikon zur Literaturwissenschaft, München 1974, 452–461.

Mackensen 1971: L. Mackensen, Die deutsche Sprache in unserer Zeit, Heidelberg, 2. Aufl. 1971.

Mackensen 1979: L. Mackensen (Hrsg.), Gutes Deutsch in Schrift und Rede, München 1979.

Möller 1970: G. Möller, Stil und Pflege der Gebrauchssprache, in: Die deutsche Sprache (Kleine Enzyklopädie) II, Leipzig 1970, 1125–1144.

Möller 1978: G. Möller, Die stilistische Entscheidung, Leipzig 1978.

Möller 1980: G. Möller, Praktische Stillehre, bearb. von U. Fix, Leipzig, 3. Aufl. 1980.

Möller 1983: G. Möller, Warum formuliert man so?, Leipzig 1983.

Moser 1971: H. Moser, Typen sprachlicher Ökonomie im heutigen Deutsch, in: Sprache und Gesellschaft. Jahrbuch 1970 des Instituts für deutsche Sprache, Düsseldorf 1971, 89–117.

Müller 1981: W. G. Müller, Topik des Stilbegriffs. Zur Geschichte des Stilverständnisses von der Antike bis zur Gegenwart, Darmstadt 1981.

Müller 1982: W. Müller, Das Sprachgefühl auf dem Prüfstand der Philologie, in: Sprachgefühl? Vier Antworten auf eine Preisfrage, Heidelberg 1982, 203–320.

Nickisch 1975: R. M. G. Nickisch, Gutes Deutsch? Kritische Studien zu den maßgeblichen praktischen Stillehren der deutschen Gegenwartssprache, Göttingen 1975.

Ohmann 1971: R. Ohmann, Generative Grammatiken und der Begriff: Literarischer Stil, in: J. Ihwe (Hrsg.), Literaturwissenschaft und Linguistik I, Frankfurt a. M. 1971, 213–233.

Peukert 1977: H. Peukert, Positionen einer Linguostilistik, Berlin 1977.

von Polenz 1972: P. von Polenz, Geschichte der deutschen Sprache, Berlin/New York, 8. Aufl. 1972.

Püschel 1982: U. Püschel, Die Bedeutung von Textsortenstilen, in: Zeitschrift für germanistische Linguistik 10 (1982), 28–37.

Püschel 1985: U. Püschel, Das Stilmuster „Abweichen", in: Sprache und Literatur 16/H. 55 (1985), 9–24.

Reiners 1943: L. Reiners, Stilkunst. Ein Lehrbuch deutscher Prosa, München 1943.

Reiners 1951: L. Reiners, Stilfibel. Der sichere Weg zum guten Deutsch, München 1951.

Reiners 1956: L. Reiners, Vom deutschen Stil, in: Duden. Stilwörterbuch der deutschen Sprache, Mannheim, 4. Aufl. 1956, 9–25 (ebenso 5. Aufl. 1963, 7–22).

Riesel/Schendels 1975: E. Riesel/E. Schendels, Deutsche Stilistik, Moskau 1975.

Riffaterre 1973: M. Riffaterre, Strukturale Stilistik, München 1973.

Rupp 1970: H. Rupp, Sprachgebrauch, Norm und Stil, in: H. Rupp/L. Wiesmann, Gesetz und Freiheit in unserer Sprache, Frauenfeld 1970, 7–43.

Rychener 1982: H. Rychener, Freude am Wort. Gutes Deutsch – guter Stil, Bern/Frankfurt a. M. 1982.

Sanders 1973: W. Sanders, Linguistische Stiltheorie, Göttingen 1973.

Sanders 1977: W. Sanders, Linguistische Stilistik, Göttingen 1977.

Sandig 1978: B. Sandig, Stilistik, Berlin/New York 1978.

Sandig 1981: B. Sandig, Stilblüten als Mittel der Erforschung „stilistischer Kompetenz", in: Jahrbuch für Internationale Germanistik 13/H. 1 (1981), 22–39.

de Saussure 1967: F. de Saussure, Grundfragen der Allgemeinen Sprachwissenschaft, Berlin, 2. Aufl. 1967.

Schlüter 1981: H. Schlüter, Grundkurs der Rhetorik, München, 7. Aufl. 1981.

Schmidt 1976: S. J. Schmidt, Texttheorie, München, 2. Aufl. 1976.

Schneider 1983: W. Schneider, Deutsch für Profis. Handbuch der Journalisten-sprache – wie sie ist und wie sie sein könnte, Hamburg, 4. Aufl. 1983.

Seibicke 1969: W. Seibicke, Wie schreibt man gutes Deutsch? Eine Stilfibel, Mannheim/Wien/Zürich 1969.

Seidler 1978: H. Seidler, Grundfragen einer Wissenschaft von der Sprachkunst, München 1978.

Seiffert 1977: H. Seiffert, Stil heute, München 1977.

Sommer 1979: H. Sommer, Treffend schreiben. Ein stilistisches ABC, Thun 1979.

Sowinski 1973: B. Sowinski, Deutsche Stilistik, Frankfurt a. M. 1973.

Sowinski 1975: B. Sowinski (Hrsg.), Fachdidaktik Deutsch, Köln/Wien 1975.

Spitzer 1961: L. Spitzer, Stilstudien I–II, München, 2. Aufl. 1961.

Steger 1971: H. Steger, Vorwort, in: Texte gesprochener deutscher Standard-sprache I, München/Düsseldorf 1971, 7–16.

Steger/Schütz 1973: H. Steger/E. Schütz, Vorschlag für ein Sprachverhaltens-modell, in: Funk-Kolleg Sprache II, Frankfurt a. M. 1973, 194–210.

Storz 1984: G. Storz, Deutsch als Aufgabe und Vergnügen, Stuttgart 1984.

Süskind 1955: W. E. Süskind, Vom ABC zum Sprachkunstwerk, Stuttgart 1955.

Textor 1984: A. M. Textor, Sag es treffender, Reinbek, 11. Aufl. 1984.

Thieberger 1978: R. Thieberger, Zur Situation der Stilforschung, in: Jahrbuch für Internationale Germanistik 10/H. 2 (1978), 8–12.

Ueding 1985: G. Ueding, Rhetorik des Schreibens, Königstein i. Ts. 1985.

Wandruszka 1979: M. Wandruszka, Sprache und Sprachen, in: Der Mensch und seine Sprache, Frankfurt a. M./Berlin/Wien 1979, 7–47.

Weigel 1974: H. Weigel, Die Leiden der jungen Wörter, Zürich/München 1974.

Weinrich 1981: H. Weinrich, Fremdsprachen für den Alltag und der Alltag des Fremdsprachenunterrichts, in: Neue Sammlung 1 (1981), 2–20.

Weisgerber 1958: L. Weisgerber, Verschiebungen in der sprachlichen Einschät-zung von Menschen und Sachen, Köln/Opladen 1958.

Welte 1974: W. Welte, Moderne Linguistik: Terminologie/Bibliographie I–II, München 1974.

Werlen 1983: I. Werlen, Vermeidungsritual und Höflichkeit, in: Deutsche Sprache 11 (1983), 193–218.

Wittgenstein 1980: L. Wittgenstein, Philosophische Untersuchungen, in: Schrif-ten I, Frankfurt a. M. 1980, 279–544.

Wunderlich 1970: D. Wunderlich, Die Rolle der Pragmatik in der Linguistik, in: Der Deutschunterricht 22/H. 4 (1970), 5–41.

Wunderlich 1980: D. Wunderlich, Arbeitsbuch Semantik, Frankfurt a. M. 1980.

Wygotski 1971: L. S. Wygotski, Denken und Sprechen, Frankfurt a. M., 3. Aufl. 1971.

Zimmer 1978: R. Zimmer, Stilanalyse, Tübingen 1978.

LITERATURNACHTRÄGE

Antos, G., Zur Stilistik von Grußworten, in: Zeitschrift für Germanistische Linguistik 14 (1986), 50–81.

Aust, H., Textlinguistik contra Stilistik?, in: A. Schöne (Hrsg.), Kontroversen, alte und neue. Akten des 7. Internationalen Germanisten-Kongresses Göttingen 1985, Bd. III, Tübingen 1986, 27 f.

Braselmann, P. M. E., Konnotation – Verstehen – Stil, Frankfurt a. M./Bern 1981.

Eroms, H.-W., Stilistik, in: W. Gorschenek/A. Rucktäschel (Hrsg.), Kritische Stichwörter zur Sprachdidaktik, München 1983, 235–246.

Eroms, H.-W., Textlinguistik und Stiltheorie, in: Kontroversen, alte und neue . . ., 10–21.

Fleischer, W. (Hrsg.), Textlinguistik und Stilistik. Beiträge zu Theorie und Methode, Berlin 1987.

Gauger, H.-M., „Schreibe, wie du redest!". Zu einer stilistischen Norm, in: Sprachnormen in der Diskussion. Beiträge vorgelegt von Sprachfreunden, Berlin/New York 1986, 21–40.

Gauger, H.-M., Der Autor und sein Stil, Stuttgart 1988.

Gumbrecht, H. U./K. L. Pfeiffer (Hrsg.), Stil. Geschichten und Funktionen eines kulturwissenschaftlichen Diskurselementes, Frankfurt a. M. 1986.

Heinz, R., Stil als geisteswissenschaftliche Kategorie. Problemgeschichtliche Untersuchungen zum Stilbegriff im 19. und 20. Jahrhundert, Würzburg 1986.

Ingendahl, W., Linguistische Vorarbeiten für eine pragmatische Stilistik. Ein Forschungsbericht zwischen Sprach- und Kulturwissenschaft, in: Muttersprache 98 (1988), 108–120.

Lerchner, G., Stilistische Variation in einer handlungsbezogenen Textkonzeption, in: Kontroversen, alte und neue . . ., 32–39.

Polenz, P. von, Deutsche Satzsemantik. Grundbegriffe des Zwischen-den-Zeilen-Lesens, Berlin/New York 1985.

Rupp, H., Über die Notwendigkeit von und das Unbehagen an Stilbüchern, in: Sprachnormen in der Diskussion. Beiträge vorgelegt von Sprachfreunden, Berlin/New York 1986, 102–115.

Sanders, W., Stil und Spracheffizienz, in: Rhetorik 7 (1988), 63–77.

Sanders, W., Die Faszination schwarzweißer Unkompliziertheit. Zur Tradition deutscher Stillehre im 20. Jahrhundert, in: Wirkendes Wort 38 (1988), 376–394.

Sandig, B., Vom Nutzen der Textlinguistik für die Stilistik, in: Kontroversen, alte und neue . . ., 24–31.

Sandig, B., Stilistik der deutschen Sprache, Berlin/New York 1986.

Sandig, B. (Hrsg.), Stilistisch-rhetorische Diskursanalyse, Tübingen 1988.

Schneider, W., Deutsch für Kenner. Die neue Stilkunde, Hamburg 1987.

Spiewok, W., Zu Sprache und Stil (hrsg. von D. Buschinger), Amiens 1990.

Thieberger, R., Stilkunde, Bern/Frankfurt a. M./New York/Paris 1988.

Trömel-Plötz, S., Weiblicher Stil – männlicher Stil, in: Dies. (Hrsg.), Gewalt durch Sprache, Frankfurt a. M. 1984, 354–394.

REGISTER